普通高校"十三五"规划教材·工商管理系列

创业学
战略与商业模式

张国良 ◎ 主　编
张付安　李文博 ◎ 副主编

清华大学出版社
北京

内容简介

本书的主要内容包括：创业企业战略的概念、特征；创业战略环境与内部条件分析；创业企业使命与战略目标；公司业务战略；创业商业模式特征及形式；创业商业模式分析；创业竞争战略模式；创业战略实施模式与企业文化塑造；创业团队与企业家；创业企业战略控制；创业计划书及全国大学生创业"挑战杯"金奖文本等。

书中的大量案例和商业模式相信会引发创业者的战略思考与心智启迪。本书可作为普通高等学校创业管理的教材或教学参考书，也适合创业人士阅读借鉴。

图书在版编目(CIP)数据

创业学：战略与商业模式/张国良主编.—北京：清华大学出版社，2017（2023.9重印）
（普通高校"十三五"规划教材·工商管理系列）
ISBN 978-7-302-46161-6

Ⅰ.①创…　Ⅱ.①张…　Ⅲ.①创业—高等学校—教材　Ⅳ.①F241.4

中国版本图书馆 CIP 数据核字(2017)第 020003 号

责任编辑：张　伟
封面设计：汉风唐韵
责任校对：宋玉莲
责任印制：杨　艳

出版发行：清华大学出版社
　　　　网　　　址：http://www.tup.com.cn，http://www.wqbook.com
　　　　地　　　址：北京清华大学学研大厦 A 座　　　　　邮　　编：100084
　　　　社 总 机：010-83470000　　　　　　　　　　　邮　　购：010-62786544
　　　　投稿与读者服务：010-62776969，c-service@tup.tsinghua.edu.cn
　　　　质量反馈：010-62772015，zhiliang@tup.tsinghua.edu.cn
　　　　课件下载：http://www.tup.com.cn，010-83470332
印 装 者：北京建宏印刷有限公司
经　　销：全国新华书店
开　　本：185mm×260mm　　　　印　张：18　　　　字　数：415 千字
版　　次：2017 年 7 月第 1 版　　　　　　　　　　印　次：2023 年 9 月第 2 次印刷
定　　价：49.00 元

产品编号：056484-02

序

就业是民生之本,创业是就业之源。在普通高等学校开展创业教育,是服务国家加快转变经济发展方式、建设创新型国家和人力资源强国的战略举措,是深化高等教育教学改革、提高人才培养质量、促进大学生全面发展的重要途径,是落实以创业带动就业、促进高校毕业生充分就业的重要措施。为贯彻落实《国家中长期教育改革和发展规划纲要(2010—2020年)》,浙江农林大学中长期发展规划提出在2020年建设省内一流国内知名的生态性创业型大学的战略目标,创业教育最终目的是培养大批社会急需的创新创业型人才。

用兵之道,以计为首;创业之要,理念先行。大学生要有想创业、敢创业、能创业、会创业的那么一股敢创敢拼的劲头,并体现和融入个人创事业、家庭创企业和为社会创大业的实践之中。信念是世界上最伟大的力量,信念是企业的生命,也是创业者的使命。使命领导责任,责任完成使命。决心创业,矢志不渝,就应该勇敢地去接受创业征途上的各项挑战,如果你渴望成功,就要建立必胜的信念。你就一定能实现你的梦想,你将成功地塑造崭新的人生。创业因为有梦想而伟大,因为实现梦想而更伟大!

张国良教授长期坚持在教育教学岗位的第一线,有较丰富的教学经验和指导学生创业的实践经验。特别是在指导大学生"挑战杯"创业大赛中成绩突出,多次获得省级、国家级金奖。在国内外核心期刊发表学术论文80多篇,被中国人民大学复印资料中心全文转载8篇;在浙江大学出版社、武汉大学出版社、清华大学出版社、经济科学出版社及机械工业出版社等出版专著及教材10余部。主持或参与省级、国家级课题多项,2010年主持浙江省新世纪重点教改项目1项。2006年独立主持课题获内蒙古第八届哲学社会科学优秀成果政府二等奖;2010年参与国家级课题获内蒙古第10届哲学社会科学优秀成果政府一等奖。指导学生参加"挑战杯"创业计划竞赛等获省级大奖10多项,2008年指导浙江林学院学生代表队参加第六届全国"挑战杯"竞赛获金奖。2014年获浙江省绍兴市第15届哲学社会科学优秀成果三等奖。

2010年主持浙江省新世纪重点教改课题"新浙商创业管理精品案例开发与应用研究",本书也是该课题阶段性成果,其主要内容包括:走进创业管理新时代、创业战略环境与商业机会、创业内部环境分析、创业使命与战略目标、公司业务战略、创业商业竞争模式、商业模式与商业融资、创业团队与企业家、创业战略实施与文化塑造等。该书主要特点是:总体架构合理,内容生动鲜活,形式灵活多样,既注重理论和知识的系统性与新颖性,又突出内容的实用性与实战性。

创业项目运营是一个实践过程,一切问题只能在运营中发生、认识和解决。大到市场定位,小到岗位设置。离开运营,创业就成了纸上谈兵。创业真知,贵在实践。只有通过创业实践才能使创业者丰富阅历、拓展才能、砥砺品格、锤炼作风、成就事业、完美人生。

创业有道"动"起来；抢抓时机"干"起来；经营有方"转"起来；适应环境"活"下来。本书中的大量案例和商业模式相信会引发创业者的战略思考与心智启迪。

周国模

浙江农林大学校长、博士生导师、教授

于东湖校区

前 言

近年来对于创业和创业管理的研究成为全球管理领域关注的热点,创业教育已成为知识经济时代世界高等教育的必然发展趋势。自 20 世纪 80 年代以来,管理理论的发展迎来了一个新的浪潮,"追求卓越""变革与再造""核心能力""知识管理""创业管理"等管理思潮一浪推着一浪。创业教育已成为知识经济时代世界高等教育的必然发展趋势。一些颇有影响的人士认为:21 世纪是创业的世纪,小型新创企业的经营方式将成为企业的主要运营模式。彼得·德鲁克早在 1985 年就提出"创业型经济"这一概念。他发现,现代经济的支撑力量已经不再是曾经为民众所熟悉的传统 500 强了。德鲁克指出,当美国就业面临压力的时候,其经济体系发生了从"管理型经济"到"创业型经济"的转变,从而渡过了这一危机。这不仅是一个经济问题,而且也是一个民生问题,它关系到经济的发展、社会的稳定和国家的长治久安。

随着高等教育招生规模的扩大,大学生就业形势越来越严峻。据统计,2017 年全国普通高校毕业生总数预计 795 万人,比 2016 年增加 30 万人。提高大学生创业能力,是时代发展的客观要求。大学生自主创业,一方面可缓解社会就业矛盾;另一方面可促进经济的可持续发展。据调查显示,我国毕业生选择创业的比例不到总数的 1%,而发达国家一般占20%～30%,并且我国大学生的创业成功率比较低,成活率也不高。我国高校大学生创业能力缺乏,他们对自己的创业能力缺少自信,内心充满矛盾和焦虑。既向往创业、渴望创业,又害怕创业、担心创业。因此,创业实践活动能否顺利展开,取决于创业者创业能力的高低,同样的环境下,创业能力越强的人抓住机遇、成功创业的可能性就越大。创业教育的最终目的是培养大批社会急需的创新创业型人才。因此,系统地学习创业管理相关知识,不仅能够培育大学生的创新精神、创业素质,而且可以培养和提高大学生的社会生存能力、竞争能力和可持续发展能力,培养和造就社会所需要的高素质复合型人才,这是构建创新型国家与和谐社会的最为重要的基础。因此,进一步加强大学生创业能力的培养,不断提高大学生创业能力就显得极为重要。大学生创业心智与路径拓展要把握"三点论"。

战略——认识论

使命领导责任,责任完成使命,激情推动创业,创业带动就业。自主创业,挑战自我,是人生的最大资本。愿景的"愿"字原来是我的心,是我的一种愿望,企盼是出自内心的动力,也就是信念。信念是世界上最伟大的力量,信念是企业的生命,也是创业管理者的使命。它为创业定基调、指方向、拓思路、树形象。

德国著名的军事战略家克劳维茨曾说:"在双方的军队参战之前,战争胜负已经可以从双方的战略家身上看出来了。"没有战略的企业就像断了线的风筝,没有战略的创业者头脑就像没有蜡烛的灯笼。人无远虑,必有近忧。超前意识是创造性思维之母,创业立足的根本是创新经营。创业者要时刻把握住市场营销的方向，冷静地判断经济发展的新趋势，善于捕捉商机，制定出正确的决策。对于创业者来说，超前思维是指创业者将项目运转的生产经营活动和企业赖以生存的环境，看作一个生生不息、不断向前、永无止境的运动过程。这一过程充满了机遇和挑战，成功与挫折。创业者根据环境的变化，不断对自身的行为做出相应的调整，从而使企业在运转中生存、发展和壮大。战略远见才是创业成功的源泉。因此创业管理者在战略思考方面，一是谋全局，以创业全局为出发点和着眼点。从各个侧面、各个角度、各个层次考察、审视创业管理。把创业管理视为一个有机整体，站得高，看得远，想得全，从而制定出驾驭全局指导全面的创业总体战略，绘制企业发展的整体蓝图。创业管理者关心的是"要做对的事情"，注重对企业未来总体方向的谋划，而不仅仅是"把事情做对"。二是谋长远。创业的立足点是谋求提高企业的市场营销竞争力，使企业兴旺发达、长盛不衰；谋求的是企业的可持续发展，而不是追逐短暂的虚假繁荣。创业战略规定企业未来一定时期内的市场营销方向，"关心的是船只航行的方向而不仅仅是眼下遇到的波涛"。大海航行靠舵手，舵手靠的是船上的舵，经营战略是创业管理的命运之舵。

例如，1999 年诞生的"蒙牛"可谓一个"三无"公司：一无市场；二无工厂；三无奶源。然而，就是在这种条件下，"蒙牛"几乎一夜之间成为全国知名的乳品企业，创造了在诞生之初 1000 余天里平均一天超越一个乳品企业的营销奇迹！

蒙牛狂奔，牛气冲天，善谋巧算，借力耕田。用别人的钱干自己的事，牛根生以智慧的头脑，用高超的战略、灵活的战术、知名的品牌、文化的魅力，创造了乳业界的神话。

创新敏感和把握商机是创业者永恒的主题，超前思维是创业之源、财富之本。创业者在决策时不但要向"钱"看，而且要向"前"看。精明的创业者要有"月晕而识风，础润而知雨"的敏锐目光。"春江水暖鸭先知"，捷足先登，能见前人所未见，想今人所未想，能从现状看到未来。

创业者既要看到创业成功之后的掌声、收获和荣誉，同时也要充分评估创业的风险，实事求是地分析自己所具备的创业能力，做好承受挫折和失败的心理准备。因此，大学生创业要树立正确的创业观，要辩证地看待创业。

首先要认识创业能力的可塑性。创业者要有一定的能力，创业能力表现为一种动机、一种精神，也表现为一种思维能力、决策能力、沟通能力、运作能力、经营管理能力及学习能力，所有这些能力也不是先天的，而是后天教育和培养的结果。因此，创业能力，对于每一个人来说，不是有没有的问题，而是能否正确认识这种能力和自觉开发这种能力。创业能力是自我学习和环境条件决定的，创业能力是可塑的。

其次要认识到创业的风险性。创业具有一定的风险性，创业的过程就是充满风险的过程。经过一系列的市场调研后，原始的创意可能被无情地否定，从技术到产品的项目运转过程，小试、中试都可能失败，在无情的市场竞争中，产品的营销、对手的竞争等，任何一个环节的失败都可能使企业受挫，任何一种风险都会造成物质和精神上的损失，很多风险和损失都是需要创业者个人来承担的。在国内创业的企业中，寿命在 5 年以下的约达 61.9%，在 10 年之内面临淘汰命运的达 80% 以上。事实上，国内将近 60% 的创业失败率正说明了创业的艰难度和风险性。

最后要认识创业道路的曲折性。许多创业成功者都是从零起步的,创业思维比金钱更重要。头脑就是银行,思路决定出路,出路决定财路,智慧行销天下。人世间万事生于"有","有"皆生于"无"。老子曰:"道生一,一生二,二生三,三生万物。"这反映了自然界从无到有的哲学历程。人类社会发展到今天,今天的万物不都是起源于"无"吗?创业管理者在战略选择时必须善于把握这一哲学命题,否则,会陷入"一到零",甚至是"负数"的恶性循环。对于每一位创业者来说,从零到无限是一个十分诱人的过程,把握这一过程的脉动规律,无疑是件激动人心的事。把握这一过程的实际是考察创业者的运筹力和创造力,也是创业心智与创意策划的最高艺术境界。

顾客的需求,创业的追求。人们的需求是多种多样的,这种需求达到一定数量就构成了市场。所以,创业的路子也是多种多样的,要学会寻找创业机会,开发产品,开拓市场。

战术——方法论

诺贝尔奖获得者西蒙说:"管理的核心在经营,经营的核心在决策,决策的核心在创新。"特别是在进行创业决策时,面对的都是未来可能出现的问题,需要创业者不断地探索和创新。创业者如何以高超的战略思维能力、变革创新的潜能,在市场中寻求发现、捕捉商机、创造市场,这是创业管理所面临的首要课题。

例如,浙江农林大学家具设计052班学生宋雅丹,从小喜欢给娃娃做小衣服,并背着父母学习了服装设计,熟练掌握了打版、裁剪、制作衣服的技能;大三时靠父亲每月给600元生活费的她,用积攒下的300元生活费开始设计、制作并在网上出售自己做的衣服。她经营的淘宝店铺好评率超过99%,店铺的级别已经拥有3个皇冠;她设计的服装每天最高销售上千件,其中一款裙子仅半年多时间就卖出近万件;一年时间,她已经成为拥有车子、房子、厂子和300多万元流动资金的"大学生富豪";在得知同学就业难以后,她还为母校10多名毕业生提供了月薪较高的就业岗位……

她感慨地说:"我之所以在网上卖衣服能够创业成功,一方面是金融危机导致很多企业不景气,而网络购物因为价格低而受到更多人的欢迎;另一方面同时也离不开学校的政策等方面的支持以及校园里良好的创业氛围。"菲利普·科特勒曾指出:"市场营销是企业的这种职能:识别目前未满足的需求和欲望,估量和确定需求量的大小,选择企业能最好地为它服务的目标市场,并且确定适当的产品、服务和计划,以便为目标市场服务。"具体说,营销职能有:开展市场调查,收集信息情报;建立销售网络,开展促销活动;开拓新的市场,发掘潜在顾客;进行产品推销,提供优质服务;开发新的产品,满足顾客需要。

运转——实践论

创业有道"动"起来;抢抓时机"干"起来;经营有方"转"起来;适应环境"活"下来。创业项目运转是一个实践过程,运转就是一切。目的就是活着,内容就是补偿,只要能够生存,规模能小则小,投入能少则少。投资需要回报,企业需要盈利。经营获利是创业者的天职,利之得,人心聚;利之丰,企业强;利之聚,社稷兴。盈利是以运转为前提的。运转与盈利在时间上是先后关系,在逻辑上是因果关系,在内在联系上是鸡与蛋的关系。运转是一切问题的解决条件。一切问题只能在运转中发生、认识和解决。大到业务定位,小到岗位划分。离开运转,任何人都无从猜测会有哪些问题存在,也不可能理解发生的事情,更不可能找到解决的方法。

生存问题是创业者开业后面临的首要问题。据统计，90%的企业3年内关门了。企业最初开创的3年非常关键，决定着创业成功与否。在这一阶段，创业者要学会从市场需求出发，整合广告宣传、人脉、销售、文化、信息等方面的资源，并注重有效合作。创业真知，贵在实践。创业者在创业管理中需有意识地加强实践，培养和提高以下这几种品格和能力。

韧性。坚忍不拔，耐力无限，坚如铁石，韧似牛皮。对一般人来说，忍耐是一种美德；对创业者来说，忍耐却是必须具备的品格。要有过人的胆量、钓鱼的耐心。米卢说过"心态决定一切"，这句话用在创业者身上似乎更为恰当。成功收购"金兔"品牌的周仁忠董事长创业过程一波九折，他的体会是要敢于面对挫折，不断挑战失败，要做到思败、懂败、不怕败、不言败，这样才能获得成功。建议创业者给自己建立一个失败档案，从失败中汲取经验，并时刻提醒自己，犯过的错误不能再犯。经验无论好坏，都是人生的资本。

在创业过程中，难免有一个爬坡阶段，心态、恒心和毅力至关重要。企业和产品一样，都要有一个成长、成熟与衰退的过程，因此在困难时再坚持一下，可能就是胜利的彼岸。面对困难一定要横下一条心，咬紧牙关，坚持到底就是胜利，这需要自信的气质、顽强的毅力、执着的追求、拼搏的劲头方可成功。否则，但凡遇到挫折即裹足不前、撒手不干、半途而废，这才是真正的失败。市场风云，变幻莫测，高峰低谷、繁荣疲软，交替出现。繁荣有繁荣的好处，低谷有低谷的作用，繁荣期加快发展，低谷期调整蓄力。经济大潮，潮涨潮落，顺流善变者生，逆流不善变者亡。创业管理者要学会辩证思考，在对立中把握统一，在统一中把握对立，把握千变万化的市场行情，以变应变，先谋后战，才能在商海中避风浪、绕暗礁、跃激流、过险滩，"直挂云帆济沧海"，夺取最后的胜利。

当大家齐心协力都认准一个正确方向，树立理念，高擎战旗，聚合群力，不达目标绝不罢休时，世界上还有什么困难是不可战胜的吗？

悟性。成功创业者的欲望，许多来自现实生活的刺激，是在外力的作用下产生的，而且往往不是正面的鼓励型的。刺激的发出者经常让承受者感到屈辱、痛苦。这种刺激经常在被刺激者心中激起一种强烈的愤懑与反抗精神，从而使他们做出一些超常规的行动，爆发出超常规的能力。史玉柱说："未来的创业者最重要的素质，我觉得需要两个，第一是他个人的悟性，没有悟性的话你应该去打工，而不是去做一个创业者。就是一个有悟性的人才能作为一个创业者的领导者。第二个，他很勤奋能吃苦。就是这两个，少一个我觉得都不行。这两个加起来我觉得他就成功了一大半。"要有独特的思维，机会往往是被少数人抓住的。要克服从众心理和传统的习惯思维模式，敢于相信自己，有独立见解，不人云亦云，不为别人的评头论足、闲言碎语所左右，才能发现和抓住被别人忽视或遗忘的机会。创业者根据环境的变化，不断对自身的行为做出相应的调整，从而使新创企业在运转中生存、发展和壮大。

理性。创业是梦想燃烧起奋进的激情，是智慧引领创造的理性，是驾驭整合资源的能力，是全面把握运转项目的本领。大学生创业，不仅需要激情，更需要理性，"理性创业"才能提高成功率。理性创业，就是要根据自身的实际情况，务实创业。要根据自己的资金、技术、经验等实际情况，全面思考创业的方向、如何去创业的问题，把问题想清楚了，便确定自己的创业目标、创业计划，并有步骤地运作，提高自觉性，减少盲目性。创业要不拘形式、不拘类型、不拘规模,积累经验,积累资金,把事业做实做强。

创业需要激情,但激情不等于意气用事,也不等于凭感觉行事,更不可迷失于过度自信之中。要做到三个"万万不可"。在项目实施过程中,万万不可先交钱后办事,不要把自己的辛苦钱,仅凭一纸合同或协议,就轻易付给对方;万万不可轻信对方的许诺,在签订合同时就应留一手,以防止对方有意违约给自己带来损失;万万不可求富心切,专门挑选看上去轻而易举就赚大钱的项目去干,越具有诱惑力的项目,往往风险也越大。

在选择项目上,对项目的可行性应该认真分析研究。首先,要开阔视野。视野是你眼睛能见角度的宽窄,目力所及范围的大小,看到的事物的多少,内涵与品质的高低。这宽窄、大小、多少、高低对项目的选择太重要了。其次,要多看、多听、多想。见多识广,识多路广。每个人的知识、经验、思维以及对市场的了解不可能做到面面俱到,多看、多听、多想能广泛获取信息,及时从别人的知识、经验、想法中汲取有益的东西。从大处着眼,从小处着手,关注细节,理性创业。我们倡导理性创业,尊重规律,尊重市场,这才是最根本的出发点。面对今天的市场,做专、做强、做久、做大,这才是一个企业发展的正确轨迹。因此,创业者要有发展意识,要不断完善企业组织架构和指挥系统,及时调整市场定位,并建立企业周期性发展的长效机制。

学识。境界源于修养,修养源于知识,知识源于学习,学习源于追求。知识的增长,技能的提高,人事的熟悉,文化的领会,是组织中积累性的学识。当今社会,知识更新速度加快,知识折旧率提高,知识保鲜期缩短。随着不断扩展和深化的人类社会与生产实践,人类知识总量的创造也越来越多,不断出现一些与知识有关的新概念,如知识爆炸、知识经济等。所以为了有效地从事各类经济活动,就要求人们不断地学习和掌握人类最先进的知识与技能。这一点对于创业者尤为重要。要用心智去感悟成功人士的心路历程,因为成功是有方法和途径的,要认认真真地帮助成功人做事,成为成功人的朋友,让成功人能真心地帮助你、教导你。千点万点,不如名师一点。成功的最好方法,就是重叠成功人的脚印。没有学习力,就没有竞争力。国力的竞争是经济,经济的竞争是科技,科技的竞争是人才,人才的培养靠教育。常言道:学无止境,艺无止境,自我超越的意义在于创造。高度自我超越的人是不断学习、提升自我、成就事业、拓展才能、完美人生的人。当今世界"信息革命"风靡全球,"网络社会"悄然兴起,"知识经济"扑面而来。创业者只有不断学习,创业企业才能获得源源不断的发展动力。因此,要做一名学习型的创业者,不仅要学习商业知识,还应学习文化、政治、社会、艺术等,学习国际新概念、新理念,向竞争对手学习也是一种很好的方法。

胆识。从"知"和"识"的层面分析,在现实创造性工作中,见识大于知识,胆识大于见识,由于"知"和"识"不足,也就是知识不足,必然缺乏见识,把握机会的能力就差,当需要做出决策时,需要在团体中展现领导的魄力时却勇气不足、信心缺失,严重缺乏胆识,造成在精神上难以服众的局面。什么叫水平?别人发现不了的问题,你发现了;什么叫能力?别人办不成的事,你办成了;什么叫魄力?别人举棋不定,知难而犹豫时,你当机立断,敢冒风险,敢负责任,一锤定音,该出手时就出手,这就是胆商。胆商是一种冒险精神,作家丹佛说:"冒险是一切成功的前提,没有冒险精神就没有成功者。"各种创新变革都始于冒险,道理很简单,万事开头难。在"难"面前首要的不是能不能做,而是敢不敢做、去不去做。机遇具有客观性、易逝性和不可存储性。不管你喜欢不喜欢，它都会在一定的时间、地点，以一定的方式出现。正所谓"机不可失，时不再来"。然而，机遇伴随着风险，所以机遇总是与那些胆商高、敢于冒险的人有缘。诚然，任何人在创新、创业的过程中都是非常艰苦的，可能会面临一次次失败和挫折，只有精心谋划，雄心不变，面对困境，智勇双全，方能大显身手，收获颇丰。作为一个务实的创业实践者应该拼的是智慧、谋略，靠的是胆识。敢想、敢干，拿出胆量是创业者的首要资本。胆量是雄心壮志的具体体现，梦想有多大，成功的欲望有多强，都要用胆量实现，这样才敢想，才能充满信心，不怕失败，敢于实践，才能有创业的开始。胆量是创业的先决条件，但只有胆量还不够。创业路上坎坷与荆棘密布，还要具备相应的胆识，胆识是创业者能够走多远的根本要求。没有知识做支撑，胆大就有可能是赌博。某一项目的选定，常常面对资金周转、人才匮乏、市场壁垒以及各种不确定因素的风险。在通向成功的途中，会有各种各样可预见和不可预见的"雷区"和"陷阱"，而面对风险，高胆商的人励精图治，锐意进取，明知山有虎，偏向虎山行，终于完成了这惊险的一跃，取得成功，壮大了事业。创业的整个过程是需要创业者敢于冒风险，敢于险中求胜。

践识。美国国家创业指导基金会创办者史蒂夫·马若提出了12种被普遍认为是创业者需要具备的能力和素质：适应能力、竞争性、自信、纪律、动力、诚实、组织、毅力、说服力、冒险、理解和视野。这些能力和素质可以说基本上属于"默会知识"。而这些"默会知识"在主要以传递、理解和掌握"显性知识"为主的课堂教学中是学不到的，只能在"做中学""干中学"，才能真正掌握。也可以说，创业能力不是教出来的，而是练出来的。通过创业实践丰富阅历、砥砺品格、锤炼作风。实践证明有文凭不等于有水平、有能力、有效率、有胆略。创业管理仅有学识还不够，必须把知识转化为能力，由此就需要用实践。实践出真知，"纸上得来终觉浅，绝知此事要躬行"，既要注重学识和理论，更要注重"实践"。直接经验是源，间接经验是流，只有源远才能流长。大胆实践，先运转，后规范；先试行，后判断。对的坚持，错的纠正，丢掉的是贫穷，得到的是发展。

本书的出版得到浙江省高等学校本科重点专业建设项目工商管理专业（2009）、浙江省高等教育教学改革项目"独立学院创业教育对大学生创业意愿的影响研究"（项目编号：jg20160249）及浙江省农林大学暨阳学院文化创意中心品牌文化研究所课题经费资助。在此致谢！

本书的出版衷心感谢浙江农林大学天目学院院长石道金教授、修树东教授、李文莉副教授、曹振杰博士，还要感谢内蒙古财经大学李兴旺教授、郝春虹教授等多年来对我的支持和帮助。在本书的写作过程中还得到我的学生张付安、张玉军二位的大力支持，在此深表谢意！

在写作过程中，参考并吸收了当前企业战略管理与创业管理等领域的优秀成果及其网络资源，谨向各位专家学者表示衷心感谢，恕不一一列出。

在此特别感谢浙江农林大学校长、博士生导师周国模教授在百忙中给该书作序，在此深表敬意！

本书由张国良进行总体构思设计和统稿，参加各章编写的有：张国良负责第1章、第2章、第5章、第9章、第10章；张付安负责第3章、第4章、第6章；李文博负责第7章、第

8章、第11章。

　　在编写过程中总的理念定位是理论系统、强化应用、身临场景、提升技能,想以新思想、新体系、新面孔出现在读者面前。然而,由于本人学术水平有限,加之时间仓促,书中不当之处在所难免,敬请读者批评指正,不吝赐教。

编　　者

2017 年 1 月于诸暨

目录

第 1 章

走进创业管理新时代

【本章要点】

- 创业时代到来的必然性
- 创业战略的概念及特征
- 创业战略管理基本过程
- 创业战略管理误区

案例 1-1

创出自己事业的新天地——浙江农林大学学生宋雅丹的创业之路

我于 2008 年 4 月在淘宝平台上开设了一家属于我自己的网店，取名为木木家（网址 http://mumuhome.taobao.com/），用我平时省下来的 300 元零花钱去杭州四季青面料市场进了布料，自己设计制作了几款衣服放在网店里出售，没想到一下子卖出去了，而且还有很多顾客想买我的衣服。我就继续进面料，设计制作衣服出售。就这样，我淘宝店的生意越做越好，第一年我就赚到了我人生的第一桶金 300 万元。

木木家经过两年的快速发展，随着设计、生产、销售环节的不断完善，至今已达到平均日销售 1 500 件的水平，2009 年年销售额达到了 1 400 多万元，2010 年第一季度已基本完成销售额 1 000 多万元。现在我将抓住发展的机遇，推进网店公司化进程，打造自己的服装品牌文化。

木木家经过两年的经营，设计部、客服部、发货部和仓储部均得到了快速的发展，并开始稳定完善。

木木家设计部：木木家从自己一个人设计开始，发展到拥有自己的服装设计部。2009 年木木家陆续从社会上招聘服装设计师，组建属于自己的服装设计部，现在已拥有 5 名专业的服装设计师，其中主设计师曾在全国行服装设计大赛中多次获奖，拥有时尚、多元的服装设计理念。木木家服装设计部的成立，通过各种交流培训学习，每月设计服装款式近百款，大大丰富了木木家女装的款式，给广大顾客增加了选购的余地。

木木家客服部：木木家因发展需要，通过不断扩招，很快已拥有客服工作人员 20 名，其中工作 1 年以上的客服有 5 人，工作半年以上的客服有 7 人。客服部设置客服经理 1 名、店长 1 名。客服部拥有严格的日常考核制度、年轻的团队管理模式、到位的培训学习机制。客服部通过不断发展完善，接待能力不断增强，平均日销售 1 500 件。

木木家发货部：木木家现发货中心共占地 2 000 平方米，发货中心工作人员共 12 名。前期对发货部门进行了整改，规范了发货流程，引进了上海管易软件有限公司的发货系统，邀请专业人才对发货员进行了专业培训，通过培训和学习，大大提升了发货速度和准确率，平均日发货数量达到了 1 200 多票。

木木家仓储部：木木家仓储部共两层，占地 2 000 平方米，仓储部工作人员共 20 名。仓储部负责面料的采购、加工原料的配发、成衣进库的质检和仓库管理配发。

回顾我创业的历程，总结了一下，共经历了五个阶段。

第一阶段（2008 年 4 月至 9 月），淘宝创业初期。

在淘宝网成功开设店铺之后，销售了第一批由自己设计制作的成衣，受到广大顾客的青睐，这就大大坚定了我的信念，网络服装销售坚持原创。当时，店铺内的所有工作均由我一个人完成，包括服装款式的设计、面料的采购和衣服的销售等，后来由于订单太多，我就找了学校附近的一家裁缝店帮忙加工。那时基本上除了上课，其余的时间都在设计、制作和销售衣服。

第二阶段（2008 年 10 月至 2009 年 3 月），店铺完善阶段。

店铺经过 6 个月的发展，已拥有了一部分稳定的客源，每天的订单都在增加，店铺所有的工作都由我一个人来做实在来不及，那时候我就想到了要招聘客服人员，成立我自己的客服团队。商品拍摄开始尝试聘请模特、摄影师和化妆师进行外拍，商品的描述上了一个台阶，更好地阐述了我们的商品，顾客对此反映很好，销售额进一步提高。

第三阶段（2009 年 4 月至 8 月），快速发展阶段。

店铺各方面已基本完善，在同等级别店铺中已经遥遥领先，但销售额面临着一个"瓶颈"阶段。为了进一步扩大消费群体，提高销售额，此时我们采取了与顾客进行互动，增强顾客凝聚力，店铺留言区成了我们的互动区，顾客可以在留言区跟我进行交流互动，我将一些宝贵的意见建议收集起来，为下一步服装设计销售打下基础。同时，采取培训学习的方法提高客服的服务态度和水平，店铺进入了快速发展阶段。

第四阶段（2009 年 9 月至 2010 年 2 月），店铺提升阶段。

店铺的快速发展，仅凭我一个人设计根本满足不了顾客对衣服款式的需求，于是招聘了 4 名专业服装设计师加入我的团队，在产品的丰富度上有了明显的改善。同时，跟淘宝网有了进一步的合作，签订了大量的广告合同，大规模的广告投入使店铺的销售额、收藏人气及几方面指数快速增加，销售额也跨越性地增长。

第五阶段（2010 年 2 月至今），网店公司化阶段。

在经历前期快速发展之后，店铺的发展已初具规模，单靠网店的管理模式已经无法满足当前发展的需要，将网店公司化运作迫在眉睫。首先进行公司的注册和女装品牌的注册；其次将公司内各部门进行明细分工，出台公司各类考核制度等一系列公司化的模式运用于我的网店。公司化运作将进一步提高网店的正规化建设和木木家女装品牌的竞争力，为将来品牌的进一步发展打下坚实的基础。

创业点评：一个超前的创业项目，是成功的一半。现在创业不像 10 年前创业那么简单，肯花时间去做，大部分都能成功，现在如果没有一个好的项目，恐怕你再怎么努力都是白费时间。如果你能在准备创业之前就选择一个超前的项目，那我就恭喜你了，你已经成功了一半。我创业之前首先看准了电子商务的发展前景,网购将会快速发展;其次我揣摩了女孩穿衣怕撞衫的心理;最后选择了在淘宝这个网购平台上开创自行设计衣服款式进行销售的项目。

一个优秀的工作团队,是成功的支柱。创业初期你一个人把所有的事情都搞定没有问题,但是当你的事业发展到一定阶段的时候,仅靠你一个人的力量是远远不够的,这时候就要靠你的团队来一起完成所有的工作。我的事业之所以能走到现在,我的团队是一个很大的支柱,团队中的每一个人我都非常了解,我能合理地分配给他们工作,发挥一个团队最大的能力。

一套正确的营销策略,是成功的关键。我们做所有事情的目的就是要成功销售自己的商品,你能否成功销售你的商品是衡量你成功的标准,这时候你就需要一套量身定做的营销策略。我们要抓住我们服务的对象,设身处地地思考,如果你是一名顾客,什么样的衣服最吸引你,我选择了主动去跟顾客沟通,跟顾客做好互动,了解顾客最需要的,我们的营销策略是我们成功的关键。

1.1　创业时代到来的必然性

创业就是创业者对自己拥有的资源或通过努力能够拥有的资源进行优化整合,从而创造出更大经济或社会价值的过程。而根据杰夫里·提蒙斯(Jeffry A. Timmons)所著的创业教育领域的经典教科书《创业创造》(*New Venture Creation*)的定义:创业是一种思考、推理和行为方式,它为机会所驱动,需要在方法上全盘考虑并拥有和谐的领导能力。"战略"一词源于军事术语,指在敌对状态下将军指挥军队克敌制胜的方法和艺术。战略决策是关系全局的、长远的、重大问题的决策。现代企业之间竞争激烈,在经济形势复杂多变的情况下,研究制定企业的经营战略并据此制定中长期规划,对企业的发展前途至关重要。《孙子兵法》曰:"夫未战而庙算胜者,得算多也。""多算胜,少算不胜,何况无算乎?"经营者只有"善算""巧算""妙算"才能在竞争中精于计谋,技高一筹,战胜对手。

俗话说:"人无远虑,必有近忧",从企业发展的角度来看,企业今天的行动是为了执行昨天的战略,企业今天制定的战略正是为了明天更好地行动。在美国进行的一次调查中有 90% 以上的企业家认为"最占时间、最为重要、最为困难的事就是制定战略规划"。由此可见经营战略已成为许多企业取得成功的重要因素,这些企业已进入"战略制胜"的时代。以农业经济为主的社会,人们所关心的是过去——经验和做法;以工业经济为主的社会,人们所关心的是现在——技术和市场;以信息为主的社会,人们关心的是未来——战略和商业模式。可以说,意识能量就是财富的种子,财富就是意识能量的果实。

名人名言

对没有战略的企业来说就像在险恶气候中飞行的飞机,始终在气流中颠簸,在暴风雨中穿行,最后很可能迷失方向,即使飞机不坠毁,也不无耗尽燃料之危。如果对于将来没有一个长期的明确方向,本企业的未来形势没有一个实在的指导方针,不管企业规模多大，地位多稳定，都将在新的革命性的技术经济的大变革中失去其存在的条件。

——美国著名的经济学家阿尔温·托夫勒

从以上看出机会的把握越来越依靠实力，依靠创业者的韧性、悟性、理性与学识、胆识、践识。21 世纪有四种主要力量不可低估。

1. 顾客（customers）占上风

今天的市场，卖方不再占据优势，买方真正占了上风，"萝卜慢了剥层皮"，顾客更富于个性，挑剔、严苛是现代消费者的一大特点。消费既是生产过程的终点，又是再生产过程的起点。这是因为消费是产品的完成，没有消费就没有生产；消费为生产创造出新的需要，这种不断增长的新的需要是生产得以不断进行的原动力。随着科技进步，生产结构的调整和人民生活水平的提高，使市场的消费需求呈现出分散化、复杂化和多样化的趋势。人们对日用商品出现了高、中、低不同层次的消费需求。部分高档商品进入家庭，并要求提供相应的售前、售后服务。因此，根据消费需求发展趋势的变化而制定企业的营销战略，如名牌战略、售后服务战略等，满足和创造市场需求，是企业在制定经营战略中的首要任务。顾客与企业，互惠解难题，顾客是上帝，信赖成朋友。顾客忠诚度、美誉度，是企业生存之根、立命之本。

2. 竞争（competition）在加剧

市场经济越发展，企业竞争越激烈。在日趋激烈的市场竞争中企业必然是主体，如果说市场是舞台，那么企业就是演员。企业经营的宗旨是获利，利是经济建设之本，利是富国强民之源。利之获，人心聚；利之丰，企业强；利之聚，社稷兴。市场上的利益诱惑使众多企业趋之若鹜，竞争者的队伍越来越庞大。"赢得竞争优势，夺取领先地位，获得更大效益"已成为全球经济竞争的新景观。谁都可以"得罪"，市场不能"得罪"。

3. 变化（change）是常事

当今世界只有一个东西是不变的，那就是"变"。变化已成为社会经济运行的一种常态。美国通用电气公司一直信奉"充满宗教般的狂热"的信念：如何预见变化，如何应付变化，如何使一家各项工作都做得很好的公司发生变化。在市场经济的海洋里，潮涨潮落，变化频繁，顺潮流善变者生，逆潮流不善变者亡。市场风云，变幻莫测，强手如林，各显神通。企业家要善于把握千变万化的市场行情，以变应变，先谋后战，才能在海中劈风浪，绕暗礁，直挂云帆济沧海，夺取最后的胜利。大海航行靠舵手，舵手靠的是舵，战略就是企业的命运之舵。

4. 企业面临着生命周期的严峻挑战

企业是一个生命的肌体，它也有生命过程的周期规律。企业从诞生的那一天起，就站到了其生命周期的起点上，同时也面临生命周期的挑战。

据统计，中国企业平均寿命只有 7～8 岁，民营企业只有 2.9 岁，跨国公司的平均寿命为 11～12 岁，世界 500 强的平均寿命为 40～42 岁，世界 1 000 强的平均寿命为 30 岁。那些因决策失误，对市场反应迟钝、管理不善的企业会过早地进入"公司恐龙博物馆"。

企业的生命历程不是短暂、突发式的"昙花一现"，而应是持续发展的百年甚至千年的过程，是什么因素造成企业过早地衰老甚至死亡呢？

《中国企业家》杂志曾做过统计：10 年前首届评选出的 20 名全国优秀企业家中，

1 人病故,1 人叛逃,3 人高升,5 人离退休,6 人辞职、免职、停职……原企业任职的仅剩 4 人! 他们如刚刚掠过夜空的那场流星雨,虽然能够绚烂一时,却不能辉煌一世。昔日大江南北响彻云霄的长江音响不到 10 年便"戛然而止";秦池集团"醉在 97"后便梦里不知身是客;曾经红火一时的豪门集团已"沦入"洋人的怀抱;郑州亚细精亚集团也不到 10 年便不知"太阳从何升起"。

名人名言

促使企业成长或老化的原因既不是规模也不是时间。我与创立已经 100 年的"年轻"公司打过交道,也见过不少成立不过 10 年的"老公司"。决定企业生命活力的关键是企业的灵活性和可控性。

——伊查克·麦迪思

没有战略的企业就像一艘没有舵的船,只会在原地转圈;又像个流浪汉一样无家可归。

——乔尔·罗斯

1.2　创业战略的概念及特征

"战略"是一个既古老又新颖的名词,说它古老,是因为远在中国的三国时代,诸葛亮就表现出战略家的过人智慧,后人常以他的战例为借鉴;说它新颖,是因为现代企业战略要比古代战略无论从概念还是内容都复杂得多、微妙得多。

1. 战略的军事内涵

战略,古称韬略,原为军事用语。战略就是作战的谋略。《辞海》对"战略"一词的定义是:"军事名词,指对战争全局的筹划和指挥。它依据敌对双方的军事、政治、经济、地理等因素,照顾战争全局的各方面,规定军事力量的准备和运用。"

战略最初多应用于军事领域。在英文中,"战略"一词为 strategy,它来源于希腊语的 stratagia——这也是一个与军事有关的词。《简明不列颠百科全书》称战略是"在战争中利用军事手段达到战争目的的科学和艺术"。许多著名军事家都对"战略"一词做过精辟的解释。著名的德国军事战略家冯·克劳塞维茨将军曾说过:"战略是为了达到战争目的而对战斗的运用。战略必须为整个军事行动规定一个适应战争目的的目标。"另一位著名的德国军事战略家毛奇也曾经说过:"战略是一位统帅为达到赋予他的预定目的而对自己手中掌握的工具所进行的实际运用。"

除军事领域外,战略正越来越多地被应用于诸如政治、经济、科技、文化、教育等领域。那么,战略的内涵是什么呢? 请看三个典型的战略实例。

实例 1-1

一席隆中对,三分天下事

《三国演义》第三十八回"定三分隆中决策,战长江孙氏报仇"中,详细、生动地描写了刘备、关羽、张飞三顾茅庐,请诸葛亮出山的历史情景。当诸葛亮闻知刘备"欲伸大义于天下"的"将军之志",又受刘备的三顾之恩,便在茅屋中为刘备献出了自己的谋略,这就是历史上有名的"隆中对"。诸葛亮先对曹操、孙权、刘备三方的实力作了分析,接着提出了自己的谋略。

曹操——曹操势不及袁绍,而竟能克绍者,非惟天时,抑亦人谋也。今曹已拥百万之众,挟天子以令诸侯,此诚不可与争锋。

孙权——据有江东,已历三世,国险而民附,此可用为援而不可图也。

刘备——将军乃汉室之胄,信义著于四海,总揽英雄,思贤如渴,若跨有荆益,保其岩阻,西和诸戎,南抚彝、越,外结孙权,内修政理;待天下有变,则命一上将将荆州之兵以向宛、洛,将军身率益州之众以出秦川,百姓有不箪食壶浆以迎将军乎? 诚如是,则大业可成,汉室可兴矣。将军欲成霸业,北让曹操占天时,南让孙权占地利,将军可占人和。先取荆州为家,后即取西川建基业,以成鼎足之势,然后可图中原也。

📚 实例 1-2

抗日持久战,战争三阶段

1938 年 5 月 26 日至 6 月 3 日,毛泽东同志在延安抗日战争研究会上作了一个著名的讲演——"论持久战"。这个讲演的内容极其丰富、深刻,但主要是批判"亡国论"和"速胜论",提出了"抗日战争是持久的,最后胜利属于中国"的"持久战"战略。其主要要点如下。

(1) 批判了"亡国论"。"亡国论"认为,日本太强了,中国战必败,再战必亡。

(2) 批判了"速胜论"。"速胜论"认为,日本也没有什么了不起,中国能够迅速打败日本。

(3) 提出了"持久战"战略,认为"抗日战争是持久的,最后胜利属于中国"。其根据是中日双方存在相互矛盾的四个基本点:一是敌强我弱;二是敌退步,我进步;三是敌小国,我大国;四是敌寡助,我多助。指出抗日战争可以分为三个阶段:第一阶段是敌进攻、我防御时期,即战略退却阶段;第二阶段是敌防守、我反攻时期,即战略相持阶段;第三阶段是我反攻、敌退却时期,即战略反攻阶段。

可见,"持久战"就是毛泽东同志为抗日战争制定的一个大战略。

📚 实例 1-3

战略目标"三部曲":温饱、小康和富裕

邓小平同志为使我国基本实现现代化,胸怀全局,高瞻远瞩,为我们制定了一个"三步走"战略。

第一步,从 1981 年到 1990 年国民生产总值翻一番,实现温饱;

第二步,从 1991 年到 20 世纪末再翻一番,达到小康;

第三步,到 21 世纪中叶再翻两番,达到中等发达国家水平。

2. 企业战略的内涵

企业战略从 20 世纪中后期被提出来后,相关的研究著作层出不穷,但是在西方战略管理文献中没有一个统一的定义,战略管理专家从不同方面对战略进行了描述。这里介绍西方一些有代表性的有关企业战略的定义,帮助读者从不同的角度来把握企业战略的本质。

1) 安德鲁斯的定义

哈佛商学院教授安德鲁斯认为,企业总体战略是一种决策模式,它决定和揭示企业的目的和目标,提出实现目标的重大方针与计划,确定企业应该从事的经营业务,明确企业的经济类型与人文组织类型,以及决定企业应对员工、顾客和社会做出的经济与非经济的贡献。

从安德鲁斯对战略的定义可以看出,他认为战略是一种把企业的目标、政策和经营活动结合在一起的模式,使企业形成自己的特殊战略属性和竞争优势;战略的形成应当是一个精心设计的过程,而不是一个直觉思维的过程,而且战略应当清晰、简明,易于理解和贯彻。

2) 安索夫的定义

1965 年,哈佛商学院教授安索夫出版了《公司战略》一书,他从构成要素的角度对战略进行了描述,认为战略的构成要素应当包括产品与市场范围、增长向量、协同效果和竞争优势。安索夫认为,这 4 种战略要素是紧密相关的,它们共同决定着企业经营活动的方向和发展目标。安索夫指出,企业在制定战略时,有必要先确定自己的经营性质。安索夫认为,无论怎样确定自己的经营性质,目前的产品和市场与未来的产品与市场之间存在一种内在的联系,这就是所谓的"共同的经营主线"。安索夫认为,通过分析企业的"共同的经营主线"可把握企业的方向,同时企业也可以正确地运用这条主线,恰当地指导自己的内部管理。安索夫还认为,企业也不能将自己的经营性质定义得过窄,企业的战略必须一方面能够指导企业的生产经营活动,另一方面能够为企业的发展提供空间。

安索夫对战略管理的最大贡献是自从他的战略定义提出以后,西方战略管理文献一般便将战略管理分为两大类:企业总体战略和经营战略。企业总体战略考虑的是企业应该选择进入哪种类型的经营业务;经营战略考虑的则是企业一旦选定了某种类型的经营业务后,确定应该如何在这一领域里进行竞争或运行。

3) 魁因的定义

美国达梯莱斯学院的管理学教授魁因认为,战略是一种将一个组织的主要目的、政策与活动按照一定的顺序结合成一个紧密整体的模式或计划。魁因认为,制定一个完善的战略有助于企业组织根据自己的内部能力与环境中的预期变化,以及竞争对手可能采取的行动而合理地配置自己的资源。

由于在实际工作中计划工作人员很难预料到企业战略中各种重要的影响因素之间相互作用的准确方式,也很难预料到由于竞争对手有意识地抵制而不得不修改战略的时机和方式。因此魁因认为,战略的实质是建立一种强大而又灵活的态势,为企业提供若干个可以实现自己目标的抉择方式,以应付外部环境可能出现的例外情况。也就是说,战略不仅要处理不可预见的事件,也要处理不可知的事件。

4）迈克尔·波特的定义

哈佛商学院教授迈克尔·波特在 1996 年发表的《战略是什么》一文中，提出了自己对战略的独到理解。迈克尔·波特强调战略不是经营效率。经营效率是一个企业在从事相同的经营活动时比竞争对手干得更好。迈克尔·波特认为，通过提高质量、授权经营、改变管理、组织学习、业务外包及虚拟组织等方法都可以提高企业的经营效率，也是获得优厚利润的必要条件，但这远远不充分。因为竞争对手可以迅速模仿其在投入、管理技能、技术及满足顾客需求方面的做法往往会导致战略趋同，而战略趋同导致众多企业在同一起跑线上赛跑，很容易导致恶性竞争。

因此，迈克尔·波特认为，战略的本质就是选择，即选择一套与竞争对手不同的活动，以提供独特的价值，企业的这种独特定位能够有效避免由于企业间的相互模仿所导致的过度竞争。简而言之，波特认为，战略就是要做到与众不同。

迈克尔·波特还认为，企业的所有活动相互契合既能够提高竞争优势，也能够保持竞争优势的持久性，所以，战略的成功要求做好许多事而非几件事，并且它们要有机协调起来。按照迈克尔·波特的观点，传统战略模式与持续竞争优势战略模式的差异见表 1-1。

表 1-1　传统战略模式与持续竞争优势战略模式的差异

传统战略模式	持续竞争优势战略模式
1. 寻求产业中理想的竞争地位 2. 参与各项活动并实现最优表现 3. 积极利用外包等办法提高效率 4. 竞争优势来自少数几个关键成功因素、关键资源及核心能力	1. 寻求独特的竞争地位 2. 活动紧跟战略 3. 针对竞争对手准确权衡与明确选择 4. 持续竞争优势来自整个活动系统的契合而非某个部分

5）明茨伯格的定义

加拿大麦吉尔大学管理学院教授明茨伯格认为，生产经营活动中，人们在不同的场合以不同的方式赋予企业战略不同的内涵，说明战略应该从多个角度加以定义。为此，他提出用"5P"来定义战略，即战略就是计划（plan）、模式（pattern）、定位（position）、观念（perspective）、策略（ploy）。

（1）战略是一种计划。明茨伯格认为，可以把战略看成一种计划，即它是一种有意识的、有预计的行动，一种处理某种局势的方针。按照这个定义，战略具有两个本质属性：一是战略是在企业发生经营活动之前制定的，以备企业使用；二是战略是有意识、有目的地开发的。一般来说，企业战略是公开而明确的，作为一种计划写进企业正式文件中。

（2）战略是一种计策。明茨伯格认为，在某些特定的环境下，企业把战略作为威慑和战胜竞争对手的一种"手段"。例如，一个资金雄厚、产品质量优异的企业得知竞争对手计划扩大生产能力时，便公开提出自己的战略是扩大厂房面积和生产能力，迫使竞争对手放弃扩大生产能力的战略，而一旦竞争对手放弃了其扩张战略，该企业并没有将扩大能力的战略付诸实施。可见，这时战略便成了一种威慑因素。因此，这种战略只能称为一种计策。

（3）战略是一种模式。明茨伯格认为，战略也可以是一种模式，它反映企业的一系列行动。根据这个定义,无论企业是否事先对战略有所考虑,只要有具体的经营行为,就有战略。明茨伯格认为,战略作为一种计划与战略作为一种模式两种定义是相互独立的。在实践中,计划往往可能在最后没有实施,模式却可能事先并没有具体计划,但最后却形成了。也就是说,战略可能是人类行为的结果,而不是人类设计的结果。

(4) 战略是一种定位。明茨伯格认为最重要的是,战略应是一种定位,是一个组织在自身环境中所处的位置。对企业来讲,就是确定自己在市场中的位置。具体来说,企业在生产经营中既要考虑与单个竞争对手在面对面的竞争中处于何种位置,也需考虑在若干个竞争对手面前自己在市场中所处的地位,甚至企业还可以在市场确定一种特殊的地位,使得对手无法与自己竞争。例如,企业凭借专利或产品特殊质量,形成其他企业无法与之竞争的细分市场,并给予充分的资源保证,造成以小胜大或生存下去的态势。显然,这一定义与迈克尔·波特对战略的定义相一致。

(5) 战略是一种观念。明茨伯格还认为,企业的经营者对客观世界的不同认识会产生不同的经营效果,所以还应该把战略看成一种观念,它体现组织中人们对客观世界固有的认识方式。可以说,每一种战略都是人们思维的创造物,是一种精神的产物。显然,战略是一种观念的重要实质在于,如同价值观、文化和理想等精神内容为组织成员所共有一样,战略的观念要为组织成员所共享。

此外,明茨伯格认为,这5种定义彼此之间存在一定的内在联系,它们有时是某种程度的替代,如定位型战略定义可代替计划型战略定义,但在大多数情况下,它们之间的关系是互补的。明茨伯格强调,企业战略仍只有一个,这5个定义只不过是从不同角度对战略加以阐述。

总之,企业战略本质上是人们为了控制企业在一定时期内的发展,对企业各种根本趋势及对各种根本趋势起决定作用的因果关系做出能动反应的结果,是指导企业实现某种根本趋势的行为准则和目标。认识企业战略要求我们具有时间的观念和系统的观念。首先,企业战略的着眼点不是当前而是未来。要在正确认识过去和现在的基础上,通过科学预见、高瞻远瞩,谋划未来的发展趋势。其次,企业战略关心的是有关组织的整体和全局的问题。战略问题的核心是研究关系组织发展全局的指导规律。要通观全局,掌握总体的平衡发展,不拘于局部利益和眼前利益。另外,企业战略具有不同的类型、层次和结构。例如,从类型角度看,它包括单一化战略和多元化战略等;从层次角度看,企业战略有公司战略、业务战略和职能战略;从结构角度看,企业战略包括战略制定和战略实施等阶段与步骤。由此可见,企业战略是一个复杂的系统,管理学者由于研究的角度和重点不同,给出的企业战略的定义也可能不一样,但对我们掌握企业战略的本质都有重要的参考价值。

企业战略是企业以未来为基点,为赢得持久的竞争优势而做出的事关全局的重大筹划和谋略。

1.2.1　创业战略的概念

创业战略直接决定了创业者以后所经历的成长空间。创业战略并不是指小的时间段的行动准则,以及一个具体的行动方法。它有一个全局的布置,在较长的时间范围内,让创业者利用众多的现有资源,通过合理的战术手法,达到自己的战略目的。总而言之,战略制定就是通过创业者的智慧,以达到资源的最优化利用和企业的持续盈利。当然这不是一个单纯的制定过程,而是一个贯穿在企业发展始终的执行过程。从军事上讲,创业战略犹如打一场仗,如何布局自己手中的资源(步兵、空军、电子兵、导弹部队、战术核武器),以己之所长,攻敌之所短。集合无数的战术手段,最终让它们攻之一点,从而使自己赢得这一场创业战争。

1.2.2 创业战略的特征

创业战略具有以下几个特征。

1. 全局性

它以企业全局为出发点和着眼点。它是企业发展的整体蓝图,它关心的是"做对的事情"(do the right things),注重对企业未来总体方向的谋划,而不是仅仅"把事情做对"(do the things right),纠缠眼前的细枝末节。因为"把事情做对"只是"效率"高而已,唯有"做对的事情",才会产生长远的效果。

2. 长远性

战略的立足点是谋求提高企业的市场竞争力,使企业兴旺发达、长盛不衰,谋求的是企业的可持续发展,而不是追逐短暂的虚假繁荣。要强化战略思考力和组织设计,不要仅仅追求眼前财富的积累。

3. 方向性

它规定企业未来一定时期内的方向,"它关心的是船只航行的方向而不是眼下遇到的波涛"。大海航行靠舵手,舵手靠的是船上的舵。经营战略就是企业的命运之舵。

4. 纲领性

战略管理是企业管理的"顶尖石",是企业的宏观管理,是统御企业活动的纲领。它为企业的发展指明了基本方向和前进道路,是各项管理活动的精髓,也是生产经营活动的中心。它有利于调动职工的积极性、主动性和创造性,使广大员工心往一处想,劲往一处使,为实现企业的目标而做出不懈努力。战略管理虽然不是万能的,但没有战略管理却是万万不能的!

5. 现实性

创业战略是建立在现有的主观因素和客观条件基础上的,一切从现有起点出发。也就是说,创业战略必须易于操作,要结合企业自身条件和环境状况来制定切实可行的战略。一个完整的战略方案不仅要对战略目标做出明确的规定,还要明确战略重点方针、策略和实施步骤,体现企业战略整体的可操作性和现实性。

6. 竞争性

创业战略也像军事战略一样,其目的也是克敌制胜,赢得市场竞争的胜利。为此,创业战略必然带有对抗性和学习性。对抗性就是要针对对手的行为制定和采取应对性的措施;学习性是指企业对竞争对手的了解和向竞争对手的学习。企业通过针对性学习,一方面可做到知己知彼,从而熟知自己的相对长处与短处;另一方面可学习竞争对手的长处,以在知识和技能方面更好地充实和提高自己,达到更好的克敌制胜效果。

7. 复杂性

创业战略的复杂性指的是企业战略所考虑的因素的复杂性。企业在设计企业战略时必须考虑如下 3 类因素,即环境因素、企业自身的客观条件因素和企业主观目标因素。其中的每一类因素又由许多子因素构成,而且这些因素都是随时间的推移不断变化演进,因此,创业战略所要解决的问题必定是复杂的。

8. 风险性

创业战略的制定为企业的发展明确了方向,便于组织齐心协力地前进。但这本身就隐含着风险:由于战略的长远性和稳定性,就会使企业对战略形成路径依赖,这样,当外界发生变化时,企业在原来战略的指导下可能会离正确的轨道越来越远。也就是说,创业战略往往是一把"双刃剑"。

9. 稳定性

战略是解决长远性、全局性的问题,影响面大。因此,要保持其相对的稳定性,不能朝令夕改。只有企业的外部环境和内部条件发生重大变化后才能做战略性调整、转移。而战术则是指解决局部问题的原则和方法。它具有局部性、短暂性、灵活性、机动性等特点。毛泽东曾指出"研究全局性的战争指导规律是战略学的任务,局部性是战术、战役学的任务",在战略上要藐视敌人,在战术上要重视敌人。"一策而转危局,一语而退千军,一计而平骚乱,数言而定国基",这里讲的就是战术的作用。

战略与战术两者的关系是:战略是战术的灵魂,是战术运用的基础。战略如果错了,就无所谓战术上的对与错。战术的运用是战略的深化和细化,它要体现既定的战略思想,两者的出发点相同,都是为了制定和实现企业的既定目标。

10. 创新性

"物竞天择,适者生存。"环境是企业赖以生存的空间。战略管理最重要的一个规律就是,企业必须适应环境变化才能生存和发展,而适应环境变化的关键则在于不断地变革、创新。创业战略的创新性源于企业内外部环境的发展变化,因循守旧的企业战略是无法适应时代潮流的。企业未来的环境、市场、顾客、竞争对手及企业自身,都不可能是现在的重复或简单延伸。未来的种种变化之迅猛、突发,变动的幅度、频率及变动的内容等,都是用现有的经验和知识所难以驾驭的。唯一的办法是以变应变,以创新求生存、求发展。美国学者彼得·德鲁克说过一段关于企业经营创新的话,他说:"这个要求创新的时代中,一个不能创新的已有企业是注定要衰落和灭亡的,一个不知道如何对创新进行管理的管理者是无能的,不能胜任其工作。对创新进行管理将日益成为企业管理者,特别是高层管理者的一种挑战,并且成为他的能力的一种试金石,企业家的职能是创新。"

名人名言

管理决策是管理的同义语,管理的核心在经营,经营的核心在决策,决策的核心在创新。

——1978 年诺贝尔经济学奖获得者西蒙

小提示

创业战略思考"四要""四不要":

1. 要看将来，不要留恋过去；

2. 要抓机会，不要摆困难；

3. 要把握好自己的前进方向，不要总是跟在别人后面；

4. 要有崇高的目标，不要任其自然。

1.2.3 创业战略的构成要素

关于企业战略的构成要素，不同的学者会有不同的观点。比较有代表性的是安索夫的四要素说和伊丹敬之的三要素说。

1. 四要素说

安索夫认为企业战略由 4 种要素构成，即产品与市场范围、增长向量、竞争优势和协同效应。这 4 种战略要素是相辅相成的，它们共同决定着企业的"共同经营主线"。通过分析企业的"共同经营主线"可把握企业的方向，同时企业也可以正确地运用这条主线，恰当地指导自己的内部管理。

1）产品与市场范围

它说明企业属于什么特定行业和领域，企业在所处行业中产品与市场的地位是否占有优势。为了清楚地表达企业的"共同经营主线"，产品与市场的范围常常需要分行业来描述。分行业是指大行业内具有相同特征的产品、市场、使命和技术的小行业，如汽车行业中的工具车分行业、家电行业中的电视机分行业等。

2）增长向量

它说明企业经营运行的方向，即企业从现有产品和市场组合向未来产品与市场组合移动的方向，故也称成长方向。常用于表示企业成长方向的增长向量有市场渗透、市场开发、产品开发和多种经营等。可见，增长向量不仅指出企业在一个行业里的方向，而且指出企业计划跨越行业界限的方向，是对以产品与市场范围来描述"共同经营主线"的一种补充。

3）竞争优势

它说明了企业竞争机会之所在：企业凭借某一产品与市场组合的特殊属性可以给企业带来强有力的竞争地位。美国战略学家迈克尔·波特（Machel Porter）认为，企业获得竞争优势主要有 3 种战略：低成本战略、集中一点战略、差异化战略，如图 1-1 所示。

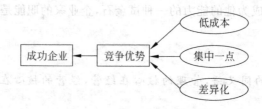

图 1-1 企业竞争优势模型

4）协同效应

协同效应（synergy effects），一个企业可以是一个协同系统，协同是经营者有效利用资源的一种方式。这种使公司整体效益大于各个独立组成部分总和的效应，经常被表述为"1＋1＞2"或"2＋2＝5"。协同效应可分外部和内部两种情况,外部协同是指一个集群中的企业由于相互协作共享业务行为和特定资源,因而将比一个单独运作的企业取得更高的盈利能力;内部协同则指企业生产、营销、管理的不同环节、不同阶段、不同方面共同利用同一资源而产生的整体效应。协同就是企业通过识别自身能力与机遇的匹配关系来成功拓展新的事业,协同战略可以像纽带一样把企业多元化的业务联结起来,即企业通过寻求合理的销售、运营、投资与管理战略安排,可以有效配置生产要素、业务单元与环境条件,实现一种类似报酬递增的协同效应,从而使企业得以更充分地利用现有优势,并开拓新的发展空间。

💡**小提示**

市场竞争有术,创业战略有策:若人缺,我则补,满足需求,增加销售;若人有,我则好,以优取胜,精益求精;若人好,我则多,市场热门,大量投放;若人多,我则廉,薄利多销,吸引顾客;若人廉,我则转,伺机转,开拓新路。

2. 三要素说

与安索夫不同,日本学者伊丹敬之认为,企业战略由3种要素构成:产品市场群、业务活动领域、经营资源群。产品市场群说明公司的产品领域和市场领域,业务活动领域是指企业在整个价值链中应该承担哪些环节的活动,经营资源群则表明企业如何整合开展经营活动所需要的各种资源和能力以及积累资源和能力的方向。

伊丹敬之还认为,构成企业战略的这3种要素,各自又由两项因子构成,即范围和重点。例如业务活动领域所涵盖的内容即构成范围,而这些环节中最重要的一项即构成重点。伊丹敬之认为,根据这3种要素以及每项因子的当前状态和变化方向,就可以分析和确定企业的战略。

3. 战略管理的层次

企业战略是表明企业如何达到目标、完成使命的综合计划。而企业的目标和使命是多层次的,它包括企业的总体目标、企业内各个事业部层次的目标及各职能层次的目标,各层次目标形成一个完整的目标体系。因此,企业战略不仅要说明企业总体目标以及这些目标所用的方法,而且要说明企业内每一层次、每一类业务以及每一部分的目标及其实现方法。一般来说,典型的企业战略分3个层次:由企业最高管理层制定的公司战略,由事业部制定的经营战略,由职能部门制定的职能战略,如图1-2所示。

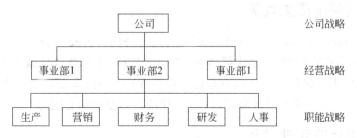

图1-2　战略管理层次

公司战略又称总体战略，是企业战略中最高层次的战略，是企业最高管理层指导和控制企业的一切行为的最高行动纲领。公司战略的对象是企业整体，公司战略决策通常要求有远见、有创造性，并且是全局性的。通俗来说，公司战略主要描述企业在增长、多种业务和产品种类的管理等方面的态度。公司战略还需要根据企业的目标合理配置企业经营所必需的资源，使各项经营业务相互支持、相互协调。

经营战略又称事业部战略，因为它通常发生在事业部和产品层次上。具体来说，公司战略是在企业总体战略的指导下，由某一个战略经营单位（事业部）制订的战略计划，是公司战略框架之下的子战略，为企业的整体目标服务。事实上，经营战略把公司战略中规定的方向和意图具体化，成为更为明确的针对各项经营事业的目标和策略。它重点强调企业产品或服务在某个产业或事业部所处的特定细分市场中竞争地位的提高。当然，经营战略既包括竞争战略，也包括合作战略。

职能战略通常发生在生产、营销和研发等职能领域。职能战略主要是以公司战略和事业部战略为根据确定各职能领域中的近期经营目标与经营战略，一般包括生产战略、营销战略、研究和开发战略、财务战略和人力资源战略。职能战略的主要作用是使职能部门的管理人员可以更加清楚地认识到本职能部门在实施企业总体战略与经营战略中的责任和要求。各个职能部门主要是通过最大化资源产出率来实现公司和事业部的目标与战略。具体来说，职能战略面临的决策课题是：生产和营销系统的效率，用户服务的质量和范围，特定产品的市场占有率，生产设备的专业化程度，研发工作的重点，库存水平的高低，人力资源开发和管理等决策。

企业通常同时使用以上 3 个层次的战略，因为职能战略支持经营战略，经营战略又支持公司战略。当然，经营单一事业的企业，一般只有公司战略和职能战略两个层次。

1.3 创业战略管理基本过程

创业战略是对全局发展的筹划和谋略，它实际上反映的是对重大问题的决策结果，以及组织将要采取的重要行动方案。而战略管理则不仅是决策方案的制定，还要涉及战略方案的评价与实施，因此，企业战略的制定、评价和实施是一个系统过程，这个过程需要一定的理论与技巧。由于战略管理涉及企业的长远方向和重大决策影响范围，因而所需考虑的因素和技术更多，也更为复杂。

1.3.1 战略管理历史发展

战略管理（strategy management）一词最初是由美国学者安索夫于 1976 年在其所著《从战略计划走向战略管理》一书中提出的。20 世纪以西方工业发达国家为代表，战略管理发展的重心发生了转移：50 年代重心是生产管理；60 年代重心是市场管理；70 年代重心是财务管理；80 年代重心是战略管理；90 年代重心是企业核心能力。

1.3.2 创业战略管理过程

战略管理过程是一个科学的逻辑过程，该过程主要包括 3 个关键部分：

（1）战略分析。了解组织所处的环境和竞争地位,知己知彼,百战不殆。

（2）战略选择。对可行战略方案进行评价和选择,一着不慎,满盘皆输。

（3）战略实施。采取一定的步骤、措施,发挥战略的指导作用,实现预期战略目标。

战略管理的 3 个部分可具体化为以下 9 个操作步骤:

（1）确定企业使命和目标。

（2）侦测环境。

（3）发现机会和威胁。

（4）分析企业的资源。

（5）识别优势和劣势。

（6）重新评价企业的使命和目标。

（7）选择和制定战略。

（8）实施战略。

（9）评价结果。

尽管不同的企业进行战略管理的具体过程往往会有差异,但是战略管理的基本过程是相似的。一般来说,动态的企业战略管理过程可以分为战略制定、战略实施、战略控制和战略修正 4 个阶段,每个阶段又包含若干个步骤。也有不少论著将战略控制阶段和战略修正阶段合二为一,并称为战略评估与控制阶段,也就是说,在这些著作中,战略管理过程只有 3 个阶段。

1. 创业战略制定

简单来说,企业战略制定就是制定企业长期发展规划的过程,其标准的程序包括:通过对企业内外部环境因素的分析来确定企业的使命和未来所要达到的目标,制定企业达到目标的战略和政策。当然,在某些特殊情况下,可能会先有企业使命,然后才对企业内外部环境因素进行分析以制定企业的目标、战略和政策。

1）企业外部环境

企业外部环境是指影响企业做出战略性决策而对企业来说是不可控制的全部条件的总和。它包括一般环境和直接环境。一般环境是指与本企业经营有关但不可控制的经济的、社会的、政治的和技术的因素。直接环境是指企业经营所处的竞争环境,它直接影响企业经营目标和经营战略的选择以及实施成效。直接环境通常是那些和本企业有关的竞争对手、用户、供应者和贷款人等的战略性行为相互作用的结果。尽管本企业的行为也会对外部直接环境产生影响,但总的来说,对于本企业而言,外部直接环境在很大程度上也是不可控的。

2）企业内部环境

企业内部环境因素指的是企业在经营中已具备的和可取得的资源,如人、财、物等的数量和质量,它表明企业具有的优势和劣势。

一般来说,通过对企业内外部环境因素的分析和组合,可以找到企业的发展机会,从而确定企业的使命。在此基础上,制定出合适的企业目标和战略。

3）企业使命

企业使命是指企业将在社会中负有满足何种需要的使命,简单讲就是它将在哪些产品、市场和技术领域经营。企业使命只是反映了企业战略决策者办企业的主要意向，而不是对特定时间内要做到何种程度做明确的规定。一般来说，企业的使命即经营方向要受到外部环境因素和企业内部因素的制约，而企业内部因素反过来又决定了企业应着重从哪些方面增强实力、提高素质，并对外部环境产生影响。

4）企业目标

企业目标指的是企业希望在未来某个时期通过其经营活动取得的效果，如在利润、投资回收、市场竞争地位、技术领先地位、生产率、员工培养、人力资源开发和员工物质生活等方面要求取得的效果。企业目标一般是多元的，每一个目标都应当是明确的、可衡量的、能够达成的，并且是与其他目标相协调的。从时间的角度看，企业目标可分为近期目标和长期目标。在战略管理中，企业长期目标的周期一般为 3～5 年。近期目标指的是企业根据其长期的战略目标，在近期的经营活动中要求取得的效果。近期目标一般也称为年度经营目标，它所涉及的课题和内容与长期目标基本相同，所不同的是年度目标要求更为明确，以便指导近期的经营活动。所以，长期目标基本上是规划型的，而近期目标更多的是执行型的。例如，某企业在长期目标中规定年平均生产增长速度为 10%，这就是规划型的；第一年的近期增长目标可能规定为 8% 或 12%，这属于执行型的。

5）企业战略

企业战略就是实现企业长期目标的方法或行动方案。企业战略选择的过程就是对重大的机会提出相应的长期目标并提出实现这些目标的经营战略方案，然后根据企业长期目标和经营战略，进一步提出近期的经营目标和经营策略。一般来说，提出的是多个战略或策略方案，所以要对这些方案逐个地进行比较和评价，以求得一个能最好地实现企业长期目标的战略组合。在比较和评价中，关键的问题是要确定一定的衡量标准，因为任何一个备选方案都会有其优缺点，衡量标准不同，选择的结果也会不同。而战略选择反过来也会对企业的经营方向、内部因素、外部环境和竞争环境产生影响，从而进一步丰富和发展原定的经营方向和目标，并对企业的能力提出新的要求。

2. 创业战略实施

企业的创业政策是把战略制定和战略实施联结起来的决策与行动指南。具体来说，战略解决的是企业发展的基本方向、主要步骤和重大项目等事关全局的问题，而政策则是指导员工实施战略的行动细则。也就是说，企业运用政策来确保所有员工的决策和行动支持企业使命、目标与战略。所以，为了实现自己的使命、目标和战略，每个企业都需要在生产经营中以一系列的政策来指导产品的开发、设计、生产、定价、销售和顾客服务等决策活动。

企业的创业战略实施就是借助行动计划、预算和一定的程序，将战略推向行动之中。也就是说，战略在实施以前只是纸面上或头脑中的东西，实施是战略成为可以产生实际效果的行动。战略制定中的关键在于其正确性，而实施的关键在于其有效性。战略实施的效果取决于实施战略所必需的工作任务、组织结构、人员、技术、报酬制度等重要因素的有效协调和运用。所以战略的实施过程一般会涉及整个企业的文化、组织结构和管理系统的变革。除非需要非常激烈、横跨整个企业的变革，一般来说中层管理人员和低层管理人员就可以执行与实施战略。当然，作为企业的最高行政首脑，企业的总经理必须对企业战略的实施承担全部责任。所以在现实中，较之企业战略的制定，企业高层经理（特别是总经理)往往会将更多的时间和精力用于企业战略的实施。他们要为战略的实施提供指导，进行评估和控制。

3．创业战略控制

战略控制就是将战略实施过程中反馈回来的成效信息与预期的战略目标进行比较，评估两者的偏差度，并采取相应的行动纠正措施，以确保战略目标的完成。早期的信息来自市场对企业战略的反应，这可以作为战略控制的初步依据。而对战略的全面的、最后的总结评价和控制则在于证明其能否实现企业的经营目的——近期目标和长期目标及企业的经营方向。战略只有达成了其目标才是成功的。战略控制是企业高层战略活动的控制，它不同于管理层和作业层等中下层的控制。但是为了实现有效控制，高层管理者要能够从中低层的员工中获取明确、快捷、无偏见的信息，而这往往是困难之所在。

4．创业战略修正

企业的战略修正是在企业战略实施的过程中产生的实际效果与战略目标有明显的偏差时采取对原战略方案的修改。战略控制是对战略实施行动的纠正，而战略修正则是对战略方案本身甚至战略目标本身的修改。当然，如果战略实施效果与预期的战略目标无偏差或差异很小则不需要进行战略修正。显然，战略修正又可被看作下轮战略制定的起点。

上述模式是战略管理的基本模式，但它不是唯一的模式。实际上，各个企业可以根据各自的实际情况和需要对其组成的内容做出必要的增删调整。

创业战略管理的误区如下。

(1) 盲目跟随。这是指企业没有仔细地分析企业特有的内外部环境条件和自身的资源情况，而是盲目地追随市场领导者或目前流行的战略态势，从而造成失误。盲目跟随的一种表现形式是片面仿效行业中领先企业的做法。

(2) 墨守成规。这种做法是指因循过去成功的战略，在开拓新业务时，不加创新，采取守株待兔的做法，希望能够取得再次成功，结果往往是令人失望的。

(3) 针锋相对。这种做法是指企业为了增加企业的市场份额，而置可能引发的价格大战于不顾，针锋相对地与另一家企业展开白热化的市场争夺战。

(4) 过度多元。在面临许多有发展前途的机会时，企业往往会自觉或不自觉地希望抓住所有的机会，以实现广种薄收的目的，从而走上多元发展之路。

(5) 孤注一掷。当企业在某一战略上投入大量资金之后，企业高层管理者往往难以接受战略不成功的现实，总希望奇迹出现。

(6) 本末倒置。在市场开拓与产品促销上投入大量的资金，而不在解决产品质量及性能上下功夫。

(7) 顾此失彼。许多面临困境的企业往往倾向于将更多的精力用于改正缺点，而不是想方设法利用自己的优点来获益。

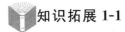 **知识拓展 1-1**

战略营销制胜要诀探秘

战略营销作为企业职能战略的重要组成部分，要通过其战略谋划构建自己的营销核心竞争力,战略营销是企业运营的龙头。马克思说"商品价值的实现是惊险的跳跃",而战略营销是实现跳跃的关键。它是商品流通的前奏曲,最先吹奏起流通的号角;它是商品流通的桥梁,也是商品流通的必由之路;营销战略是助跳器,它决定着商品跳跃成绩的高低优劣;营销战略是导航船,只有经过它的疏通引导,商海中的商品滚滚洪流才得以畅通无阻。感悟战略,体验营销,细节制胜,必须把握"思""谋""算""看"要诀:

一"思",即精思,思维创意,出新求利,金点巧策划,点石可成金。

主意诚可贵,思维价更高。"人无远虑,必有近忧。"超前意识是创造性思维之母,企业立足的根本是创新经营。战略营销者要时刻把握住市场营销的方向,冷静地判断经济发展的新趋势,善于捕捉商机,制定出正确的决策。对于企业来说,超前思维是指企业家将企业的生产经营活动和企业赖以生存的环境,看作一个生生不息、不断向前、永无止境的运动过程。这一过程充满了机遇和挑战,成功与挫折。企业根据环境的变化,不断对自身的行为做出相应的调整,从而使企业在运动中生存、发展和壮大,战略远见才是成功的源泉。如今在我国许多地方,"小肥羊"被人们品得津津有味。"小肥羊"餐饮有限公司在4年的时间里悄然登上了我国餐饮业中餐第一把交椅,这家公司已发展起近700家连锁店,2001年还进入美国市场,在4年多的时间内公司以1 519.93％的增长速度超常规快速发展。2003年11月,"小肥羊"公司被评为中国成长企业百强之冠。"小肥羊现象"也在中国餐饮界引起了很大的轰动!"小肥羊"当初的创意就是"迅速发展连锁店"!

创新敏感和把握商机是创业者永恒的主题。1999年"小肥羊"创始人张钢与陈洪凯开始隐隐意识到了"不蘸小料涮羊肉"这一想法背后必蕴藏着巨大的商机,看到"小肥羊"具有成功的潜质! 这就是超前思维,也是财富之源。企业家在决策时不但要向"钱"看,而且要向"前"看。精明的企业家要有"月晕而识风,础润而知雨"的敏锐目光。"春江水暖鸭先知",捷足先登,能见前人所未见,想今天所未想,能从现状看到未来。

二"谋",即经营谋略,不谋全局,不足谋一域;不谋长远,不足谋眼前。

一是谋全局。它以企业战略营销全局为出发点和着眼点。制定战略营销与企业发展的整体蓝图,它关心的是"要做对的事情",注重对企业未来总体方向的谋划,而不仅仅只是"把事情做对"。二是谋长远。战略营销的立足点是谋求提高企业的市场营销竞争力,使企业兴旺发达、长盛不衰,谋求的是企业的可持续发展,而不是追逐短暂的虚假繁荣。战略营销规定企业未来一定时期内的市场营销方向,"它关心的是船只航行的方向而不仅仅是眼下遇到的波涛"。大海航行靠舵手,舵手靠的是船上的舵,战略营销是企业经营的命运之舵。

三"算",即神机妙算,把握商机,面向未来,赢得主动。

要学会先算、善算、妙算。"先算"定方略,"善算"知己彼,"妙算"得市场。

首先,"先算"定方略。《孙子兵法》曰:"夫未战而庙算者胜,得算多也,多算胜,少算不胜,何况无算乎!"争"先"一招,出奇制胜。一个"先"字内涵深刻,突出表现出一种积极争取主动的思想,不仅表现在行动上,更主要的是要表现在主观思维要先于计谋,先发制人。抓紧时间,神速取胜,是占领市场的主要营销策略。一是先声,首先在声势和声誉上高于对手,达到"不战而屈人之兵"的全胜效果;二是先占,抢在竞争对手之前进入市场,迅速占领市场;三是先机,掌握市场上的各种有利时机,捷足先登,一步领先,步步领先;四是先天,在新产品进入市场之前,一定要从产品质量、适用性、外观形状多方面先天优于竞争对手,产品"新""快""美""特",奇招迭出。俗话说"一朝鲜,吃遍天",特别是中小企业开发"冷门"产品,填补空缺,堪称一绝,有许多"妙棋":美国的"牛仔裤",日本尼西奇公司的"尿布",英国服装公司的"孕服",等等,都显示了中小企业在这方面的卓越才能。在开发"冷门"中的创新活动中,要先算巧算,想方设法用新的产品去吸引消费者,刺激需求,以"新"求发,以"奇"引人,以"廉"取胜。

对于企业而言,"先"的含义就是销售额的快速增加,而对于乳制品这样的快速消费品而言,增加销售的最有效途径就是策划出强力刺激销售的营销活动,不管是"事件营销"还是"闪电创意",要想跑得快就得抢先制造和抓住一切机会,失落黄金有分量,错过商机无处寻。

2002 年,蒙牛做了一个"给我个理由选择你"的策划,真可谓"走遍天下与众不同"。就全局来看,2002 年蒙牛销售额达到 16.69 亿元,是 2001 年销售额 7.24 亿元的 2.3 倍!

2003 年 10 月 16 日"神舟五号"顺利返回,6 时 46 分,北京指挥控制中心宣布:中国首次载人航天飞行取得圆满成功!几乎与此同时,蒙牛总裁牛根生一声令下,公众关注。全国各大媒体、超市、报纸都在行动⋯⋯几小时之后,伴随着"举起你的右手,为中国喝彩!"的口号,蒙牛"航天员专用牛奶"的广告,便铺天盖地出现在北京、广州、上海等地的路牌和建筑上,"忽如一夜春风来,千树万树梨花开",全国 30 多个城市的大街小巷蒙牛广告随处可见,立体轰炸,家喻户晓。一时间蒙牛宣传攻势锐不可当,产生轰动效应。

"神舟五号"载人航天,在中华民族发展史上是开天辟地的大事,举世聚焦,万众瞩目。对于战略营销来说,这是一次千载难逢的搭载机会,是 21 世纪以来最大的一笔垄断性资源,从一定意义上说谁占有它,谁就拥有了难以企及的制高点。蒙牛抓住了这个机会。这一年,蒙牛的销售额高达 40 多亿元。"蒙牛速度"成为中国企业的一面旗帜。

其次,"善算"知己知彼。知己知彼,百战不殆;知天知地,胜乃无穷。出门看气候,营销识环境,生意知行情,信息抵万金。战略营销必须对外部的经营环境和内部条件进行基本的分析:社会客观大势研判——经济发展趋势;行业中观前景考察——行业未来态势;微观经营环境分析——竞争合作关系;市场营销需求透视——终端顾客行为。"处事识为先而后断之",兵书上的料敌方法有:"以己度敌,反观而求,平衡推导,观往验来,察迹映物,投石问路,顺藤摸瓜,按脉诊痛。"就企业的战略营销而言,关注研究企业内外部环境的变化,把握环境变化的趋势,及时有效地识别由于环境变化所带来的机会与威胁,是市场营销的首要职责。很多获得成功的日本企业,都花费许多时间、精力和资金去分析市场机遇,并对目标市场做深入的了解,研究消费者的心理,摸清组织市场营销活动的规律。如索尼公司在进入美国市场之前,就先派出设计人员、工程师及其他人员组成的专家组先去美国,调查研究如何设计其产品以适应美国消费者的爱好。然后,招聘美国工业专家、顾问和经理等人员,帮助"索尼"分析如何进入市场。

在仔细地研究分析市场机遇、确定目标市场后,日本的企业将着手制定以产品价格、分销、促销、公共关系和政治权力运用等为内容的市场营销战略规划。随后,产品进入目标市场,一发而不可收。

兵法曰:"兵者,诡道也。"当今市场如战场,市场作为一个开放的擂台,各种各样的因素都会促使新的竞争对手进入擂台与你较量，没有进入擂台者，也会不择手段，与你在看不见的战线上竞争。知市场，知己彼，知时政，审时度势，方可制胜。

最后，"妙算"得市场。在市场竞争日趋白热化的今天，企业营销战略的重点应着眼于创造市场，而不仅仅是瓜分市场。因为现代消费需求不仅是有多样性、发展性、层次性，而且还有可诱导性，一个善于开拓市场的经营者应该明察秋毫，捕捉和发现潜在的需求并主动去满足它。"王老吉"从2003年起的新广告，成功地将凉茶这种"清热解毒祛暑湿"的广东地方性药饮产品，重新定位为"预防上火的饮料"，解除了药饮的消费群体的局限，以中国传统的"预防上火"概念，让国人普遍了解并接受了广东"凉茶"产品。"怕上火，喝王老吉"，诱导需求，开拓市场的营销策略，真可谓神思妙算，结果使百年品牌实现了定位大转移，绽放出惊人的光彩！相对于战略营销这个大工程来说，挖掘"卖点"无疑是一个"细节"，但就是这个细节能起到"四两拨千斤"的作用。它是销售中的黄金切入点，只要把这个细节做好了，企业的整体营销水平就会大幅度上升。

菲利普·科特勒曾指出："市场营销是企业的这种职能：识别目前未满足的需求和欲望，估量和确定需求量的大小，选择在企业能最好地为它服务的目标市场，并且确定适当的产品、服务和计划，以便为目标市场服务。"具体说，营销职能有：开展市场调查，收集信息情报；建立销售网络，开展促销活动；开拓新的市场，发掘潜在顾客；进行产品推销，提供优质服务；开发新的产品，满足顾客需要。

四"看"，即要有战略眼光，并要用立体思维思考问题，从多角度、全方位观察市场。

(1) 远看。看宏观、看企业战略营销发展的远景，即看企业的战略营销规划。战略管理强调的是"做对的事情"。要注重科技开发、技术改造与人才培养，增强企业的发展后劲，实施可持续发展战略。要有战略眼光，不要鼠目寸光，一叶障目，不见泰山；两耳塞豆，不闻雷霆；忽视战略，盲打盲从。

(2) 近看。看微观、看近景，即看战略营销的目前运营状况，搞好日常经营管理。管理有序，经营有方，抓好市场营销及企业管理基础工作。万丈高楼平地起，夯实基础出效益。

(3) 粗看。看主流、看企业战略营销整体素质和经营状况的主流，把握战略营销中的主要矛盾和总体发展态势，要看到优势，抓住机会，充满自信，鼓舞士气，加速前进。

(4) 细看。看细节，看日常经营管理中的薄弱环节与毛病，防微杜渐，管理无小事，发展是大事，要看到劣势，规避威胁，扬长避短，谋求发展。

这近看、远看可以使人既注重脚踏实地的埋头苦干，又有今后的战略营销目标，防止盲目蛮干；这粗看、细看，则既看到主流和优势，抓住机遇，提高自信，又能规避威胁，迎接挑战，不因满足现有的成绩而故步自封。在战略营销中要当一个勇敢而明智的将军，而不当胡撞乱碰的鲁莽家。

重视战略不能放弃细节，每个人都把细节做好，才是对战略的最大支持。否则，细节失误，执行不力，就会导致营销战略的面目全非。细节中的魔鬼可能将营销果实吞噬。从营销的角度看，细节的意义远远大于创意，尤其是当一个战略营销方案在全国多个区域同时展开时，执行不力，细节失控，都可能对整体形成一票否决。"三株"集团总裁吴炳新在1995年10月15日的新华年会上，宣读了《争做中国第一纳税人》的报告，可这些话还没有从人们的耳畔散去,"三株"就被一场官司击倒了。一位企业家用"十天十地"来形容"三株"后期:"声势惊天动地,广告铺天盖地,分公司漫天漫地,市场昏天黑地,经理花天酒地,资金哭天喊地,经济缺天少地,职工怨天怨地,跨台同行欢天喜地,还市场蓝天绿地。"如果把企业比作一棵大树,基础是树根,管理是养分,战略是主干,品牌是果实,细节就是枝叶,放弃细节就等于打掉枝叶,没有光合作用,企业这棵大树再也无法结出品牌的果实。天下难事,必做于易;天下大事,必做于细。从大处着眼,小处着手,感悟战略,体验营销,细节制胜,不可不察。

思　考　题

1. 为什么企业必须研究和制定战略?
2. 战略管理的概念及其特征是什么?
3. 简述创业战略管理的过程。
4. 创业战略管理构成要素是什么?
5. 简述战略管理的各种流派。
6. 试论制定经营战略客观必然性。

第 2 章

创业战略环境与商业机会

【本章要点】

- 企业战略环境研究的意义
- 宏观环境因素分析
- 产业竞争分析
- 内部结构分析
- 竞争对手分析
- 怎样识别机会规避威胁

案例 2-1

伊利创业战略"五部曲"

"赢得竞争优势,夺取领先地位,获得更大效益",已成为伊利创业战略的新景观。内蒙古伊利集团 30 年前还是利税仅 4.7 万元的街道小厂,而今已发展成为资产总额 20 多亿元、员工达 1 万余人的大型乳品生产创业企业。连续 6 年雪糕、冰淇淋产销量全国第一。地处经济较为落后、信息较为闭塞的内蒙古地区,面对国内外诸多强势同行品牌在市场上的拼斗厮杀,伊利集团硬是越战越勇,已入围中国创业企业 500 强,并被评为中国驰名商标。伊利集团作为全国首家奶业上市公司(1996 年上市),拥有近百条生产线,设备系世界一流。三大类产品液态奶、冰淇淋、奶粉,其中液态奶、冰淇淋产量均为全国第一,奶粉产量全国第三。2002 年销售收入 40 多亿元;2004 年销售收入 80 多亿元;2005 年销售收入 120 多亿元,已成为名副其实的乳业龙头。伊利也被外界称为"北方的狼"。内蒙古伊利集团采用集中化战略,提升核心竞争能力,通过品牌经营、资本运作、科技创新、资源整合及先进的管理理念成功地将自己的资源优势转化为经济优势,在中国乳业中开创了一个全新的"伊利概念",但伊利还有更长更远的目标,那就是让"中国伊利"进入国际市场去锻造。其创业发展历程可概括为伊利战略营销策划"五部曲"。

第一部:市场渗透法。十几年前"海拉尔"雪糕走俏东北市场,而当时的伊利还是一个刚刚起步的小型创业企业,主要生产一些具有民族特色的乳制品。为发展壮大自己的实力,当时他们根据有关规定及时从海拉尔乳品厂有偿引进吸收、优化配方,很快推出了"海拉尔伊利"雪糕,并迅速占领了呼市市场,并在主要街道墙上写着朴实无华的广告:"伊利就是伊利,什么也无法代替",逐步提高产品和创业企业的知名度。后来随着市场营销范围的逐渐扩大,雪糕包装纸上面"海拉尔"字样越来越小,而"伊利"两字越来越大,而且是红色的,后来逐渐将其取而代之。一支支雪糕就像一滴滴甘露,滋润着每个消费者的心田,又像毛毛细雨逐步渗透市场,润物无声。产品很快覆盖了呼和浩特市及其周边市场。

第二部:留有缺口法。西蒙曾经说过"管理的核心在经营,经营的核心在决策,决策的核心在创新",创新就是创业,创新是创业企业的生命之源。1991年、1992年奶粉市场疲软,伊利人从蒙古族素有爱吃炒米、喝奶茶的饮食文化习惯中受到启发,率先开发出独具特色的"伊利"牌奶茶粉,出乎意料的是产品投放市场十分火爆,成了紧俏商品。在这种情况下,伊利人没有如人们所想的那样开足马力生产,尽量满足需求。有人不解:"发财机会到了,何不敞开生产?"伊利人却采用逆向思维营销策划"绝对不能,如果吃够了、喝腻了就又像奶粉一样谁还买?"这种"缺口型"营销战略的实施,使伊利奶茶粉畅销不衰,牢固占领了内蒙古、西北、东北及南方部分省市的市场,而且产品价格处于坚挺上扬状态。

第三部:让利领先法。为了实现"过黄河、跨长江,销遍全中国"战略营销方案,为使伊利系列产品尽快占领南方市场,走向全国各地,伊利在各地一些有代表性的中心城市,占领营销制高点,采用了让利于民、占领市场的营销策略。1994年秋,伊利公司以草原文化和昭君出塞典故为底蕴,以"昭君回故里,伊利送深情"为主题,将经济与文化融为一体,向武汉市中小学生及部分市民赠送了100万支伊利雪糕。不吃不知道,一吃忘不掉,一传十,十传百,百传万,使产品迅速占领了武汉及中南市场,实现了过黄河、跨长江的战略营销方案,并且为创业企业文化写下了精彩的一笔。

第四部:避实击虚法。自古兵家无人不晓,水趋下则顺,兵击虚则利。1995年以后伊利的目标市场是北京,对于全国众多的乳品生产厂家来说,北京市场是商家争雄之地。当时面对北京市场几家实力雄厚的合资创业企业,伊利人深感正面营销竞争的困难。然而为了使伊利系列冷冻食品尽快打入北京市场,他们经过调查和精心的策划,决定采取避实击虚的战略营销方案,侧翼进攻,迂回包围。针对合资创业企业产品价位高、档次高、消费群体有限的问题,避开消费水平高的闹市区,在三环路以外有意识地发展销售网点,产品定位以中低档的产品为主。"茅台酒的品位,二锅头的价格",经过不懈的努力使伊利的产品以"星星之火"燃起"燎原之势",从三环以外的地区逐步打入了二环、一环,销遍了北京城,走"农村包围城市"的道路,取得了战略营销又一伟大胜利。

第五部:"核能"扩散法。"核能"是指创业企业的核心能力,它是创业企业宝贵的战略资源,是通向未来市场的大门。伊利把创业企业核心能力视作一个"核能源",通过其扩散作用,将能量不断扩展到最终产品上,从而为消费者层出不穷、源源不断地提供新产品。伊利集团经过周密策划,"卧薪尝胆"3年,瞄准世界水平,投资5亿多元,启动了核心创业企业的技术改造工程。它引进了代表世界科技水平的丹麦海耶公司的冰淇淋生产线、德国GEA集团无菌奶加工设备和瑞典利乐公司超高温无菌奶包装线,建立了符合国际标准的产品质量控制体系和新产品研发中心等。截至2000年10月,这些技改项目的竣工投产,使伊利集团从根本上完成从劳动密集型向科技效益型的转变。

　　而后,伊利集团在战略营销策划上又顺势而上,凭借自身的技术、资金、体制、市场、人才和品牌优势,在国内大规模地整合乳业资源;登陆京津沪,扎根黑土地,继上海、呼伦贝尔草原的成功办厂实践后,2000 年 9 月一座年加工 6 万吨酸奶的工厂在北京密云县投产;年加工 3 万吨冰淇淋的工厂在老牌工业城市天津登陆;同年 11 月,投资1.5 亿元的液态奶加工厂在草原钢城包头动工,我国乳品行业经过 50 余年奋斗,终于铸就了行业的龙头。龙头的摇动,为行业及相关产业创造了 20 多万个就业岗位。伊利昂起中国乳业龙头,已经铸就"中国乳品第一品牌"。从此以后,伊利一路高歌突飞猛进,从呼和浩特走出自治区,走向全国,迈向国际市场。如今,集团的主营业务收入已居国内乳品行业之首。内蒙古伊利集团正携其美誉与实力演绎连台好戏:扎根黑土地,登陆津京沪,稳步构筑伊利中国大市场,全面打造"中国伊利"——中国乳业的航母。伊利液态奶更是在全国范围内呈全面挺进之势,2002 年再创产值翻番的历史新高潮。2004 年金秋,《中国创业企业竞争力报告 2004》正式发布,中国石化、中国联通等大型创业企业集团入围中国上市公司竞争力百强。伊利股份有限公司作为国内乳业龙头创业企业,三大主要系列产品——液态奶、冷饮和奶粉——销畅全国市场。历年经营业绩也充分表明,拥有"伊利"品牌作为中国驰名商标的伊利公司,主营收入增长率一直以 30% 递增,且一直保持较好发展势头。

　　通过对伊利战略发展轨迹分析,可以得到这样的启示:现代战略营销策划中,市场是水,产品是船,品牌是帆,营销是风,战略是舵。水可载舟亦覆舟,有风没帆船不动,有风破帆船难行,有船无舵没方向。大海航行靠舵手,舵手靠的是船上的舵,经营战略就是创业企业的命运之舵。市场经济的海洋潮涨潮落,变化频繁,顺流善变者生,逆流不善变者亡。市场风云,变幻莫测,强手如林,各显神通。创业企业要把握千变万化的市场行情,以变应变,先谋后战,精心策划,高效运作,才能在商海中劈风浪,明方向,绕暗礁,过险滩,迎风取势,直挂云帆济沧海,夺取最后的胜利。

案例讨论:

1. 伊利战略营销"五部曲"给我们的战略启示是什么?
2. 伊利创业型战略的适宜条件是什么?

2.1　创业的宏观环境分析

　　出门看气候,战略识环境,生意知行情,信息抵万金。企业是在发展中求得生存的。企业的生产经营如逆水行舟,不进则退。

　　孙子曰:"知己知彼,百战不殆;不知彼而知己,一胜一负;不知己不知彼,每战必殆。"据调查,世界上"长寿公司"的共同经验中有 3 点与对环境的认识有关:第一,对环境变化要反应敏锐,适应环境,以变应变,谋求生存;第二,对环境变化要有强烈的认同感,快速反应,寻找机会,谋求发展;第三,对环境与管理的认识要审时度势,与时俱进,不断创新,运筹帷幄,决胜千里。宏观环境因素分析如图 2-1 所示。

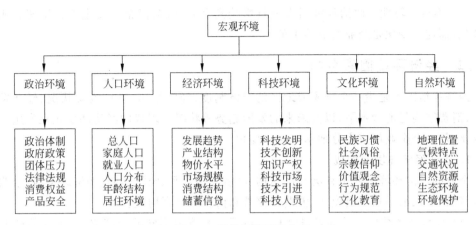

图 2-1　宏观环境因素分析

2.1.1　政治法律因素分析

政治法律因素指一个国家或地区的政治制度体制、方针政策、法律法规方面。这些因素常常制约着企业的经营行为,例如,社会主义初级阶段的方针是"抓住机遇、深化改革、扩大开放、促进发展、保持稳定",这是建设有中国特色社会主义的指南,必须长期坚持不动摇。

1. 国内党和国家的路线、方针、改革、政策

例如,国家"十三五"期间依旧是旅游业发展的黄金期,到 2020 年,旅游市场总规模达到 67 亿人次,旅游投资总额 2 万亿元,旅游业总收入达到 7 万亿元,许多政策的出台,对我国旅游业就是一种机遇。

2. 国际政治环境

国际政治环境即有关国家或地区的社会制度,政治体制独立性或附属性战略同盟关系。例如我国加入 WTO(世界贸易组织),外国资本和技术将涌进中国,意味着"国内竞争国际化,国际竞争国内化,世界经济一体化"。如果说过去的竞争属于"远距离竞争",那么现在将变为"直逼前沿",特别是互联网出现之后,使这种竞争成为"零距离竞争"。要参与竞争,首先要做的就是了解竞争规则,并遵从之。WTO 有 3 项职能:一是制定规则;二是开放市场,即通过商务谈判,相互开放市场,促进世界贸易经济的发展;三是解决争端。中国要加入 WTO 就要做出两个最重要的承诺,即遵守规则、开放市场。因此,对于中国各个相关行业来说,怎样认识,权衡利弊,把握机遇,用积极的态度迎接挑战,这才是至关重要的。用一句话来形容我们的境地,那就是"置之死地而后生",只有如此我们才能扬长避短,与狼共舞,获得双赢。

3. 企业的法律环境

市场经济就是法制经济,规定人们应该做什么,不应该做什么。对企业来说是不可控的因素,具有强制性和约束力。

政治环境因素对企业影响的特点有以下 3 个方面。

(1) 直接性。国家政治环境直接影响着企业的经营状况。

(2) 难以预测性。对于企业来说,很难预测国家政治环境的变化趋势。

（3）不可逆转性。政治环境因素一旦影响到企业，就会使企业发生十分迅速和明显的变化，而这一变化是企业驾驭不了的。

2.1.2　经济环境因素分析

经济环境因素是指一个国家或地区的经济制度、经济结构、物质资源状况、经济发展水平、消费结构与消费水平，以及未来的发展趋势等状况。现代的经济环境正在发生巨大的变化，每一个企业都应充分地掌握这一变化。

1. 企业经济环境的构成

企业的经济环境主要由社会经济结构、经济发展水平、经济体制、经济政策、社会购买力、消费者收入水平和支出模式、消费者储蓄和信贷等要素构成。

（1）社会经济结构。社会经济结构是指国民经济中不同的经济成分、不同的产业部门及社会再生产各个方面在组成国民经济整体时相互的适应性、量的比例及排列关联的状况。社会经济结构主要包括 5 方面的内容，即产业结构、分配结构、交换结构、消费结构、技术结构，其中最重要的是产业结构。

（2）经济发展水平。经济发展水平是指一个国家经济发展的规模、速度和所达到的水准。反映一个国家经济发展水平的常用指标有国民生产总值、国民收入、人均国民收入、经济发展速度、经济增长速度。

（3）经济体制。经济体制是指国家经济组织的形式。经济体制规定了国家与企业、企业与企业、企业与各经济部门的关系，并通过一定的管理手段和方法，调控或影响社会经济流动的范围、内容和方式等。

（4）经济政策。经济政策是指国家、政党制定的一定时期国家经济发展目标，实行的战略与策略，它包括综合性的全国经济发展战略和产业政策、国民收入分配政策、价格政策、物资流通政策、金融货币政策、劳动工资政策、对外贸易政策等。

例如，1992—1993 年，经济增长过热。1992 年下半年国内生产总值增长率由 1991 年的 9.1% 提高到 14.2%，固定资产投资增长幅度由 1991 年的 23.8% 提高到 44.4%（其中第四季度高达 70.7%）。1993 年 6 月开始整顿金融秩序，中央出台 16 条调控措施其中 14 条与金融有关，执行适度从紧的财政和货币政策、抽金银根，1996 年年底最终实现"软着陆"。这使许多企业面临生存危机，也使许多企业面临着新的商机。

（5）社会购买力。社会购买力是指一定时期内社会各方面用于购买产品的货币的支付能力。国民收入的使用主要是由消费和积累两部分构成。其中，消费部分又分为个人消费和社会消费，前者形成居民购买力，后者形成社会集团购买力。市场规模归根结底要取决于购买力的大小。调查社会购买力水平，要注意国家经济政策和分配政策带来的居民购买力的变化，注意不同地区居民货币收入的变动情况。

（6）消费者收入水平和支出模式。消费者支出模式最终取决于消费者的收入水平。随着消费者人均收入的增加，消费者用于购买食品方面的支出比重会有所下降，而用于服装、交通、娱乐、卫生保健等方面的支出比重会上升。调查消费者支出模式，除要考虑消费者收入水平外，还要考虑不同国家、地区的生活习惯、价值观念及家庭生命周期的不同阶段等因素。

（7）消费者储蓄和信贷。消费者储蓄的最终目的是消费，它来源于消费者货币收入。但在一定时期内，消费者储蓄水平直接影响到消费者的本期货币支出和潜在购买力水平。所以，消费者储蓄的增减变动会引起市场需求规模和结构的变动，从而对企业的营销活动产生影响。调查消费者储蓄情况，应注意政策变动、利率变动、通货膨胀水平等因素的影响。

2. 反映宏观经济运行状况的指标

宏观经济运行状况可通过一系列的指标来反映，如经济增长率、就业水平、物价水平、通货膨胀率、汇率、国际收支情况、利息率等。

（1）国民经济运行状态及其趋势。这是宏观经济环境的基础，在此，企业主要应当了解国民经济目前处于什么阶段，是产业结构调整时期、经济低速增长时期或是高速增长时期，并具体分析有关的经济指标，如国民生产总值、国民收入、国家预算收入的水平及其分配的状况等。一般来说，国民生产总值增长速度较快，居民用于个人消费的支出相应增加，从而提供了开辟新市场或开办新企业的机遇；反之，居民个人消费会有所减少，不利于企业的发展。

（2）利率。利率对企业的影响可从两个角度来看。一方面，利率直接影响着企业的销售市场状况。例如，较低的长期利率对零售业十分有利，因为它意味着鼓励居民的短期消费；而较高的长期利率对建筑业或汽车制造业有利，因为它鼓励居民购买长期耐用消费品。另一方面，利率还会直接影响企业的战略抉择。一般来说，利率较低有利于企业实施企业合并或兼并战略；反之，利率较高则不利于企业采用积极进取的增长战略。

（3）通货膨胀率。对大多数企业而言，通货膨胀率是一个不利因素。因为它导致了企业经营各种成本（如购买原料费用、劳务费用、工资等）的相应增加。同时，长期的通货膨胀率既抑制企业的发展，又会促使政府采取放慢增长速度的紧缩政策，导致整个宏观经济环境不利。

对某些企业而言，较高的通货膨胀率也可能是一种机遇。例如，假定石油与天然气价格的增长速度快于其他行业产品价格的增长率，那么石油开发公司将因此获利，因为在通货膨胀率较高时期，贵金属价值通常会以更快的速度提高。

（4）汇率。汇率是一国货币购买力的表现形式。在国际市场上，它直接影响企业成本，并进而影响企业国际战略的制定。一般而言，如果本国货币购买力较高，企业将乐意购买外国的产品与原材料，或到国外投资，开办独资企业或合营企业；反之，如果本国货币购买力较低，则会削弱企业到海外投资、开展贸易或开发新市场的热情。

另外，经济环境因素中还包括：居民收入因素，这可进一步细分为名义收入、实际收入、可支配收入及可随意支配收入等；消费支出模式和生活费用；金融制度；等等。

因此，企业的经济环境分析就是要对以上的各个要素进行分析，运用各种指标，准确地分析宏观经济环境对企业的影响，从而制定出正确的企业经营战略。

2.1.3　社会文化因素分析

社会文化环境包括一个国家或地区的社会性质、人们共享的价值观、文化传统、生活方式、人口状况、教育程度、风俗习惯、宗教信仰等各个方面。这些因素是人类在长期的生活和成长过程中逐渐形成的，人们总是自觉不自觉地接受这些准则作为行动的指南。

1. 文化传统

这是一个国家或地区在较长历史时期内形成的一种社会习惯,是影响企业活动的一个重要因素。例如,中国的春节、西方的圣诞节就会给某些行业(卡片、食品、玩具、服装、礼品等制造及零售业)带来一个生意兴隆的极好时机。

文化环境对企业的影响是间接的、潜在的和持久的,文化的基本要素包括哲学、宗教、语言与文字、文学艺术等,它们共同构筑成文化系统,对企业文化有重大的影响。哲学是文化的核心部分,在整个文化中起着主导作用;宗教作为文化的一个侧面,在长期发展过程中与传统文化有密切的联系;语言文字和文化艺术是文化的具体表现,是社会现实生活的反映,它对企业职工的心理、人生观、价值观、性格、道德和审美观点的影响及导向是不容忽视的。

 案例 2-2

"康师傅"何以风靡大陆

在我国方便面市场上,"康师傅""统一面"和"一品面"已形成三足鼎立之势。三者相比,"康师傅"方便面更是"抢滩占地""咄咄逼人"。在儿童和旅游者中,"康师傅"方便面尤其受到青睐。在很多地方,"康师傅"简直成了方便面的代名词。"康师傅"发迹大陆好像就是昨天的事。的确,在方便面食品竞争日益激烈的中国市场上,能够一炮走红的品牌并不多见,难怪各营销研究机构对"康师傅"的发家史颇感兴趣,甚至连台湾地区的《中国时报》的记者也盯上了"康师傅"在大陆的发展,将其发迹的历程曝光揭秘。

据报道,首创"康师傅"方便面的是坐落在天津开发区的一家台资企业。其投资者是台湾的顶新集团,他们之中 90% 是彰化县永靖镇人,平均年龄为 40 岁,大多数股东在台生产、经营工业用蓖麻油,并不熟悉食品业,而且在岛内也不那么风光,是一批"所谓名不见经传"的小业主。

根据顶新集团的一位董事透露,1987 年年底,他们原本计划到欧洲进行投资。然而就在他们决定动身前往欧洲时,台湾当局宣布开放大陆探亲,他们灵机一动,立即改变行程,决定在大陆市场寻求发展的契机。开始,他们并不知道也不清楚做什么行当最能走红。经过大陆之行的实地调查后,他们发现改革开放后的大陆,经济建设搞得如火如荼,"时间就是金钱,效率就是生命"的口号遍地作响,人们的生活节奏日趋加快。于是,一个新点子便涌上了他们的脑海:为什么不适应大陆的快节奏,在快餐业上寻求发财的机会呢?当年,日本的日清公司抓住 20 世纪 50 年代后期日本经济腾飞的时机,开发出方便面而大获成功,他们为什么不去占领大陆的方便面市场呢?经过冷静的分析之后,顶新集团决定以开发生产新口味方便面作为进军大陆市场的拳头产品。

俗话说:"名不正则言不顺。"极富商品意识的台商,出师前冥思苦想要给新口味的方便面取一个专利的名字。思来想去,前后也征集了不少品牌,但终因不满意而淘汰了。后来,有人建议用"康师傅"这个名字。其寓意是:"师傅"在大陆是专对专业人员的尊称,其使用频率和广度不亚于"同志",并且大有取而代之之势。同时,顶新集团过去生产经营过"康莱蛋酥卷",有一定的知名度,方便面姓"康"与"康莱"可以称兄道弟。此外,"康师傅"

方便面有个"康"字,也容易引起人们对"健康""安康""小康"等心理联想。后来的实践证明,"康师傅"这个取名的确是个好点子。"康师傅"方便面经广告媒体一阵炒作,便不胫而走,"康师傅"三个字差不多成了方便面的别名。

新产品只有名副其实,才能真正赢得市场。为了使"康师傅"在大陆市场上畅通无阻,必须在"大陆风味"上下功夫。在这一点上,顶新集团的策划者采用了"最笨""最原始"的办法——"试吃"来研究方便面的配料和制作工艺。他们以牛肉面为首打面,先请一批人来试吃,不满意就改。待这批大陆人接受了某种风味之后,再找第二批大陆人品尝,改善配方和工艺后再换人试吃,直到有 1 000 人吃过面以后,他们才将"大陆风味"确定下来。当新口味的"康师傅"方便面正式上市销售时,消费者几乎异口同声地说:"味道好极了!"一年后,"康师傅"在北京、天津、上海、广州等大城市火爆,台湾报纸惊呼顶新集团的创举,乃是"小兵立奇功"。

说顶新集团是"小兵",是相对于台湾食品业的巨子"统一集团"和"一品集团"而言的。尤其是"统一集团",可以说是台湾食品业的龙头老大。然而,这位老大在大陆方便面市场上却不如"康师傅"风光。其实,"统一"与"顶新"差不多是同时进军大陆市场的,但是它们在营销策略上犯了一个错误:它们采取了"以货试市"的路线,先把岛内最畅销的鲜虾面端上来,想让大陆人尝尝"台湾风味",过过现代快餐食品之瘾。谁知道结果却是"剃头匠的挑子一头热一头冷",大陆消费者对台湾风味的鲜虾面敬而远之。接着,他们又换上岛内第二、第三的方便面,依然是一厢情愿。在惊讶两岸同胞的口味差异如此之大之后,"统一"老大哥这才想起"入乡随俗"的古训,放下"台湾架子",进行"风味大陆化"的研究,并策划后来居上的市场营销方案,开发大陆化的产品。然而,"统一"集团中的"曹孟德"想以龙头老大的身份占领方便面市场,给企业设计好一个好的营销方案,是 CI 设计中颇为重要的一环。

"康师傅"方便面的发迹,首先与其名字的新颖性、独特性分不开,"康师傅"这个名字从社会消费心理出发,巧妙浓缩了"健康"和"师傅"这两个含义,独辟蹊径,圆了企业树立独特形象的美梦。

"康师傅"另一条值得借鉴的成功经验是企业产品的"入乡随俗"。一个企业的成功必须依赖于拳头产品,因地制宜、入乡随俗不失为一良策。"统一"集团的决策者认为只要把在台湾畅销的方便面端到大陆来,大陆人就一定欣喜若狂,争吃为快,其结果却是一厢情愿。"康师傅"面坚持"到什么山上唱什么歌"的原则,生动形象地演绎了"入乡随俗"的古训。

2. 价值观

这是指社会公众评价各种行为的观念标准。不同的国家和地区,其价值观是不同的。例如,西方国家价值观的核心是个人的能力与事业心;东方国家价值观的核心强调集体利益,如日本、韩国企业注重内部关系的融洽、协调与合作,形成了东方企业自己的高效率模式。

小资料 2-1

异国他乡的风俗

不同的国家、民族对图案、颜色、数字、动植物等都有不同的喜好和不同的使用习惯,像中东地区严禁使用带六角形的包装;英国忌用大象、山羊装潢图案;再如中国、日本、美国等国家对熊猫特别喜爱,但一些阿拉伯人却对熊猫很反感;墨西哥人视黄花为死亡,红花为晦气,而喜爱白花,认为可驱邪;德国人忌用核桃,认为核桃是不祥之物;匈牙利人忌"13"单数;日本人忌荷花、梅花图案,也忌用绿色,认为不祥;南亚有一些国家忌用狗做商标;在法国,仙鹤是蠢汉和淫秽的代称,法国人还特别厌恶墨绿色,这是基于对第二次世界大战的痛苦回忆;新加坡华人很多,所以对红、绿、蓝色都比较喜好,但视黑色为不吉利,在商品上不能用如来佛的形态,禁止使用宗教语言;伊拉克人视绿色代表伊斯兰教,但视蓝色为不吉利;日本人在数字上忌用"4"和"9",因在日语发音中"4"同死相近,"9"同苦相近;中国港台地区商人忌送茉莉花和梅花,因为"茉莉"与"末利"同音,"梅花"与"霉花"同音。我国是一个多民族国家,各民族都有自己的风俗习惯。如蒙古族人喜穿蒙袍,住帐篷,饮奶茶,吃牛羊肉,喝烈性酒;朝鲜族人喜食狗肉、辣椒,穿色彩鲜艳的衣服,食物上重素食,群体感强,男子地位较突出。企业营销者应了解和注意不同国家、民族的消费习惯和爱好,要"入境随俗"。可以说,这是企业搞好战略营销尤其是国际经营的重要条件。如果不重视各个国家、各个民族之间的文化和风俗习惯的差异,就可能造成难以挽回的损失。

3. 社会发展趋向

进入 21 世纪,社会环境方面的变化日趋增加。这些变化打破了传统习惯,使人们重新审视自己的信仰、追求新颖的生活方式,影响着人们对穿着款式、消费倾向、业余爱好,以及对产品与服务的需求,从而使企业面临严峻的挑战。现代社会发展的主要倾向之一,就是人们对物质生活的要求越来越高。一方面,人们已从"重义轻利"转向注重功利、注重实惠,有些人甚至走到唯利是图的地步。产品的更新换代日益加速,无止境的物质需求给企业发展创造了外部条件。另一方面,随着物质水平的提高,人们正在产生更加强烈的社交、自尊、信仰、求知、审美、成就等较高层次的需要。人们希望从事能够充分发挥自己才能的工作,使自己的个人潜力得到充分发挥。

4. 消费者心理

这一因素对企业战略也会产生影响。例如,20 世纪 80 年代中期,美国可口可乐公司领导决定更改沿用了百年之久的配方。消息传出后,引起了轩然大波。老顾客的抗议电报和信雪片般地飞进亚特兰大可口可乐总部。原因是消费者认为,目前市场上的可口可乐是传统和标准的软饮料,不应当改变它的滋味。当然,以后由于新可口可乐的滋味比原来更佳,受到了大部分顾客的欢迎。

📚 案例 2-3

据说,日本泡泡糖市场年销售额为 740 亿日元,其中大部分市场份额被一家叫"劳特"的糖业公司所垄断,其他企业再想涉足十分艰难。"江崎"却不以为然,他们经过调查发现成年人泡泡糖的潜在市场很大。"劳特"生产的条板状果味泡泡糖只将重点放在儿童市场上,品种单一,远远不能满足消费者的需要。他们还了解到"劳特"泡泡糖的价格是 110 日元,买时还要掏出 10 元的硬币,消费者感到不便。"江崎"针对霸王"劳特"的短处,有的放矢地推出了各种功能性泡泡糖,如使用了薄荷和天然牛黄的富有刺激性、能够消除司机困倦的泡泡糖,具有清洁口腔、祛除异味的交际用的泡泡糖等。"江崎"善于将"劳特"的短处变为自己的专长,以己之长,攻彼之短。因此,其商品一面市就很抢手,"江崎"的市场份额很快从 0 猛升到 25%,当年销售额达 150 亿日元。

(资料来源:刘志迎.市场营销[M].北京:中国商业出版社,2004.)

5. 社会各阶层对企业的期望

在这里,社会各阶层包括股东、董事会成员、原材料供应者、产品销售机构人员及其他与企业有关的阶层。这些阶层对企业的期望是各不相同的。例如,股东集团评价战略的标准主要是看投资回报率、股东权益增长率等;企业工作人员评价战略的标准主要是看工资收益、福利待遇及其工作环境的舒适程度等;而消费者则主要关心企业产品的价格、质量、服务态度等;至于政府机构,它们评价企业的立足点,主要看企业经营活动是否符合国家的政策、法规和各项有关的行政规章制度。

6. 人口因素

人口因素主要包括人口总数、年龄构成、人口分布、人口密度、教育水平、家庭状况、居住条件、死亡率、结婚率、离婚率、民族结构及年龄发展趋势、家庭结构变化等。人口因素对企业战略的制定有重大影响。例如,人口总数直接影响着社会生产总规模;人口的地理分布影响着企业的厂址选择;人口的性别比例和年龄结构在一定程度上决定了社会需求结构,进而影响社会供给结构和企业生产;人口的教育文化水平直接影响着企业的人力资源状况;家庭户数及其结构的变化与耐用消费品的需求和变化趋势密切相关,因而也就影响到耐用消费品的生产规模等。对人口因素的分析可以使用以下一些变量:离婚率、出生和死亡率,人口的平均寿命,人口的年龄和地区分布,人口在民族和性别上的比例变化,人口和地区在教育水平和生活方式上的差异等。所以,企业在制定战略规划时必须予以足够的重视。比如,海尔集团首席执行官张瑞敏认为,市场永远在变,如果只是适应市场,你将永远走在市场后面。想走在市场前面,起导向作用,就应该创造市场、创造用户。这就是要按照不同的消费心理、不同消费习惯和不同的消费层次开发不同的产品。比如在上海市场,在北京很好销的冰箱并不被上海人喜欢,原因之一是上海家庭住宅面积小;二是上海人习惯上喜欢精致小巧的家电产品,而北方型冰箱占地面积大,显得笨重。于是海尔专门为上海市场设计了一种瘦长型冰箱,命名为"小王子",一下了轰动了上海,非常畅销。再比如老年人在人口比例中的增加,使老年医疗、滋补品、老年精神生活等成为一种不容忽视的需求。

2.1.4　科技环境因素分析

1. 科技环境及其给企业经营带来的影响

科学技术是第一生产力,科教兴国战略正在实施。企业的科技环境指的是企业所处的社会环境中的科技要素及与该要素直接相关的各种社会现象的集合。科学技术是最引人注目的一个因素,新技术革命的兴起影响着社会经济的各个方面,人类社会的每一次重大进步都离不开重大的科技革命。石器工具、青铜器、铁器、蒸汽机、生产流水线、现代通信技术等重大的发明无不将人类社会大大地向前推进一步。企业的发展在很大程度上也受到科学技术方面的影响,包括新材料、新设备、新工艺等物质化的硬技术和体现新技术、新管理的思想、方式、方法等信息化的软技术。一种新技术的出现和成熟可能会导致一个新兴行业的产生。

现代科学技术日新月异,发展迅速,是推动经济发展和社会进步的主要动力。第一次技术革命是蒸汽机使人类进入了工业社会;第二次技术革命是电磁理论和化学使石油化工、电力通信、机械工业振兴;第三次技术革命是电子计算机、原子能、航天工业的发展;第四次技术革命是光导通信、生物工程。新行业、新产品的出现使另外一些行业、产品走向衰退和淘汰。英国人弗莱明发明了青霉素使人类寿命平均延长10岁。因此,技术环境是企业的一个重要外部环境。

2. 企业的科技环境因素

企业的科技环境包括社会科技水平、社会科技力量、科技体制、国家科技政策和科技立法等基本要素。

在企业面临的诸多环境因素中,科学技术本身是强大的动力,科技因素对企业的影响是双重的:一方面,它可能给某些企业带来机遇;另一方面,科技因素会导致社会需求结构发生变化,从而给某些企业甚至整个行业带来威胁。例如科学技术产生出汽车、青霉素、电子计算机的同时也产生出了核弹、神经性毒气、计算机病毒等。每种新技术都是一种破坏性的创造,新技术的出现总会无情地威胁原有的技术。如晶体管威胁了电子管,电视威胁了电影。如果一个组织固守原有的计划而不采用新技术,它就注定会失败。科技的发展,新技术、新工艺、新材料的推广使用,对企业产品的成本、定价等都有重要影响。这种影响就其本质而言,是不可避免的和难以控制的。企业要想取得经营上的成功,就必须预测科学技术发展可能引起的后果和问题,可能带来的机遇或威胁;必须十分注意本行业产品的技术状况及科技发展趋势;必须透彻地了解与所研究的技术项目有关的历史、当前发展情况和未来趋势,并进行准确的预测。

2.1.5　战略环境分析方法

要研究企业的经营环境必须借助一定的方法,调研和预测是主要的方法、调研是了解历史和现状,预测则是推测未来。"调研—预测—决策"应该是三位一体的,没有调查和预测,就没决策的自由。

1. 调研

没有调查就没有发言权,"一切结论应产生于调查的结尾而不在它的先头"。在市场经济的海洋里潮涨潮落、变化多端,不进行市场调查,不摸清市场行情,在市场经济时代好像"盲人骑瞎马,夜半临深池"。情况不明决心大,知识不多办法多,不经调研,盲目决策,必然要失败。面对市场,要吃一拿二眼观三,行情不对早转弯,迅速反应,马上行动,方可取胜。

2. 预测

预测是对事物、情况发生之前或对事物未来结果所做的推测、断定。凡事预则立,不预则废。在我国古代,如计然、范蠡就留有"旱则资舟,水则资车","贵出如粪土,贱取似珠玉"等词句。兵书上的料敌方法有:以己度敌,反观而求,平衡推导,观往验来,察迹映物,投石问路,顺藤摸瓜,按脉诊痛。一位精明的经理要有"月晕而识风,础润而知雨"的眼力。善于预见就能成功,不善于预见则会失败。

3．洞察力

良好的洞察力的特征如下。

1）客观性

观察客观事物要正确反映其本来面貌、特征,不以假当真,以偏概全,否则就会做出错误的判断。

2）敏锐性

在观察活动中,要迅速抓住那些反映事物的本质而又不易觉察的现象。观察力敏锐,可以提高工作效率。

3）准确性

观察准确是进行预测、决策的重要前提,是纠正谬误的依据。在观察客观事物过程中,要全神贯注、深入细致、追本溯源。

4）全面性

观察客观事物既要看到它的正面,又要看到它的反面;既要看到它的本身,又要了解它与周围事物的一切关系及相互影响;既要看到它的现状,又要了解它的过去,还要预测它的未来,这才能做到观察的全面性。

5）反复性

客观事物是动态发展的,这种发展又是一个复杂曲折的过程。为了获得可靠、真实的材料并进行正确的判断,往往要经过多次的反复观察。

2.2　行业环境分析

2.2.1　行业环境概述

行业环境分析研究的主要问题有:行业是如何组织的?引起行业变化的推动力是什么?哪些经济要素、经营特色对该行业的竞争成功最有影响?行业面临的战略焦点和主要问题是什么?为什么在同样的资源条件下,用同样的努力程度,有的企业搞得有声有色、蒸蒸日上,而有的却日落西山、难以为继?企业的盈利水平与行业环境究竟有无内在的联系呢?

2.2.2　产业中5种力量的作用

迈克尔·波特认为,一个产业的盈利水平和竞争程度,取决于产业中5种力量(产业内竞争、替代品、供应商、买方和潜在进入者)的作用,如图2-2所示。

1．潜在进入者的威胁

进入一个产业的新对手,常常具有某些经营资源,带有获取市场份额的欲望。结果市场价格可能被压低,或导致成本上升、利润率下降。有一些公司从其他市场通过兼并扩张进入某产业,它们通常用自己的资源对该产业造成冲击。对于一个产业来讲,进入威胁的

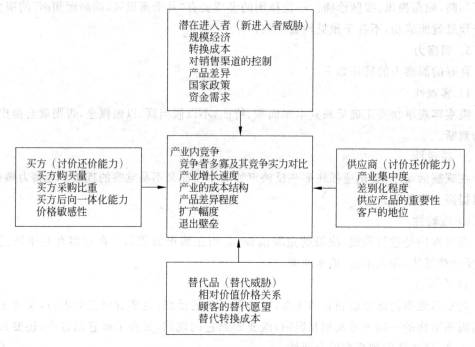

图 2-2   波特"五力"竞争结构模型

大小取决于进入壁垒的高低。加上准备进入者可能遇到的现存防守者的反击，如果壁垒高筑或新进入者认为严阵以待的防守者会坚决地报复，则这种威胁就会较小。进入威胁存在 6 种主要壁垒源。

1）规模经济

规模经济指随着经营规模的扩大，单位产品成本下降的经济特性。如果产业内的企业都达到了相当的规模，并通过规模经营获取到明显的成本优势，那么规模经济就会成为抵御潜在进入者的壁垒。规模经济的存在阻碍了对产业的侵入，因为它迫使进入者一开始就以大规模生产并承担原有企业强烈抵制的风险，或者以小规模生产而接受产品成本方面的劣势，这两者都不是进入者所期望的。规模经济不仅存在于生产环节，在其他环节如营销、销售、采购等，都可能存在规模经济。

2）转换成本

转换成本指从原供应商采购产品转换到从另一供应商采购产品时所遇到的一次性成本。转换成本主要包括：雇员重新培训成本，新的辅助设备成本，检测考核新资源所需的时间及成本，由于依赖供应方工程支持而产生的对技术帮助的需要，甚至包括中断老关系需付出的心理代价，都是转换成本。广义地说，为了学会使用新供应商的产品而花费的时间、精力、资金和心理压力，都属于转换成本。比如一家制药企业，如果不从原来供应商那里购进设施，而改从另一供应商进货，就必须重新检验这些设施的性能、质量，以及重新评价该供应商的商业信誉，所增加的相关费用、花费的时间、精力都构成了该企业的转换成本。

3）对销售渠道的控制

新的进入者需要确保其产品的分销，可是在某种程度上产品的理想分销渠道已为原有的企业占有,譬如原有企业可以通过建立专卖系统或者与销售商建立密切的合作关系来封锁新进入者通向市场的通道。新的公司要想获得分销渠道销售其产品,必须通过压价、协同分担广告费用等方法才能实现,这就增加了新进入者的困难,也就构成了进入壁垒。显然,一种产品批发或零售渠道越少,现有竞争对手对它们的控制越多,则产业进入就将越艰难。现有竞争对手可能通过老关系、高质量服务左右了这些渠道,某些特殊的制造商甚至可能独占渠道建立起排他关系。有时这种进入壁垒高得难以逾越,以致新的企业必须建立全新的销售渠道。

4) 产品差异

产品差异意味着现有的公司由于过去的广告、服务特色,或由于第一个进入该产业而获得商标信誉及顾客忠诚度上的优势,迫使新进入者耗费大量资金消除原有公司的顾客忠诚。这种努力通常带来初始阶段的亏损,并且常要经历一个延续阶段。这样建立一个品牌的投资带有特殊的风险,因为如果进入失败,他们就会血本无归。

5) 国家政策

政府能够限制甚至封锁对某产业的进入,国家的产业政策和有关的法律、法规,包括对最低投资规模的要求、对环保设施的要求(诸如空气和水的污染标准、产品安全性条例)及发放许可证时采取的措施,也构成了一项重要的进入障碍。明显受约束的产业包括食品、运输、化工、酒类等。

6) 资金需求

竞争需要的大量投资,构成了一种进入壁垒,特别是高风险或不可回收的前期广告、研究与开发投资等。不仅投资生产设施需要资金,而且树立顾客信用形象、库存等都可能需要资金。即使资金市场上可以提供资金,将资金用于初始投资大的产业,投资仍然意味着较大的风险。潜在的加入者是将来可能还要进来的人或公司。如中国银行之间的竞争,这就是现有公司之间的竞争。随着中国加入WTO,将来还有更多的外国银行要加入进来,展开竞争,这就是潜在的加入者的竞争。又如中国移动、中国联通、中国网通、中国电信,它们之间的竞争是现有公司之间的竞争,将来还有很多其他像日本的NTT、美国的ATT,这些都是潜在的加入者。

2. 产业内的竞争

产业内企业大部分为竞争关系,少部分为同盟关系。不同产业领域的竞争强度相差很大,有些产业的激烈竞争,让所有企业陷入低水平盈利,甚至亏损;有些产业内维持着相当"友好""温和"的竞争关系,不存在几败俱伤的格局。直接竞争者就是现存的一些生产、经营与本企业提供的产品相同或相似的产品,以同一类顾客为目标市场的其他企业。像中国银行、工商银行、农业银行、建设银行,这几家银行都在互相竞争,它们是直接竞争者。这种竞争强度差异的影响因素,可归结为以下几种。

1) 竞争者多寡及其竞争实力对比

当产业内存在众多的公司时,各自有自己的战略目标和行动,由于各个公司的经营状况千差万别,其竞争行为也往往形形色色,相互之间的竞争甚至变幻莫测。即使从业公司很少的产业,如果它们在公司规模与获取资源方面势均力敌,也会相互之间动辄发生争斗,且持续进行、报复频繁。而当一个产业高度集中化时,恶性竞争才可能比较少。因为一个或几个居主导地位者会通过某些手段,在产业中建立竞争秩序或者游戏规则。

2) 产业增长速度

缓慢的产业增长对于那些寻求扩张的公司而言,竞争的内容就成了一场争夺市场份额的竞赛,而且这时的市场份额竞争要比在市场快速增长的产业中活跃得多,因为在产业快速增长时,公司只要保持与产业同步增长即可有比较满意的收益。在这种情况下,它们的经营与管理资源可能在产业的快速发展过程中被全部占用,已无力另争其他企业的市场。

3) 产业的成本结构

如果产业的技术特性要求企业必须拥有比例很大的固定成本,企业的生产能力利用率比较低时,要求其充分利用生产能力并由此往往迅速导致削价行为的升级,从而引发激烈的竞争。成本的显著特征还表现为附加值,而不只是固定成本占总成本之比。若附加值高,即使固定成本占总成本之比比较高,仍然可降低生产能力利用的压力。

4) 产品差异程度

产品差异代表着企业选择在不同的细分市场满足顾客的需求。产品差异程度越大,企业之间竞争的压力越小;产品差异程度越小,企业之间竞争的压力就越大。这是因为在产品差异程度小的情况下,顾客选择时很大程度上要比较价格,因而产生价格竞争压力。

5) 扩产幅度

有些产业中,规模经济性要求必须大幅度提高生产能力,才可能有利可图。但是产业内企业普遍扩产,可以造成产业供需平衡的长期破坏,造成产业内企业普遍生产能力剩余,往往造成恶性竞争,产业报酬率下降。

6) 退出壁垒

退出壁垒与进入壁垒相对应,是指企业从一个产业撤出时要付出的代价、克服的障碍。退出壁垒包含经济上、战略上及感情上的因素。这些因素使一个公司即使在收益甚微甚至投资收益为负的条件下仍然维持在该产业中的竞争地位。显然,退出壁垒影响企业从一个产业的退出决心和速度。退出壁垒主要来源于 5 个方面。

(1) 专用性资产。专用性资产是只能用于某个产业的资产,当退出这一产业时,这些资产将失去价值。通常,专用设备和技术的资产专用性较强。如果某一品牌与某一产业概念紧紧相连,也会具有较高的专用性。

(2) 退出产业的直接费用。它包括辞退员工的费用、生产设施处理所需要的费用。

(3) 感情障碍。即退出产业的非经济动因,如对具体业务的认识和钟爱、对员工的忠诚、管理者对自己事业的担忧等因素。

(4) 战略牵连。企业同时在数个产业领域从事生产经营活动,各项活动相互支撑。这时从某一产业退出,可能会损害企业在其他产业领域的竞争优势。

(5) 政府与社会的约束。企业在产业调整中做出的产业退出决策,可能会对政府和社会的利益造成影响。因此,政府和社会有时也会对企业的退出行为进行限制和干预。

尽管退出壁垒与进入壁垒的概念有所不同,但它们共同构成了产业分析的一个重要方面。通常退出壁垒与进入壁垒是相互关联的。例如,生产中的规模经济性往往涉及资产专用,也涉及独享技术的存在。若把退出与进入壁垒分成高、低两类简单情况时,可以分析出 4 种不同的退出与进入壁垒的构成对企业经营所产生的影响,如图 2-3 所示。

图 2-3 产业壁垒与投资回报、风险

3. 买方讨价还价能力

买方在要求较高的产品质量或索取更多的服务项目的同时,还采取各种各样的手段以压低价格,并且利用供货商彼此之间的竞争对立关系从中获得利益。买方群体中每一主要成员的上述能力的强弱取决于许多因素。

1) 买方购买量

在其他条件一定的情况下,买方购买量是一个重要的讨价还价因素。大批量购买和以集中方式进行的采购,相对于小批量购买和以分散方式进行的采购,其讨价还价能力就强。如果买方产业具有固定成本高的特点,如药用淀粉生产需要进行大量的玉米加工,其大批量购买者就形成特别强大的势力。

2) 买方采购比重

买方购买的产品占其成本或购买数额的比重,将影响其讨价还价动机的强烈性。当买方购买的产品占其成本或购买数额的比重相当大时,买方总是不惜为获得优惠价格而广泛选择购买厂家,耗费大部分精力讨价还价。反之,购买者对价格的敏感程度通常要小得多。

3) 买方后向一体化能力

买方采取后向整合的威胁,也是迫使卖方降低价格的一个重要因素。比如,大的汽车生产厂家,如通用汽车公司和福特汽车公司等,通常以使用"自己生产的"作为讨价还价筹码,它们对某一零部件自己生产一些以满足部分需要,其余的从外部供应商处购买。它们能够以调节自己生产这一部分的生产能力为由,实现对供应商的威胁,从而获得一个更低的供应价格。

4) 价格敏感性

产品对买方的质量性能的影响程度、买方外购成本在其总成本中的比例和买方的收益水平等会影响买方的价格敏感性。外购对买方产品的质量、性能有重大影响时,买方的价格敏感性就会降低,外购投入占其总成本比重很大时,价格敏感性会上升。收益水平太低时,供应商对价格的立场会表现得异常坚定。

此外,转换成本、买方盈利水平等也是一些影响买方讨价还价能力的因素。

4. 供应商讨价还价能力

供应商可能通过提价或降低所购产品或服务的质量的威胁来向采购企业施加压力。当然,供方实力的强弱是与买方实力相互消长的。具备下述特点的供方企业的讨价还价能力将更强有力。

1）产业集中度

供应商所在产业的集中度反映了该产业领域中企业数量的多少。如果该产业集中度高，买方的数量远远大于供方的数量，供应商选择交易对象时比买方有更大的自由度，往往能够在价格、质量及交货期上施加相当大的影响，因而可以具有比较强的讨价还价能力。

2）差别化程度

供应商的产品特色、经营特色、品牌知名度等是谈判的重要筹码，譬如供应商一方拥有购买商普遍认可的品牌时，他们的谈判地位就会提升。

3）供应产品的重要性

如果供应产品对于买方的业务或者产品来说是一种重要的投入，完全可以影响买方的产品、服务质量或者收益，那么这将提高供应商的讨价还价能力。

4）客户的地位

当供应商向众多产业销售产品时，就可能出现客户地位的不一致性。若向某一产业提供产品是其重要的发展方向时，该产业的客户地位就会得到供应商的高度重视，往往在讨价还价过程中就会表现得"软弱"一些。相反，某一特定的产业并不代表供应商销售的重要组成部分时，供应商的讨价还价能力就比较强。

5. 替代品压力

替代产品就是那些能够实现本企业产品同种功能的其他产品。广义地看，一个产业的所有公司都与生产替代产品的产业竞争。替代品设置了产业中公司可谋取利润的定价上限，从而限制了一个产业的潜在收益。替代品压力主要取决于3种因素。

1）相对价值价格关系

相对价值价格关系（relative value price，RVP）即通常所说的性能价格比，它直接影响顾客的利益。原产品和替代产品的性能及价格的变化，会改变替代威胁的强度。

2）顾客的替代愿望

顾客可能由于其自身的各种原因而增强其寻求替代产品的愿望，如企业可能希望通过使用替代产品来获取新的竞争优势。

3）替代转换成本

顾客由使用原产品转而使用替代产品时，需要付出的额外代价即替代转换成本。如果替代产品在物质条件和使用技能方面对使用有着特殊的要求，或者与顾客原来产品的使用条件差别太大时，它的扩散过程就会受到这些条件的制约，从而减弱它对其他产品的替代程度。

一个产品出现以后，慢慢就开始有替代品，新的东西就出来了。像手机就是一个典型的例子。每家公司都在不断地创新，每年都有新款出来，因为替代品太快了。尽管5种竞争力量会随着时间变迁而发生变化，但是正如波特所言：理解产业结构永远是战略分析的起点。

2.3　商业机会的时机性

经营时机是企业的一种特殊财富，只有强烈的时机意识和果断魄力的结合，才能在经营战略的选择上抓住时机，出奇制胜。时机是时间和机会的统一体，任何机会都是在一定的时间中出现的。拿破仑以军事家的体会说："战略是利用时间和空间的艺术,我们对于后者不如前者那样珍惜,空间是可以重新得到的,而时间则会永远失去。"

可见,机遇和时间联系得最紧。经营时机作为物质运动的某种特殊状态有其自身发生、发展、消亡的过程。有些经营时机的寿命十分短暂,稍纵即逝。中国古代"争雁"的故事说的是两个猎人看天空有一群大雁飞过,于是就张弓搭箭准备把它射下来。一猎人说打下来煮着吃好,另一猎人固执地说:还是烤了吃好。两人争论不休,请第三人评理,说"射下来的大雁,一半煮,一半烤"。但是等他们要去射大雁时,那群大雁早已飞得无影无踪了。这个故事的寓意对于企业的战略决策者来说是深刻的,当机立断、抓住时机是战略选择成功的重要条件,尤其是在外部环境变化剧烈的情况下,对经营时机的把握与否是企业成败的关键。企业高层经营者的首要职能是制定、选择、实施经营战略,时机在战略选择上具有举足轻重的作用。只有正确认识经营时机的本质特征及规律性,才能科学地进行战略选择,及时果断决策,争取主动,获得胜利。

2.3.1　商业机会的本质属性

1. 客观性

时机具有物质性,物质的唯一特性是客观实在性。不管能否意识到它,它总是在一定的时空中存在,而且是不以人的意志为转移的。

2. 多样性

时机具有多样性。按照不同的划分方法,时机具有不同的类型:从需求层次上划分,企业高层领导需要的是战略时机,中层领导需要的是战术时机,而基层管理者需要的是作业时机;按照企业经营职能的不同,还可以分为市场、投资、贸易、广告、宣传等时机;按照时机寿命周期长短不同可分为长、中、短期时机等。由于时机变化具有多样性,因此企业在战略选择时利用时机的方式和手段也必然是多种多样的。不能看到单个时机而不注意多个时机并存的客观事实;既要注意现实的时机,也要注意未来的时机;要善于从多种时机中选择最佳时机,从多种战略方案中选择最优方案,从而促进企业的生存发展。

3. 价值性

时机是资源,具有价值性。它同资金、技术、劳动力一样,也是一种重要的资源,然而时机的价值性及资源性都不是客观性的东西,而是带有主观性和依赖性,它只对需求者才具有价值,才是资源,否则毫无价值。同一时机由于经营者的需求认识理解程度不同所产生的效益也不同。时机是一种宝贵的无形资源,只有通过开发和利用才能变为直接财富,因此对于经营者来说时机就是市场,就是潜在的财富。

4. 易逝性

易逝性也称不可储存性,时机这种稀有珍贵的资源在世界上是独一无二的。它不像煤炭、石油、森林、矿山等资源,如现在不开采,在一定的时间之内始终保持一种潜能,而时机却不具备这种潜能。

5. 关联性

我国古代商人就有"旱则资舟,水则资车"的辩证思想,也就是看到物质之间的关联关系。我国 1998 年夏季发生的百年不遇的特大洪水,给我国人民造成巨大的损失,但重建家园也为建材行业提供了机遇,这是比较明显的关联性,还有一些潜在的关联需要挖掘。海尔集团的空调就是根据国家气象总局长期天气预报分析北方 1997 年盛夏出现持续高温闷热天气,在此之前生产大量空调投放市场,一招领先,步步领先,盈利大增。

2.3.2　商业时机对创业战略选择的影响

企业经营者尤其是创业企业的领导者首要任务就是制定、选择经营战略。要时刻注意寻找、分析、选择、利用、调控和创造时机,为此应从以下几方面入手。

(1) 寻找、捕捉时机。"巧妇难为无米之炊。"企业必须根据内部条件、经营战略及经营理念有指向性、有目的地收集各种信息,从中分析筛选出对本企业有用的信息,这是企业经营战略选择成功的前奏。老子曰"道生一,一生二,二生三,三生万物",这反映了自然界从无到有的哲学历程。企业家在战略选择时必须善于把握这一哲学命题;否则,会陷入"零到一,一到零"的恶性循环。把握这一过程的实际是考察企业家的运筹力和创造力,是捕捉商机,获得信息能力的最终体现,也是经营战略创意的最高境界。

(2) 分析选择时机。对待时机也要"去粗取精,去伪存真,由此及彼,由表及里"。在多种时机中要区分哪些是战略性时机,哪些是战术性时机;哪些是有利时机,哪些是不利时机。企业应当特别注意选择对自己有利的战略性时机,要"咬定青山不放松",绝对不能坐失良机。香港著名企业家霍英东成功宝典的秘密就是"抓住机会"。起先,经营一家小店并一直寻觅机会的霍英东从报纸上看到一则消息:战后物资正在拍卖,他的眼睛亮了,这是一个致富的好机会啊!他借钱立即购买了一些需要小修的小艇、廉价的舢板和海军机器,凭着自己的修船本领在 1 个月内就把这些东西修好并转手卖了出去,霍英东首次尝到了成功的滋味。1950 年,朝鲜战争爆发。当时,中国的海岸受到美国及其帮凶的封锁,香港成了中国对外贸易的辗转站,大批军用物资从香港到内地。霍英东看准了这一百年不遇的机会,与几位朋友联合开办了大规模的驳运业务,他的驳船由一条、两条发展到数条。同时,他还采用驳运之便,买卖战余物资,获利极丰。在别人总是埋怨战争之苦的时候,霍英东抓住机遇,彻底摆脱贫穷,成为香港的航运业大亨。

(3) 调控创造机会。企业在战略选择时必须随时监视随着环境变化而变化的详细情况,并据此不断调整自身的行动,以便利用最佳时机取得良好的效果。因此,企业高层领导者在选择时机时应具有创造性思维,某些与企业看起来毫不相干的信息,却隐藏着大量的,有时甚至是战略性的有利时机。企业家要独具慧眼,意识敏锐,创造机会,"金风未动蝉先觉",即当别人对市场需求尚处于朦胧状态时,企业要能预测或看到市场有大量的需求;当别人刚刚看出这种需求时,企业已开始试制了;当别人刚开始试制时,企业已经投产了,甚至已打入市场捷足先登了,出其不意,攻其不备,知天知地,胜乃无穷。适应环境,改善经营主体的自身条件是创造时机的重要手段。

(4) 善于把握利用时机。在企业实践中许多人也能看到机会,但往往患得患失,不敢去抓,结果与之擦肩而过,令人后悔莫及。

总之,企业家在战略选择时应敢于超越自我,不断捕捉机会,只有突出"敢"字才能有所收获。邓小平同志在提出"摸着石头过河"的同时,也提出要敢闯、敢冒、敢试,这表达了同样的哲理。如果辨识了时机,也有抓住时机的胆量,但却没有把握时机的能力,同样等于零。"机遇是偏爱时刻准备夺取胜利的人。"辩证唯物主义者认为："一切应以时间、条件、地点为转移。"捕捉商机可创造财富,有时抓住一个机会可以使企业起死回生,大展宏图;而失去一个机会,则可能使企业由盛转败,一落千丈。简而言之,成功的企业＝时机＋抓住时机的能力,这才是企业经营战略选择之真谛。

2.4　发现商业机会与规避威胁

在分析了环境之后,管理者就需要评估企业有哪些机会可以发掘、利用,以及企业可能会面临哪些威胁。分析环境的出发点和落脚点,就是发现机会,避开威胁。那么,环境中到底有没有机会呢? 让我们先来看看几位优秀企业家的回答。

荣多达总裁陈荣珍以敏锐的洞察力讲了下面一段很有哲理的话:"共同拥有一个太阳,但大家受到的温暖却各不一样。谁自身状况调节得好,谁就接受得更多。"正所谓"只有滞销的产品,没有饱和的市场"。

青岛海尔集团首席执行官张瑞敏反复解释、演绎他的创新理念:只有疲软的产品,没有疲软的市场;只有淡季思想,没有淡季市场;产品小差别,市场大差异等等。此外,他还有一些警言:"只有不赚钱的企业,没有不赚钱的行业。""机会靠人把握,市场就在身边。"既然环境中到处都有机会,我们为什么看不到呢? 主要是因为缺乏发现机会的思路和眼力。正如张瑞敏所说:"没有思路就没有出路,有了思路就有出路。"他提出海尔要有"三只眼":"第一只眼睛是盯企业内部的员工,使企业内部的员工满意最大化;第二只眼睛应该盯住企业外部市场,盯住用户,使用户满意度最大化;第三只眼睛是要盯住外部的机遇。"海尔之所以机会颇多、捷报频传,与海尔的超前思路和敏锐的眼力有着直接关系。

2.4.1　商业机会的选择

商业机会从哪里来? 以下详细举例说明。

1. 官方渠道中有机会

所谓"官方渠道",就是指领导讲话、政府报告、长远发展规划、方针政策等。官方渠道中有大量的机会存在。例如,领导讲话中有机会。邓小平同志高瞻远瞩地指出:"普及计算机必须从娃娃抓起,全社会都要学习计算机。"邓小平同志的这句话,就蕴含了一个巨大的市场机会。深圳宝安科王公司就是从邓小平的这句话发展起来的。他们于 1991 年开发出一种集计算机功能与游戏功能于一体的计算机系统——中英文电脑学习机,并于1992 年正式投入大规模生产,创造了一个大市场。在短短几年的时间里,科王公司就由一个几十人的民营小厂,发展到如今已拥有 5 个大厂 800 多人的企业,并逐步迈向集团化。

再如,政府报告、长远发展规划中有机会。21 世纪我国将重点实施三大战略:产业结构调整战略、开发中西部战略和"走出去"战略。这三大战略,特别是开发中西部战略,为投资者带来了"无限商机"。例如,在 1998 中国中西部地区对外经济技术合作洽谈会上,中西部地区共签订利用外资项目 790 项,合同、协议、意向利用外资金额超过 106 亿美元。参加洽谈会的海外客商来自 50 多个国家,人数多达 2 000 余人,远远超过两年前的

800 人,其中包括摩托罗拉等大批跨国公司。种种迹象表明,中西部地区正在成为外商投资我国的热点。

2. 信息资料中有机会

在市场竞争中,信息的竞争尤为激烈。从某种意义上说,谁抓住了信息就等于抓住了制胜的钥匙。所以,信息里面就有机会,信息就是市场,信息就是金钱。在这方面,"盖天力"公司就是一个很好的范例。

📚 案例 2-4

江苏省启东盖天力制药股份有限公司总经理徐无为,在一个偶然的机会得到了来自世界卫生组织的信息:中国人缺钙!儿童缺钙,老年人也缺钙!于是,"盖天力人"果断决策开发钙剂,并独辟蹊径,将商品名和商标名巧妙地合二为一,成为药品中第一个商品名和商标名两者合一的品牌。接着,又以万元重金征集广告用语,一句"添钙添力盖天力"的广告语很快便唱响全国。与此同时,总经理亲自带头,动员职工集资 600 万元,冒着巨大风险,将这笔资金投入中央电视台等各大媒体,开展地毯式的广告轰炸。在不到两年的时间里,盖天力成功地树立了全国钙制剂中第一品牌形象。1993 年,盖天力年产值一举突破 1.8 亿元,利税 1 400 万元,占全公司利税的 70% 以上。从 1992 年 5 月投放市场到 1995 年,"盖天力"创造的总产值已突破 1.8 亿元,利税 5 000 多万元。

3. 现代农业中有机会

随着工业领域竞争的加剧,利润下滑,农业越来越受到方方面面的重视。天津一些精明的、有远见的企业家捷足先登,及时地捕捉到了现代农业中的诱人商机。

4. 环境和资源限制中有机会

环保产业在国际市场上被称为朝阳产业、明星产业,是国民经济结构中以防治环境污染、改善生态环境、保护自然资源为目的所进行的技术开发、产品生产、商品流通、信息服务、资源利用的"绿色"产业。如污水的处理、垃圾的填埋、防治噪声和空气污染的电动车、防盗器等,这意味着一个潜在而巨大的市场正展现在我们面前。

📚 案例 2-5

1997 年年初,天津港田公司董事长龚世权得知天津市科委正在进行工厂化农业科技示范区建设项目的招标,他意识到机会来了。面对标书对资金投入、水源、土质及交通 4 个方面苛刻的要求,港田集团进行了充分的准备,终于以 1 700 万元的投资和其他方面的优势在 8 个强有力的竞争对手中脱颖而出。

农业科技示范区是为丰富天津市民的"菜篮子"而建的,面对一排排漂亮的厂房,龚世权认为企业找到了新的经济增长点。由于采用高科技手段营造出适合各种农作物生长的湿度、温度、空气及日照环境,各种农作物生机盎然。企业在丰富了市民"菜篮子"的同时,也使自己的平均利润达到 40% 以上。据悉,天津市目前还有另外 7 个有实力的乡镇企业集团也投资建立了工厂化农业科技示范区,共建蔬菜大棚 680 个。据行家估算,这种投资 3 年至 3 年半就可收回成本。

5. 气候变化中有机会

自空调器、电风扇、电冰箱、取暖器、服装等气候敏感类商品诞生之日起,它们便与气候结下了不解之缘。企业在生产、销售过程中,如果对气候变化一无所知,"听天由命",将会给企业带来很大风险;而精明的企业家及早识破"天机",运筹帷幄,就可轻松赚取难得的"气候钱"。无论是酷暑炎热天的空调脱销,还是阴雨连绵天的雨伞供不应求,都表明天气气候中孕育着无限商机。

6. 市场缝隙中有机会

所谓"市场缝隙",就是消费者尚未得到满足,而多数经营者尚未意识到的那部分消费需求,谁能先抓住这一需求,谁就能开发出一块新市场。海尔开发的"小小神童"迷你即时全自动洗衣机,就是典型的一例。

📚 案例 2-6

"小小神童"的出世,源自一位上海用户给海尔的一封信,她对市场上一般洗衣机的又大又重、费水费电提出抱怨,希望海尔能开发一种适合现代人洗衣频率高、即时洗、易搬动、不占地方的洗衣机。消费者有一种需求,就要为他们提供一项服务。海尔立即抽调了一批研究人员,进行迷你洗衣机的研究开发。第一代"小小神童"洗衣机闪亮登场,向消费者首次展现了中国第一台迷你即时洗衣机,因其灵、快、好、省,实用方便而很快在市场上畅销。以后又推出了"小神童""神童王"等波轮洗衣机"神童兄弟"族,玛丽娅、玛格利特、丽达等滚筒洗衣机姐妹等数十款洗衣机,使海尔洗衣机在国内外市场上大放异彩,市场占有率节节上升,在全国销量第一。

(资料来源:都都."小小神童"全国脱销之谜[N].中国企业报,1998-07-14.)

7. 别人产品的缺点中有机会

"先发制人,后发制于人"是兵家常用的一条谋略,如今它已被一些企业广泛地应用到商战中,不少企业通过采取主动出击、掌握主动权的攻势战术大都获得了成功。然而,"兵无常势,水无常形",任何营销策略都不是绝对化的。抢先一步是"先发制人",可以取胜,落后一步对企业具有负面影响甚至破坏作用,经理人应时刻"瞪大眼睛",随时防范它的发生和规避其负面的影响。但后发并不就等于失败,如果后发者能够瞄准对方的弱点,扬长避短,也一样能取得胜利。

📚 案例 2-7

新疆塔里木油田为了改善职工生活条件,决定分期分批给每个家庭安装一台空调器。然而刚过了 1 个月,职工脸上的喜悦就变成了忧愁。因为油田风沙太大,沙粒把冷凝管都给堵死了。合肥天鹅空调器厂在得知这一信息后,立即开发出了一种防风沙的空调器,油田职工使用后非常满意。从此,天鹅空调在新疆大受欢迎。

可见,从别人产品的不足中寻找市场是一条成功捷径。首先,这种方式简单、便捷。别人的产品存在某种缺陷,被消费者抛弃了,我就"哪壶不开提哪壶",在我的产品中彻底消除这一缺陷,这样这个市场就变成我的了。这种"乘虚而入"的占领方式比采用常规方法开辟一个市场要省事得多。其次，这种方式成本低廉。一般说来，占领市场要经过市场调查、广告宣传、试销等几个阶段。在采用这种方式后，前边的几个阶段基本上都可以省略掉，这就可以使企业节省一大笔费用。所以，在激烈的市场竞争中，把目光盯在失败者身上，"从别人产品的不足中寻找市场"，就能把别人失去的市场变成自己的市场。

8. 顾客的抱怨中有机会

顾客的抱怨，实质上是"不花钱的咨询"。"抱怨"对于商家来说往往意味着商机、市场、利润和生存发展的沃土。有远见的企业家都能够善待"抱怨"，他们也由此获得了新的商机、新的市场。

案例 2-8

1996 年，张瑞敏在四川出差时听说，洗衣机在四川农村销售受阻，其原因是农民经常用洗衣机洗地瓜，排水口一堵，农民就不愿用了。于是，张瑞敏要求技术人员按照农民的要求，开发出能洗地瓜的洗衣机。有技术人员对张瑞敏要求开发能洗地瓜的洗衣机的指令想不通，认为太"土"，也太不"合理"了！但张瑞敏却说："不！"对用户的要求说不合理是不行的，如果能开发出适应用户要求的产品，你就创造出了一个全新的市场。技术人员根据农民的意见，很快就开发出了大地瓜洗衣机。大地瓜洗衣机开发出来后，果然在农村市场大受欢迎。

日本松下公司创始人松下幸之助先生说得好："没有挑剔的顾客，哪儿有精良的产品？顾客的抱怨，经常是我们反败为胜的良机。我们常常在诚恳地处理顾客的抱怨中，与顾客建立了更深一层的关系，因而意外地获得了新的生意。所以，对于抱怨的顾客，我实在非常感谢。"

9. 文物古迹、风土人情、名家的作品和典故中有机会

文物古迹、风土人情中有机会，这早已广为人知，但名家的作品典故中有机会一般人听来则会觉得很新鲜。在这方面，鲁迅先生的家乡——绍兴就带了个头。

鲁迅先生生前恐怕不会想到，他在为后人留下了一份宝贵而璀璨的文学遗产的同时，也为故乡人创下了一笔丰厚而独特的商业资产。据披露，如今绍兴人纷纷利用鲁迅笔中家喻户晓的作品名、人物名，做厂名、店名、公司名、商标名，使自己企业的知名度得到迅速提升。

据统计，这样的企业已达 20 余家。至于以鲁迅作品中艺术形象注册商标的产品，更达百种以上，这成了绍兴经济发展中一个新颖别致、耐人寻味的现象。

绍兴人这种吃"鲁迅饭"的现象始于十几年前。当时，有商业眼光的人士敏感地注意到鲁迅小说《孔乙己》中"咸亨酒店"这 4 个字的含金量，便依照小说中描写的格局修建了咸亨酒店。此后，游览绍兴的客人纷至沓来，引得财源滚滚，如今咸亨酒店已经成了历史文化名城绍兴一个具有代表性的景点。有些绍兴土特产也因沾了鲁迅作品的光，畅销国内外。如孔乙己牌茴香豆在日本销路很好，祥林嫂牌豆腐乳、闰土牌霉干菜则是上海、杭州副食品市场上的名牌。

10. 价值观念的变化中有机会

人们的消费行为是由价值观念指导的，因此，只要认真研究价值观念的变化趋向，企业就可以抓住商机赚大钱。例如,过去每年春节期间,机场和宾馆萧条冷落,但是近几年来,每逢春节,往返海南的机票紧张,海南各宾馆客房爆满,呈现出了从未有过的兴隆景象。这种景象的出现,就源于北京人兴起的一种新观念——“旅游过春节”。此外,如时装、建筑、装潢、化妆品、花卉等行业,受价值观念变化的影响更大。因此,这些行业更应注意研究人们的价值观念。另外,还需要说明的是,即使是处于同样的环境中,由于企业控制的资源不同,对某些企业来说是机会,对另一些企业来说也可能会是威胁。

例如,紧缩银根、压缩投资、经济萧条的环境,对经营不善、严重亏损、濒临破产的困难企业,就是很大的威胁。但对于经营管理很好,既强又大的企业,却是一个很好的机会,这些企业可以利用萧条的环境,实行低成本扩张,使自己发展得更大、更强。再如,把天然气引进北京后,给北京的化工企业带来了很好的发展机会,但给北京的煤炭行业却带来了严重威胁。

可见,环境变化对一个企业来说,究竟是机会还是威胁,取决于该企业所控制的资源。所以,在分析了环境之后,还必须分析企业的资源。

2.4.2　商业机会中的风险分析

可能对企业形成风险分析的八大因素如下。

(1) 现有竞争对手。对手的数量和实力怎样? 如果它已瞄准了自己,自己绝不可掉以轻心。

(2) 供应商。供应商的数量越少越不利。

(3) 客户。客户数量越少,说明此市场已被对手瓜分,这是最大的威胁。

(4) 潜在的竞争对手。识别潜在对手出现的兆头非常重要,企业要时刻居安思危,防患于未然。

(5) 替代技术。越是传统的产业,越要注意替代技术夺走自己的“饭碗”。

(6) 互助企业。专业化分工与协作的企业之间,合作态势与诚意十分重要。

(7) 政策或规则。政策、规则的变化会立即形成新的利益格局。例如,垄断一旦打破,马上就会有对手出现。

(8) 自然状况。灾害与突发事件常常会给企业带来“飞来横祸”。要评估某种威胁是否存在以及如何对待,可以从市场预测和调查中得出判断。

2.4.3　处理商业机会中的威胁的一般方法

威胁是对企业造成危害的负面力量,实行防范和预警十分必要。对企业威胁“预警”的方法如下。

(1) 建立一支“消防队”,保证企业在受到威胁冲击时能很快化解威胁。

(2) 时刻提防对手。学会如何区别信号与杂音,以识别出真正的竞争对手。

(3) 深入客户、深入本企业的中层和基层。建立一种信息双向沟通的渠道,听取客户和企业中、基层人员的意见,避免使自己成为最后一个知道变化的人。

(4) 经常听一听以评价你为职业的人的说法。这些人经常在旁边观察你、琢磨你,他们往往能从较新的角度发出一些新信息。

📖 知识拓展 2-1

流星民企的八大病症剖析

光阴似水，岁月如歌，民企之星，自生自灭，往事如梦，感悟如斯。企业像"宇宙之砖"构筑起无限的社会财富天体。恒星企业固然辉煌，流星民企也曾风光，往事不堪回首，成功已为失败之母。对流星民企的深刻反思，价值颇高，因为悲剧往往比喜剧有更大的震撼力和感染力，也有更丰富、更深刻的内涵。

一个个国内著名的民企，突然在它们的花样年华中无声无息地倒下了，如同鲜活少年生命的夭折一样，给人们带来了终身的遗憾。

1988年我国权威部门评出了首届全国优秀企业家20名，16年过去了，这被当时媒体称之为"改革敢死队"的成员作为我国企业改革的实践者和见证人，经历了昔日的辉煌，也历尽各种坎坷。多数已折戟沉沙，销声匿迹。在大变动时代，草莽也成英雄，于是，在企业家身上，一切都被神秘化了，颠倒过来了：粗鲁不叫粗鲁，叫男子汉气概；骂人不叫骂人，叫企业家风度；草率不叫草率，叫有魄力；随便一个决定便是果断；连无知无识，没有多少文化也成了吹嘘和包装。甚至连沙哑的噪音也成了妙不可言的音乐……廉价的恭维和肉麻的吹捧劈头盖脸地向我们的企业家砸来，昏昏欲仙，飘飘然，不知道自己姓什么了。

企业是一个有机的生命体，自从诞生之日起，就面临着死的考验。那些因决策失误、管理不善、战略不当、执行不力的企业过早地进入了"公司恐龙博物馆"。许多民企更是昙花一现，在新的经济时代变成短暂的、爆发式的企业"流星"，是什么"病"使民企变成了"流星"？归纳起来，"流星民企"有以下八大病症。

1. 狂想症：政治狂想　王者情结

人类不能没有联想，民企不能没有理想，企业家更不能没有创业激情。但理想不等于狂想。处于21世纪的中国，一不小心就发财了的时代已经一去不复返了。有人将改革开放经济转轨中的发财机会分为4个轮次：第一轮次是发政策财——天上掉馅饼；第二轮次是发关系财——幕后抱馅饼；第三轮次是发技术财——自己烙馅饼；第四轮次是发管理财——小饼变大饼。赢得竞争优势，夺取领先地位，获得更大效益也成为全球经济竞争的新景观。因此，商战中的民企越来越难赢。的确，根据社会在经济转轨时期，在一个幼稚的国度，用一种幼稚的方式凭运气运作企业，一不留神就发家致富了，甚至一夜之间就成了亿万富翁。所以，致使许多民营企业家的巨大雄心屡屡萌发，理念又惊人的相似：要么不干，要干就干第一。动不动就要"王天下"。怀揣政治狂想的中国式的"堂吉诃德"牟其中，曾把自己比作传说中的无脚鸟，只能不停地飞翔，一旦落地生命也将完结。从"大陆首富"到"大陆首骗"，曾三度入狱、数次沉浮的牟其中咬定青山不放松，从不曾改变的就是对其政治狂想的抱负和坚定的追求，无论是想把喜马拉雅山炸个大缺口，让冰天雪地变成万亩良田沃土的牟其中，还是打算把雅鲁藏布江的水引进黄河，解决中原地区缺水问题的牟其中；无论是高举"为搞活大中型企业服务，振兴社会主义市场经济"旗帜的牟其中，还是坚信"世界上没有办不到的事，只有想不到的事"的牟其中……他始终都怀着一种激越的政治热情，他认为自己对国家最大的贡献就是"空手道"。

再看"三株"，总裁吴炳新在1995年10月15日的新华社年会上，宣读了《争做中国第一纳税人》的报告,报告预测:三株公司目前的发展速度是 2 000%,可到 1997 年的增长速度放缓到 200%,1998 年放缓到 100%,1999 年放缓到 50%。曾设想这一世纪末就可以完成 900 亿元到 1 000 亿元,成为中国第一纳税人。可这些话还没从人们的耳畔散去,"三株"就被一场官司击倒了。总裁吴炳新反思时曾对史玉柱说:"不该你挣的钱别去挣,天底下的黄金铺地,不可能通吃。这个世界诱惑太多,但能克制欲望的人却不多。"真可谓击中要害,一语道破天机。曾有一位武汉大学毕业的农民之子陈天生,辗转于北京、武汉、广州等地,创业不成,但目标宏大。他对记者讲:"我要用 3～5 年的时间,使世界的每一块土地都用上肥力高,这样,年销售额将达到 1.2 万亿人民币。"这笔钱折合 1 446 亿美元,顺便说一下,它将仅次于通用、福特,能在全球企业 500 强中名列第三。这真是吹牛不上税,狂想至极点,"人有多大胆,地就有多大产",其实质是典型的主观唯心主义。

再者,中国人太看重政治,具有强烈的政治情结,提到政治就兴奋,靠近政治就愉悦,企业里面玩政治,人生目标搞政治;经商只是为当官做准备——属中国传统价值观"当官才能光宗耀祖"的新时代折射。然而经验证明,政治是把"双刃剑",一个优秀的企业家可以懂政治、学政治,但不可玩政治。同时他们又十分看重权力,太看重做"老大",家族制企业的成员每个人都想当董事长、总经理,都想有拍板签字、发号施令的权力,指手画脚,甚至颐指气使。每个家族成员都不愿委曲求全,礼贤下士,"屈身下嫁"为别人服务。这种权力情结与"鸡头文化"相结合的顽症始终是民企发展的绊脚石。

2. 近视症:胸中无数　不讲战略

许多民营企业成长经历证明:一个不成熟的市场,利用经济体制转轨过程中的机会,去完成创业期的资本原始积累并不难,而最难能可贵的是可持续发展与长盛不衰。企业要经营,战略必先行。没有战略的企业就像断了线的风筝,没有战略的企业家头脑就像没有蜡烛的灯笼。许多民企缺乏战略意识,珠海"巨人"的坍塌,郑州"亚细亚"的沉浮,沈阳"飞龙"的反思,都说明单凭胆量和运气去运作企业迟早要栽跟头的。这些企业家的失误症结在于"三盲":一是"盲目",战略目标不清,好高骛远,超越实际,盲动主义,甚至浮夸成风,好大喜功,同时,四处招兵买马,动辄搞跨越式发展,超常规跃进,1 000 万元的资金要盖 70 层的高楼;10 岁的公司提出 5 年赶超世界 500 强的目标;30 万元身家的老板幻想着激动人心的远景,小项目不愿做、大项目做不了……人性的弱点放在民企身上,其结局就更显悲壮。二是"盲从",一听说什么赚钱就一哄而上,又一哄而散。赶时尚,追潮流,今天做食品加工,明天做酒店连锁,后天做网络科技,大后天做文化传媒。总之什么高端、时髦,就做什么,感觉越来越好,利润越来越少。这山望见那山高,熬红双眼操碎心,折腾来折腾去,元气大伤。什么赚钱就干什么,到头来什么都干不成。三是"盲打",心中无数,不讲战略,四面出击,急于求成,主意太多,朝令夕改。看人头头是道,看己昏头昏脑。从来没有看清自己在行业中领先的关键因素,一段成功史,满脑糊涂账,因此从来没有清晰的战略规划。归根结底这些"三盲"企业家在战略决策上患了严重的"近视症",很多民企老板不顾长远利益,没有战略眼光,他们把追求自身的眼前利益放在了价值取向的首位,片面追求利润,把现实的利润当成企业唯一重要的事情,不注重长期战略;一味压缩企业成本、降低员工待遇;忽视科研,不投入或少投入研发经费,甚至竭泽而渔,把许多民企拉下水。

河南"红高粱"快餐连锁有限公司,以羊肉烩面叫板麦当劳,乔赢对麦当劳的模仿还是创造了短时期的奇迹。1995年4月15日,在大洋彼岸的麦当劳建店40周年之时,"红高粱"快餐在郑州"二七广场"初次亮相,日营业额迅速从2 000元突破了万元大关。随后以44万元资金起家的7家分店仅用了8个月的时间就滚动到了500万元。有人慨叹,"红高粱"造势的效率要比央视标王高出几万倍。"红高粱"这个曾打算于2000年在世界各地开2万家连锁店,与麦当劳一决高下的中式快餐店美梦难成,转瞬间灰飞烟灭。

3. 急躁症:决策急躁　管理粗放

《孙子兵法》曰:"兵者,国之大事也,死生之地,存亡之道,不可不察。"战略决策事关企业生死存亡,真可谓"一着不慎,满盘皆输",花钱容易挣钱难,一夜回到改革前。"三拍"式的决策葬送了不少民营企业,也葬送了不少民营企业家。"太阳神"在最初几年的迅速崛起时使自己积累了大量的资金,财富的急剧膨胀鼓动起决策者盲目扩张的欲望。从1993年开始,"太阳神"一年内就向石油、房地产、计算机、酒店业等20多个项目投资3.4亿元,可惜隔行如隔山,结果是20多个项目无一获利,3.4亿元的投资几乎全部打了水漂。

1998年投资经营"太阳神足球俱乐部",结果3年下来又赔了4 000多万元,致使公司的财务状况进一步捉襟见肘,入不敷出。

还有许多民企具有投资极端主义。3个月前兴奋地投下钱来,3个月后沮丧地要抽身离去,前脚踩油门,后脚踩刹车,企业震荡,目标变幻,无所适从。有许多长期项目是决策"大跃进",投资无底洞,工程"马拉松"。尤其在企业发展的关键时期,都要强调做强做大,经常处在一种急躁冒进,焦虑和不平衡的心态之中,从而导致了决策的盲目性。片面决策有之,危险决策有之,错误决策亦有之,后悔决策更有之。与此同时的并发症是管理粗放、经营不善、漏洞百出。飞龙总裁姜伟视察22家子公司,发现1994年广告费预算1.2亿元,实际支出1.7亿元;一名业务员缺钱花,两天报了100多件破损;哈尔滨7名客户承认欠款400万元,而分公司账目反映的只有几十万元;总裁姜伟打过这样一个比方:"飞龙好比一个大球场,每个员工都是球员,裁判权力很大。于是两眼盯着裁判,趁他一不留神,就按自己的意图乱踢一气。"财大气粗的"三株"有300多家子公司、12 000多家办事处、70 000多个工作站、15万名职工,机构重叠,人浮于事,层层官僚,层层造假。"贪污和浪费是极大的犯罪!"这话总裁天天讲、月月讲,而贪污和浪费的事天天有、月月有。后来审计发现,1995年3亿元广告费,有1亿元属于完全无效,并查出违规金额1 378万元,一些人把花巨资印好的宣传品当废纸卖掉。一位企业家用"十天十地"来形容"三株"后期:"声势惊天动地,广告铺天盖地,分公司漫天漫地,市场昏天黑地,经理花天酒地,资金哭天喊地,经济缺天少地,职工怨天怨地,跨台同行欢天喜地,还市场蓝天绿地。"

4. 多动症:多元扩张　财力分散

这表现在许多民企过早地进入多元化经营,即多元化经营时机不当,在未具备基本条件的情况下进入目标行业。许多民营企业集团都把不相关多元经营当作自己的基本战略,不仅追求"科、工、技、金、房"一体化,而且还讲"产、供、销、农、工、商"一条龙发展,甚至涉足几十个不同行业,精力财力分散,欲速则不达。1995年6月,胡志标筹集80万元资金在中山市东升镇成立爱多公司,他看上了VCD项目,投产后1996年产值达到2亿元,1997年就猛蹿至16亿元。1997年年底胡志标以2.1亿元的标价成为CCTV98标王。

1998 年开始爱多着手实施多元化战略,通过采用事业部制,"爱多"一口气搞了 6 个子公司,以不同的产品划分,"爱多"摇身一变成为"爱多集团"。1998 年电话机项目正式上马,并宣布进入数码电视音响等领域。到 1999 年问题日趋明显,3 月 1 日 15 秒的形象广告也在央视停播,由于"爱多""贪多"末代标王的皇冠终于坠地。多元化搞好了是馅饼,搞不好就是陷阱。盲目多元化,必然是陷阱重重。由于分散的资源配置方式,使企业资源财源紧张甚至严重不足,导致每个意欲发展的领域都难以得到充足的资源与资金的支持,从而难以形成规模经济和竞争优势。更有甚者,一旦陷入资源或资金危机,使其众多经营项目需要的投入难以为继,供血不足,恶性循环。原规避经营风险的策略——"东方不亮西方亮,黑了南方有北方"反而变成了"东西南北全不亮",一片漆黑,企业陷入"多元化陷阱",欲生不成,欲死不行,两难选择,后果不堪设想。

5. 盲信症:个人崇拜 迷信盛行

老子曰:"道生一,一生二,二生三,三生万物",自然界的万事万物不都是起源于无吗?从零到无限都是一个十分诱人的过程,把握这一过程的脉动规律,无疑是件激动人心的事。许多民企老板白手起家,凭胆量和运气掘到了第一桶金,个人威信也逐步树立起来了,下属员工开始由"不信"到"迷信"再到"盲信"。在上新的项目时或决策时,主要表现在过度地自信"别人行,我也行"。"白手起家我都能创业成功,还有什么事我干不好呢?""我们要干不成,谁能干成?"再加前后左右的职工或朋友见机行事,相互奉承,个人崇拜,迷信盛行。人人山呼万岁,事事溜须拍马,恭顺者提拔,意见者遭殃,"我的地盘我做主"。企业管理采用家长制的领导方式:一是决策独断,家长意志;二是恣意专行,唯我独尊;三是目无下属,作风霸道;四是文过饰非,推卸责任;五是为所欲为,排斥异己;六是深居简出,脱离下情。有些民企领导把那些平平庸庸、唯唯诺诺、会拍胸脯、但无点墨,言听计从只会围着自己转、没有一点开拓精神的人视为可靠对象,加以重用。这些人善于搞"三从四德":三从:一从过去,轻车熟路;二从条件,不畏风险;三从上级,不担责任。四得:一得省心省事;二得稳妥可靠;三得中庸平和;四得领导欢心,量自身之心力,讨上司之欢心。对上阿谀奉承,吹吹拍拍;对下装腔作势,借以吓人。早请示、晚汇报,看上去是至忠至诚,实际上是迷信盛行,害己害人。企业群体智慧和积极性难以发挥,使企业的各阶层都会出现人才危机,经营业绩滑坡,甚至发生巨额亏损,民企短命就会成为必然。

6. 唯亲症:任人唯亲 圈内圈外

古人云:"政以得贤为本,为政之本在于任贤。"民企领导者要任人唯贤,不能搞任人唯亲。然而,现在一些家族制企业进行选拔人才,说是"公开、公平、公正"面向社会,其实大部分是内招。即使个别招聘进去的也让你不好受,难以得到重用。结果是唯亲是举,任人唯亲。"亲朋老友是亲,顺我之心是亲,护我之私是亲,助我攻他是亲。"以"我"为圆心,以"亲"为半径画圈,这圈又有内圈外圈,大圈小圈,圈内圈外之分别。小圈之内是"直系""嫡亲",大圈之内是"旁系""朋亲"。因为亲有远近,友有薄厚之分。对圈内人恩宠有加,对圈外人冷酷无情,来个"排排坐,吃果果,你一个,我一个"。内圈大,外圈小,圈内有,圈外无。搞"近亲繁殖",一句顺口溜讥笑道:"父子处,夫妻科,外甥打水舅舅喝,孙子开车爷爷坐,亲家办公桌对桌。"除血缘亲姻之外,还拉老乡、同事、同学、战友等关系,树山头、结朋党、搞裙带关系。使企业邪气上升,正气消失,职工士气低落,如同一盘散沙。企业缺乏凝聚力,丧失了战斗力。这也是群体犯罪,腐败现象滋生的温床。现在许多企业的经济犯罪案件就是案中案、连环案,一旦"东窗事发"就"拔出萝卜带出泥",糖葫芦,穿一串儿。更有甚者表现为个人英雄主义,在民企我是核心,我才是红花,大家都是绿叶;在一个圈子里,我才是中心,大家都是配角。否则向内就会"怒从心中起,恶向胆边生";向外就会"全无兴趣,恕不奉陪",其后果是人才越来越难留,企业越来越难做,圈子越扯越多,路子也越走越窄。

7. 早衰症:市场妙作 品牌夭折

恒星企业注重一点一滴培育市场,逐步赢得信誉,使企业的品牌在消费者心目中不断得到巩固和强化,即创造市场。品牌是市场的敲门砖、铺路石,一个好的名牌精品应该是:质量优良可靠,品种适销对路,市场久畅不衰,企业服务周到,而且家喻户晓、信誉卓著。然而中国流星民企太急功近利,市场运作只注重炒作,集中在钟情广告效应,地毯式轰炸。广告只是培育品牌的一个表层因素,其结果是品牌的知名度提高了而寿命缩短了,品牌待有广告出,各领风骚两三年。要想提升品牌的耐久力,仅靠概念炒作是不行的。因为品牌的重要内涵是美誉度和消费者的忠诚度,这需要靠企业内部各环节的规范运营和各部门优质服务来支撑与培育,更需要民营企业家的韧性、悟性、理性与学识、胆识、见识。因为知识的增长、能力的蓄积、品牌的打造、文化的领会是组织中积累性学识的沉淀。然而,一些民企把广告作为品牌成长的催化剂,依赖单一的广告投入促使品牌的快速成长,广告投入大大超出企业的承受能力,通过巨额的广告投入来赌市场。结果是巨额广告投入后,企业并未取得预期的市场销量,造成企业入不敷出;或是在品牌成长的初期,靠广告投入取得了一定的市场效果,有时销售效果还会非常明显,这又会给企业造成错觉,并简单地推断广告投入会与销售量的增长呈现正比例关系,进一步加大广告的投入。这时广告对品牌开始产生负面影响,产品销售量反而下降,企业面临巨大的财务风险,最终拖垮企业,比较典型的如秦池、爱多等。盲目追求标王的媒体聚光效应,而最终导致惨败。企业一旦出事,全国媒体纷纷口诛笔伐,从而让企业的信任危机愈演愈烈,导致企业猝死,品牌夭折。

8. 缺钙症:文化乏力 理念苍白

知识是力量,经济是颜面,人才是关键,文化是灵魂。成功的企业背后必然有卓越的文化力。没有强大的企业文化,即价值观和哲学信仰,再高明的经营战略也无法成功。企业文化是企业生存的前提、发展的动力、行为的准则、成功的核心。好的企业文化是企业的根、职工的心,文化建设是民企成长的重要保证。由企业文化形成的核心价值观是企业做强、做实、做大的基础,万丈高楼平地起,夯实基础出效益。

然而,许多流星民企的共性问题是文化荒漠乏力、理念苍白无魂,就像人体缺钙一样,腰酸背痛,四肢无力,前进困难。有些民企只注重物质发展而不重视企业精神的培育,致使民企在认识上难以形成共同一致的战略愿景;在组织上难以形成富有合作精神的团队群体;在行动上难以形成雷厉风行的执行合力。企业规模一大,人心涣散,很容易哗变和分化,各有各的嫡系部队,组织和部门全靠姻亲血缘和江湖义气维持,企业很难生存,更谈不上发展了,民企短命现象在所难免。民企在经营理念上本应该体现企业文化的差异,企业理念的识别和设计,要把突出企业的个性放在首位,体现本企业在经营宗旨,经营方针和价值观上的独特风格和鲜明个性。然而,缺乏个性的理念识别设计,"多企一理",这正是中国企业的通病,民企也不例外。效仿别人,人云亦云,诸如"团结、拼搏、开拓、进取"之类。结果是理念公式化、大众化、定性化、雷同化。如三株集团、巨人集团面对成千上万的销售大军,只在收入提成上做文章,只注重物质激励,主要利用利益机制调节员工行为,忽视精神激励。只追求有形利益,换句话说就是只追求看得见的投入和产出,绝对的功利主义、实用主义和利润至上心态,有时候令企业丧失的不仅仅是形象,还包括企业的安全、长久的生命力等。在组织上,必然导致散兵游勇式的乌合之众。有道是"天时不如地利,地利不如人和"。企业一时的亏损并不可怕,最可怕的是职工感情亏损,一旦职工对企业失去了信心和热情,这个企业是绝对没有希望的。试想在一个"窝里斗"的家族制企业里工作,人际关系紧张,人心难测,无所适从,甚至让人提心吊胆,不是人琢磨工作而是工作折磨人,企业缺乏凝聚力,必然毫无竞争力。一旦职工士气低落,就会涣散如沙,丧失战斗力。诸如上班混日子、出勤磨洋工的惰性文化;讲空话、讲大话、讲假话、走形式、轻实效的浮夸文化;摆阔气、讲排场、吃喝挥霍的奢侈文化;任人唯亲、拉帮结伙的宗派文化和"圈子文化"等,必然会压抑能人,埋没人才,更留不住人才。"以人为本"也只能成"叶公好龙"而已,使民企人才结构变得年龄老化,头脑僵化,没有文化,还不听话,爱传闲话。这都是民企文化乏力,理念苍白的表现,也是致命弱点,甚至是不治之症。这也是民企"恒星"变"流星",生命周期短暂的奥秘之所在。

总之,成功的民企是相似的,失败的民企各有各的不幸。上述八种病症是流星民企的通病。实际上,流星民企还有诸多疑难杂症,有待于进一步的诊治,揭示病症是为了引起患者的注意。民企病症是由多方面因素造成的。但外因是变化的导火索,内因是变化的根据,外因通过内因才能起作用。从民企自身来说要内强素质、外塑形象,提高自身肌体的免疫力,最好的方略是预防为主,有病早治,防治结合,没病防病乃胜者胜也。作为民营企业家来说,更应该学真知,练内功,长才干,勤于思,慎于言,敏于行,掌握好统御之道,驾驭好民企的命运之舵,才能直挂云帆济沧海。此外,社会各界要广泛关注民企的疾苦,多给民营企业家一些人文关怀,为民企的发展创造宽松的政策条件与和谐的外部环境。"沉舟侧畔千帆过,病树前头万木春。"我们相信"流星雨"过后民企将会出现群星灿烂、恒星满天的新景观。民企也将会生生不息,恒亘千古,为社会财富天体注入新的生机与活力,数风流民企还看今朝。

(资料来源:张国良.流星民企的八大病症剖析[J].企业家天地,2006(2).)

思　考　题

1. 分析创业外部环境的意义及方法是什么?
2. 影响一个创业产业环境的 5 种基本力量是什么? 以烟草行业为例分析 5 种因素对其影响。
3. 创业企业如何识别捕捉机会?
4. 创业企业如何发现与规避威胁?
5. 影响创业的外部环境因素有哪些?

第 3 章

创业内部环境分析

【本章要点】

- 对企业资源和能力的分析
- 核心竞争能力分析
- 价值链分析
- SWOT 分析

 案例 3-1

国酒茅台的核心竞争力

深山峡谷之中,赤水河奔流到此处拐了个大弯。贵州茅台酒厂(集团)有限责任公司就坐落在这里,气候温和,且相对封闭,酒厂上空活跃着大量有利于酿酒的微生物,千百年来不息的酿酒活动,又加强了微生物的生长繁殖;赤水河流经紫色砂页岩钙质土层,溶解了多种对人体有益的矿物质和微量元素,使酿酒有了不可多得的优质水源;国家曾有酒厂上游不得建工厂的指示,生态环境基本未遭破坏。这种地域特色决定了茅台酒超凡脱俗的物理特性,离开了茅台镇,任何人酿出的酒都不能成为茅台酒。

独特的地域之花,酿造的正是茅台酒独特的不可复制的品格。

2001 年 4 月 3 日下午,国家质量技术监督局在北京召开新闻发布会,宣布 7.5 平方公里的茅台酒酿造地受到原产地地域保护。茅台酒成为我国《原产地域产品保护规定》实施以来第三个获得原产地地域保护的产品。正因为茅台酒具有难以模仿性,使得它同时具有稀缺性的特点。茅台酒作为与法国科涅克白兰地、英国苏格兰威士忌齐名的世界三大蒸馏酒之一,是茅台酒厂所特有的,它在中国乃至世界是独一无二的,是酱香型白酒的典型代表。

稀缺性的特点促发了茅台酒厂"价格年份制"的出台。茅台酒厂宣布:从 2001 年 1 月 1 日开始,每瓶茅台酒出厂前,都前所未有地在突出位置标上出厂年份。出厂后第二年,茅台酒价格将自动上调 10%,以后逐年以此类推。"价格年份制"的实施,是中国白酒市场上的破天荒之举。业内人士注意到,尽管"价格年份制"的概念是首次提出的,但"茅台年份酒"其实早已出现。以 2000 年为例,15 年、30 年、50 年、80 年茅台酒的销售收入就相当可观,足见消费者对它的认同。茅台酒的收藏价值非常高,在 20 世纪 70 年代初收藏一瓶 50 年陈酿茅台,到 2000 年其收藏回报价值是 1 万倍。那时候 1.5 元一瓶的酒,现在值 1.5 万元没问题。难以模仿性和稀缺性,酿造出茅台的核心竞争力。茅台酒被誉为"国酒"当之无愧。但"国酒"没有终身制,茅台的"国酒"地位取决于它核心竞争力的保持、完善和提高。

1. 确保品质第一

茅台人始终坚持把酒的品质放在第一位的原则。茅台酒的生产流程与自然界的四季变化相吻合,采取端午采曲,重阳投料,高温制曲,高温堆积,高温流酒,七次蒸馏,八次发酵,九次蒸煮,历时整 1 年,然后再经过 3 年储存,精心勾兑后才能包装出厂。经过这套科学、独特、完整的工艺,至少要 5 年时间。而其他的白酒厂用 1 年或几个月的时间就能出厂,所以茅台酒能够做到绝对地保证质量。为确保产品品质,早在数年前,茅台酒厂全方位将 ISO 9002 国际标准贯彻于质量体系中,通过了长城质量保证中心的审核认定,一家极具"中国味"的企业由此成功实现与国际惯例对接。

2. 资本运营,多品开发

在继承原有工艺、保证质量的前提下,茅台酒厂确定了"一品为主,多品开发;一业为主,多种经营;一厂多制,全面发展"的战略,积极开展资本运营,不断开发新的产品品种,充分挖掘茅台酒的品牌优势,使企业规模不断发展壮大。目前,通过投资、持股、合资等方式形成了以中国贵州茅台酒厂有限责任公司为核心企业,由进出口公司、香港茅台贸易公司、习酒有限责任公司 3 个全资子公司,贵州茅台酒股份有限公司、贵阳茅台大厦、茅台威士忌公司、遵义啤酒有限公司、茅台装饰公司 5 个控股公司,贵州久远物业公司、珠海龙狮瓶盖有限公司、保健饮品开发公司、尊荣贵宝公司、南方证券公司 5 个参股公司组成的企业集团。贵州茅台酒股份有限公司于 2001 年 7 月公开上市发行 7 150 万股 A 股,发行价为每股 31.39 元,为进一步提升国酒的核心竞争力提供了大量的资金来源。43%(V/V)、38%(V/V)、33%(V/V)茅台酒和汉帝茅台酒、茅台王子酒、茅台迎宾酒、茅台不老酒、茅台威士忌、贵州醇酿等系列新产品以及 15 年、30 年、50 年、80 年贵州茅台酒,各具特色,显示出强大的"国酒"阵容。

3. 健康、绿色、人文、科技:酿造国酒新的核心竞争力

对于酿酒企业而言,酒文化积淀的深厚是其发展至关重要的因素,它将起到维护市场、扩大市场、创造市场、引领消费的作用。尤其对于高档酒而言更是如此。茅台酒贵为"国酒",企业文化自然更为重要。茅台酒厂的决策层认识到,应关注消费者生活方式的变化,开展对酒类市场的"文化营销",使酒文化成为能够触动消费者情感、唤起消费者购买欲的文化,体现酒文化研究的社会效益和经济效益。为此,茅台酒厂于 2000 年提出了健康茅台、绿色茅台、人文茅台、科技茅台的概念,倡导追求健康、绿色、人文、科技的目标。这不但有利于集团全体员工认清自己所在企业的竞争优势和努力方向,也有利于茅台酒在市场上树立一个关注健康和环保、传统工艺与现代科技完美结合的"国酒"良好形象。茅台酒厂有限责任公司总经理袁仁国认为:"这将形成我们最新的核心竞争力。"

(资料来源:刘刚.现代企业管理[M].广州:南方出版社,2004.)

3.1   企业资源的分析

企业战略就是企业在所处环境中能够决定其地位的机遇、威胁与内部条件之间的匹配。战略管理的基本模型中强调通过内部条件评估，认识企业的优势与劣势，形成企业的核心竞争力，从而在与外部环境的匹配中构建企业战略。表 3-1 显示了这些资源的内涵。

表 3-1   企业资源的分类

财务资源	·企业的自有资金、融资能力和投资能力
实体资源	·企业的厂房、设备的规模及先进程度 ·企业获取原材料的能力
组织资源	·企业的信息交流系统及正式的计划、控制和协调系统
技术资源	·企业的专利、商标、版权和商业机密 ·企业技术创新的资源，包括研究设备，科学技术人员
声誉资源	·企业通过产品品牌、质量、与客户关系，从而建立起在客户心目中的企业声誉 ·企业在其供应商、金融公众、员工等公众心目中的声誉形象
人力资源	·企业管理者的决策能力 ·企业员工的专业知识和技能 ·企业员工的忠诚度和献身精神

3.1.1   企业的资源及其构成

在经济学和管理学中，资源主要指生产要素或者能够带来价值的某种东西，与一般我们所理解的自然资源的概念有一定差异。企业的资源指企业在实现经营目标中可以运用的各种生产要素及其他相关因素。企业的资源通常分为三类，即有形资源、无形资源和人力资源。有形资源是指可见的、能量化的资产；而无形资源是指那些根植于企业的历史、长期以来积累下来的、没有实物形态的资产；人力资源是一种特定的有形资源，它意味着企业的知识结构，技能和决策能力。其中，有形资源包括财务资源、实体资源和组织资源；无形资源包括技术资源和声誉资源。

1. 有形资源

它是比较容易确认和评估的一类资产，一般都会在企业的财务报表上列示。但从战略的角度看，资产负债表上所反映的资产价值是模糊的，有时甚至是一种错误的指示，会计计量原则使得这些会计数据并不总是能真实地反映某项资产的市场价值，更不要说很好地衡量这些资产对于企业的战略价值。值得一提的是，相对于传统的财务会计，管理会计的兴起和应用在这些方面取得了一定的进步。

当考虑某项有形资产的战略价值时，不仅要看到会计科目上的数目，而且要注意评价其产生竞争优势的潜力。适应市场需求的变化在评估有形资产的战略价值时，必须注意以下两个关键问题。

（1）是否有机会更经济地利用财务资源、库存和固定资产。企业可以通过多种方法增加有形资产的回报率，如采用先进的技术和工艺，以增加资源的利用率。即能否用较少的有形资产获得同样的产品或用同样的资源获得更大的产出。

(2) 怎样才能结合外部资源,使现有资源更有效地发挥作用。如通过与其他企业的联合,尤其是与供应商和客户的联合,以充分地利用资源。实际上,由于不同的企业掌握的技术不同,人员构成和素质也有很大差异,因此它们对一定有形资产的利用能力也是不同的。换句话说,同样的有形资产在不同能力的企业中表现出不同的战略价值。

2. 无形资源

无形资源是企业不可能从市场上直接获得,不能用货币直接度量,也不能直接转化为货币的那一类经营资产,如企业的经营能力、技术诀窍和企业形象等。无形资产往往是企业在长期的经营实践中逐步积累起来的,虽然不能直接转化为货币,但却同样能给企业带来效益,因此同样具有价值。在现代的市场竞争中,不同产品在质量、价格和功效上的差距已经小得微乎其微,于是作为无形资产的品牌、知名度、商誉等就成了顾客区分不同产品的新的指标,这也是企业制胜的法宝。例如,在快餐业,麦当劳和肯德基是信誉与知名度最高的品牌,这种巨大的无形资产使得它们一直占据着全球快餐业的大半市场。医疗、教育等行业都是更多地依赖于信誉和知名度的行业。信誉和知名度高的企业不仅其产品和服务容易被消费者接受,在同样的质量下可以卖出较好的价格,而且可以在融资、借贷方面得到方便和优惠。

另一类重要的无形资产主要是工业产权和非专利技术,它们具有先进性、独创性、独占性等特性。一旦企业拥有了某种专利、版权和专有技术,它就可以凭借这些无形资产去建立自己的竞争优势。美国的英特尔、微软及中国的北大方正都是这方面的典型例子。而施乐企业试图开发个人计算机但没有成功,则是错误地评估关键资源的例子。

企业所具有的技术能否成为重要的无形资产,除与其先进性和独创性有关外,还与其是否易于转移有密切的关系。如果某项技术易于被模仿,或者主要由某个人所掌握,而这个人又很容易流动,那么,该项技术的战略价值将大大降低。相反,如果某项技术很难被模仿,或者与其他技术方法一起使用才能发挥其应有的作用,而这些其他技术方法又掌握在很多人手中,那么,该项技术作为一种无形资产的战略价值就高得多。

3. 人力资源

人为万物之灵,一个组织最重要的资源是人力资源。所谓人力资源主要是指组织成员向组织提供的技能、知识及推动力量和决策能力。在技术飞速发展和信息化加快的知识经济时代,人力资源在组织中的作用也越来越突出。

1) 对上层管理者的分析

管理就是结合群力、达至目标。对上层管理者素质的分析主要有事业心、责任感及性格特征。

(1) 战略型的企业家的特征:一是品德高尚;二是思维敏捷;三是性格优异;四是富有韬略。

领导的主要职责是:出主意、定战略、建班子、带队伍。一个好的班子至关重要,否则产生内讧,缺乏战斗力,许多优秀人才只好另立山头。

(2) 性格有内向、外向两种。内向比较内涵、胆小、保守;外向比较胆大,比较外露,能大胆开拓，外向为主，内向为辅，敢作敢为，但风险大，有时有一定的冒险性，外向对盈利敏感，内向对亏损反应灵敏，在班子内应性格互补，优化知识结构与年龄结构。

2) 组织内部的人际关系

人际关系环境是人们社交需要、自尊需要得到满足的关键因素，因而显著影响员工的劳动积极性，影响组织的凝聚力。影响组织内部人际关系的因素很多且很复杂，主要有：地理位置、接触频度、态度和兴趣的类似性、利益相关性、人际反应的个性心理品质及所属组织的道德风尚。人们的人际反应特质大体上可分为3种。

(1) 合作型。朝向他人，替他人着想，乐于助人，谦和宽容。

(2) 竞争型。以个人为中心，突出自己，压低别人，市侩哲学，傲慢无礼。

(3) 分离型。不愿与人交往，离群索居，独往独来，独善其身。

研究表明，人们的人际反应特质是可以改变的，它受到周围群体和组织的深刻影响，特别是深受组织道德风尚的影响。

3) 组织的道德风尚

组织道德风尚类型繁多，大体上可归纳为4类。

(1) 帮派式道德风尚。吹吹拍拍，拉拉扯扯，拉帮结伙，借人际关系谋私，好人受气，坏人横行。

(2) 封闭式道德风尚。"各人自扫门前雪，休管他人瓦上霜""鸡犬之声相闻，老死不相往来"，人与人之间冷漠疏远，封闭自守。

(3) 分离式道德风尚。个人间过分竞争，互为对手、互相忌妒、互不服气、互相拆台、钩心斗角。

(4) 家庭式道德风尚。团结友爱、乐于助人、互让互谅、以诚相见、以信相处、上下融洽、左右逢源，大家庭般温暖和谐。

显然，家庭式道德风尚易于形成良好的人际关系，这种风尚的建立有赖于职工中"合作型"人员的增多，这种风尚一旦建立，反过来又强有力地促使非合作型人员向合作型靠拢和转变。

为了培育家庭式道德风尚，应该通过宣传、教育、奖励、惩罚、干部示范、骨干带头等手段，大张旗鼓地倡导"和为贵""团结友爱""诚实正直""讲信修睦""助人为乐""以厂为家"等道德观念，并使之蔚然成风。

3.1.2　把握内部分析的关键要素

进行内部分析需要收集、消化和评价有关企业运作的信息。著名管理大师威廉·金曾认为：应当有一个由来自企业各个部门的管理者组成的，并由适当工作人员支持的专门小组来确认将影响企业未来的一般关键性指标(或要素)，然后才能做出综合的评价。通常的指标包括收益力、市场地位、生产率、产品领导力、人力资源的开发、员工态度、社会责任、短期目标与长期目标的平衡、财务比率、企业文化等。

1. 收益力

收益力是指一个企业的获利能力。在评价企业各个部门的收益力时，应当考虑到部门之间的差异所构成的一定时期内的获利差异力。所以对收益力既要有纵向比较，也要有横向比较;既要有比率比较,又要有净利额的比较。

2. 市场地位

市场地位主要是看企业在市场的哪一部分、在哪种产品上、在哪种服务上、在哪种价值上所处的地位。一些小企业要特别注意防止自己的市场占有率低得接近于边缘地位。处于这种地位,批发商和零售商在缩小库存时就有可能停止对本企业产品的采购,购买者就有可能完全转向市场占有率高的供应者,本企业也很有可能由于销售量太少而无力提供必要的服务。总之,在经济情况稍有挫折时,临近边缘的生产者很难长期继续生存下去。一些大企业也要注意自己不要占有太多的市场份额,因为占有太多的份额就容易引发购买者不愿受到垄断而产生的反抗。在美国,还有可能因触犯《垄断法》而被拆分(就是因为垄断而在 1984 年被分解为 8 个企业的例子)。同时,处于垄断地位的企业也有可能因为没有竞争对手而裹足不前,限制企业在开拓市场方面的动力和想象力。

在通常情况下,企业应以市场占有率为依据,了解客户需求,针对自己的薄弱环节加以改进,从而提高竞争力。

3. 生产率

生产率是产出与投入之比。产出包括产品或服务的数量、销售额、企业的利润等。影响企业生产率的因素是多方面的,如知识的应用、时间的利用、产品的组合、程序的组合、组织结构、企业各种活动的平衡等内外部因素。

4. 产品领导力

产品领导力不是指产品现有的市场地位,而是指为了发展新的产品与改善现有产品的品质,企业在技术制造及市场领域里是否具有创新能力或者采用最新的科学技术上的知识和能力。这个指标要由技术、销售及制造等方面的专家来调查,并从各种角度来研讨与评价。

5. 人力资源的开发

企业成长的任何阶段都需要各类人才的加盟,因此对于人力资源的发展要有一个长远的计划。表示该领域成果的指标是,需要的时候是否能够找到合适的人才,应当有一个完整的人才储备表来分析企业内部员工,重点培养企业内有能力的人去做能够充分发挥其能力的工作。

6. 员工态度

这一项是在各个领域中最基本的项目。因为员工的态度可以反映主管人员对员工个人的基本需求与目标的满足是否负起责任;另外,员工的态度被人们作为评价企业成长性的主要尺度之一。测定员工态度指标主要有员工的离职率、缺勤率、迟到、安全记录及有关改善工作的提案数量。

7. 社会责任

企业存在于社会中,那么企业的一切经营活动都会受到社会因素的影响,只有在社会政治和经济的约束下,企业才能存在并发展,这就使企业必须负担起社会责任。如企业对员工的生活保障、向慈善机构进行捐助等。

8. 短期目标与长期目标的平衡

只顾短期的需要而不顾长期的需要,企业很快就会因为环境的变化而不能生存;相反,只看重长期目标而不管短期利益,那么,企业就失去实现长期目标的保证。因此,企业要将长期目标和短期目标结合起来。为了使长期目标与短期目标融为一体,就需要研究长期目标和短期目标是否合理、具体、完善和相互呼应,至少要测算以何种成本期待取得何种成绩等,均成为测定与评价的对象。

9. 财务比率

可以说明企业各职能领域之间关系的复杂性。如投资收益率或盈利率下降的原因可以是无效的营销、糟糕的管理政策、研究开发的失误等。

10. 企业文化

它是企业里最稳定也最持久的因素,对战略有着指导性的影响,也包含很多不易察觉的、微妙的但又无法避免的因素。这些指标只是影响内部环境分析乃至战略决策的最基本的一些要素,在实际过程中,根据各企业自己的情况可能会有所取舍,或者增加些诸如管理、组织机构、信息系统等其他的因素。

3.2　企业的基本能力分析

在识别企业的核心能力或者特殊能力之前,首先要做的是认识企业的基本能力,就是说一个理论化的企业有多少基本的能力。这里有两种最基本的方法：价值链分析法和SWOT分析法。比如,先把企业分成业务管理和信息管理两大类,价值链的分析方法是把企业看成一个动态的通过生产实现价值增值的过程,根据这一过程中的连续进行的各个不同模块来界定。管理大师波特就是利用这样的模型来反映企业的业务进展和增值的。

3.2.1　价值链模型

波特把企业的活动分为两类：一类是基本活动,主要涉及如何将输入有效地转化为输出,这部分活动直接与顾客发生各种各样的联系;另一类是辅助性活动,主要体现为一种内部过程。图 3-1 表现了这一过程。

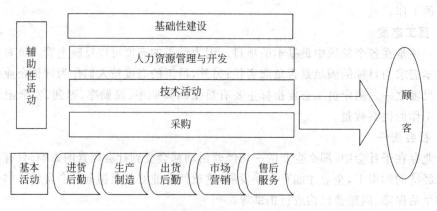

图 3-1　价值链模型

1. 基本活动

（1）进货后勤。包括资源接收、储存和分配活动，也包括材料处库存的控制和运输等。

（2）生产制造。这一活动过程将各种输入转化为最终的产品和服务，如制造工艺调整和测试等。

（3）出货后勤。包括产品接收。

（4）市场营销。主要包括消费行为研究。

（5）售后服务。这项基本活动包括安装、储存和分销活动、广告和促销、维修、培训和提供备件等。

2. 辅助性活动

（1）采购。采购是指购买生产所需全部资源的过程，如材料、机器设备、办公设备、房屋建筑物等。

（2）技术活动。实际上，一切价值增值活动都含有技术这个要素。一个企业的技术水平如何，直接关系到产品的功能强弱、质量高低及资源的利用效率。

（3）人力资源管理与开发。表面上看，人力资源的开发与管理是一项长期性的任务，并不直接参与价值增值过程。但实际上，这是一项非常重要的活动，因为所有其他活动都是由人来完成的。这部分活动主要包括人员的招聘、选拔、培训、补偿和激励等。

（4）基础性建设。主要包括计划、财务和质量控制及法律服务等。但是必须认识到，不同行业在不同阶段增值的幅度可能有很大差异。一些行业在产品设计阶段的增值比较明显，如 IT 业；而另外一些行业可能在营销和分销阶段增值较多，如食品行业。企业必须根据行业的特点和本身的条件来完成资源增值过程。应该说明的是，在大多数行业，很少有哪一个企业能单独完成从产品设计到分销的全部价值活动，总要进行一定程度的专业化分工。换句话说，任何一个企业都是创造产品和服务的价值链这个大系统的一个有机组成部分，随着世界经济全球化、一体化过程的加快，这一特点将更为突出。因此，在了解价值是怎样产生时，不仅要考察组织的每一项内部活动及它们之间的联系，还要对包括采购和销售链在内的整个价值过程进行深入分析和了解。

3.2.2　SWOT 分析

优势（strengths）、劣势（weaknesses）、机会（opportunities）、威胁（threats）是帮助管理者制定如下 4 类战略的重要匹配工具：SO 战略、WO 战略、ST 战略和 WT 战略。考察关键外部及内部因素是建立 SWOT 矩阵中最困难的部分，它要求有良好的判断，而且不存在一种最佳的匹配。

优势—机会（SO）战略是一种发挥企业内部优势而利用企业外部机会的战略。所有的管理者都希望自己的企业处于这样一种状况：能利用自己的内部优势去抓住和利用外部趋势与事件所提供的机会。企业通常首先采用 WO 战略、ST 战略或 WT 战略而达到能够采用 SO 战略的状况。当企业存在重大劣势时，它将努力克服这一劣势而将其变为优势。当企业面临巨大威胁时，它将努力回避这些威胁以便集中精力利用机会。

　　劣势—机会(WO)战略的目标是通过利用外部机会来弥补内部劣势。适用于这一战略的基本情况是：存在一些外部机会，但企业有一些内部的劣势妨碍它利用这些外部机会。

　　优势—威胁(ST)战略是利用本企业的优势回避或减少外部威胁的影响。这并不意味着一个很有优势的企业在前进中总要遇到威胁。

　　劣势—威胁(WT)战略是一种旨在减少内部劣势同时回避外部环境威胁的防御技术。表3-2所示为一个SWOT矩阵。SWOT矩阵由9个格子组成。其中有4个因素格、4个战略格，而在左上角的格子则永远是空格。以SO、WO、ST和WT为标题的4个战略格要在S、W、O、T这4个空格完成之后再填写。构建SWOT矩阵的过程包括如下8个步骤。

表 3-2　SWOT 矩阵

	优势 S 列出优势 1. 2. 3.	劣势 W 列出劣势 1. 2. 3.
机会 O 列出机会 1. 2. 3.	SO 战略 发挥优势，利用机会 1. 2. 3.	WO 战略 利用机会，克服劣势 1. 2. 3.
威胁 T 列出威胁 1. 2. 3.	ST 战略 利用优势，回避威胁 1. 2. 3.	WT 战略 减小劣势，回避威胁 1. 2. 3.

「保持空白」

　　第一步，列出企业的关键外部机会；

　　第二步，列出企业的关键外部威胁；

　　第三步，列出企业的关键内部优势；

　　第四步，列出企业的关键内部劣势；

　　第五步，将内部优势与外部机会相匹配，把作为结果的SO战略填入格中；

　　第六步，将内部劣势与外部机会匹配并记录得出的WO战略；

　　第七步，将内部优势与外部威胁相匹配并记录ST战略；

　　第八步：将内部劣势与外部威胁相匹配并记录WT战略。

　　当进行充分的SWOT分析后，根据发挥优势、利用机会、克服劣势、避免威胁的基本原则，结合企业实际需要，各相关因素有机匹配，可得出企业未来经营战略中若干种可供选择的方案。因此，第二阶段中进行匹配的目的在于产生可行的备选战略，而不是选择或确定最佳战略；并不是所有在SWOT矩阵中得出的战略都要被实施。

　　图3-2给出一个SWOT分析的样例。

优势 ——劣势 机遇 ——挑战		优势　S	劣势　W
		· 资源丰富,历史长远 · 奖金雄厚,资信优良 · 煤业生产,技术雄厚 · 管理规范,决策科学 · 成本低廉,竞争力强 · 规模生产,效益集聚	· 计划烙印,根深蒂固 · 社会包袱,沉重难当 · 人才短缺,引留困难 · 资产经营,收效甚微 · 产品单一,难御风险
机 会 O	· 东北经济,复苏在前 · 西部开发,商机无限 · 煤业上市,前程锦绣 · 政府扶持,政策优厚 · 电力扩容,机遇难求 · 环保产业,方兴未艾 · 高新技术,空间广阔 · 绿色产品,备受青睐	加速发展 SO 战略 1. 力争煤业上市 2. 延伸煤炭产业链条 3. 涉足高科技产业 4. 金融资本经营 5. 开发保健产品和绿色产品 6. 引资、兼并,降低成本扩张	WO 战略变短为长 1. 做强做大煤业 2. 开发煤型 3. 开发绿色化肥 4. 优化整合组织结构 5. 加强人力资源培育 6. 剥离分账单位
威 胁 T	· 地理偏僻,交通不便 · 信息闭塞,难融潮流 · 诸侯纷争,竞争惨烈 · 结构调整,升级压力 · 清洁能源,必然选择 · 竞价上网,危机凸显 · 地方经济,制约发展	扬长避短 ST 战略 1. 立足传统产业 2. 保守的金融资本运营 3. 兼并本地濒临破产企业 4. 自办自营电厂 5. 加大广告宣传	WT 战略以退为进 1. 降低煤炭生产成本 2. 实施技术创新 3. 与铁路、电厂建立利益共同体 4. 大力发展第三产业

图 3-2　霍煤集团战略选择 SWOT 分析图

3.2.3　波士顿矩阵分析法

波士顿矩阵是由美国波士顿咨询公司(BCD)首创的一种被广泛应用于战略评价的方法,又称 BCD 矩阵。主要用于对各种经营业务单位(SBU)的战略方案进行分析选择。

波士顿矩阵的横轴表示产品的相对市场占有率,纵轴表示产品的销售增长率,将两个轴各按一定的比例(例如 10%)分界就可以得到一个有 4 个空间的矩阵。

相对市场占有率指一定时期内,企业某种产品的销售额(量)占本行业销售水平最高的企业同类产品销售额(量)的比例(同行业)。

销售增长率指一定时期内,企业某种产品销售量(额)相对基期销售量(额)增长比例(历史)。

一个企业自主经营的分公司或分部(利润中心)结构称为其业务组合。当企业的各分部或分公司在不同的产业进行竞争时,各业务组合都应建立自己单独的战略。波士顿咨询集团矩阵和内部—外部矩阵(IE)就是为促进多部门经营企业的战略制定而专门设计的决策方法。

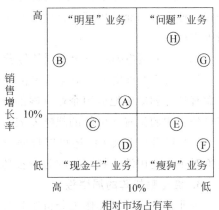

图 3-3　波士顿矩阵图

1. 波士顿矩阵的分析方法

如图 3-3 所示,波士顿矩阵的横轴表示企业在产业中的相对市场份额,是指企业某项业务的市场份额与这个市场上最大的竞争对手的市场份额之比。这一市场份额反映企业在市场上的竞争地位。

根据有关业务或产品的主业市场增长率和企业相对市场份额标准,波士顿矩阵可以把企业全部的经营业务定位在4个区域中,如下所述。

第一区域,高增长—强竞争地位的"明星"业务。这类业务处于迅速增长的市场,具有很大市场份额。在企业的全部业务当中,"明星"业务的增长和获利有着极好的长期机会,但它们是企业资源的主要消费者,需要大量的投资。为了保护和扩展"明星"业务在增长的市场上占主导地位,企业应在短期内优先供给它们所需的资源,支持它们继续发展。这类分部可考虑采用的战略包括:前向、后向和横向一体化,市场渗透,市场开发,产品开发及合资经营。

第二区域,高增长—低竞争地位的"问题"业务。这类业务通常处于最差的现金流量状态。一方面,所在产业的市场增长率高,企业需要大量的投资支持其生产经营活动;另一方面,其相对份额地位低,能够生成的资金很少。因此,企业对于"问题"业务的进一步投资需要进行分析,判断使其转移到"明星"业务所需的投资量,分析其未来盈利,研究是否值得投资等问题。之所以被称为"问题"业务,是因为企业必须决定是通过采用加强型战略(市场渗透、市场开发或产品开发)来加强这类单位还是将其出售。

第三区域,低增长—强竞争地位的"现金牛"业务。这类业务处于成熟的低速增长的市场中,市场地位有利,盈利率高,本身不需要投资,反而能为企业提供大量资金,用以支持其他业务的发展。产品开发或集中多样化经营战略可能对强劲的"现金牛"业务企业有吸引力。然而,当变为弱势时,更适合采用收缩或剥离战略。

第四区域,低增长—弱竞争地位的"瘦狗"业务。这类业务处于饱和的市场中,可获利润很低,不能成为企业资金的来源。如果这类经营业务还能自我维持,则应采用收缩战略,缩小经营范围,加强内部管理。如果这类业务已经彻底失败,企业应及早采取措施,采用结业清算、剥离或收缩战略,及时清理业务或退出经营。

2. 波士顿矩阵的启示

波士顿矩阵有以下几方面重要的贡献。

(1)波士顿矩阵是最早的组合分析方法之一,作为一个有价值的思想方法,被广泛运用在产业环境与企业内部条件的综合分析、多样化的组合分析、大企业发展的理论依据分析等方面。

(2)波士顿矩阵将企业不同的经营业务综合在一个矩阵中,具有简单明了的效果。

(3)该矩阵指出了每个经营单位在竞争中的地位,令企业了解到它们的作用和任务,从而有选择和集中地运用企业有限的资金。每个经营业务单位也可以从矩阵中了解自己在总公司中的位置和可能的战略发展方向。

(4)利用波士顿矩阵还可以帮助企业推断竞争对手相关业务的总体安排。其前提是竞争对手也使用波士顿矩阵的分析技巧。

3. 波士顿矩阵的局限性

企业把波士顿矩阵作为分析工具时,应该注意到它的局限性。

(1)在实践中,企业要确定业务的市场增长率和相对市场份额是比较困难的。

（2）波士顿矩阵过于简单。首先,它用市场增长率和企业相对市场份额两个单一指标分别代表产业的吸引力和企业的竞争地位,不能全面反映这两方面的状况;其次,两个坐标各自的分划都只有两个,分划过粗。

（3）波士顿矩阵事实上暗含了一个假设:企业的市场份额与投资回报是成正比的。但在有些情况下这种假设可能是不成立或不全面的。一些市场占有率小的企业如果实施创新、差异化和市场细分等战略,仍能获得高的利润。

（4）波士顿矩阵的另一个条件是,资金是企业的主要资源。但在许多企业内,要进行规划和均衡的重要资源不是现金而是时间和组织人员的创造力。

（5）波士顿矩阵在具体运用中有很多困难。例如,正确地应用组合计划会对企业的不同部分产生不同的目标和要求,这对许多管理人员来说是一个重要的文化变革,而这一文化变革往往是非常艰巨的过程。又如,按波士顿矩阵的安排,"现金牛"业务要为"问题"业务和"明星"业务的发展筹资,但如何保证企业内部的经营机制能够与之配合? 谁愿意将自己费力获得的盈余投资到其他业务中去? 因此,有些学者提出,与其如此,自由竞争市场可能会更有效地配置资源。

3.3 企业的核心竞争力分析

企业核心竞争力的研究揭示了企业竞争优势的奥妙,这一领域的研究自20世纪90年代以来已经成为企业战略研究的主旋律。国内外专家学者在这一领域也已经取得了大量研究成果,这就为企业核心竞争力的研究奠定了理论基础。

3.3.1 企业核心竞争力的内涵

关于核心竞争力的内涵在理论界还存在一定的争议,普拉哈拉德(Prahalad)、哈默尔(Hamel)和巴顿(Barton)的观点颇有影响。普拉哈拉德和哈默尔在1990年发表"*The Core Competence of Corporation*"一文中关于核心竞争力的阐述是基于对美国GTE公司与日本NEC公司发展比较的基础上提出的。他们赋予核心竞争力的内涵是:第一,核心竞争力是组织中的集体学习,尤其是如何协调多样化的生产技术以及把众多的技术流一体化;第二,它也是关于工作的组织和价值传递的(delivery);第三,核心竞争力是交流沟通,包含和承担(ccommitment)横跨组织边界的工作义务。显然,这一定义是比较抽象的。相比之下,巴顿的定义则比较具体,他认为企业核心竞争力是识别和提供竞争优势的知识体系,这一体系包括:组织成员所掌握的知识技能,包括企业专利技术和员工掌握知识、技术的能力;企业技术系统之中的知识技能,包括工艺流程、信息系统、产品设计技能等;管理系统,包括管理规则、制度、组织体系;价值体系,包括企业价值观念、企业文化、精神等。一些专家还认为核心竞争力包括组织资本和社会资本,组织资本反映了协调和组织生产的技术、技能方面,社会资本反映了企业文化方面。而资源理论学派的一些学者还认为核心竞争力应当把企业的有形和无形资源包括在内。由于核心竞争力是一个相对抽象的概念,企业界和一些学者从核心能力的表现形态角度对核心竞争力进行研究,如有的学者认为:"如果从企业内部的不同功能的角度划分,可以把核心竞争力的表现形态分为管理(决策)能力、技术及创新能力、市场营销能力、企业文化能力、资本运营能力及以上能力的组合。"核心竞争力可以生长出许多奇妙的最终产品，创造出众多意料不到的新市场，它是企业竞争优势的根源。

3.3.2 核心竞争力的演进及特征

1990 年，著名管理学家普拉哈拉德和哈默尔在权威杂志《哈佛商业评论》上发表的《企业的核心竞争力》(*The Core Competence of Corporation*)一文，首次提出了核心竞争力(core competence)这一概念。在此文中，普拉哈拉德和哈默尔认为核心竞争力就是"企业内部的积累性学识，尤其涉及如何协调多种生产技能和整合多种技术流的问题"。实际上，普拉哈拉德和哈默尔并没有十分清晰地定义核心竞争力，而只是给出一个描述性概念。我们对国内外学者的研究进行了大量的分析，从中将研究的不同观点进行了归纳、整理和总结。国内外学者关于核心竞争力的主要观点即核心能力是组织中积累性的学识，特别是协调不同的生产技能和有机组合多种学识流派的学问。我们认为，核心能力有以下几个特征。

1. 价值性

核心竞争力具有战略价值。它能为企业创造更高价值，它能为企业降低成本，它能为顾客提供独特的价值和利益，最终使企业获得超过同行业平均利润水平的超值利润。

2. 独特性

企业核心竞争力是企业在发展过程中长期培育和积淀而成的，企业不同，它的形成途径不同，它为本企业所独具，而且不易被其他企业模仿和替代。它必须是独一无二的，并能提供持续的竞争优势。

3. 延展性

核心竞争力的延展性使企业获得核心专长及其他能力，它对企业的一系列能力或竞争力都有促进作用，为企业打开多种产品市场提供支持；它犹如一个"能量源"，通过其发散作用，将能量不断扩展到终端产品上，从而为消费者源源不断地提供创新产品。

4. 动态性

企业的核心竞争力虽然内生于企业自身，但它是在企业长期的竞争发展过程中逐渐形成的，与一定时期的产业动态、企业的资源及企业的其他能力等变量高度相关的。随着彼此相关的变化，核心竞争力内部元素动态发展，导致核心竞争力动态演变，这也是一个客观必然。

5. 整合性

核心竞争力是多个技能、技术和管理能力的有机整合。单个技能、技术的强大都不足以构成企业的核心竞争力，而必须由企业的其他能力相互配合才能形成，它强调企业中的整体协调和配合。

6. 异质性

一个企业拥有的核心竞争力应是独一无二的，即其他企业所不具备的，至少是暂时不具备的。不同的企业，核心竞争力也不同，它是特定企业的特定组织结构、特定企业文化和特定企业员工等综合作用的结果，是企业在长期经营管理过程中逐渐形成的，是企业个性化的产物。

7. 长期培育性

企业核心竞争力不是一个企业能在短期内形成的,而是企业在长期的经营管理实践中逐渐形成并培养发展的。核心竞争力具有的独特性、动态性的特征,也都与其长期培育性有直接的关系,而不仅仅局限于某一产品或服务。核心竞争力对企业一系列产品或服务的竞争力都有促进作用,企业可通过其在新领域的积极运用,不断创造出新的利润增长点。

3.3.3　核心竞争力的识别

如何识别核心竞争力目前理论上还没有定论,综合大部分专家、学者的观点,普遍认为核心竞争力的识别应当考虑以下因素。

1. 核心竞争力能够保持长期的竞争优势

核心竞争力可使企业拥有进入各种市场的潜力,它犹如一个"技能源"通过其发散作用,将企业现有的各项业务按照需要,联系、黏合在一起,把能量不断扩散到最终产品上,从而为消费者源源不断地提供创新产品,是差别化竞争优势的源泉。卡西欧公司在显示技术方面的核心竞争力使得其可以参与计算机、微型电视、掌中电视、监视仪等方面的经营;佳能公司利用其在光学镜片、成像技术和微重量控制技术方面的核心竞争力,使其成功地进入了复印机、激光打印机、照相机、成像扫描仪、传真机等20多个市场领域。

2. 核心竞争力具有独特性,不易被竞争对手模仿

核心竞争力应不易被竞争对手所模仿。核心竞争力既包括公开的技术、企业文化、营销等,又包括不公开的秘密技术和组织能力。竞争对手可能会掌握组成核心竞争力的一些技术或者学习到部分企业文化等,但要完全模仿或者替代核心竞争力是很难的。可口可乐饮料的组成成分已经不是秘密,然而可口可乐糖浆的配方能力却一直是可口可乐公司的核心机密。如果一个企业开发的有形、无形资源及其组织能力容易被竞争对手模仿或替代,则说明该企业原本就没有核心竞争力。

即使是同一企业,由于发展阶段的不同,企业在各阶段对核心能力的要求也会不同。所以一个企业在识别核心竞争力时,一定要依据企业目前所处阶段,结合市场及行业特点,从外部和内部两方面来把握。

1) 核心竞争力的外部识别

核心竞争力的外部识别是以核心竞争力表现出的竞争差异为基点,主要是从企业的盈利能力、市场影响力和品牌形象等方面辨别。要衡量一个企业的成长,首先应当看这个企业是否是"盈利"的,这是衡量核心竞争力最直接、最外在的一个指标。其次,要看是否创造了具有一定影响力的品牌。一般来说,知名品牌的顾客满意度较高,可以为企业带来源源不断的利润。比如像海尔、可口可乐这类大企业,它们之所以成功,就在于企业以打造知名品牌为中心形成了自己的核心竞争力。最后,还要看这个企业在整个行业里对市场的拥有度。一般市场影响力越大的企业,其所具有核心竞争力的可能性相对也就较大。

从企业外部识别核心竞争力的方法,较为粗略和表层化。因此,要进一步辨别什么是企业的核心竞争力,从而培养或提高核心竞争力,就要从企业的内部深入分析。

2) 核心竞争力的内部识别

内部识别主要是从核心能力的关键性这一角度考虑,即核心竞争力的显著增值性、领先性、异质性、延展性和整合性。因为这些关键特性是使核心竞争力区别于一般竞争力的根本所在,所以在识别核心竞争力与非核心竞争力时,关键特性成为主要的区分标准。具体分为以下几个识别指标。

(1) 增值性指标。增值性指标可以用来评价某项竞争力是否对顾客看重的价值做出了显著贡献,即是否能适应、满足顾客的价值需求。

(2) 领先性指标。领先性指标考察的是企业的核心竞争力相对于竞争对手的领先程度。它们的差异既可以用绝对数值来表示,也可以采用相对数值来表示。对核心竞争力的竞争性评价,通常与对企业竞争力的评价内容是一致的。因此,将核心竞争力竞争性的评价分为两大类:一类是在经营过程中已经表现出竞争优势的显性指标,主要有经营业绩和财务指标两种,用来分别反映企业对市场的控制力和经营质量;另一类是使企业具有潜在竞争优势的能力性指标,主要包括企业管理能力、学习和创新能力。

(3) 核心性指标。核心性是对企业核心竞争力横向广泛的整合性、纵向深入的延展性和独特的异质性的综合体现,主要体现在对企业资源、能力、知识技能等多方面的整合性和延展性。前者考察的是该项竞争力是否为其他几项能力或资源的整合,可用该竞争力所基于的竞争因素的数目来表示。后者考察的是企业利用该项竞争力拓展新业务的程度,可用基于该项竞争力所开展业务的销售收入占整个企业销售收入的比例来表示。通常来说,这两个数值越大,越表明此竞争力难以模仿,不易被复制,越有可能成为企业持续获利的动力。

资源提供了建立竞争力的基础,企业资源的差异,是导致可持续竞争优势差异的重要原因。资源的分配在各个企业之间是不均衡的,正是这种资源分配的不均衡性造成了各个企业竞争力的差异。如果说没有资源的竞争力是无源之水的话,那么,没有核心资源的核心竞争力就是无米之炊。所谓核心资源就是能为企业带来独有的、难以模仿和转让的、持续竞争优势的关键性资源。这种价值资源实际上就是能为企业带来独有的持续竞争优势的核心资源,它是构成企业核心竞争力的基础。

3.3.4 企业核心竞争力的培养途径

创立和培养企业的核心竞争力是企业的复杂的系统工程,应着重从以下几个方面入手。

1. 强化意识

企业要兴旺发达、开创未来,就要有一个高明的经营战略。特别是企业的领导班子要有强烈的核心战略意识。善于在复杂变化的环境中高瞻远瞩,把握发展趋势,抓住稍纵即逝的机遇。把握企业的发展方向,企业应把核心竞争力作为战略资源来培育。由于企业竞相建立决定全球领先地位的核心能力,西方成功企业已不再把自己看成一些制造产品或事业组合,而是核心能力的组合。核心竞争力是企业的重要战略资源,目前这种战略资源的能量正在升级。

然而,我国多数企业对什么是企业的核心竞争力认识不清,而且对自身的核心竞争力培育不够。不少企业盲目实行多元化,而不是充分利用自己现有资源对企业核心竞争力进行培养,结果是"昙花一现"。为了避免出现企业的这种短命现象,企业必须强化战略资源意识。而核心能力本身就是企业的重要战略资源,要不断地学习和创新,从而培育企业自身的核心能力,保持企业的竞争优势。未来的发展取决于今日建立核心竞争力的努力,今天投资建立的核心竞争力,就如播下未来产品丰收的种子。

2. 创建体制

新的环境要求企业必须从目标与环境适应以及长期生存的利益出发,建立培养企业核心竞争力的新体制。在企业里建立小型领导核心,侧重对企业核心能力的培养,孕育法就是一种较好的方法。它是指企业成立一个专门小组,针对企业选定的目标全力开发,负责在 2～3 年内培育出一种核心竞争力。孕育法的优点在于其经过特别设计的环境,工作小组可以专心和安心地进行研究开发,苦战攻关,一旦工作小组对某个项目有了突破性进展,取得成果,经营者就可以考虑将这一成果转移到企业中。企业还应利用各种经营手段、精神和物质的激励手段,组织、动员企业所有人员,发挥他们的创造性和积极性,为培育企业的核心能力而做出不懈的努力。

3. 资本运营

资本运营的核心是资本盈利的最大化,在现代企业制度中,提高资本运营质量是现代企业管理的基本要求,也是核心能力的经济基础。资本运营的质量包括提高产品质量和销售市场占有率等。以最小的投入获得最大的产出。看一个企业的核心竞争力,不是看生产了多少产品,而关键看回笼了多少货币。企业核心能力的重要组成部分是资本运营,资本运营的核心是资金的运行。资金运行的速度在相当大的程度上决定着资本的增值情况。资本运营要求在投资上选择回报率高的产品和行业,在生产上实现资源优化组合。在销路上把握时机,将产品尽快推向市场或以资本的直接运作为先导,通过物化资本的优化组合来提高运行效率,获得能力,增强企业的核心竞争力。如果资金投入不够就可能造成核心竞争力萎缩;由于部门化可能会割裂核心竞争力;效益不佳的企业,在撤资时核心竞争力也会随手丢掉。

4. 科技开发

当今世界"信息革命"风靡全球,"网络社会"悄然兴起,"网络经济"扑面而来,高科技正在主宰着时代经济的新潮流。现代经济活动中,由于用户需求的不断变化,技术进步的加快,产品生命周期缩短,市场竞争不断加剧,高技术已成为将来企业能否生存的关键,也是企业核心能力的关键。企业为了开拓市场,满足用户对产品新的需求,应用科学技术的新成果,提高技术水平,开发新的产品。技术开发是企业核心能力发展的永恒主题。翻开历史,回顾过去,分析现在,展望未来,无论是生产力的发展还是经济的腾飞、社会的进步都离不开技术开发与创新。据统计,科技在经济增长中的作用越来越大,含量越来越高,在发达国家中技术进步对经济增长的贡献日趋显著。20 世纪国民生产总值增长中,技术进步因素所占比重为 $5\%\sim20\%$。20 世纪五六十年代上升为 50% 左右,80 年代高达 $60\%\sim80\%$。由此可知,科技是兴国之道、富民之源,创新乃科技兴企之本,也是企业核心能力的核心;反之,抱残守缺,扼杀创新精神则会导致企业核心能力之树凋零。

5. 人才培养

企业是人的企业，人是企业的灵魂。人世间万事万物，人才是最宝贵的。只要有了高素质的人，什么人间奇迹都能创造出来。企业里人的素质是核心能力的重要因素之一。现代企业要想培育自己的核心能力，首要的是应该培养人才。当今世界，知识经济能量的释放，正逐步朝着产业化、专门化和国际化方向发展。特别是高科技的运用，已成为经济竞争的主要力量。企业要想提高经济效益，在激烈的市场竞争中站稳脚跟，关键是要提高产品的附加值，而提高产品的附加值，主要途径是增加产品的科技含量、文化含量及艺术含量等。这一切都需要知识和人才。舍不得在人才培养方面下本钱，就像只种田不施肥一样。因此，必须把人才培养纳入企业的核心竞争力之中。制定开发战略，建立人才开发体系。加强人才开发的组织管理工作，使企业人才培训与开发工作有目标、有计划、有步骤地开展。大力开发人力资源，人才济济，英才辈出，使企业核心竞争力之树根深叶茂、长盛不衰。

6. 文化建设

现代管理界有三句名言："智力比知识重要；素质比智力重要；人的素质不如觉悟重要。"企业经营层次可分为三个：第一是经营资产；第二是经营人才；第三是经营文化。企业文化是提升企业核心竞争力的关键所在，是推进企业发展的一种神奇力量。企业能力的积蓄、技能的提高、知识的增长、人事的熟悉、文化的领会都是企业积累性的学识。

案例 3-2

爱仕达创业发展历程及启示

1. 案例简介

本案例研究对象为浙江爱仕达电器股份有限公司（下文简称爱仕达或公司），隶属于爱仕达集团有限公司。爱仕达集团有限公司是以浙江爱仕达电器股份有限公司、上海爱仕达汽车零部件有限公司为核心控股子公司的大型企业集团，创建于 1978 年，主要以产业投资为主，涉及炊具、厨房小家电、汽车零部件等相关业务，注册资本 12 800 万元，员工 6 000 人，2007 年实现销售收入 20 亿元[①]。

爱仕达坐落于浙江省温岭市，控股子公司有湖北爱仕达电器有限公司和湖北爱仕达炊具有限公司，坐落于湖北省安陆。公司以"制造厨房健康产品，提升人类生活品质"为企业使命，致力做绿色厨房的倡导者。主要从事"爱仕达"品牌炊具、厨房小家电等系列产品的研发、生产和销售。主要产品为煮、炒、煎、煲各类烹饪功能的不粘锅、无油烟锅、压力锅及电压力锅、电饭煲、电磁炉、电水壶等各种系列家用炊具。

1) 发展历程

爱仕达前身是由创始人陈合林先生在 1978 年创办的溪浦五金修理厂，通过相关业务积累的资金与经验。陈合林先生在 1987 年毅然关闭了原有的溪浦五金修理厂，创办了爱仕达，开始全心投入炊具生产。1991 年，公司掌握了不粘锅制造技术，中国民营企业第一

---

① 爱仕达简介，爱仕达网站，http://www.chinaasd.com/wwwroot/introduce.asp。

个不粘锅在爱仕达诞生,之后爱仕达便成为我国炊具行业不粘锅领域的"领头羊"。1999年,爱仕达实现两亿元销售收入。同期,公司把握住温岭外贸局组团参加新加坡展览会的机会,将爱仕达的产品带出国门,推向世界。在新加坡展览会上,爱仕达不粘锅精湛的技艺引起了美国芝加哥 Calphalon 的关注,成功获得第一张高达两百万美元的外贸订单。2000 年,为了适应企业的快速发展,爱仕达再投资建成现在 300 亩的厂房——世界最大的炊具生产基地之一。2004 年,爱仕达商标被国家工商总局认定为中国驰名商标,据中国品牌研究院评估,爱仕达品牌进入中国 100 最具价值驰名商标排行榜。其所生产的不粘锅、压力锅为中国名牌产品。公司为海关总署进出口"红名单"企业,中国机电产品进出口商会推荐出口品牌中炊具行业唯一上榜品牌。2010 年 5 月 11 日公司在深圳成功上市。

2）业务概况

目前,公司已发展为中国炊具行业的龙头企业,产能和经营规模排位行业第二,目前炊具年产能 2 800 万口、厨房小家电年产能 50 万只。至 2012 年炊具年产能将超过 4 000万口、厨房小家电年产能 650 万只。公司生产的不粘锅市场占有率位居行业第一,压力锅市场占有率位居行业第二,炊具产品国内市场占有率达 20%,稳居行业前 2 名。公司生产的炊具出口量和出口金额均居行业第一,"爱仕达"牌炊具是中国机电产品进出口商会推荐的出口品牌中唯一的炊具品牌。公司是 2010 年上海世博会(中国)民营企业馆的联合参展商,是中国炊具行业参展世博会的唯一企业。

公司产品常年出口美国、德国、澳大利亚等 40 多个国家和地区,被中国机电产品进出口商会评定为"推荐出口品牌"。公司形成了以大型卖场和连锁超市为主、经销商为辅的国内营销网络,与全国性和区域性大型卖场、连锁超市建立了长期、稳定的合作关系,销售终端近2 600 家,在市场信息反馈、产品销售推广等方面具有较强的竞争优势。公司拥有稳定的海外客户群体,与诸多世界知名炊具企业和国际知名连锁企业,如美国 CALPHALON、法国SEB、德国 BERNDES、阿联酋 TAMIMI、日本 PEARL、法国 LE CREUSET、宜家和麦德龙等建立了长期稳定的供货关系。产品销售渠道结构为直营渠道(家电连锁及卖场超市)占55%,经销商占 29%,团购、网购、电视购物等占 16%。

公司在炊具行业中具有领先的技术研发优势,拥有新型无油烟锅、复底铝锅、八保险压力锅、改进锅体的结构、电压力锅弹性受力结构技术等 387 项专利。自主开发的整体发色软质氧化、硬质氧化、不粘氧化、不粘涂料喷涂、热喷涂熔射、气体氮化加软氧化、陶瓷内胆、铜复合内胆等炊具表面处理技术和高压铸造、重力铸造、旋压工艺、各种复底等制造技术水平在国内同行业中具领先性,达到了国际同类先进水平。

3）公司战略

公司远景和战略:公司根据 21 世纪"安全、健康、节能"的厨房革命主题,抓住世界炊具制造向中国转移的历史机遇,立足公司国内炊具行业第一民族品牌的竞争优势,确立了公司的远景和战略。公司的远景是"创造世界一流炊具品牌,制造厨房健康产品,提升人类生活品质"。在此基础上,公司提出了"创炊具行业百年民族品牌"的公司战略。公司不但要成为国内消费者更高生活品质的缔造者,打造国人喜爱的民族品牌,更要走出国门,领导行业积极参与国际化竞争,成为世界知名的中国品牌。

公司定位：公司将综合运用新材料、新工艺、新技术，加快产品结构调整，加大高档产品比重，尽快实现产品更新换代；用高新技术改造传统产品，提升产品结构层次和技术水平；进军厨房小家电领域，引领健康、节能的厨房产品时尚潮流，实现公司的远期战略和经营目标。公司的定位是中高端，未来仍将坚持。

公司经营目标：公司提出了"'十一五'末跻身世界炊具行业制造商前5名，厨房小家电业务进入国内前5名"的经营目标，并争取到2012年自主品牌出口额占公司出口营业收入比重突破20%。

2. 爱仕达企业外部环境分析

企业的外部环境分析主要包括宏观环境、行业环境、竞争对手环境分析。通过对企业所处的外部环境进行分析，可以发现企业的机会和威胁，使企业意识到目前所处状况以及如何做好下一步行动计划。下面，将针对爱仕达企业外部环境进行分析。

1）政治法律环境分析

国家宏观政策

炊具是人们日常生活的必需品，每一户家庭都离不开的日常生活用具。改革开放以来，炊具制造业的发展一直牵动着整个制造业的发展，它们相互关联，相互促进。

国家、政府及地方明确支持炊具制造业的发展：政府实行宽松的财政政策、建立中国炊具协会、举办与国外炊具企业的展览与交流、举办地方炊具协会活动等，鼓励炊具制造业打造自己的核心竞争力。

以家电下乡为例，家电下乡产品热销有利于促进农村消费。到2009年11月23日，全国以累计销售下乡家电3 061万件，实现销售额560亿元。作为人们日常的必需品，锅具在此次政策中收益颇丰。

行业标准订立情况

随着改革开放的进程，行业的安全和标准不断地完善，产品和服务的质量不断提高。对于炊具制造业来说，不同的产业对炊具都有不同的要求和标准，主要表现在质量和使用寿命上。同时，不同国家对于炊具的生产也有不同标准。中国的炊具业要把产品销往国外，必须满足这些条件，并使自己的企业逐步规范化、统一化。对于生产过程来说，企业必须按照国家规定，降低污染，实现绿色增长。

2）经济环境分析

一般经济环境是企业最直接感受到的环境因素，经济环境的影响可以分为两大类：一是对企业发展速度和发展空间的影响；二是对企业经营成本和盈利水平的影响。

在金融危机的冲击下，爱仕达企业却在逆势上扬，对其经济环境分析为：

金融危机下，作为日常生活用品的炊具行业并没有受到很大的冲击，但很多靠出口的中小企业出现了资金链断裂或者倒闭情况，给炊具市场带来了空白。这样的背景下，给爱仕达等大型企业带来了市场空间，让其占领了很大的炊具市场，扩大了市场份额和客户群体。

2009年3月以后，企业的订单突然增多，导致企业出现了无法满足订单的需求，企业通过招工和扩大生产线等措施来加大企业的生产量，来满足订单的需求，金融危机给爱仕达企业带来了一个好的机遇。

　　3) 技术环境的分析

　　改变企业的根本方式是对技术环境进行全面、立体的突破,爱仕达企业对技术环境的研发十分重视。目前企业具有一个由 500 人组成的研发团队和技术精英,在世界炊具行业里面,该公司的研发水平、研发速度都是有口皆碑的。在国内,爱仕达公司负责或参与起草了 5 个炊具产品的国家及行业标准,先后获得 199 项国家专利,目前有效期专利 430 多项,正在申报审批的专利 183 项。

　　该公司在炊具和厨房小家电制造、表面硬质氧化、不粘工艺、陶瓷喷涂等处理技术和加工制造能力上处于国内领先、国际先进水平。爱仕达企业的不粘锅产品一直处于市场的领先地位,其很重要的原因是技术含量高,它的方便性、实用性等受到广大人民的青睐。

　　4) 社会文化环境的分析

　　随着文化教育水平的不断提高和对外开放程度的日益扩大,人民的综合素质有了很大提高、思想观念也发生了巨大变化。中国与世界的差距正在逐步缩小,为经济发展提供了适宜的环境。

　　爱仕达企业的文化环境为:

- 文化理念:爱仕达、爱万家
- 企业使命:制造厨房健康产品　　提升人类生活品质
- 服务理念:"诚信务实　合作创新""用心服务,体验品牌"
- 企业目标:创百年民族品牌、打造国内第一民族品牌、

　　　　　　全球最具影响力的知名品牌

　　　　　　用户 100% 满意

- 企业使命:爱仕达始终以"制造健康产品,提升生活品质"为使命
- 企业文化活动:年夜饭、周末观看电影、举办技能大赛

　　　　　　　　节假日举办活动

　　　　　　　　定期为员工进行职业病体检

　　通过企业人员的价值观和工作态度,已经直接影响到了企业社会文化环境,随着社会的进步,政治、经济和技术环境等在一定程度上都会受到社会环境的影响,社会文化环境需要更好地进行人类、社会、经济的协调、持续发展等。

3. 爱仕达的主要竞争优势

　　1) 品牌优势

　　爱仕达经过在炊具行业多年的精耕细作和专业化经营,已经成为具有完备的研发、设计、工艺、制造、产品、质量和销售等体系的炊具制造龙头企业,积累了较强的竞争优势,主要体现在以下方面。

　　爱仕达自开始涉足炊具行业起就树立了品牌经营发展思路,并自 1998 年开始在国家商标局先后注册了"ASD 爱仕达"等系列商标 42 件,创立了自主品牌。目前爱仕达品牌在国内炊具行业的知名度和美誉度较高,先后被评为浙江省名牌、浙江省著名商标,并于 2004 年被国家工商局授予"中国驰名商标"称号,2006 年被中国品牌研究院评定为"中国 100 最具价值驰名商标",不粘锅、压力锅等产品被国家质检总局评为中国名牌。爱

仕达公司也于 2006 年被浙江省人民政府评为"浙江省重点培育和发展名牌企业",2009 年被浙江省人民政府列入"浙江省工业行业龙头骨干企业"。

国际市场上,爱仕达产品的品质得到世界知名炊具企业的认可,并与其形成了长期、稳定的合作关系,其制造的产品销往美国、德国、法国、中东、日本和澳洲等 40 多个国家和地区。为实现"创百年民族品牌"的战略目标,爱仕达积极拓展自主品牌销售,先后在美国、加拿大、日本、韩国、新加坡、新西兰等多个国家和地区申请注册 ASD 商标 15 件,提高品牌的世界知名度和美誉度。其产品被中国机电进出口商会评定为"推荐出口品牌",2007 年、2008 年和 2009 年爱仕达自主品牌出口金额分别为 1 052.48 万元、2 097.29 万元和 3 113.37 万元,自主品牌出口收入逐年上升。

2) 销售网络及客户渠道优势

爱仕达经过十几年的国内外市场拓展,形成了强大的国内营销网络和以经销商为主的国外营销网络,拥有稳定的国内外客户群体,遍及全世界主要国家和地区。国内覆盖了 41 个大中城市,并通过经销商将销售网络渗透到了大多数二、三级城市。

(1) 直接控制销售终端的国内营销网络。爱仕达已在国内 27 个省市的 41 个重要城市建立了办事处,并与家乐福、麦德龙、沃尔玛、大润发、世纪联华、物美等 31 家全国和区域性大型卖场、连锁超市建立了稳定的战略合作关系,直营销售终端达到 2 593 个,形成了一个强大的国内营销网络,公司可以通过与销售终端的直接联系,快速反应瞬息万变的市场情况。连锁超市在我国发展时间较短,但发展速度较快,年均增长速度超过了 50%,成为国内大中型城市主要商业渠道之一。根据中国连锁经营协会统计,由于我国农村市场巨大,2008 年全国连锁百强企业的销售总额占社会消费品零售总额的比例不到 12%,连锁超市向中小城市发展的空间巨大。随着连锁超市在国内中小城市的不断发展,本公司直接控制的销售渠道将随之进一步增加。

(2) 稳定的国外经销商客户群体。经过十多年的发展,爱仕达的企业规模、研发实力、生产能力位居国内炊具企业领先地位,拥有国内领先、国际一流的生产设备和核心技术,并且建立了规范的质量管理体系。爱仕达的产品款式新颖、品种多、质量可靠稳定、新产品开发周期较短,保证其在出口市场竞争中拥有较强的优势。经过多年大力海外市场拓展,目前爱仕达已拥有稳定的海外客户群体,海外出口客户数量达到了 304 个,产品覆盖了美洲、欧洲、澳洲、亚洲等 40 多个国家和地区,其中美国、法国、德国、澳大利亚、阿联酋等国家为主要出口目的地。公司除了继续巩固对美国 CALPHALON、法国 SEB、德国 BERNDES、阿联酋 TAMIMI、日本 PEARL 和法国 LE CREUSET 等客户的出口销售外,还大力发展国外零售客户,并成功进入了宜家、麦德龙等世界 500 强流通企业的全球采购体系。近年来,爱仕达公司重点加大了自主品牌海外营销的建设力度,随着公司自主品牌销售比重的逐年上升,自主品牌的经销商数量也逐年增加,目前已有 11 家海外经销商在经销本公司的自主品牌产品。

(3) 完善的售后服务。爱仕达在全国各省市设立了公司产品的售后服务网点,形成了"800 和 400 服务中心""各办事处、维修点、各地商超"、电话、信函、网上服务组成的畅通的售后服务沟通渠道。同时,制定了严格的"售后服务工作管理规范",为消费者提供快捷、便利、优质的服务,提升了企业形象和社会价值。

3）规模和行业地位优势

（1）规模优势。爱仕达是我国最大的炊具生产和出口基地之一。2006 年至 2009 年，各类炊具的年产量从 2 358.53 万只增长到 2 824.38 万只，销售收入从 13.59 亿元增长到 15.90 亿元。目前，公司拥有浙江、湖北两大炊具生产基地，炊具制造能力居世界前列。

爱仕达具备各类炊具产品的制造能力和完善的工艺技术，能够有效地控制产品品质和降低单位产品成本。公司炊具产品的锅体、锅盖及其他配件大部分由公司自行生产，完整的产业链使得公司产品质量得到有效保证。同时，根据国内外炊具市场现状，公司形成了铝、不锈钢、铁、复合板系列炊具的完整产品线，向市场提供上千种品项、规格的煎炒锅、汤奶锅、压力锅等炊具产品，形成了明显的综合生产优势和规模生产优势。

（2）行业优势。爱仕达是国内炊具行业的龙头企业。根据中国五金制品协会的统计数据，2007 年公司各项经济指标位居行业首位或第二位，具体如表 3-3 所示。

表 3-3　爱仕达 2005—2007 年各项经济指标排名

序号	经济指标	2007 年	2006 年	2005 年
1	工业总产值	第二	第二	第二
2	销售收入	第二	第二	第二
3	出口交货值	第二	第一	第一
4	净利润	第二	第二	第二
5	国家市场销量	第一	第一	第一
6	不粘锅产销量	第一	第一	第一
7	压力锅销售	第二	第二	第二

（数据来源：中国五金制品协会、全国炊具行业信息中心）

根据中国五金制品协会统计数据，2005 年、2006 年和 2007 年公司不粘锅和压力锅国内市场综合占有率分别名列第一名、第二名；根据公司客户统计数据，公司产品在家乐福、欧尚、卜蜂莲花和好又多等国际和国内大型连锁卖场同类产品销量居于领先地位，并已纳入宜家、麦德龙等国际性连锁卖场的全球采购体系。2007 年、2008 年和 2009 年公司炊具国内市场营业收入分别为 61 899.89 万元、77 675.08 万元和 80 105.19 万元，国内市场综合占有率稳居行业前两名。

爱仕达 2007 年、2008 年和 2009 年炊具出口营业收入分别为 85 620.51 万元、96 105.17 万元和 78 891.48 万元，根据中国海关和前瞻资讯公司统计，公司铝制炊具出口金额稳居同行业第一名，爱仕达品牌于 2007 年 4 月被中国机电进出口商会认定为"推荐出口品牌"，公司于 2007 年被海关总署列为出口"红名单"企业，享受优先办理货物申报等出口通关手续上的便利措施。公司凭借优异的研发设计能力和生产制造能力成为国际知名炊具企业如美国 CALPHALON、法国 SEB、德国 BERNDES、阿联酋 TAMIMI、日本 PEARL 和法国 LE CREUSET 等海外客户的主要供应商之一，并与其建立了长期稳定的合作关系。

此外，爱仕达还是我国炊具行业标准的主要起草单位，主持和参与起草的国家标准和行业标准如表 3-4 所示。

表 3-4　爱仕达主持和参与起草的国家标准和行业标准

序号	标准名称	标准编号	标准分类
1	铝及铝合金不粘锅	QB/T 2421—1998	行业标准
2	不锈钢压力锅	GB 15066—2004	国家标准
3	铝压力锅安全性及性能要求	GB 13623—2004	国家标准
4	无油烟炒锅	制定过程中	行业标准
5	电压力锅安全及性能要求	制定过程中	国家标准
6	食品容器内壁氟碳聚合物涂层卫生标准	制定过程中	国家标准

（数据来源：公司招股说明书）

4）自主创新能力和技术领先优势

爱仕达自创立起，一直把炊具研发、设计作为培养公司核心竞争力的根本，除了定期到国外市场考察，与经销商、客户进行沟通交流以及时、深入了解市场需求状况外，公司还成立了专门的研发、设计部门，并积极与国内各科研机构、大专院校开展产学研合作。公司研发中心分别于 2005 年及 2007 年（复评）被浙江省经济贸易委员会等部门认定为"浙江省企业技术中心"。公司分别于 2001 年、2006 年（复评）被浙江省科学技术厅认定为"浙江省高新技术企业"，2009 年 8 月被认定为"高新技术企业"，2003 年被浙江省知识产权局认定为"专利示范企业"，2005 年被浙江省科学技术厅评为"浙江省高新技术企业 50 强"。

在多年的生产研发过程中，爱仕达与国际知名炊具品牌公司建立了长期稳定的合作关系，密切跟踪国际炊具行业最新技术，不断进行技术开发和积累，拥有新型无油烟锅、复底铝锅、八保险压力锅、改进锅体的结构、电压力锅弹性受力结构技术等 380 余项实用新型和外观设计专利，并在产品材质、款式外观和加工工艺等方面拥有了大量非专利技术。

爱仕达把硬质氧化技术应用到炊具生产中，率先在我国研制开发出特殊超硬工艺和结构的不粘锅，使得炊具表面硬度增强，使不粘锅也能使用金属铲，由此公司也成为目前国际炊具业中应用硬质氧化工艺的炊具生产基地，是目前国内最大的硬质氧化炊具出口基地。公司与湖南大学化工学院合作开发的铝及其合金纳米复合氧化技术应用项目列入 2005 年浙江省火炬计划，2007 年项目通过浙江省科学技术厅验收。

爱仕达重视研发队伍建设，重点培养、锻炼年轻专业设计人员。目前公司共有各级研发人员 106 人，2009 年研发投入 4 924.47 万元，占公司销售收入的 3.11%。除定期培训外，公司还通过组织设计人员与销售人员一同参加国外展销会等方式，使设计人员直接吸收国外先进开发、设计理念和市场流行趋势，使公司产品在更新速度和创新能力上也达到国际先进水平，并形成公司自己的体系和特色。

5）严格的品质控制优势

爱仕达在长期与国际知名炊具企业及沃尔玛、家乐福、宜家、麦德龙等国际零售巨头合作中，公司确立了"下道工序是上道工序用户"这一质量管理原则，在原材料进厂、过程检验、成品出厂过程中形成了严密的质量控制体系。此外，公司在产品生产工艺技术方面形成了完善的工艺研发运用流程，能够针对产品设计和加工标准的需要不断更新完善符合规模化生产要求的工艺流程，形成科学完整的工艺技术标准来保证生产工艺的严格执行，从而不断提升产品质量、档次和标准，并制定了行业领先的企业标准和工艺流程，使生产过程的每一个环节都有章可循。爱仕达已先后通过 ISO 9001：2000 质量体系认证、ISO 14001 环境管理体系认证、中国 CCC 认证、德国 GS 认证、美国 UL 认证、日本 SG 认证等多项国家和国际认证。

6）管理优势

优秀的管理团队和先进的管理技术是公司成为国内炊具行业龙头企业地位的重要保证。爱仕达自创立之初就十分注重人才的内部培养，并不断引入优秀的管理人才和研发人员，用合理的待遇、良好的机制、良好的企业文化吸引优秀人才的加盟，建立了长效的留人机制。目前公司中高层管理人员有 75% 以上是来自全国各地的管理人才，子公司的主要负责人也大多由职业经理人担任。

爱仕达公司还非常注重推进信息化建设，在推进生产系统、分销系统的 ERP 完善的同时，也进一步完善了采购管理、质量控制、技术管理、物流管理、客户管理、预算管理、资金集中结算、人力资源管理、OA 自动化办公等系统的建设，增强了公司快速反应能力、科学决策能力和危机处理能力。

4. 案例讨论

- 爱仕达的竞争策略有哪些？
- 如何选择营销策略？
- 企业信息化建设在本案例中有哪些重要性？

5. 创业点评

为了应对外部环境变化给企业带来的挑战，变危机为机遇，爱仕达的成功案例具有如下启示。

1）创新是主动应对外部环境变化和实现企业持续发展的主要途径

外部环境动荡变化主要表现为市场竞争程度加剧、产品需求不断转移和变化、消费者对企业产品和服务提出新的要求。在这种情况下，企业需要通过创新来应对外部环境的变化，创新包括技术创新、制度创新、管理创新等。国内外相关经验都表明，通过创新建立企业的核心能力和自主知识产权，是企业确保持续发展的根本选择。因此，创新已经成为企业应对外部环境变化和实现持续发展的不变法宝。

2）全面创新管理有助于企业获取持续竞争优势

创新对于企业应对外部环境的变化具有重要的促进作用，但是，单一的创新可能无法取得较好的实际效果。爱仕达的成功经验表明，一个企业要想通过创新来获得持续竞争优势，需要同时关注技术创新、制度管理、管理创新、商业模式创新、市场创新等单项创新，更为重要的是，要提高不同创新活动之间的协同效果。只有同时开展和推进各项创新活动，才有可能实现创新收益的最大化。如创新产品的绩效需要通过市场创新、商业模式创新来实现，技术创新需要制度创新和管理创新来确保创新投入的产出效益。这种基于系统观的创新理论已经越来越被许多大企业所采用，如海尔就在全面创新管理理论的指导下深入开展创新活动，成为世界著名的优秀公司。

3）创新必须与企业内部环境相匹配

尽管爱仕达通过制度创新、市场创新、管理创新、产品创新、商业模式创新等全面创新理念和方法较好地实现其持续快速发展的目标，成功地应对了外部环境剧烈变动的挑战。

但是,我们也需要看到,爱仕达在金融危机之前本身已经是一家具有较强行业地位和规模实力的企业,较好的资源能力基础为其推进全面创新管理提供了坚实的保障。对于一些规模实力不是很强的中小企业而言,根据自己的资源能力特点,有选择地开展创新活动可能是更为现实的选择。也就是说,通过单项或者几项创新的推进来提升中小企业的专业化能力,是中小企业获取竞争优势的有效选择。相反,在企业资源能力有限的情况下,企业一味推进全面创新,很可能导致单项创新的绩效得不到最大化,单项创新之间的协同效应也难以真正实现。

此次金融危机给企业带来了较为深远和全面的影响,爱仕达的全面创新管理较好地应对了这种外部环境变化的挑战。但我们必须认识到,尽管外部环境变化是常态,但不同时期的环境变化的特征可能存在差异,如环境变化的复杂性、动荡性、对抗性等。在不同特征的外部环境背景下,企业应该开展匹配性的创新策略,以实现较好的创新绩效。也就是说,并不是所有创新策略在同样的外部环境特征下实现同等的效果,创新策略与环境特征存在匹配关系。因此,企业应采用科学的方法来分析预测外部环境变化的特征,在此基础上开展适应性的创新活动,是企业确保和提高创新绩效的客观要求。

总体上,创新是企业主动应对外部环境变化、获取持续竞争优势的根本途径。任何创新活动的开展都是建立在企业现实的资源能力基础上,对于规模实力较强的企业而言,全面创新管理可以通过协同各项单项创新而实现高创新绩效;对于规模实力一般或较弱的企业而言,专项的创新是更为合理的选择,以塑造和增强其专业化水平和核心能力。创新活动还应该与外部环境的特征实现匹配,以促使特定的创新活动符合特定外部环境特征的需求,最终实现较好的创新绩效。爱仕达多年在产品研发上的成就和陈合林董事长在产品与市场上的深刻经验所形成的十分宝贵的新品研发资产积累,使爱仕达在未来之路上能够立足于国内市场,兼顾国际市场,深入研发,做精做专,这必将确立爱仕达品牌在产品差异化上的优势、领先地位,创造厨房健康产品,成为炊具行业的领先者,跻身世界炊具制造者的前列。

思 考 题

1. 创业企业资源分析的概念和种类是什么?
2. 什么是企业核心竞争力、特征?
3. 企业核心竞争力构成要素及培育途径是什么?
4. 什么是SWTO分析法?

第 4 章

创业使命与战略目标

【本章要点】

- 创业企业使命的概念和作用
- 创业企业战略目标
- 创业企业战略目标体系
- 战略目标内容与战略目标制定

 案例 4-1

金 地 之 道

第一篇　金地使命

第一条　创造生活新空间。

我们通过提供高品质、高附加值的地产作品、高质量的服务,为顾客创造新的生活空间;我们通过与员工的共同发展,为员工创造新的成长空间;我们通过理性的经营、持续的增长,为股东创造新的赢利空间;我们通过贡献物质财富和精神财富,为社会创造新的城市空间。

第二篇　金地愿景

第二条　以品质提升价值,做中国最受信赖的地产企业。

以卓越品质提升产品价值、员工价值和企业价值,赢得社会的信赖,既是我们坚守的信条,也是我们事业的目标。卓越的品质,不仅仅是地产作品的优异质量,还包括到位的服务、高尚的生活品位。

我们为员工提供实现自我价值的舞台,对客户信守承诺,为股东提供稳定持续的投资回报,对社会尽职尽责。

第三篇　金地精神

第三条　用心做事,诚信为人。

用心做事,指用负责、务实的精神,去做好每一天中的每一件事。用心做事,就是比过去做得更好,比别人做得更好。诚信即真诚、正直、守信。诚信是企业安身立命之本。

第四条　以人为本,创新为魂。

唯有不断创新,企业才有旺盛的生命力。创新的起点与终点是满足人的需要。产品创新,要以满足客户深层需求为出发点;管理创新,要以满足员工潜在需要,充分发挥智慧和才干为关键点；经营创新，要以提高产品市场价值为目标。

第五条　专业之道，唯精唯一秉持专业精神，专注核心优势。精益求精，一以贯之。

第六条　坚韧内省，超越自我，始终保持忧患意识、反省意识、学习意识，百折不挠，坚忍不拔，在超越自我的过程中超越他人。

第四篇　人才理念

第七条　员工是企业的金矿。

人才是金地的第一资本，员工智力资源是企业的宝藏。我们致力于开发每位员工的潜能，挖掘人才、培养人才、用好人才。人才就在我们身边。我们缺乏的不是人才，而是发现人才的慧眼。企业既要善于用人所长，又要容人所短。员工要善于抓住机会，展示自我。

第八条　崇尚业绩，注重能力。

企业要靠业绩生存，员工要靠业绩发展。崇尚业绩但不唯业绩，同时注重能力考量。业绩获得报酬，能力决定岗位。

第九条　赛马知能，相马识德。

选拔人才的原则是任人唯贤，德才并重。单靠相马不客观，单靠赛马不可行，两者结合才是选拔人才的最佳方法。金地通过考评考绩、甲A甲B、内部人才市场等制度发现人才、培养人才、选拔人才。

第十条　造就最有价值的专业行家给个性以空间，给事业以平台，让员工在企业发展中实现自我价值。为此，企业要培养员工的核心能力，让员工成为专业行家，让管理者成为最有价值的经理人。

第五篇　组织行为理念

第十一条　公司利益高于一切，当个人利益、局部利益与整体利益发生冲突时，必须无条件地把整体利益放在首位。

第十二条　永葆创业激情，激情是投入，是热爱，是义无反顾，是不息的原创冲动，是强者的生存方式。

第十三条　勤于思，敏于行，乐于言，勤思令人睿智，敏行能捕捉先机，乐言让智慧共享。

第十四条　议则百家争鸣，行则步调一致，以开放的心态广开言路，博采众长一旦形成决策，则步调一致，行动果决。

第十五条　成就源于团队，团队成就自我，个人的成就离不开团队，团队是我们力量的源泉。孤雁飞咫尺，群雁翔万里。

第十六条　速度创造财富，竞争的焦点，表现在行动的力度和速度上。效率创造商机，速度创造财富。

第十七条　立足现实，追求完美。我们提倡现实完美主义，反对不计代价的完美。

第十八条　学习工作化，工作学习化，学习提供创造未来的能量，学习力是生命力之根。我们要向书本学习，向他人学习，向实践学习。学习是组织成长的捷径。

第十九条　平等沟通，相互理解，开放的思维，平等的心态，是沟通的前提，相互理解，达成共识，是沟通的目标。

第二十条　客户服务无小事。

客户的任何小事,都是我们的大事。思考要换位,服务要到位。让顾客满意是我们不懈的追求。

第二十一条　做负责任的企业。

金地是敢于承担并忠实履行自己责任的企业,对客户、股东、员工和社会的责任是我们神圣的使命。

第六篇　金地员工操守

第二十二条　忠诚对企业,坦诚待同事,有损公司的事不做,有益公司的事多做。对待同事,坦率真诚,光明磊落。

第二十三条　助人者自助。

工作需协作,成事靠大家。职责内的工作,必须做好,绝不推托;职责不明的工作,主动承担;职责外的工作,乐于协助。

第二十四条　善于发现问题,勇于解决问题。

不能发现问题是企业最大的问题。我们鼓励员工提出问题,倡导以建设性态度寻求解决之道。

第二十五条　找方法不找借口,面对困难,失败者找借口,成功者找方法。

第二十六条　彼此尊重,相互欣赏。

敬人者,人恒敬之。送人玫瑰,手有余香。

第二十七条　常怀感激之心感激,使我们内心充盈。感激,让我们充实,满足,幸福。

我们感激顾客,给我们提供劳动回报;我们感激企业,给我们提供成就自我的平台;我们感激股东,给我们提供创业的条件;我们感激同事,给我们提供工作的协助;我们感激社会,给我们提供发展的环境。

第二十八条　健康生活,幸福人生。

健康的身心、快乐的工作、美满的家庭,三者平衡才是精彩人生。

第七篇　金地管理者操守

第二十九条　成就部属就是提升自己,培养下属是对管理者的基本要求,不培养下属的领导,自己也得不到培养。管理者既要给自己机会,更要给下属创造机会。

第三十条　公平公正,立德立信。

公生明,正生威。公平待人,公正处事,取信于人,予信于人,是管理者的立身之本。

第三十一条　做指导者,做支持者。管理者要善于授权,言传身教,指导下属正确地做事,并提供必要的资源支持,保障下属做成事。

第三十二条　时刻不忘激励。

奖赏是激励,关爱是激励,倾听是激励,信任是激励,激励永远是最好的礼物。

第三十三条　赏罚及时,对事对人。

赏罚贵在及时,误了最佳时机,效果就会大打折扣。事情是人做的,所以赏要对人,罚也要对人。

第三十四条　有胆有识,敢做敢当。

富有远见,敢于做事,勇于承担责任,才能创造非凡的绩效。不求有功,但求无过,必将扼杀企业的生机与活力。

第三十五条　志存高远，心怀淡泊。

要放开眼界，胸怀大志，把事情做实，把事业做大，要襟怀宽广，得意不忘形，失意不失志，永怀平常心。

金地集团简介

金地集团成立于 1991 年，历经 10 年探索和实践，现已发展成为一个以房地产开发为主营业务的上市公司。截至目前，集团已拥有 8 家控股子公司，总资产 22 亿元，净资产 12 亿元，并形成了以房地产为主营业务，物业服务、地产中介、广告代理与商业贸易同步发展的产业结构。

金地集团的前身——深圳市上步区工业村建设服务公司成立于 1988 年。1994 年公司被列为深圳市首批现代企业制度试点的 28 家企业之一，在全国率先实行企业"员工持股"制度，并以此为突破口，进行产权多元化改革。"以员工持股为特色的多元化产权结构""以考绩考评为特色的科学化管理制度""以创造精品为特色的品牌经营方式"，为金地创造良好的业绩奠定了坚实的基础。2001 年 4 月，金地（集团）股份有限公司在上海证券交易所挂牌上市，成为 1994 年以后首批上市的房地产企业。

金地深知，优秀的企业文化成就企业，失败的企业文化毁灭企业。2002 年，经耗时 8 个月提炼、打磨，被誉为"金地圣经"的金地企业文化建设的纲领性文件——《金地之道》。

4.1　创业企业使命的概念和作用

4.1.1　创业企业使命的确定

1. 创业企业使命的概念

通过对创业企业外部环境和内部条件的有关分析，我们可以得知充分分析企业外部环境的机会、威胁与企业内部自身存在的优势、劣势对企业未来发展至关重要。在企业使命——战略目标的模式下，企业使命直接、深刻地影响着企业战略目标的设定，因此企业使命不仅是企业进行外部环境和内部条件分析的重要目的和结果，更是企业战略制定的必要前提和步骤。彼得·德鲁克指出："一个企业不是由它的名字、章程和公司条例来定义，而是由它的任务来定义的。企业只有具备了明确的任务和目的，才可能制定明确和现实的企业目标。"所以，企业使命不仅仅是企业存在的原因、意义和价值，企业肩负的最大责任，更是企业存在、发展的根本目的。

企业使命有狭义和广义之分。狭义的企业使命是以产品为导向；广义的企业使命是以市场为导向，从企业的实际条件出发着眼于满足市场的某种需要。企业使命是企业区别于其他类型组织而存在的原因或目的。它的存在揭示了企业的宗旨、哲学、原则及企业长远发展的前景，并为企业战略目标的制定与战略确定提供了依据。

2. 创业企业使命的内容

创业企业使命包括如下内容。

（1）企业存在的目的。它包括企业的创新之处，企业的竞争优势，企业的服务对象，企业服务对象的需求，以及如何在行业内促使企业所提供的产品和服务更好地满足顾客。

（2）知己知彼。创业企业应综合自身状况、发展条件，客观评价企业自身，明确其优势和劣势，给自己一个合理准确的定位。另外，创业企业须全面分析创业企业的外部环境，为今后的发展找到合理的方向。

（3）社会责任。任何一个企业都是存在于社会中并依赖社会，不能独立于社会之外而存在。因此，创业企业在追求企业发展的同时，应兼顾社会效益、承担社会责任以促进企业的长远发展。

（4）管理哲学和公共形象。创业企业管理哲学包括企业的基础信念、价值观、抱负等，创业企业管理哲学常常被看作反映企业的核心价值观、企业内部行为规范、企业成员共同信仰的最好媒介。良好的公共形象可以增加受众群体的认知度，促进企业的长久发展。

3. 创业企业使命的作用

（1）创业企业使命是统筹战略规划的核心，贯穿于整个战略部署的始终。作为战略规划的主线，它既是战略目标的前提，又是战略目标制定的依据，直接影响组织结构的确立和组织资源的分配。

（2）创业企业使命是组织与外界沟通的最基础的方式。对企业内部而言，创业企业使命的确立有利于组织内部、组织存在的目的、组织未来发展方向等关于组织的关键方面达成高度共识，转化为组织内部人员的信念。对企业外部而言，创业企业使命是企业宣传自身强有力的精神武器，不仅增强了与目标群体的沟通能力，而且加深了企业服务对象对该企业的认知程度。

（3）创业企业使命为企业发展指明了方向。创业企业为确定企业战略目标，实现资源优化配置，设计企业组织和管理机构，以及制定和选择战略方案奠定了基础，并为企业今后发展的方向指明了方向。

（4）化解企业内外部矛盾纠纷以及增强企业凝聚力、巩固企业文化等，平衡利益相关者的关系。使股东、员工、顾客、社会等利益相关者理解并接受创业企业使命，从而使各利益主体形成共享的价值观与协同的行动。

（5）建立用户导向机制，即企业与股东、员工、顾客、社会四大利益群体实现有效沟通，进而在"四方满意"的企业管理原则上实现盈利。

4.1.2　创业企业使命与战略的关系

根据德鲁克的理论，企业战略决定经营结构，企业使命是确定战略、计划的基础。可以得出，为了寻求生存、谋求发展及更好地实现企业使命，企业作为背负特定使命的融资主体，它沿着自身发展轨迹所进行的一系列融资行为，都是在服从企业使命下的当然选择和必然举措。企业战略意图是企业长期承诺和价值驱动型战略的一种大众化的表达与传播方式，其核心内容就是表达了企业长期恪守的经营范围和追求。

企业有明确的使命，才能有明确的战略方向和赢利模式，并赢得与投资方平等对话的机会。当企业的使命符合融资运作的要求，就能成功地左右资金的走向，达到"资本跟着使命走"的最高境界。反之，当企业的使命与之相悖，企业就要转变传统思维，进行管理变革,重新设计企业使命,创造新的商业模式。因此,企业使命是融资运作的起点。

作为融资运作起点,企业使命可以明确企业发展方向与核心业务,为企业进行资源配置、目标开发及其他活动提供依据。对出资人而言,往往较为关心自己的投资回报,而一个优秀的使命表达,可以帮助企业实现企业与内外部环境利益相关者进行有效沟通,并最终赢得他们的支持。

企业使命在战略中的重要意义如下。

(1)明确企业发展方向与核心业务。一个优秀的企业战略应当指明企业未来发展方向,明确企业经营的核心业务。因为任何企业所拥有的资金、场地、设备等经营资源总是有限的,而一个企业在经营能力上只是单指某一方面的优势。成功企业的经验告诉我们:把有限的经营资源投入到充分发挥自己独特的经营优势的行业中去才能更好地发挥企业的优势,才能在竞争中处于不败之地。

明确企业使命,能够为企业确立一个贯穿各项业务活动的共同主线,确立一个稳定的经营主题,并为企业资源配置、目标开发及管理其他活动提供依据。保证整个企业在重大战略决策上思想统一、步调一致,充分发挥各方面力量的协同作用,提高企业整体的运行效率。

(2)协调企业内外部各种矛盾冲突。通常情况下,公众比较关心企业的社会责任,股东较为关心自己的投资回报,政府主要关心税收与公平竞争,而地方社团更为关心安全生产与稳定就业,这样各利益主体就有可能会在企业使命和目标的认识上产生意见分歧与矛盾冲突。为此,一个优秀的企业使命表述应能说明企业致力于满足这些不同利益相关者需要的相对关心与努力程度,协调好这些相互矛盾冲突目标之间的关系对各种利益相关者之间所存在的矛盾目标起到了很好的调和作用。一切组织都需要得到用户、员工与社会的支持,企业使命的描述能够帮助企业实现与内外部环境利益相关者的有效沟通,并赢得他们的支持。

企业使命描述对于企业长期发展目标的说明,可以为各级管理人员超越局部利益与短期观念指明未来发展的方向,促进企业员工各层次以及各代人之间形成共享的价值观,并随着时间推移不断得到加强,并最终为企业外部环境中的相关利益主体所认同、接纳,从而确立企业的良好社会形象。

(3)帮助企业树立用户导向思想。一个好的企业使命体现了企业对用户的正确预期。企业经营的出发点应当是确认用户的需要,并提供产品或服务以满足这一需要,而不是首先生产产品,然后再为它寻找市场。理想的企业使命应认定本企业产品对用户的功效。例如,美国电话电报公司的企业使命是通信而不是电话,埃克森公司的企业使命是突出能源而不是石油和天然气,太平洋联合公司强调的是运输而不是铁路,环球电影制片公司强调的是娱乐而不是电影,其道理都缘于此。

(4)表明企业的社会责任。社会问题迫使战略制定者不仅要考虑企业对股东的责任,而且要考虑企业对用户、环境、社区等相关利益主体所负有的责任。因此,企业在定义使命时必然要涉及社会责任问题。随着社会的发展和社会企业的社会责任越来越强,社会与企业间的相互影响也越来越引人注目。社会政策会直接影响企业的用户、产品、服务、市场、技术、盈利、自我认识及其公众形象。企业的社会政策应当贯彻到所有的战略管理活动之中,这当然也更应该包括定义企业使命的活动。

(5) 有助于企业的共同愿景。"愿"字下面一个"心",原来这是我的心,是我内心深处的一种愿望、一种期盼。实践证明那些继往开来走向辉煌的企业,关键是有一个全体员工共同高擎的战略旗帜——企业使命。当大家齐心协力都认准一个方向,树立理念,高擎战旗,结合群力,方可达到目标。因此,当代企业必须在战略思考使命定位方面多用些心思,因为它是企业长远发展的纲领和灵魂,是企业成功的立身之本。

总之,企业使命为管理者指明了超越个人、局部、短期需要的整体发展方向。它使不同地位、不同民族、不同文化、不同利益的主体建立起对企业的共同愿景,并赢得社会的认同和响应。它使企业全体成员共同的愿景得以反映,使员工的精神境界得以升华。所以,精心地组织研究和清楚地表述企业使命对企业发展和战略管理具有特别重要的意义,为企业今后定基调、指方向、拓思路、树形象奠定了坚实的基础。

一个企业如果不能开发出令人充满信心、深受鼓舞的使命,将会失去为社会尽责、为公众尽力、为员工尽心的机会,也就失去了企业最重要的战略性资源——企业信誉、经营灵魂,企业的持续发展就会成为"泡影"。

4.1.3　创业企业使命的定位

目前,越来越多的企业已将确定企业使命看成企业战略的一个重要组成部分。企业使命的定位,就是企业确定的自己在消费者心中的关于企业业务范围的位置或印象。一般地,企业使命的定位包括以下 3 个方面的内容。

1. 企业生存目的定位

彼得·德鲁克认为,顾客是企业的基础和生存的理由,企业存在的主要目的是创造顾客,只有顾客才能赋予企业以存在的意义。因此,企业生存目的定位应该主要说明企业要满足顾客的什么需要,而不是说明企业要生产什么产品。

2. 企业经营哲学定位

企业经营哲学是对企业经营活动本质性认识的高度概括,主要包括企业的基础价值观、企业内共同认同的行为准则及企业共同的信仰等管理哲学。

企业经营哲学的主要内容通过企业对外界环境和内部环境的态度来体现。对外包括企业在处理与顾客、社区、政府等关系的指导思想;对内包括企业对其投资者、员工及其他利益相关者的基本观念。它不仅是企业战略的意志和经营"真谛",更是企业最持久、最显著的发展动因。

3. 企业形象定位

人美在心灵,鸟美在羽毛,企业美在形象。企业形象是指企业以其产品和服务、经济效益和社会效益给社会公众和企业员工所留下的印象。换言之,也就是社会公众和企业员工对企业整体的看法和评价。具体包括两方面的内容。

(1) 企业的客观形象。即指企业在生产经营过程中展现出来的整体面貌和基本特征。

(2) 公众对企业的主观形象。即指人们头脑中对企业的评价和认定。每一个企业在其特定的公众心目中,都有自己的形象。如顾客普遍认为 IBM 是计算机业的蓝色巨人,松下是生产高质量电子产品的企业，百事可乐则是年青一代的选择等。

良好的企业形象不仅仅是企业在社会公众心目中留下了长期的信誉，更是企业吸引顾客的重要因素，也是形成企业内部凝聚力的重要原因。因此，企业在设计自己的使命时，应把企业形象置于首位。

一般来说，企业形象的定位可以通过企业识别系统（CIS）来体现，即通过理念识别（MI）、视觉识别（VI）、行为识别（BI）三个部分来体现。与此同时，在塑造企业形象时，由于行业不同及其影响企业形象的主要因素不同，因此还要特别注意根据企业所处行业特征来开展形象工程。

4.2　创业企业战略目标

4.2.1　创业企业战略目标的概念及特征

1. 创业企业战略目标的概念

创业企业使命确定的过程是企业将战略目标清晰化的过程。企业使命与企业战略目标有着密不可分的关系。企业使命较抽象而战略目标比较具体并且是企业使命的具体化和现实化。企业战略目标是企业追求的较大的市场份额、利润率、客户服务、创新、生产率等所制定的长远发展规划。

创业企业战略目标是企业在实施战略意图与宗旨过程中所希望达到的阶段性结果。而无论是定量还是定性的目标，这些结果都具有一定的可测性。创业企业战略目标是一个系统，包括不同层次和领域的目标。如果没有具体的目标，企业的战略意图与宗旨将不会转变为战略决策和行动。尽管企业在战略制定中不需要修改战略意图和宗旨，但总是需要修订自己的目标。因此，制定和提出企业目标是战略制定的起点，否则战略管理的有效性和效率就无从谈起。

正确的创业企业战略目标对企业的行为有重大指导作用。它是企业制定战略的基本依据和出发点，为企业制定战略指明了方向。同时，战略目标明确了企业的努力方向，体现了企业的具体期望，表明了企业的行动纲领，它是企业战略实施的指导原则。正确的创业企业战略目标是调动企业内部成员积极性和为之奋斗的强大动力，能使企业中的各项资源和力量集中起来减少企业内部的冲突，提高管理效率和经济效益，促使人们为迎接未来而接受挑战。正确的创业企业战略目标是具体的和可衡量的，是企业战略控制的评价标准。因此，制定企业战略目标，是制定企业战略的前提和关键。如果一个企业没有合适的战略目标，则势必使企业经营战略活动陷入盲目的境地。战略目标是企业战略的核心力方向，体现了企业的具体期望和愿景的特征。它反映了企业的经营思想，明确了企业的努力方向，表明了企业的行动纲领。

2. 创业企业战略目标的特征

创业企业战略目标具有以下几个特征。

1）可接受性

鉴于企业战略的实施和评价主要是通过企业内部人员和外部公众来完成的，因此，战略目标首先必须清晰能被他们理解并符合他们的利益。其次,战略目标应能协调各个利益相关群体的利益要求,因为不同的利益相关群体往往有着不同的甚至是相互冲突的目标。

2）可检验性

为了对企业管理活动的结果给予准确衡量,战略目标应该是具体的、可以检验的。目标必须明确,具体地说明将在何时达到何种结果。

目标的定量化是使目标具有可检验性的最有效的方法。事实上,还有许多目标难以数量化,时间跨度越长、战略层次越高的目标越具有模糊性。因此,应当用定性化的术语来表述其达到的程度,一方面要明确战略目标实现的时间;另一方面应详细说明工作的特点。对于完成战略目标的各阶段都有明确的时间要求和定性或定量的规定,战略目标才会变得具体而有实际意义。

3）挑战性

目标本身是一种激励力量,特别是当企业目标充分体现了企业成员的共同利益,使战略大目标和个人小目标很好地结合在一起时,就会极大地激发组织成员的工作热情和献身精神。一方面,企业战略目标的表述必须具有激发全体职工积极性和发挥潜力的强大动力,即目标具有感召力和鼓舞作用;另一方面,战略目标必须具有挑战性,但又是经过努力可以达到的,因而员工对目标的实现充满信心和希望,愿意为之贡献自己的全部力量。

4）灵活性

企业面临外部的动态环境,目标应能随环境的变化相应地调动,即具有适应这种动态变化的灵活性而不应是僵化的。但值得注意的是,赋予目标灵活性意味着要在其可衡量性上付出代价,但是过于强调目标的灵活性会使企业成员对实现目标的信心动摇,从而在行动上迟疑观望。为了正确处理两者的关系,通常认为较好的做法首先是制定中长期营销战略目标,而在近期具体目标中则应侧重于强调可衡量性。其次是尽可能保持在性质上的稳定,而在其水平上做一些灵活处理。

5）长期性与相对稳定性

创业企业战略目标的着眼点是未来,是关于未来的设想,是一种长期目标。战略目标所规定的是一种长期的发展方向,所提出的是一种长期的任务,需要企业职工通过相当长时间的努力奋斗而达到的对现实的以中国根本性的改造,不能一蹴而就。战略目标的长期性决定了它在其规定的时间内就应该是相对稳定的。这样,企业职工的行动才会有一个明确的方向,大家对目标的实现才会树立起坚定的信念。

6）全面性

创业企业战略目标是一种整体性目标。它是对企业全局的一种总体设想,着眼点是整体而不是局部。科学的战略目标总是对现实利益与长远利益、局部利益与整体利益的综合反映,是企业整体发展的总任务和总要求,它对人们行动的要求是全面而具体的。

4.2.2　战略目标体系

企业所制定的各项战略行动及其结果,是通过战略目标表达的。现代企业的发展不是单向的、单层次的,企业战略目标的设定绝不只是就企业的某个目标的规划,而是有若干个战略目标组成的一个战略目标体系。由于企业内不同的利益相关者的存在,目标之间不可避免地会出现冲突和矛盾。一方面,战略目标支配和控制着企业全部战略经营活动,贯穿战略经营活动的全过程,这就决定了战略目标的多元化,否则就难以发挥作用。另一方面,战略目标的制定不仅需要满足企业自身生存发展的要求,而且还必须满足与企业利益相关的各个社会群体的要求,这就决定了战略目标的复杂性。因此,必须构造战略目标体系,使战略目标之间相互联系、相互制约,从而使战略目标体系整体优化,反映企业战略的整体要求。企业战略目标体系一般是由企业总体战略目标和职能战略目标所组成,在企业使命和企业功能定位的基础上制定企业总体战略目标。在总体战略目标下,包括很多职能性目标。为了保证总体目标的实现,又把职能性目标层层分解,形成短期目标和生产目标,形成系统,也就构成了企业的战略目标体系。

4.2.3 战略目标内容与战略目标制定

1. 战略目标内容

由于战略目标是企业使命和功能的具体化,一方面,有关企业生存的各个部门都需要有目标;另一方面,目标还取决于个别企业的不同战略。因此,企业的战略目标是多元化的,既包括经济目标,又包括非经济目标;既包括定性目标,又包括定量目标。尽管如此,各个企业需要制定目标的领域却是相同的,所有企业的生存都取决于同样的一些因素。德鲁克在《管理实践》一书中提出了 8 个关键领域的目标。

(1) 市场方面的目标:应表明本公司希望达到的市场占有率或在竞争中达到的地位。

(2) 技术改进和发展方面的目标:对改进和发展新产品,提供新型服务内容的认知及措施。

(3) 提高生产力方面的目标:有效地衡量原材料的利用,最大限度地提高产品的数量和质量。

(4) 物资和金融资源方面的目标:获得物质和金融资源的渠道及其有效的利用。

(5) 利润方面的目标:用一个或几个经济目标表明希望达到的利润率。

(6) 人力资源方面的目标:人力资源的获得、培训和发展,管理人员的培养及其个人才能的发挥。

(7) 职工积极性发挥方面的目标:对职工激励、报酬等措施。

(8) 社会责任方面的目标:注意公司对社会产生的影响。

B. M. 格罗斯在其所著的《组织及其管理》一书中归纳出组织目标的 7 项内容。

(1) 利益的满足:组织的存在以满足相关的任何组织利益、需要、愿望和要求。

(2) 劳务或商品的产出:组织产出的产品包括劳务(有形的或无形的)商品,其质量和数量都可以用货币或物质单位表示出来。

(3) 效率或获利的可能性:投入—产出目标,包括效率、生产率等。

(4) 组织、生存能力的投资:组织能力包括存在和发展的能力,有赖于投入数量和投资转换过程。

(5) 资源的调动:从环境中获得稀有资源。

（6）对法规的遵守。

（7）合理性：令人满意的行为方式，包括技术合理性和管理合理性。

尽管不同学者对战略目标的内容的观点各不相同，但归纳起来其核心因素包括市场目标、创新目标、盈利目标和社会目标等。

1）市场目标

一个企业在制定战略目标时最重要的决策是企业在市场上的地位，它常常反映了企业的竞争地位。企业所预期达到的市场地位应该是最优的市场份额，这就要求对顾客、目标市场、产品或服务、销售渠道等做仔细的分析。

（1）产品目标。产品目标包括产品组合、产品线、产品销量和销售额等。

（2）渠道目标。渠道目标包括纵向渠道目标，即渠道的层次，以及横向渠道目标，即同一渠道成员的数量和质量目标。

（3）沟通目标。沟通目标包括广告、营业推广等活动的预算和预算效果。

2）创新目标

在环境变化加剧、市场竞争激烈的社会里，创新概念受到重视是必然的。创新作为企业的战略目标之一，使企业获得生存和发展的生机和活力。在每一个企业中，基本上存在 3 种创新：技术创新、制度创新和管理创新。为树立创新目标，一方面必须预计达到市场目标所需的各项创新，另一方面必须对技术进步在企业的各个领域中引起的发展做出评价。

（1）制度创新目标。随着生产的不断发展，引起新的企业组织形式的出现。制度创新目标即对企业资源配置方式的改变与创新，从而使企业适应不断变化的环境和市场。

（2）技术创新目标。这一目标将导致新的生产方式的引入，既包括原材料，能源、设备、产品等有形的创新目标，也包括工艺程序的设计、操作方法的改进等无形目标。制定技术创新目标将推动企业乃至整个经济广泛和深刻的发展。

（3）管理创新目标。管理创新涉及经营思路、组织结构、管理风格和手段、管理模式等多方面的内容。管理创新的主要目标是试图设计一套规则和程序以降低交易费用，这一目标的建立是企业不断发展的动力。

3）盈利目标

这是企业的一个基本目标，企业必须获得经济效益。作为企业生存和发展的必要条件与限制因素的利润，既是对企业经营成果的检验，又是企业的风险报酬，也是整个企业乃至整个社会发展的资金来源。盈利目标的达成取决于企业的资源配置效率及利用效率，包括生产资源、人力资源、资本资源的投入—产出目标。

（1）生产资源目标。在通常情况下，企业通过改进投入与产出的关系就可以获利。一方面，提高每个投入单位的产量；另一方面，在单位产量不变的情况下，成本的降低同时也意味着利润的增加。

（2）人力资源目标。人力资源素质的提高能使企业的生产率得以提高，同时还能减少由于人员流动造成的成本开支。因此，企业的战略目标中应包括人力资源素质的提高、建立良好的人际关系等目标。

（3）资本资源目标。达成企业盈利目标同样还需要在资金的来源及运用方面制定各种目标,一方面,确定合理的资本结构并尽量减少资本成本;另一方面,则通过资金、资产的运作来获得利润。

4) 社会目标

现代企业越来越多地认识到自己对用户及社会的责任,一方面,企业必须对本组织造成的社会影响负责;另一方面,企业还必须承担解决社会问题的部分责任。企业日益关心并注意良好的社会形象,既为自己的产品或服务争得信誉,又促进组织本身获得认同。企业的社会目标反映企业对社会的贡献程度,如环境保护、节约能源、参与社会活动、支持社会福利事业和地区建设活动等。

(1) 公共关系目标。这一目标的着眼点在于企业形象、企业文化的建设,通常以公众满意度和社会知名度为保证、支持性的目标。

(2) 社会责任目标。常常是指企业在处理和解决社会问题时应该或可能做什么,如在对待环境保护、社区问题、公益事业时所扮演的角色和所发挥的作用。

(3) 政府关系目标。企业作为纳税人支持着政府机构的运作;同时,政府对企业的制约和指导作用也是显而易见的。这一目标的达成往往会给企业带来无形的竞争优势。

在实际中,由于企业性质的不同、企业发展阶段的不同,战略目标体系中的重点目标也大相径庭。

2. 战略目标制定

如果说企业使命是极具诱惑力的终点线,那么战略目标就是一个个的里程碑,是连接理想目标与现实行动的桥梁,具体地显示着企业的宗旨,又有目的地规划着更微观的操作。所以作为指导企业市场经营的准绳的企业战略目标必须是恰当的。在选择恰当的目标和合理的目标内容时应当遵循以下原则。

1) 关键性原则

这一原则要求企业确定的战略目标必须突出有关企业经营成败的重要问题,有关企业的全局问题,切不可把次要的战术目标作为企业的营销战略目标,以免滥用企业资源而因小失大。

2) 可行性原则

确定的战略目标必须保证能够如期实现。因此,在制定战略目标时,必须全面分析企业各种资源条件和主观努力所能达到的程度,既不能脱离实际凭主观愿望把目标定得过高,也不可不求进取把目标定得过低。

3) 定量化原则

要使企业的战略目标明确清晰,就必须使目标定量化,具有可衡量性,以便检查和评价其实现的程度。因此,战略目标必须尽量多用量化指标表示,而且最好具有横向和纵向的可比性。

4) 一致性原则

一致性原则又称为平衡性原则。首先,它要求战略目标实现不同利益之间的平衡。扩大市场和销售额的目标与提高投资利润率的目标往往是有矛盾的,即因扩大销售而牺牲了利润,或因提高了利润而影响了销路,必须把两者摆在适当地位求得平衡。其次,它要求战略目标实现近期利益和远期利益之间的平衡。只顾近期需要,不顾长远需要,企业难以在未来继续生存；相反，只顾远期需要而不兼顾近期需要，企业也将难以为继。因此，战略目标的制定必须兼顾企业的长期利益和短期利益。最后，它要求战略目标实现总体战略目标与职能战略目标之间的平衡。

5）激励性原则

制定企业的战略目标既要具有可行性，又要考虑到它的先进性。所谓先进性，就是要求目标经过努力才能实现，只有那些可行而先进的战略目标才具有激励和挑战作用，才能挖掘出人的巨大潜能。

6）稳定性原则

企业的战略目标一经制定和落实，就必须保持相对稳定，不可朝令夕改而引起企业战略的变更。当然，如果经营环境发生了变化，企业总体战略目标调整后，企业的战略目标及所有的经营单位的短期目标也要及时做出相应的调整。

7）权变原则

由于客观环境变化的不确定性、预测的不准确性，因此在制定战略目标时，应制定多种方案。一般情况下，制定在宏观经济繁荣、稳定和萧条三种情况下的企业战略目标，分析其可行性及利弊得失，从而选择一种而将另外两种作为备用。或者制定一些特殊的应急措施，如原材料价格猛涨等情况下对战略目标进行适应性调整。例如，一个快速发展的食品企业的发展目标是在 4 年内扩建 6 个商店，相应的权变方案是：如果情况比预料的要好的话，新扩建的商店就可达到 10 个；如果经济萧条的话，企业不但无法扩展，而且有可能关闭掉 4～10 个商店。

 案例 4-2

大学校训理念的设计准则与践行路径探索

大学校训理念是一所大学的灵魂，反映着大学的理想、追求和信念，是大学文化中最稳定、最核心的要素。大学理念也是大学为自己竖起的一面旗帜，确定着大学的使命和发展目标，引导着大学前进的方向。使命领导责任，责任完成使命，校训理念是校园文化建设的指针。它为学校的发展定基调、指方向、拓思路、树形象。大学理念从操作层面明确了大学人才培养的宗旨和使命，是大学教学的行动指南。

什么是校训？通俗的解释为："学校规定的对学生有指导意义的词语。"由于"有指导意义的词语"是针对学生的教育与成长而言的，因此，可以把校训理解成对学生的一种期望与要求，也就是整个教育活动的价值追求。中华书局出版的《辞海》是这样解释的："学校为训育上之便利，选若干德目制成匾额，悬之校中公见之地，是校训，其目的在使个人随时注意而实践之。"这里的"德目"可以理解为今天所说的德育方面的目标与内容，即各种道德与价值领域的追求。如果翻译成英文，校训就是"School precepts; motto for school discipline"。这从另一个角度告诉我们：校训是一种格言、箴言和座右铭，它代表了某种道德价值及其追求。所谓校训，原本是学校校长讲话中的关键词语，因为既有底蕴又有实效，所以被一代一代的教师和学子传递下去，时间一长，就成了约定俗成的话语。这就是校训。正如南京大学原校长蒋树声教授所说："校训是一所大学独立思想和传统精神的集中表述，它最能反映一所大学的办学传统和特色。'诚朴雄伟、励学敦行'作为今日南大的校训，既反映学校的优良传统和特点，又表明今后办学的追求和态度。"校训既能用来激励和劝勉教师和学子，同时也能体现学校的办学原则与目标。校训是一种无形的力量，对于造就和培养学者和学人有不可估量的重要作用。清华大学的校训"自强不息，厚德载物"闻名遐迩，且几成清华办学历史的标志性话语，所以一直被今天国内的大学奉为楷模，各个大学纷纷效法以确立自己的校训。大学的功能定位不同，其人才培养的目标及模式也具有不同的个性，因而也决定了教育模式、教学内容、教学方式以及人才标准的选择，随之形成不同的教学观念、教学特色、教学风格。校园文化建设是高校教育的重要组成部分和载体，是高等学校办学理念、道德规范、学术氛围、传统风尚、精神面貌和物态的表征。大学校训理念作为表现为师生共识的文化整合的精神氛围的校园文化，是以真、善、美为核心，促进个体与社会全面和谐地发展，是优化育人环境、完善教育目标的重要内容和环节。作为校园文化的代表，校训应该是集中体现一所大学的文化传统和办学理念，同时也是集中体现其精神风貌和精神追求的载体！特别是进入 21 世纪全球高等教育都面临着功利主义至上，人文精神、终极关怀失落的困惑，以大学校训理念为核心文化教育正是实现人格健全，自由发展的有效途径，对校园文化建设的实践也具有现实而重要的指导意义。

1. 大学校训理念的设计准则

1）倡导道德，传承文明

信息是财富，知识是力量，经济是颜面，道德是灵魂。中国文化源远流长，五千年的文明历史积淀了深厚的文化传统。大学文化作为以大学为载体的、特殊的文化形式，是在大学长期办学实践的基础上形成的，与整个中国文化的背景密不可分，深深地植根于中国传统文化的土壤里，其内容和形式与传统文化有着继承和发扬的关系。中山大学的校训"博学、审问、慎思、明辨、笃行"出自中国传统典籍《中庸》。《中庸》第十九章讲道："博学也、审问也、慎思也、明辨也、笃行也。"原意是指人具有"诚"之本性，只要按"至诚"之本性从事修身，通过学、问、思、辨、行五个环节，便可以把自己修养成"君子"。孙中山在建立广东大学（中山大学的前身）时把这十个字作为校训提出，意在培养学生以博学为目的，努力探求自然科学和人文科学知识，同时养成勤于提问、善于思辨的习惯，并最终把学问落到实处，亲自躬行。从"学"到"行"五个环节，精辟地概括了学生学习知识、创新知识、传承文化的过程。清华大学在形成之初，多受到西方思想的影响，但清华大学的精神并不完全由西方大学的精神照搬而来，学校十分重视对中国传统文化的继承和创新、对中国传统典籍的诠释和吸收，从而形成了自己独特的校训和校风。"自强不息，厚德载物"作为清华大学的校训，从最初建校开始，就一直作为清华师生的言行典范和行事准则，伴随着一代代清华学子的成长、成才。据《清华学堂章程》记载，1911 年清华学堂初创时提出了"以进德修业、自强不息为教育之方针"；1913 年，梁启超应邀到校给学生做了题为《君子》的演讲。他根据学校的办学方针，结合西方的教育精神，提出学校应该培养具有"君子"品格的人，并用周易六十四卦的乾坤两卦的卦辞来说明君子品格的基本内涵："乾象曰：'天行健，君子以自强不息。'坤象曰：'地势坤，君子以厚德载物。'推本乎此，君子之条件庶几近之矣。乾象言，君子自励犹天之运行不息，不得有一曝十寒之弊。坤象言，君子接物，度量宽厚，犹大地之博,无所不载。君子责己甚厚,责人甚轻。"在梁启超看来,自强不息代表了君子人格中刚性的部分,用以教导学生养成不屈不挠、坚强向上的德行;厚德载物代表了君子人格中柔性的部分,用以教导学生要宽以待人、善待万物。在梁启超看来,能养成这样君子品格的学生必将成为国家的中流砥柱、社会的表率。这八个字被载入校徽,成为清华大学的校训,并在清华大学近 100 年的发展过程中激励了一代又一代的清华师生而少有变化,体现了校训作为大学精神的代表的相对稳定性,虽然这八个字的具体所指随着时代的变化可以有不同的解释,但其基本内涵却是固定不变的。

再如,东北财经大学的校训是:"博学济世——学贯中西乃为博,才高德厚以济世。"德,国家之基也;才之帅也。莎士比亚有句名言:"无德比无知更属罪恶。"道德人格是社会整体文化的基石,立德修身是校园文化之魂,以德治校,崇道德,尚伦理,讲人格,守信誉,不仅是一种良好的道德修养,而且也是精神文明的重要体现。

2) 定位准确,突出个性

大学在发展方向和目标定位方面要坚持"突出重点,兼顾一般,创造特色,形成优势"的方针,遵循高等教育发展规律,适应经济全球化、知识化及网络化的趋势。然而,许多大学定位基本相同,都在坚持"宽口径、厚基础、高素质、经能力、有专长"。甚至都在校训理念设计与识别上把突出学校的个性放在首位,根据不同学校自身的特点,展示价值观上的独特风格和鲜明个性。体现本学校与其他校际在理念上的差别。然而,缺乏个性的理念识别设计,多校一训,这正是中国大学的通病。20 世纪 80 年代流行词"实事求是",竟然同时被中国人民大学和天津大学当作校训。在收集到的 57 所大学校训中,带有"求实(是)"二字的有 24 所,几乎占了一半;校训中带有"创新(造)"字样的有 14 所;多数学校的校训中提到"团结""明德"等字样。校训最本质的内容是反映学校的办学理念和文化思考,与该校的培养目标、体制建设、学科设置都息息相关,因而每个学校的校训都应体现出个性化的特点。这一点,国内师范类院校做得很好,如北京师范大学的校训"学为人师,行为世范"源自它的前身京师大学堂师范馆于 1902 年提出的"办理学堂,首重师范"的理念,开启了中国现代高等师范教育的先河,强调了北师大的办学特色,凸显了对师生在读书治学和行为修养上的基本要求。还有一些大学的校训则体现了本校的学科特色和专业背景,比如北京林业大学的校训"养青松正气,法竹梅风骨"体现了以农林为主的学科特色;中国政法大学的校训"厚德明法,格物致知"则体现了以法学为主的学科特点;北京舞蹈学院的校训"文舞相融,德艺双馨"则体现了舞蹈学院强烈的艺术气息。而这一类校训在目前中国的大学校训中所占的比例不小,特别是一些专业方面的院校这种特征更明显。

3) 启人心智,探索真理

西方大学校训所体现的思想主要集中在对真理的追求和服务社会这两点上。从一定意义上说,而这也正是中国大学校训所缺乏的地方,虽然中国人民大学、浙江大学等名校也把"求真"作为校训,但更多的大学没有注意这一点,这也反映了中国大学办学上的集体偏失。比如哈佛大学的校训为"让真理与你为友",来自一句格言"让柏拉图与你为友,让亚里士多德与你为友,但是,更重要的是,让真理与你为友"。体现了哈佛大学求实崇真的立校宗旨和人才培养目标。哈佛大学校训的原文,也是用拉丁文写的,意为以柏拉图为友,以亚里士多德为友,更要以真理为友。校徽和校训的文字,都昭示着哈佛大学立校兴学的宗旨——求是崇真。担任哈佛大学校长长达 20 年之久的美国著名教育家科南特曾经说过：大学的荣誉，不在于它的校舍和人数，而在于它一代一代人的质量。正是在择师和育人上坚持高标准、高质量，哈佛大学才得以成为群英荟萃、人才辈出的一流著名学府，对美国社会的经济、政治、文化、科技和高等教育都产生了重大影响，对世界各国的求知者具有极大的吸引力。耶鲁大学的校训是"真理和光明"，体现了耶鲁大学追求真理的求实精神。普林斯顿大学的校训"普林斯顿——为国家服务，为世界服务"则体现了普林斯顿大学师生强烈的社会责任感和热忱的爱国情感。

求学的过程就是求真的过程，就是要探索。掌握知识，成为一个德才兼备的人，就是要服务这个社会，追求真理和服务社会应该受到所有大学重视！

真、善、美是多么令人向往的字眼！有多少仁人志士不惜生命的代价而为之上下求索。真、善、美是人类精神的三大支柱，而真位居其首。真是道德的基石，科学的本质，真理的追求。

4）语言精确，意境深邃

鲁迅先生说，字的修辞要做到三点："音美以感耳，形美以感目，意美以感心。"只有这样推敲文字，做到音美、形美、意美，才能收到美化语言、交流思想、说服他人的效果。要使语言精益求精，就必须做到以下三点：一是要下苦功，"吟安一个字，捻断数茎须"，不能马虎应付；二是要高标准，严要求，"有得忌轻出，微瑕须细评"，刻意追求最佳表达效果；三是要贴切自然，不要堆砌辞藻，要追求"句险语曲"，一句能今能古传。以石河子大学的校训为例："明德正行，博学多能"含义有四：一是"明德"：明，光明，明亮；德，道德、美德。明德，意在使美德发扬光大。语出《大学》："大学之道，在明明德，在亲民，在止于至善。"二是"正行"：正，端正，符合标准；行，行为，行动；正行，意在使行为端正，举止符合礼仪规范。三是"博学"：博，丰富，通晓；学，学问，学识；博学，是指学问广博精深。语出《中庸》："博学之，审问之，慎思之，明辨之，笃行之。"四是"多能"：多，很多，多种；能，能力，才能。多能，是指具有多方面才能。其优点如下。

第一，内涵丰富，词义精练。"明德正行，博学多能"包揽了师生员工在品德、行为、学识、才能方面的要求。主旨明确，内涵丰富，词精义达。

第二，融古通今，文白兼有。八字校训古今融通，文白夹杂，既有历史感，又有现代感；既有内敛之力，又有外显之效。读之朗朗上口，思之回味无穷。

第三，文理通用，雅俗共赏。八字校训不拘文理，不限科目，亦雅亦俗，深浅由人，专家学者不以为浅，市井百姓不以为深。

第四，推陈出新，别具特色。八字校训既体现了对传统文化的传承，又蕴含了对现代文明的创新，厚重博大，兼容并蓄，充分反映了学校创建新型综合大学的办学理念和办学特色。

石河子大学的校歌是《石大颂》："天山苍苍，北野茫茫，吾校庄严，屯戍边疆。济济多士，汇聚一堂，育英化民，卫国兴邦。菁菁校园，书声琅琅，吾校赫赫，享誉四方。明德正行，教学相长，博学多能，学运以昌。莘莘学子来四方，当进取，更自强，春风化雨乐未央，乐未央。"

总而言之，无论是理念的设计，还是句式的选择、句意的酝酿，都要反复推敲，精心构思,千锤百炼,才能炉火纯青,美自天成,让人神思荡漾,情怀激越。

2. 大学校训理念的践行路径

大学校训的设计或创新,并不意味着大学理念已经完成,如果没有渗透至学校组织之中,没有成为全体师生员工的共同价值追求,没有被师生所接收、理解、接受,那么,再好的校训理念也是一个空头设计,对学校的发展毫无意义。校训设计,重在创新;理念践行,贵在有恒。设计校训理念,建设校园文化,要靠全体师生员工的自觉行动,要让校训理念的精髓深入每个师生员工的心灵,使大家自觉地投入这种校园文化建设中来。对于高等学校如何进行大学生的身心健康教育,古代高等教育中提了一些可资借鉴的方法,强调人的自我觉醒、自我约束,如"改过迁善""致知践行""存养""自省自察""陶冶"等,主张静以养心,以德修身,这些经验总结都值得我们借鉴。除此之外,高等学校还要结合当代高等教育的实际情况,采取更多的途径"践行",德育的最终目的要体现在日常的行为中,所以要在大学生的"行"上下功夫,"助省助察""动以养心"应该成为"修心"的有益方式。为此,必须做到"六化"。

1) 系统化

所谓系统化,就是指学校必须花费一定的人力和财力,设计校训理念,不断地研究校园文化。校训是校园文化的精髓,它充分体现了学校特有的校园文化,反映了学校办学的宗旨和核心价值观,有着深刻的校园文化烙印。优秀的校园文化应充分体现各种先进教育思想的融合,并且是实现学校发展和理想追求的驱动力与重要支柱。它既能用来激励和劝勉教师和学子,同时也能体现学校的办学原则与目标。学校的校训传达着学校自身共同的使命,即学校发展的责任感、追求与理想,表达着一种崇高的精神境界。像石河子大学一样将校风、校训、校歌及石大传统、石大精神、石大教风、石大学风系统化,最终形成并以文本形式表现的内容非常完善的系统的校园文化白皮书。一所大学,特别是力争上游、创一流的大学,没有一点自己的精神是不成的。一个人要有精神的支撑去干一番伟大的事业,大学也要靠精神支撑方能成为名校,就像杨叔子院士所说的:"一个民族,没有科学技术,一打就垮;没有精神和文化,不打自垮。"而这种精神的形成很大程度上要靠校训去引导、凝聚和涵养。

2) 实践化

所谓实践化,是指设计校训理念、建设校园文化不能仅仅存在于各种文件中,而是要付诸实践指导学校的一切工作,表现在师生员工的行动中。"纸上得来终觉浅,绝知此事要躬行。""崇尚实践"是北京科技大学的校训,也是多年来学校贯穿于学生培养全过程的育人理念。近年来,学校通过在培养计划中规定科技创新学分、打造大实验平台和在实验教学中融入科研元素等方式,下大力气加强实践教学,使实践教学不仅成为培养学生动手能力的有效方式,更成为提高学生创新能力的力量源泉。

3) 制度化

所谓制度化,就是要使校园文化充分体现在学校的各项规章制度之中,使办学理念体现在学校现实运行的各个环节中,使校园文化倡导的价值理念,通过制度的方式来统率全体师生员工的思想。校训是校长的教育思想的体现。一则好的校训,是酿成良好校风的"催化剂"。校训一旦被全体师生所认同,就会成为这个群体的规范。这个群体中的每一个成员，就会自觉地把它作为自己的奋斗目标和行为准则而身体力行，并逐渐养成习惯，形成风气。校训既是一种育人手段，也是一种管理措施。身为"师者之师"的校长，应充分利用这一手段，加强目标管理，把自己的学校办成一所有特色的学校，把自己的学生培养成既合乎国家的规格要求又独具自己特长的优秀人才。校训是全体师生员工的共同价值观。这种价值观决定了学校对于办学方向和愿景的偏好，是校园文化的重要组成单元，是校园文化的一种反映，有什么样的校园文化，便会产生什么样的校训。校训是校园文化的核心，就是学校决策者对办学理念、目标、特色的取向所做出的选择，并为全体师生所接受的共同观念。学校追求的是将学生培养成为校训所提出的核心理念，承认并相信核心理念的重要性是成功学校的共同价值观。

4）培训化

培训化是指要对师生员工经常开展校园文化内容的培训，通过灌输与启发相结合的方式将学校的校训奉和倡导的价值理念逐步渗透到师生员工的头脑中去。校训既是一种育人手段，也是一种管理措施。作为校长，理应根据国家的教育方针，结合时代的特点和学校的性质与实际，集思广益，制定出有自己学校特色的校训，以体现学校的办学宗旨和培养目标。校训是学校（通过校长）对全体师生（主要是学生）提出的训词，是学校规定的对全体师生有指导意义的词语。它对师生如何做人和做学问，提出了方向性、针对性、规范性的要求。校训和师生的学问人品，气质修养等分不开，是一种精神型的潜在课程，具有隽永、滋补的功能，发挥着塑造师生人格、夯实精神底蕴、导引他们做人做事的功效。校训昭示的大学精神渗透在学校的学术思想、研究方法、学习风气以及工作特点方面，无处不在，无时不有，师生时时受其熏陶，得其好处而不觉。林语堂说："文章有味，大学亦有味。味各不同，皆由历史沿袭风气之所造成，浸润熏陶其中者，逐染其中气味……"校训把校魂注入每个不同的个体，起着支撑精神世界、重铸灵魂的作用。东南大学百年校庆恢复"止于至善"的校训，寓示做人做事追求尽善尽美，永不停止。西南联大刚毅坚卓的校风就代表那艰苦的岁月联大人所追求的人格。北大自由民主之风和清华科学务实之态是典型的校训精神的弘扬。

5）奖惩化

奖惩化是通过奖惩的方式来促进校园文化的实施，对于积极参与校园文化创建的人要给予奖励，即通过先进人物等理念化身的榜样示范，鼓舞激励启迪、教育、调动职工积极性。对校园文化建设中做出杰出贡献的先进个人给予隆重表彰和奖励。榜样的力量是无穷的，通过榜样示范鞭策激励师生，达到潜移默化润物无声的效果。对抵触或违背校园文化的人要给予教育，甚至处罚。利用学生喜欢肯定和表扬，喜爱物质化的奖励，以校训为依据，设置对应的"会学习奖""勤探究奖""合作奖""展个性奖"四大类奖项，尝试对学生在校的表现及时、全方位地进行多维评价。每类奖项下设若干单项奖（单项奖各班、各年级还可以根据实际情况在学校的整体调控下开创性地设定）。概括为"三个三"，即三种奖励方式（口头、影像、书面），三种级别（班级、年级、学校），三个时间段（周、月、学期）。操作时采取周评、月评、学期末评相结合的方式，以体现评价的发展性和形成性。操作前，先对全体师生进行详细的解读，以提高师生的认识，从而自觉地参与评价过程。

6）风俗化

风俗是一种文化，风是一种景象，一种习俗，一种教化，一种态度，一种操守。现代管理界有三句名言："智力比知识重要；素质比智力重要；人的素质不如人的觉悟重要。"设教兴学，开物成务，移风易俗，必须在端正学校风气上下功夫，此之谓"开风气之先，行教化于后"。不少学校在建设校园文化的实践活动中，提出过各种各样的校训，制定出不少的规章制度，但是，由于没有得到教职员工和学生的参与和实践的培育，最终，校训也逃脱不了沦为标语口号、成为"摆设"的命运。清华大学"自强不息，厚德载物"，北京大学"爱国、进步、民主、科学"的校训浸润了几代清华、北大人。充分证明校训只有内化为师生的自觉行动，才具有经久不衰的生命力。要将校训内化为师生的自觉行动，就必须将"写上书、贴上墙"的校训付诸实践。"会学习，勤探究，能合作，展个性。"校训化实践就是一种有益的尝试。

总之，大学校训理念设计与渗透是一个由浅入深、循序渐进、突出个性、不断创新的过程。地冻三尺，非一日之寒，树立大学校训理念不能"说起来重要，做起来次要，忙起来不要"。大学校训理念虽然不是万能的，但没有大学校训理念是万万不能的。特别是在大学校训理念设计渗透过程中，不仅要有韧性、悟性、理性，更要有耐心、信心、恒心。校训设计，重在创新；理念践行，贵在有恒，这才是大学校训理念之真谛。

（资料来源：张国良.大学校训理念的设计准则与践行路径探索[J].中国林业教育，2008，4.）

附录：中外著名大学校训集锦

1. 北京大学：爱国、进步、民主、科学
2. 北京大学精神：勤奋、严谨、求实、创新
3. 清华大学：自强不息、厚德载物
4. 南京大学：诚朴雄伟、励学敦行
5. 东南大学：止于至善
6. 复旦大学：博学而笃志、切问而近思
7. 复旦大学校风：文明、团结、健康、奋发
8. 复旦大学学风：刻苦、严谨、求实、创新
9. 浙江大学：求是创新
10. 南开大学：允公允能、日新月异
11. 武汉大学：自强、弘毅、求是、拓新
12. 中山大学：博学、审问、慎思、明辨、笃行
13. 暨南大学：忠信笃敬
14. 厦门大学：自强不息、止于至善
15. 同济大学：严谨、求实、团结、创新
16. 同济大学精神：同舟共济、自强不息
17. 中国人民大学：实事求是
18. 四川大学：海纳百川、有容乃大
19. 吉林大学：求实创新、励志图强
20. 北京师范大学：学为人师、行为世范
21. 苏州大学：养天地正气、法古今完人

部分外国大学的校训（以中文校名首字母为序）

爱丁堡大学：有知识者既能看到事物的表象，也能发现其内涵

澳大利亚国家大学：重要的是弄清事物的本质

宾夕法尼亚大学：毫无特性的学习将一事无成

伯克利加州大学：让这里光芒闪耀

杜克大学：追求知识，信仰宗教

多伦多大学：像大树一样苗壮成长

哥伦比亚大学：在上帝的神灵中我们寻求知识

哈佛大学：让真理与你为友

加利福尼亚大学伯克利分校：愿知识之光普照大地

加利福尼亚理工学院：真理使人自由

加拿大皇后大学：智慧和知识将是未来时代的稳定剂

剑桥大学：剑桥——求知学习的理想之地

康奈尔大学：让任何人都能在这里学到想学的科目

麻省理工学院：既学会动脑，也学会动手

密歇根大学：艺术、科学、真理

牛津大学：主照亮我

普林斯顿大学：普林斯顿——为国家服务，为世界服务

斯坦福大学：愿学术自由之风劲吹

西点军校：职责、荣誉、国家

悉尼大学：繁星纵变、智慧永恒

新南威尔士大学：以人为本与时并进

耶鲁大学：真理和光明

早稻田大学：学问独立，培养模范国民

芝加哥大学：让知识充实你的人生

知识拓展 4-1

企业使命管理精要探析

使命领导责任，责任完成使命。企业使命是企业的存在宣言，它阐明了企业存在的理由和根据，同时揭示企业存在的目的、走向何方以及生存的意义等根本性问题，也就是企业在社会进步和经济发展中所应担当的角色和责任。企业使命是企业核心价值观的一种载体与反映，更是企业一种根本的、最有价值的、崇高的责任和任务。企业使命回答的是"我们要做什么、为什么这样做"的现实问题。企业使命体现了企业全体员工的行为共识，是引导和激发全体员工持之以恒，为企业不断实现新的发展和超越而努力奋斗的动力之源；企业使命不仅包括目前面临的任务，而且涵盖对过去的认识、反思以及对未来的期望和判断，揭示了企业成长的基本原则和思路。目前，国际上已经有越来越多的企业将确定

企业使命视为自己竞争制胜的法宝。管理大师彼得·德鲁克曾说："一切工作源于使命，并与使命密切相关"，"明确企业宗旨和使命，是确定优先顺序、战略、计划和工作安排的基础。"在世界上的优秀企业和机构中，使命管理一直占据着重要地位。正是对于企业使命的有效管理，成就了沃尔玛、可口可乐、通用电气、福特汽车、强生、宝洁等企业的基业长青。

实践证明那些继往开来走向辉煌的企业，关键是有一个全体员工共同高擎的战略旗帜——企业使命。当大家齐心协力都认准一个正确方向，树立使命，高擎战旗，结合群力，还有什么是不可战胜的吗？因此，当代企业必须在战略思考、使命定位方面多用些心思，因为它是企业长远发展的纲领和灵魂，也是成功的立身之本。有效的使命管理是组织取得长久的、持续的竞争优势的利器，是组织"长寿"的关键，需要不断地探索和实践。企业使命有效管理为企业定基调、指方向、拓思路、铸和谐、树形象。现探析如下：

1. 定基调

彼得·德鲁克认为，企业存在的主要目的是创造顾客，只有顾客才能赋予企业以存在的意义。顾客是企业的基础和生存的理由。因此，企业生存目的定位主要应该说明企业要满足顾客的什么需要，而不是说明企业要生产什么产品。对企业生存目的的具体定位要回答以下两个基本问题：一是企业的业务是什么？二是企业未来的业务应该是什么？松下公司的生存目的：作为工业组织的一个成员，努力改善和提高人们的社会生活水平，要使家用电器像"自来水"那样廉价和充足。美国电话电报公司将企业存在目的定位于"提供信息沟通工具"，而不是"生产电话"。埃克森公司的使命强调"提供能源"，而不是"出售石油和天然气"。哥伦比亚电影公司则旨在"提供娱乐活动"，而不是"经营电影业"。迪士尼公司始终没有超越"给千百万人带来欢乐"的基本使命。下面我们用实例加以说明企业使命的定位与描述，见表4-1。

表 4-1　企业生存目的定位

公司	生产的产品	满足的顾客需要
化妆品公司	化妆品	出售美丽和希望
复印机公司	复印机	帮助改进办公效率
化肥厂	化肥	帮助提高农业生产力
石油公司	石油	提供能源
电影厂	影片	经营娱乐
空调器厂	空调器	为家庭及工作地点提供舒适的气候

因为围绕着满足某种顾客需要可以开发出许多不同的产品和服务，所以将满足顾客需要作为企业生存的基础，可以促使企业不断开发出新技术和新产品，从而使企业在创新中不断得到发展。

2. 指方向

确定企业战略发展方向的第一项工作是明确企业使命。明确企业使命是选择和确定企业战略目标的前提。彼得·德鲁克指出："一个企业不是由它的名字、章程和公司条例来定义，而是由它的任务来定义的。企业只有具备了明确的任务和目的，才可能制定明确和现实的企业目标。"而企业使命即是企业的任务和目的，是对企业存在的社会价值的思考，是规范和指导企业所有生产经营管理活动的最重要依据。企业使命不仅是一个企业存在的目的和依据，更是一个企业长期发展的"导航灯"。企业使命规定了一个企业应该做什么，不应该做什么，应该朝哪个方向前行，不应该朝哪个方向前行。如红塔集团作为中国烟草行业的优秀代表，2008 年集团完成税利达到了 248 亿元人民币，品牌营销初步形成规模。2009 年上半年，集团境内销售卷烟为 245.48 万箱，同比增长 5.37%，集团产销协调、卷烟结构以及品牌集中度得到了进一步提升。尽管身处烟草这样一个备受争议的行业，但红塔集团坚持生产绿色产品，善尽社会责任，通过有意义、有价值的劳动，共同创造财富，实现国家利益创造最大化，消费者需求价值最大化，员工发展空间最大化，为推进社会和谐繁荣贡献力量。创造财富、创造和谐、创造绿色、创造满意、创造平台，从不同的角度诠释了红塔集团的企业使命，这不仅是红塔集团存在的目的和依据，更是红塔集团长期发展的"导航灯"。红塔集团的企业使命诠释了一个企业存在的根本意义和贡献价值。

3. 拓思路

思路决定出路，出路决定财路，布局决定结局，胸怀决定事业。企业使命要回答的基本问题是：企业因为什么而存在，企业今后一段时间内怎样存在等事关企业发展的重大问题的思路。清醒、理智、具有远见卓识的企业经理人绝不会当企业出现危机时，才开始考虑其使命，他们通常能居安思危、未雨绸缪，把这一关键问题事先运筹好。反思企业使命的最佳时机应该是企业经营最成功之时。这是因为，成功的喜悦容易使人骄傲自满，甚至忘乎所以，将大好的企业形势葬送掉。所以，成功的企业应该在其最成功之时就开始对使命和战略做重新思考，以明确企业进一步发展的方向和目标，其核心价值是树人为本、认知互动、上下同欲。自我超越精神，它是一个过程，一种终身修炼。任何事物的发展都需要一个过程，成功是一个过程，而不是结果，不可以因为结果而放弃过程，过程是永恒的，努力是永恒的，结果是暂时的。

中国移动的企业使命就是"创无限通信世界，做信息社会栋梁"。创无限通信世界体现中国移动通过追求卓越，争做行业先锋的强烈使命感；做信息社会栋梁则体现中国移动在未来的产业发展中将承担发挥行业优势、勇为社会发展中流砥柱的任务。大市场孕育大企业，大使命成就大事业。中国移动注定要承担起"创无限通信世界，做信息社会栋梁"的历史使命，这更是中国移动责无旁贷的历史选择。再如，日本松下公司企业使命是"产业报国，光明正大，和亲一致，奋斗向上，礼节谦让，适用同化，感激报恩"。

一个企业如果不能开发出令人充满信心、深受鼓舞的使命，将会失去为社会尽责、为公众尽力、为员工尽心的机会，也就失去了企业最重要的战略性资源——企业信誉、经营灵魂。持续发展就会成为"泡影"。

4. 铸和谐

修道弘德，取义明理，和谐治理，至诚至真，至善至美，达己达人，和为帅也。中华"和"文化源远流长，博大精深，为我们提供了最高真理和最高智慧，它是真善美的内在统一。"和"文化是中国传统文化的核心，也是当代先进文化之精髓。"和"文化超越时空，福泽民众，达善社会，具有普遍的指导意义。放之于世界，"和平与发展"是时代主题；放之于国家，构建和谐社会，政通人和是发展的根本前提；放之于民族，"和平崛起"

是必由之路；放之于社区，讲睦修和，安定祥和是人心所向；放之于企业或单位，和气生财，事以人为本，人以和为贵；放之于家庭或个人，事理通达，心平气和，父慈子孝，兄友弟恭，夫妇和好，家和万事兴……国家、民族、社会、企业、家庭和个人是一体相统、互为影响的。国以和为盛，家以和为兴，人以和为贵，企以和为本。以企业为例：日本佳友生命公司 1985 年调查了日本 3 600 家公司，其中用"和谐、团结"为意的企业基本理念有 549 个。再如日本日立公司的企业理念："和，诚，开拓。"和，广开言路，上下沟通，和谐团结；诚，讲信用，守信誉，重承诺；开拓，积极进取，自我超越，勇于挑战，不断创新。"和"文化始终是企业文化的核心。"和"文化就是生产力，使日本大和民族迅速崛起，成为世界经济强国。

制定使命宣言的信息必须来自各个方面，如顾客、供货商、上级主管部门、工作职责目标等，要追求各方利益的和谐。佛瑞德·大卫认为，企业使命应尽可能包含顾客、产品或服务、技术、公司哲学、自我认知、对公众形象的关心、对员工的关心、对生存、增长和盈利的关心等要素。一切组织都需要得到用户、员工与社会的支持，企业使命描述能够起到帮助企业实现与内外部环境利益相关者的有效沟通并赢得支持的作用。

（资料来源：张国良，赵素萍.企业使命管理精要探析［J］.企业经济，2010，9.）

思　考　题

1. 创业企业使命的作用是什么？
2. 创业企业使命定位三要素是什么？
3. 创业企业使命的表决要素是什么？
4. 什么是企业的战略目标？其构成要素是什么？
5. 制定战略目标的原则有哪些？

第 5 章

公司业务战略

【本章要点】

- 稳定型发展战略的概念及特征
- 增长型战略的概念及特征
- 市场渗透战略及其主要思路、市场发展战略及其主要方法
- 多元化战略及应注意的问题
- 稳定型战略、紧缩型战略的类型与优缺点

 案例 5-1

蒙牛为什么"牛"

内蒙古蒙牛乳业股份有限公司成立仅3年多的时间,在没有资金品牌、没有工厂市场的条件下,几乎一夜之间成为全国知名的乳品企业,其发展速度震惊业内同行,现已跃升为中国乳业第5名。2002年10月20日,在由首都经贸大学、中华留学人员创业协会和《当代经理人》杂志共同举办的"当代经理人论坛年会暨第五届中国成长企业 CEO 峰会"上,"蒙牛"2002年以1947.31%的高速度成长赢得了当代经理人"2002中国成长企业100强"(非上市、非国有控股企业)的冠军殊荣。3年来的成长速度真可谓"奇迹",人们不禁欲问"蒙牛"发展速度为何牛气冲天? 其奥秘在哪里? 本文试做探讨。

1. 市场、工厂有无相生

老子曰"道生一,一生二,二生三,三生万物",这反映了自然界从无到有的哲学历程。人类社会发展到今天,今天的万物都不是起源于"无"吗? 企业在战略选择时必须善于把握住这一哲学命题,否则,会陷入"从一到零"的恶性循环。对于每一位具有战略头脑的企业家来说,从零到无限是一个十分诱人的过程,把握这一过程的脉动规律,无疑是件激动人心的事。把握这一过程的实际是考察企业家的运筹力和创造力,也是经营管理、创意策划的最高艺术境界。1999年夏天,一个新品牌——"蒙牛"在内蒙古诞生。公司成立之初,企业处于"无奶源、无工厂、无市场"的"三无"状态,有谁能够相信3年前"蒙牛"刚刚成立之时仅有一间租来的破旧民宅,只有几张掉漆的桌子。资金、品牌、市场等企业必备的要素当时"蒙牛"一样也没有,但是通过巧妙的资源整合等手段使企业很快做大做强。面对当时的现实,"蒙牛"总经理牛根生提出了"先建市场,后建工厂"的逆向经营模式,通过虚拟联合,优化配置资源,为合作方出标准、出技术、出品牌,经营运作了国内8个困难企

业，盘活了 7.8 亿元资产，使"蒙牛"品牌迅速辐射全国，取得了"达人"与"达己"的双赢成功。"蒙牛"还将"虚拟联合"这套模式渗透到资本运营的各个方面，公司建立工厂后，又通过"虚拟联合"用社会资金为公司匹配了奶站和运奶车。建一个奶站，许多企业要花 40 万元，而蒙牛连 4 万元也没花；各地方总有"有权的"，也总有"有钱的"，"蒙牛"利用利益杠杆一撬动，这些人的权力与资金就孵化出奶站，并与"蒙牛"结成利益共同体。打着"蒙牛"标志的运奶车有 500 多辆，没有一辆是"蒙牛"自己掏钱买的，全部由民间资本构成；蒙牛是只"打的"不买车，维修、保养与保险都是车主的事，蒙牛只问奶的事，而不问车的事，省去了大量人力、精力，节约了时间及管理费用。像这样不在蒙牛"体内"却为蒙牛所用的资本达数亿元。"蒙牛"以品牌联盟借腹怀胎，快速繁衍，在较短的时间内提高品牌的知名度，占领了更广阔的市场，使公司集中精力更加专注于产品的开发和市场的拓展，而且通过整合有限的资源，迅速扩大了公司的规模和实力。依据销售额计算，平均发展速度为 365%，年平均增长率达 265%。企业被内蒙古自治区列为"二十户重大企业"之一、"亿元工程企业"和"重点保护单位"市委、市政府授予企业"纳税状元单位"称号，"经济快速发展突出贡献大奖"等。

2. 战略、策略相辅相成

战略强调"要做对的事情"，是解决长远性、方向性、全局性、纲领性的问题，影响面大，持续时间长。"它关心的是船只航行的方向而不是眼下遇到的波涛"，经营战略就是企业的命运之舵。战术是指解决局部问题的原则和方法。它强调的是"要把事情做对"，它具有局部性、短暂性、灵活性、机动性的特点。毛泽东有句名言："在战略上要藐视敌人，在战术上要重视敌人。"二者的关系是：战略是战术的灵魂，是战术运用的基础，战略上如果错了，就无所谓战术上的对与错。战术的运用是战略的深化和细化，它要体现既定的战略思想。二者出发点相同，相辅相成都是为了实现企业的既定目标。目前，国内的乳业大战硝烟四起，国内有伊利、光明、三元等，国外企业界排名前 20 位的乳业品牌正纷纷进入中国。有关专家预测，5 年以后国内大部分乳品企业可能面临生存危机，能活下来的不到 10 家——中国奶业已进入"战国时代"。1999 年 1 月才成立的蒙牛乳业股份有限公司却以惊人的速度发展至 2002 年年底销售量已排居中国第 3 位，仅次于伊利、光明位居全国新兴企业百强之首。蒙牛之所以能如此高速发展，这与其战略得当，把长期目标和短期目标、眼前利益和长远利益、局部利益和整体利益关系处理恰当是分不开的，战略与策略二者相辅相成，"运用之妙，存乎一心"。从战略角度讲，蒙牛公司成立伊始便把打造草原品牌、创造"中国乳都"作为自己企业的使命和目标，打出了"追求天然是时尚，远离污染更健康"的口号，顺应了当前绿色营销、绿色消费的需求。全体员工为此目标而不懈努力并取得了巨大的成功。在蒙牛公司会议室里，赫然挂着一幅狮子和羚羊的油画，画面上写着这样一段话："清晨，非洲草原上的羚羊从睡梦中醒来，它知道新的比赛就要开始，对手仍然是跑得最快的狮子，要想活命，就必须在比赛中获胜。另外，狮子的压力也不小，如果它跑不过羚羊，命运都是一样，当太阳升起时，为了生存下去，最好还是快跑吧！"此幅巨画可谓图文并茂，意味深长，在当时形势下国内乳业格局已形成伊利、光明、三元三足鼎立之势。蒙牛要想发展，不可避免要与其他几家尤其是伊利发生碰撞，当时只能大手笔，一成立就要在规模、设备、人员上不能落后，因为小型乳品企业在国内外为数更多，前景不怎么看好，因此蒙牛首先从国外引入了国内最先进的生产线，大批招聘职工进行培训，进行规模经营。基于当时的形势，国内乳业还有相当大的潜在市场，国内人均消费奶量只是世界平均水平的1/7，因此在战略上首先要把"蛋糕"做大，而做大"蛋糕"在策略上最有效的手段是低价格营销。从价格角度看，当今市场竞争激烈，强手如林，蒙牛在其基地最大竞争对手便是伊利，一场"德比大战"便拉开了序幕，谁也不愿在自家的门口失利，于是蒙牛采取了对经销商免费提供冰柜并补电费，根据销售额进行返利的营销策略展开了对市场的争夺。一家家店铺地争，一个个冰柜地投，业务员起早摸黑，风雨无阻，整天奔波于呼市大街小巷，天道酬勤，蒙牛在呼和浩特市终于取得非凡的业绩。占领外地市场时，在战略上蒙牛"主攻重点市场，辅建一般市场，确保全面占有"，将石家庄、张家口、保定、唐山、天津列为重点市场，指导客户进行零售店的铺设及协助经销商开展工作，并进行整体市场规划和网络建设。在战术上"以中心城市为圆心，重点加强市场基础、网络、品牌建设工作"，即"修建渠道，引水浇田"，采用"点面结合，迂回包剿"的市场战术，使"蒙牛"一进入2000年5月销售量连连上升，电话频频占线，出现供货不足的旺销局面，以"迅雷不及掩耳"之速占领了华北市场。

在占领南方市场采取地区集中化营销策略，例如，蒙牛在深圳一开始就把兵力集中在珠三角，几乎在一夜之间，"蒙牛"足迹遍布深圳各个小区、各种商店，整箱批发零售、主随客便，"蒙牛"试饮的摊点更是随处可见，因此，蒙牛"忽如一夜春风来，千树万树梨花开"，与国内无菌奶第一品牌的"伊利"、当地霸主"晨光"三分天下。

蒙牛的竞争策略也非常巧妙，同处一城，面对同一个市场、同样的资源、同样的环境甚至同样的外部竞争对手，事实上"蒙牛"和"伊利""本是同根生"但又在竞争中"相煎何太急"，于是"蒙牛"一开始小心翼翼地避开与伊利的直接竞争、正面冲突，在雪糕包装上打出"为民族工业争气，向伊利学习"的口号，达到"达人达己"的双重成功。俗话说"不想当元帅的士兵不是好士兵"，拿破仑当年的那种"老大情结"如今被中国的企业家诠释得淋漓尽致。从街头的小商小贩到上了世界500强的华人大贾，说起企业目标时，用语是那样惊人的相似：要做就做最好的。蒙牛人懂得这一点，他们知道"第一"只有一个，所有的人都想当第一，谁当第二呢？如果都成了第一，第一又有何益？那么多人当不成第一，又何必做无谓的牺牲？如果准备不足，即使当了第一，又能保持多久呢？因此蒙牛刚出山的时候，雪糕外包装上印了一句话"向伊利学习，做内蒙古乳业第二品牌"。这句话，可以说是既长他人志气，又不灭自己的威风。看似不经意，实际上正向人们传达了这样一个信息：蒙牛很谦逊，蒙牛要向内蒙古乳业老大学习，重要的不是位置而是不断地学习、不断进步，同时"蒙牛"巧借东风，迅速扬名，把自己的品牌与知名度高的"伊利"联系在一起，使消费者一下子便记住了。"蒙牛"总裁牛根生说："小策略看对手，大战略看市场。"战略、策略运用精当，相辅相成。企业在发展过程中知己知彼，胜乃无穷。光有远大的战略规划还是不够的，一定要根据自身的实力与市场的需求不断修正自己的目标。市场风云，变幻莫测；经济大潮，潮涨潮落。企业只有把握千变万化的市场行情，以变应变，先谋后战，才能竞争制胜。

3. 圆心、卫星形影相随

以太阳为圆心的八大行星和无数颗小行星，在太阳引力作用下，围绕太阳不停地旋转,形成了周而复始、永不停止的天体运动。"圆心、卫星"销售理论正是源于太阳运转的启示,"蒙牛"基于"立足内蒙古,面向大华北,走向全中国"的营销战略,把津冀地区根据市场特征划分为若干区域,中心地级市场为圆心即总经销;周边县区为卫星即分销商,形成以总经销为圆心,周边县区"卫星经销商"为半径的循环运作,高效稳定,形影相随的营销网络。市场营销是一个循序渐进、持之以恒的过程,只有经过阶段性扎实细致的运作,才会形成一个完整的、稳定的市场。据此"蒙牛"制定了"一年翻一番"的市场规划,即"营销三段论":

第一阶段,依照各地域特征,以地域中心城市为圆心,划分市场类型,合理设定客户,进行地毯式铺货,迅速提高市场覆盖率,扩大公司知名度。

第二阶段,巩固原有中心网络,加强对周边县区分销商的开发与辐射;利用灵活多变的营销方式,厂商联系,对营销主渠道落实行激励营销;发展多家"卫星经销商",全面提高市场占有率。

第三阶段,健全销售网络扩大产品销量,在树立公司良好形象与提高企业知名度的基础上维护价格稳定,完善售后服务,使地区销售保持健康有序发展,实行深度营销并占有终端市场。

市场营销模式采用代理制,在客户选择上采用"最佳优势组合"的"三型"客户理论,即既不选择大客户,也不选择小客户,而是选择适合蒙牛发展的中型客户,称之为"蒙牛型""双赢型""忠诚型"的"三型"客户。简而言之,就是具备一定的资金、网络、配送能力;具备开发、管控市场能力;能全面推广蒙牛系列产品并紧跟公司发展步伐长期协作的客户。实践证明,津冀市场的"三型"客户选择,圆心卫星紧相随,"蒙牛"借力巧耕田,精耕细作,使"蒙牛"冰淇淋2000年收获颇丰。

4. 品牌、质量相得益彰

品牌象征着财富,标志着身价,证明着品质,沉淀着文化;精品引导时尚,激励创造,装点生活,超越国界。市场经济在一定程度上就是名牌经济,竞争的最终局面是名牌瓜分天下,精品扮演主角。1999年,蒙牛在国内第一个建起运奶车"桑拿浴车间"即奶罐车从奶源基地向工厂送完一次奶都要在高压喷淋设备下进行酸碱及蒸汽的清洗,杜绝了陈奶残留污染新奶的可能,保持了草原牛奶的原汁原味,醇正天然。因此企业通过"绿色产品"等多项认证。2002年"蒙牛"商标被认定为"中国驰名商标",产品覆盖32个省市自治区和特别行政区。液态奶荣获"中国名牌产品"称号,并被列为免检产品。蒙牛的质量方针是"产品质量的好坏,就是人格品行的好坏,没有人才的质量,就没有企业的质量,也就没有产品的质量"。蒙牛始终把品牌与质量、产品与人品紧密联系在一起,相得益彰,并在消费者中不断提高企业的知名度和顾客对产品的忠诚度、美誉度,形成品牌、质量与效益的良性循环。为此,"蒙牛"郑重承诺:以顾客满意为目标,以技术创新为动力,倡导绿色环保理念、创造安全工作的环境,提供优质健康的食品,追求管理零缺陷。公司的经营宗旨:实现质量、效益、环保和安全的可持续发展,缔造"百年蒙牛"。经营过程的最高目标是:公司在整个生产经营活动中全面贯彻"追求天然,远离污染"的理念,以严格的过程控制和持续改进来生产安全、卫生、营养、健康的绿色食品,以满足超越顾客及相关方面的要求,履行"保护生态环境,构筑绿色家园"的社会责任和义务,将节约资源能源,控制固体废物和污水排放及关注相关方面的环保行为贯穿始终。蒙牛人信奉的是："股东投资求回报，银行注入图利息，合作伙伴来赚钱，员工参与为收入，父老乡亲盼税收。"这种坚持对投资者和社会负责、顾客及合作伙伴满意的经营信念，这样的企业当然会得到公众信赖，其知名度和美誉度自然是不言而喻的。

5. 口号、理念演绎经典

人美在心灵，鸟美在羽毛，企美在形象。经营理念、特别口号等不仅是一种企业文化，而且也是战略管理的重要组成部分。没有强大的企业文化即价值观和哲学信仰，再高明的经营战略都无法实施。企业文化是企业生存的前提、发展的动力、行为的准则、成功的核心，好的企业文化是职工的心、是企业的根。它可以实现企业职工的自我控制，增强企业的内聚力，一个群体有了高昂的士气，就可以迸发出巨大的力量，当大家齐心协力都认准一个正确的方向，树立理念，坚定信心，高擎战旗，结合群力，还有什么是不可战胜的吗？

以人为本的管理核心就是对人心和人性的管理。通过企业经营理念特别口号调动职工的积极性，使被管理者从心理和生理上产生旺盛的精神，奋发的热情和自觉的行动，为实现企业的经营目标而做出不懈的努力，以致产生"未见其人，先得其心；未至其地，先有其民"的效果，这也是管理艺术的最高境界。蒙牛公司高层管理者十分重视经营理念和企业文化建设，实施文化管理。当人们步入和林格尔县内"盛乐园开发区"的蒙牛厂区内，无论是在绿草如茵的草坪中的宣传牌上，还是在办公室、车间走廊的墙上，到处都整洁大方、标准规范地悬挂着风格各异、颇具哲理的经营理念及与时俱进的标语口号，到处洋溢着浓厚的文化气息。他们将企业理念视觉化、直观化，使之在企业环境中充分反映，营造出良好的文化氛围，许多注释都在演绎经典。如"管理无小事，创新是大事"，"巨大的成功靠的不是力量而是韧性"，等等。形成了一整套企业文化。这种文化通过员工和企业的行为传播到社会，从而在消费者心目中树立了企业良好形象，进而培养出消费者对企业的忠诚。当今市场经济条件下，真正有效的高层竞争是企业形象的竞争，可达到"不战而屈人之兵"的全胜效果。"生产新鲜的、卫生的；销售营养的、健康的"这就是蒙牛人对顾客的承诺。在职工中极倡导"四讲"："讲奉献，但不追求清贫；讲学习，但不注重形式；讲党性，但不排除个性；讲公司利益，但不忘记国家利益。"在用人方面，"尊重人的品德，重视人的智慧，承认人的价值；珍惜人的感情，维护人的尊严，提高人的素质"，通过先进人物等理念化身的榜样示范，鼓舞激励、启迪教育、调动职工的积极性，培育团队精神，增强企业向心力。2000年年底蒙牛总裁牛根生自己出资100万元，购置了5部高级轿车，对公司做出杰出贡献的先进个人给予隆重表彰和奖励。榜样的力量是无穷的，通过榜样示范鞭策激励员工，达到潜移默化、润物无声的效果。

现代管理界有三句名言："智力比知识重要；素质比智力重要；人的素质不如觉悟重要。"企业经营层次可分为三个：第一是经营资产；第二是经营人才；第三是经营文化。特别是企业文化是提升企业核心竞争力的关键所在，是推进企业发展的一种神奇的力量。蒙牛之所以能够飞速发展与其内涵深厚的企业文化底蕴是分不开的，蒙牛自创的内部刊物《蒙牛足迹》是广大员工之间进行信息交流、情感沟通的新天地；是灵与魂的认同的"大牧场"，反映大家共同创业的艰辛历程和心声，也是鞭策大家奋进的动力源泉。在这片园地里辛勤耕耘，洋溢着浓厚的文化气息。大家共同探讨国内外形势，人生准则，心灵感悟，使蒙牛人领略人生真谛,回顾创业艰辛,分享成功喜悦,展望美好愿景,以"蒙牛"为荣,共同托起"蒙牛"明天的太阳。

案例讨论:

1. "蒙牛"高速成长的秘诀究竟是什么?

2. 虚拟联合企业有什么特殊优点?

3. 蒙牛文化对企业经营战略的支持作用有哪些?

4. 蒙牛提出的"打造中国乳都"新概念有何战略意义?

企业战略管理者在确定了企业使命和目标体系之后,必须根据企业的内外部环境条件和宗旨、目标的要求来选择相应的战略态势。所谓战略态势,即企业的总体战略,就是在目前的战略起点上,决定企业及其各战略业务单位(strategic business unit)在战略规划期限内的资源分配、业务拓展的发展方向,以及如何实现的途径。总的来说,企业及其战略业务单位可以采用 4 种总体战略:稳定型战略、增长型战略、紧缩型战略和混合型战略。在特定的内外部环境下,这 4 种战略都是合适的选择方案,也都是明智的选择。因而企业在做战略态势评估时,不能光凭借主观的臆断和美好的愿望,而应当审时度势,果断做出明智的抉择。

当然,在现实世界中,这 4 种战略态势并不是被相同程度地采纳。美国管理学者格鲁克(Glueck)在对 358 位企业经理 15 年中的战略选择进行深入研究之后发现,以上 4 种战略态势被使用的频率分别为:稳定型战略 9.2%;增长型战略 54.4%;紧缩型战略 7.5%;混合型战略 28.7%。本章将介绍这 4 种总体战略的特点、适用性及在做总体战略选择中经常用到的技术和方法。

5.1　稳定型战略

5.1.1　稳定型战略的概念及特征

顾名思义,稳定型战略就是企业在战略规划期内的内外部环境与条件的约束下,对产品、技术、市场等方面都采取基本维持现状的一种战略,企业不再进入新领域,而是在现有经营领域内使产销规模和市场地位大致不变或以较小幅度增减。从企业经营风险的角度来说,稳定型战略的风险是相对小的,对于那些曾经成功地在一个处于上升趋势的行业和一个不大变化的环境中活动的企业来说会很有效。由于稳定型战略从本质上追求的是在过去经营状况基础上的稳定,因此它具有如下特征。

(1) 企业对过去的经营业绩表示满意,决定追求既定的或与过去相似的经营目标。例如,企业过去的经营目标是在行业竞争中处于市场领先者的地位,稳定型战略意味着在今后的一段时期里依然以这一目标作为企业的经营目标。

(2) 企业在战略规划期内所追求的绩效按大体的比例递增。与增长型战略不同,这里的增长是一种常规意义上的增长,而非大规模的和非常规的迅猛发展。例如,稳定型增长可以指在市场占有率保持不变的情况下,随着总的市场容量的增长,企业的销售额的增长,而这种情况则并不能算典型的增长型战略。

(3) 实行稳定型战略的企业,总是在市场占有率、产销规模或总体利润水平上保持现状或略有增加,从而稳定和巩固企业现有的竞争地位。

(4) 企业准备以过去相同的或基本相同的产品和劳务服务于社会。公司继续以基本相同的产品或服务来满足它的顾客。这意味着企业在产品上的创新较少。

从以上特征可以看出,稳定型战略主要依据于前期战略。它坚持前期战略对产品和市场领域的选择,它以前期战略所达到的目标作为本期希望达到的目标。因而,实行稳定型战略的前提条件是企业过去的战略是成功的。对于大多数企业来说,稳定增长战略也许是最有效的战略。

5.1.2 稳定型战略的类型

在具体实施方式上,稳定型战略又可依据其目的和资源分配的方式分为不同类型。

1. 无变化战略

无变化战略(no change strategy)似乎是一种没有战略的战略。采用它的企业可能是基于以下两个原因:一是企业过去的经营相当成功,并且企业内外环境没有发生重大的变化;二是企业并不存在重大的经营问题或隐患,因而企业战略管理者没有必要进行战略调整,或者害怕战略调整会给企业带来利益分配和资源分配的困难。在这两种情况下,企业的管理者和职工可能不希望企业进行重大的战略调整,因为这种调整可能会在一定时期内降低企业的利润总额。采用无变化战略的企业除了每年按通货膨胀率调整其目标以外,其他都暂时保持不变。

2. 维持利润战略

这是一种以牺牲企业未来发展来维持目前利润的战略。维持利润战略(profit strategy)注重短期效果而忽略长期利益,其根本意图是渡过暂时性的难关,因而往往在经济形势不太景气时被采用,以维持过去的经营状况和效益,实现稳定发展。但用得不当的话,维持利润战略可能会使企业的元气受到伤害,影响长期发展。美国铁路行业在 20 世纪 60 年代处于十分困难的状况,许多铁路公司通过减少铁路维修和保养来减少开支,实行稳定型战略,维持分红。然而不幸的是这一困难时期延续到了 70 年代,铁路的状况十分恶化,最终使得这些铁路公司的经营受到了影响。

3. 暂停战略

在一段较长时间的快速发展后,企业有可能会遇到一些问题使得效率下降,这时就可采用暂停战略(pause strategy),即在一段时期内降低企业的目标和发展速度。例如在采用并购发展的企业中,往往会在新收购的企业尚未与原来的企业很好地融合在一起时,先采用一段时间的暂停战略,以便有充分的时间来重新实现资源的优化配置。从这一点来说,暂停战略可以充分达到让企业积聚能量,为今后的发展做准备的功能。

4. 谨慎实施战略

如果企业外部环境中的某一重要因素难以预测或变化趋势不明显,企业的某一战略决策就要有意识地降低实施进度,步步为营,这就是所谓谨慎实施战略(proceed with caution strategy)。比如,某些受国家政策影响比较严重的行业中的企业,在面临国家的一项可能的法规公布之前,就很有必要采用谨慎实施战略,一步步稳固地向前发展,而不是不问青红皂白地大干,置未来政策于不顾。

5.1.3　稳定型战略的利弊分析

就一般意义来说,稳定型战略具有自己的优点和缺点。其优点主要表现为以下几个方面。

(1) 企业经营风险相对较小。保持战略的连续性和稳定性,减少了风险性。由于企业基本维持原有的产品和市场领域,从而可以利用原有的生产经营领域、渠道,避免开发新产品和新市场所必需的巨大的资金投入、激烈的竞争抗衡和开发失败的巨大风险。

(2) 能避免因改变战略而改变资源分配的困难。由于经营范围和规模与过去大致相同,因而稳定型战略不必考虑原有资源的增量或存量调整,相对其他战略态势来说,显然要容易许多。

(3) 能避免因发展过快而导致的弊端。在行业发展迅速时,许多企业无法清醒地看到潜伏的危机而盲目发展,结果造成资源的大量浪费。我国的许多彩电和空调企业就犯过这种错误,导致设备闲置、效益不佳的后果。

(4) 能给企业一个较好的修整期,使企业积聚更多的能量,以便为今后的发展做好准备。从这点上来说,适时的稳定型战略是将来增长战略的一个必要的酝酿阶段。

但是,稳定型战略也具有很多的缺点,主要表现为以下几个方面。

(1) 稳定型战略的执行是以包括市场需求、竞争格局在内的外部环境的基本稳定为前提的。一旦企业的这一判断没有被验证,就会打破战略目标、外部环境、企业实力三者之间的平衡,使企业陷入困境。因此,如果环境预测有问题的话,稳定型战略即具有很大的风险。

(2) 特定细分市场的稳定型战略往往也隐含着较大的风险。由于资源不够,企业会在部分市场上采用稳定型战略,这样做实际上是将资源重点配置在这几个既定的子市场上,因而如果对这部分特定市场的需求把握不准,企业可能更加被动,会丧失外部环境提供一些可以快速发展的机会。

(3) 稳定型战略也容易使企业的风险意识减弱,甚至形成惧怕风险、回避风险的企业文化,这就会大大降低企业对风险的敏感性、适应性和冒风险的勇气,从而也增大了以上所述风险的危害性和严重性。

稳定型战略的优点和缺点都是相对的,企业在具体的执行过程中必须权衡利弊,准确估计其收益和风险,并采取合适的风险防范措施。只有这样,才能保证稳定型战略优点的充分发挥。

5.1.4　稳定型战略的适用情况

采取稳定型战略的企业,一般处在市场需求及行业结构稳定或者较小动荡的外部环境中,因而企业所面临的竞争挑战和发展机会都相对较少。但是,有些企业在市场需求以较大幅度增长或外部环境提供了较多发展机遇的情况下也会采用稳定型战略。这些企业一般来说是由于资源状况不足但为了抓住新的发展机会而不得不采用相对保守的稳定型战略态势。

1. 外部环境

外部环境的相对稳定会使企业更倾向于稳定型战略。影响外部环境稳定性的因素很多,大致有以下几个方面。

1) 宏观经济状况

如果宏观经济在总体上保持总量不变或总量低速增长,那么企业所处行业的上游、下游产业也往往只能以低速增长,这就势必影响到该企业所处行业的发展,使其无法以较快的速度发展。因此,由于宏观经济的慢速增长会使得某一产业的增长速度也降低,这就会使得该产业内的企业倾向于采用稳定型战略,以适应这一外部环境。

2) 产业的技术创新度

如果企业所在的产业技术相对成熟,技术更新速度较慢,企业过去采用的技术和生产的产品无须经过太大的调整就能满足消费者的需求和与竞争者抗衡。这使得产品系列及其需求保持稳定,从而促使企业采纳稳定型战略。

3) 消费者需求偏好的变动

这一点其实是决定产品系列稳定度的另一方面：消费者频繁的偏好转移势必使企业在产品特性和营销策略上与过去的做法有所不同,否则将会被竞争对手击败,而这种策略上的变动毫无疑问将影响到企业的经营战略,因而企业若继续采用稳定型战略态势,很可能陷入被动。从这点来看,稳定型战略适合于消费者需求偏好较为稳定的企业。

4) 产品生命周期(行业生命周期)

对于处于行业或产品的成熟期的企业来讲,产品需求、市场规模趋于稳定,产品技术成熟,新产品的开发和以新技术为基础的新产品开发难以取得成功,因此以产品为对象的技术变动频率低,同时竞争对手的数目和企业的竞争地位都趋于稳定,这时提高市场占有率、改变市场地位的机会很少,因此较为适合采用稳定型战略。

5) 竞争格局

如果某企业所处行业的进入壁垒非常高或由于其他原因使得该企业所处的竞争格局相对稳定,竞争对手之间很难有较为悬殊的业绩改变,则企业若采用稳定型战略可以获得最大的收益,因为改变竞争战略带来的业绩增加往往是不如人意的。

2. 企业内部实力

企业战略的实施一方面需要与外部环境相适应,另一方面又要有相应的资源和实力来实施,也就是既要看到外部的威胁与机会,又要看到自身的优势与劣势。除了分析企业所处的外部环境之外,还要分析企业的内部环境。具体来说,应分析以下几个方面,看其是否适于使用稳定型战略。

1) 企业资源

如果外部环境较好,为企业提供了有利的发展机会,企业就可以采取提高市场占有率的策略。但是,如果企业资源不充分,如资金不足、研究开发力量较差、人力资源不足等,就无法采取提高市场占有率的战略。于是,企业可以采取以局部市场为目标的稳定型战略。

2) 资源分配

当外部环境较为稳定时,资源较为充足的企业可以在广泛的市场上选择自己的战略资源分配,而资源相对稀缺的企业可以在相对狭窄的细分市场上集中资源,它们都可以采用稳定型战略,以适应外部环境。

3) 竞争优势

当外部环境较为不利时,资源丰富的企业可以采用一定的稳定型战略;资源不够充足的企业,如果它在某个细分市场上具有独特的竞争优势,可以考虑采用稳定型的战略态度;但如果不具备相应的特殊竞争优势,则不宜采用稳定型战略。

当外部环境较为稳定时,资源较为充足的企业与资源相对较为稀缺的企业都应当采用稳定型战略,以适应外部环境,但两者的做法可以不同。前者可以在更为宽广的市场上选择自己战略资源的分配点,而后者则应当在相对狭窄的细分市场上集中自身资源,以求稳定型战略。

5.2　增长型战略

5.2.1　增长型战略的概念及特征

1. 增长型战略的概念

增长型战略是一种使企业在现有的战略基础水平上向更高一级的目标发展的战略。它以发展作为自己的核心内容,引导企业不断地开发新产品、开拓新市场、采用新的生产方式和管理方式,以便扩大企业的产销规模,提高竞争地位,增强企业的竞争实力。

2. 增长型战略的特点

增长型战略具有以下 3 个特征。

(1) 公司总是获得高于行业平均水平的利润率。

(2) 企业多要用非价格竞争的手段与竞争者抗衡。

(3) 增长型战略的基础是"价值创新",试图通过创新和创造以前未存在的新的需求,来使外界适应它自己。

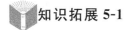**知识拓展 5-1**

集中化经营铸就麦当劳成功

采取集中生产单一产品或服务的最典型的企业是美国的麦当劳公司。1948 年,迪克·麦当劳和莫里斯·麦当劳兄弟俩合伙开了一家叫麦当劳的餐馆,主要出售汉堡包、炸薯条和饮料及冰淇淋。当时兄弟俩并无雄心,对在其他地方开设类似的餐馆也无多大兴趣。但在 1954 年,瑞·克罗克建议在全国范围内设立餐馆,麦当劳兄弟俩采纳了克罗克的建议,随即成立麦当劳公司。时至今日,麦当劳公司的主要产品仍是汉堡包,辅以炸薯条和饮料或冰淇淋。多年来,它也增加了早餐食品、炸排骨、炸鸡块和其他快餐食品。然而,它的发展是通过区域扩张、维持高质量、优质服务及洁净的名望等手段来实现的。目前,麦当劳公司占有美国餐饮市场 7％的份额、国内快餐市场 18％的份额和快餐汉堡包市场 45％的份额,它的国际部是美国十大餐饮公司之一。

5.2.2　密集增长型战略

1. 密集增长型战略的概念

密集增长型战略指企业在原有生产范围内，充分利用在产品和市场方面的潜力来求得成长的战略。

2. 密集增长型战略的形式

密集增长型战略源于世界著名战略学家安索夫提出的产品—市场矩阵（表5-1），主要包括市场渗透、市场开发和产品开发三种战略形式。

表 5-1　安索夫产品—市场矩阵

产品 市场	现有产品	新产品
现有市场	市场渗透	产品开发
新市场	市场开发	多元化

1）市场渗透战略

市场渗透战略是由企业现有产品和现有市场组合而产生的战略。在现有市场上如何扩大现有产品的销售量主要取决于两个因素：产品使用人的数量和每个使用人的使用频率，因为销售量等于产品使用人的数量乘以每个使用人的使用频率，所以，市场渗透战略的具体思路主要从这两个因素角度出发，具体方法如下。

（1）扩大产品使用人的数量。

① 转变非使用人。企业通过努力把原来不使用本企业产品的人转变为使用人。例如，飞机货运服务公司的发展就要不断寻找新的用户，说服他们相信空运比陆地运输有更多的好处。

② 努力发掘潜在的顾客，把产品卖给从未使用过本企业产品的用户。例如本来为妇女生产的洗发剂，现在又成功地推销给男士及儿童使用。

③ 把竞争者的顾客吸引过来，使之购买本企业的现有产品。例如，百事可乐公司劝说可口可乐的饮用者改喝百事可乐。

（2）扩大产品使用人的使用频率。

① 增加使用次数。企业可以努力使顾客更频繁地使用本企业的产品。例如，肉联厂可以宣传它生产的火腿肠不仅可以夹在面包里吃，而且还可以放在菜里、汤里吃，味道同样鲜美，因此早、中、晚餐都可以吃。

② 增加使用量。企业努力使消费者在每次使用时增加该产品的使用量。例如，油漆公司可以给用户暗示，每次使用本企业的产品来油漆家具时，起码要上3遍油漆，上油漆的次数越多，则家具就会越光亮、美观。

③ 增加产品的新用途。企业应努力发现本企业产品的各种新用途，并且要使人们相信它有更多的用途。例如，为制作降落伞发明了尼龙，后来发现尼龙还可以制成服装，再后来又发现尼龙放在橡胶中制成轮胎，可以大大增加轮胎的强度及耐磨性。

（3）改进产品特性。

① 提高产品质量（增加产品的功能特性），这种办法通常可以压倒竞争对手。

② 增加产品的特点,如在尺寸、重量、材料、添加物、附件等方面,使产品具有更多的功能,提高其使用的安全性和便利性。例如在开罐头的工具上增加了动力装置,使人们开铁包装罐头时既迅速又便利、安全。

③ 改进产品的式样,如化妆品的包装瓶子的颜色和形状应不断变换,以招揽顾客。

在营销组合方面,企业应努力在销售价格、销售渠道、促销手段(广告、销售促进、人员推销)、服务等方面加以改进,以扩大现有产品的销售量。

总之,市场渗透战略希望通过对现有产品进行较小的改进,从现有市场上赢得更多的顾客。这种战略风险最小,如果市场处于成长期,在短期内此战略可能会使企业利润有所增长。但是当市场日趋成熟时,企业必然会面临激烈的竞争,对使用渗透战略的企业最致命的打击是市场衰竭。

市场渗透战略表面看起来是风险最小的一种发展战略,但因为以下 4 个原因,它也许是风险最大的一种发展战略。

(1) 除非该企业在市场上处于绝对优势地位,否则必然会出现许多强有力的竞争对手。

(2) 企业管理者宁愿把精力放在现有事务处理上,因而可能错过了更好的投资机会。

(3) 顾客兴趣的改变容易导致企业现有目标市场的衰竭。

(4) 一项大的技术突破甚至可能会使产品在一夜之间成为一堆废物。

2) 市场开发战略

市场开发战略是由现有产品和新市场组合而产生的战略。它是发展现有产品的新顾客群或新的地域市场从而扩大产品销售量的战略。实行这种战略有以下 3 种办法。

(1) 扩大新的市场范围。这种办法即把本企业现有产品打入其他相关市场,如区域性市场、国内市场和国际市场等,从而扩大现有产品的销售。

(2) 在新市场寻找潜在的用户。例如计算机过去一直是销售给科研部门、学校、企业及事业单位的,但现在计算机已经走入家庭,许多想培养孩子计算机能力的家庭及教师、科研人员、医生、作家等家庭都需要计算机,存在潜在的计算机购买群。

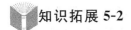 **知识拓展 5-2**

把木梳卖给和尚

有家大公司在招聘营销主管时,出了一道实践性的试题:把木梳尽量多地卖给和尚。绝大部分应聘者面对如此怪题感到困惑,纷纷离去,最后只剩下 3 个应聘者:小伊、小石和小钱。负责人向剩下的 3 人交代,从今日开始,以 10 日为限交卷。10 日期到,3 人来到了公司,小伊汇报说,他只卖出了一把木梳,他讲述了历尽的辛苦,以及受到众和尚的责骂和追打的委屈。好在下山途中遇到一个小和尚一边晒太阳,一边使劲儿挠着又脏又厚的头皮。小伊总算说服他买了一把。小石比小伊成绩要好,他卖出了 10 把,他说一天他去了一座名刹古寺。由于山高风大,进香者头发都被吹乱了。小石找到了寺院的住持说:"蓬头垢面是对佛的不敬。应在每座庙的香案前放把木梳,供善男信女梳理鬓发。"住持采纳了小石的建议,买下了 10 把木梳。轮到小钱了,他总共卖掉了 1 000 把木梳,小钱介绍说他来到一处颇具盛名的深山宝刹，这里朝圣者如云，施主络绎不绝。小钱对住持说："凡来进香者，多有一颗虔诚之心，宝刹应有所回赠，以做纪念，保佑其平安吉祥，鼓励其多做善事。我有一批木梳，你的书法超群，可刻上'积善梳'三个字，然后可做赠品。"住持大喜，立即买下了1 000把木梳，并请小钱小住几日，共同出席了首次赠"积善梳"的仪式。得到"积善梳"的施主和香客很高兴，一传十，十传百，由此朝圣者更多。住持主动要求小钱再多卖一些不同档次的木梳，以便分层次地赠给各种类型的施主与香客。但10日期已到，小钱只好赶回了公司。考核结果自然是小钱争得了营销主管的位置。

问题：该案例说明了什么？从战略营销的角度看，小钱的销售思路有什么特色？

（资料来源：摘自《本周金融信息》总310期）

（3）增加新的销售渠道。例如，葡萄酒厂的产品原来只通过烟酒公司等中间商到达消费者手中，现在为了增加销售量，有的葡萄酒厂自己开设经销店，直接将产品卖给消费者，同时企业还与各大中城市的大饭店、旅馆挂钩，直接将葡萄酒卖给这些单位，极大地扩大了销售量。

市场开发战略比市场渗透战略风险性大，这种战略迫使管理人员放开眼界，拓宽视野，重新确定营销组合，但此战略仍是一个短期战略，它并不能降低因顾客减少或技术上落后而导致的风险。

又如，杜邦公司生产的尼龙产品最初是做降落伞的原料，后来又做妇女丝袜的原料，再后来又做男女衬衣的主要原料。每一种新用途的发现，都使该产品进入新的生命周期，为公司带来了源源不断的利润。

3. 产品开发战略

产品开发战略是由企业现有市场和其他企业已经开发的而本企业正准备投入生产的新产品组合而产生的战略，即对企业现有市场投放新产品或利用新技术增加产品的种类，以扩大市场占有率和增加销售额的企业发展战略。从某种意义上来说，这一战略是企业发展战略的核心，因为对企业来说，市场毕竟是不可控制的因素，而产品开发是企业可以控制的因素。

采用此战略的前提条件是：企业要对它原有顾客有透彻的了解，能够提供满足顾客需要的其他产品。这种战略具有一定程度的创新开拓性，它鼓励企业从事新的探索，可以提高企业对技术进步的适应能力。但是采用这种战略的企业仍然束缚了自己，企业的潜能仅仅被用来在原有市场的顾客群中寻找新的投资机会，这可能会因为没有寻找到其他市场而导致较大的机会成本，因为其他市场，尤其是正在成长的新市场可能会比企业现有市场更加有利可图。

关键点：

（1）市场机会和进行产品设计时，应注重市场导向，而不是强力推行某个技术人员所喜欢的构思。

（2）从战略高度强化开发以核心能力为基础的核心产品，并以此构建企业长期发展的技术基础。

（3）在产品开发过程中要充分借鉴顾客、供应商和营销人员的意见。

5.2.3　一体化战略

"一体化"的原意是指将独立的若干部分加在一起或者结合在一起成为一个整体。一体化战略是指企业充分利用自己在产品、技术、市场上的优势,根据物流的方向,使企业不断地向深度和广度发展的一种战略。一体化战略是企业的一个非常重要的成长战略,它有利于深化专业分工协作,提高资源的深度利用和综合利用效率。

1. 一体化战略的类型

1) 纵向一体化

纵向一体化也称为垂直一体化,是指生产或经营过程相互衔接、紧密联系的企业之间实现一体化。按物质流动的方向又可以划分为前向一体化和后向一体化两种。

(1) 前向一体化。前向一体化是指企业与用户企业之间的联合,目的是促进和控制产品的需求,搞好产品营销。如纺织印染厂,原来只是将坯布印染成各种颜色的花布供应服装厂,现在纺织印染厂与服装加工厂联合,即该厂不仅搞印染而且还制成服装出售,这样就促进和控制了产品需求,促进了产品营销。

(2) 后向一体化。后向一体化是指企业与供应企业之间的联合,目的是确保产品或劳务所需的全部或部分原材料的供应,加强对所需原材料的质量控制。如自行车厂原来要向橡胶厂购买轮胎,现在自行车厂与橡胶厂联合起来,让橡胶厂专门生产自行车轮胎,保证了自行车的轮胎供应。电视机制造公司兼并显像管制造公司、食品公司投资兴办养殖场等也均属此种策略。

纵向一体化战略可以通过 3 种方式实现:①通过企业内部壮大而进入新的经营领域;②与其他经营领域的企业实现契约式联合;③合并其他经营领域的企业。具体采取何种形式应视企业实力及所处经营环境而定。

2) 横向一体化

横向一体化也称为水平一体化,是指与处于相同行业、生产同类产品或工艺相近的企业实现联合,实质是资本在同一产业和部门内的集中,目的是实现扩大规模、降低产品成本、巩固市场地位。如海尔集团整体收购合肥黄山电子集团,就是为了进一步扩大海尔彩电的生产规模。横向一体化战略可以通过契约式联合、合并同行业企业等形式实现。

3) 混合一体化

混合一体化是指处于不同产业部门、不同市场且相互之间没有特别的生产技术联系的企业之间的联合。它包括三种形态:①产品扩张型,即与生产和经营相关产品的企业联合;②市场扩张型,即一个企业为了扩大竞争地盘而与其他地区生产同类产品的企业进行联合;③毫无关联型,即生产和经营彼此之间毫无联系的产品或服务的若干企业之间的联合。混合一体化可以降低企业长期处于一个行业所带来的风险,也可以使企业的技术、原材料等各种资源得到充分的利用。

2. 纵向一体化的战略利益

1) 实现范围经济,降低经营成本

(1) 通过把技术上相区别的生产运作放在一起的方式,企业有可能实现高效率。例如在制造业,这一做法能够减少生产过程的步骤,降低成本,减少运输费用。比如在热钢压平的经典事例中，如果钢铁生产和压平活动被连接在一起，钢坯就没有必要再次加热。

（2）由于成品和零部件归并成一个系统，在生产、设计、营销等内部环节上，更易控制和协调，从而会提高企业的生产效率。

（3）生产与销售一体化有利于市场信息准确及时地反馈，使企业能迅速地了解市场供求和监控市场，而且实行一体化还能将收集信息的总成本由各部分分摊，从而减少信息成本。

（4）通过纵向一体化，企业可以节约市场交易的销售、谈判和交易成本。尽管内部交易过程中也常常要进行某些讨价还价，但其成本绝不会接近市场交易成本。这主要是因为内部交易不需要任何销售力量和市场营销或采购部门，也不需要支出广告促销费用。

2）稳定供求关系，规避价格波动

实行纵向一体化，可以使上游、下游企业之间不会随意终止供求关系，不管是在产品供应紧张还是总需求很低的时期，都能保证充足的货源供应，从而减少市场供求的不确定性。而且由于实现了纵向一体化，上游、下游企业之间的交易虽然也必须反映市场价格，但这种内部转移价格实际上只是一种为了便于业务管理、成本核算的影子价格，而且企业可以主动调节，从而可以避免产品价格的大起大落。

3）提高差异能力，树立经营特色

由于企业规模扩大、成本降低和控制加强，进入壁垒提高了；由于强化了对关键零部件设计的控制，有可能更好地满足不同市场层面用户的特殊需求，从而增强对最终用户的控制；同时也有更多机会通过使用特殊原材料、零部件或技术等途径寻求区别于同行业竞争者的产品特色。

3. 纵向一体化的战略成本

1）弱化激励效应

纵向一体化意味着通过固定的关系来进行购买与销售，也就是说把原本的市场交易内化为企业内部交易。上游企业的经营激励可能会因为是在内部销售而不是在市场上竞争而有所减弱，下游企业同样也会由于从企业另一个单位购买产品，从而不会像从外部供应商购买时那样激烈地讨价还价。因此，纵向一体化可能减弱激励效应，从而降低企业运作的效率。我国企业普遍存在的"大而全"效率往往低于"小而专"现象的原因就在于此。为了消除纵向一体化的这种弊端，很多企业实施了"企业内部市场化"的做法，收到了较好的效果。

2）加大管理难度

实行一体化战略以后，两个或多个不同的企业合并或联合在一起，企业的管理层次与管理幅度都大大加大，企业管理所需的生产、营销、服务等各项职能都更加复杂，尤其是不同企业文化的融合更是非一朝一夕所能解决的，这些因素都对企业管理者的管理素质和管理技巧提出了很高的要求。显而易见，管理难度要比一体化之前大得多。

3）加剧财务紧张

虽然企业实行纵向一体化战略以后，一些零部件和原材料由企业外购转变为企业自制，这些零部件和原材料的成本将比外购低，但自制所需的生产资金、储备资金和材料资金等都要比外购时多得多。如果企业的财务资源不够雄厚，就有可能加剧企业的财务紧张,严重时将导致整个一体化战略的失败。

4) 降低经营灵活性

企业选择纵向一体化会导致产品设计方面的局限性,对厂房和原材料来源的巨额投资,常常阻碍新的产品设计或材料品种的完善。如果企业不实行纵向一体化战略,企业可以根据外界环境变化而削减原材料的采购量,或转向其他供应企业;而采用了纵向一体化战略的企业就缺乏这种机动性,同时经营方向的调整也更加困难,因而也就增大了经营风险。

5) 难以平衡生产能力

纵向一体化企业内部的上游单位与下游单位的生产能力必须保持平衡,否则会出现问题。纵向链中任一有剩余生产能力的环节(或有剩余需求量的环节)必须在市场上销售一部分产品(或购买一部分投入),否则就将牺牲市场地位。然而,在企业纵向一体化条件下,这一步可能往往是困难的,因为纵向一体化常常迫使企业从它的竞争者处购买原料或向它的竞争者销售产品。由于担心得不到优先,或者为了避免加强竞争者的地位,它们可能会不情愿地与该企业做生意。

4. 横向一体化的战略利益

横向一体化的战略利益主要包括获取规模经济、减少竞争对手、扩张生产能力。

1) 获取规模经济

横向一体化通过收购同类企业达到规模扩张,这在规模经济性明显的产业中,可以使企业获取充分的规模经济,从而大大降低成本,取得竞争优势。同时,通过收购往往可以获取被收购企业的技术专利、品牌名称等无形资产。

2) 减少竞争对手

横向一体化是一种收购企业竞争对手的增长战略。通过实施横向一体化,可以减少竞争对手的数量,降低产业内企业间相互竞争的程度,为企业的进一步发展创造一个良好的产业环境。

3) 扩张生产能力

横向一体化是企业生产能力扩张的一种形式,通过合并或联合,可以迅速提高企业的生产能力与规模,与企业自身的内部扩张相比较,这种扩张形式相对较为简单与迅速。

5. 横向一体化的战略成本

横向一体化也具有一定的战略成本,其中主要包括管理协调问题和政府法规限制两个方面。

1) 管理协调问题

收购一家企业往往涉及收购后母子公司管理上的协调问题。由于母子公司在历史背景、人员组成、业务风格、企业文化、管理体制等方面存在较大的差异,因此母子公司的各方面协调工作非常困难,这是横向一体化的一大成本。

2) 政府法规限制

横向一体化容易造成产业内垄断的结构,因此,各国法律法规都对此做出了限制。如美国司法部反托拉斯公司在确定一项企业合并是否合法时要考虑以下因素:

(1) 这一合并是否导致过高的产业集中度。

（2）这一合并是否增强合并企业对其他企业的竞争优势。

（3）进入该产业的困难程度是否提高。

（4）产业内是否已经存在一种合并的倾向。

（5）被合并企业的经济实力。

（6）对该行业产品需求是否增长。

（7）这一合并是否有激发其他企业进行合并的危险。

5.2.4　多元化战略

社会经济的不断发展，引起市场需求和企业经营结构的变化。企业为了更多地占领市场和开拓新市场，或避免单一经营的风险，往往会选择进入新的领域，这一战略就是多元化战略。

1. 多元化战略的类型

多元化战略是指在现有业务领域基础之上增加新的产品或业务的经营战略。根据现有业务领域和新业务领域之间的关联程度，可以把多元化战略分为相关多元化与不相关多元化两种类型。

1）相关多元化

相关多元化又称为同心多元化，是指虽然企业发展的业务具有新的特征，但它与企业的现有业务具有战略上的适应性，它们在技术、工艺、销售渠道、市场营销、产品等方面具有共同的或相近的特点。根据现有业务与新业务之间"关联内容"的不同，相关多元化又可以分为同心多元化与水平多元化两种类型。

（1）同心多元化。即企业利用原有的技术、特长、经验等发展新产品，增加产品种类，从同一圆心向外扩大业务经营范围。例如，汽车制造厂增加拖拉机生产。同心多元化的特点是原产品与新产品的基本用途不同，但有着较强的技术关联性。冰箱和空调就是用途不同但生产技术联系密切的两种产品（关键技术都是制冷技术）。海尔、春兰等企业的发展就是这一战略的具体例子。

（2）水平多元化。即企业利用现有市场，采用不同的技术来发展新产品，增加产品种类。例如，原来生产化肥的企业又投资农药项目。水平多元化的特点是现有产品与新产品的基本用途不同，但存在较强的市场关联性，可以利用原来的分销渠道销售新产品。娃哈哈创办之后就定位于儿童市场，以后企业的发展也一直围绕这一目标市场。

2）不相关多元化

不相关多元化，也称为集团多元化，即企业通过收购、兼并其他行业的业务，或者在其他行业投资，把业务领域拓展到其他行业中去，新产品、新业务与企业的现有业务、技术、市场毫无关系。也就是说，企业既不以原有技术也不以现有市场为依托，向技术和市场完全不同的产品或劳务项目发展。这种战略是实力雄厚的大企业集团采用的一种经营战略。例如，美国通用电气公司20世纪80年代收购美国业主再保险公司和美国无线电公司，从而从单纯的工业生产行业进入金融服务业和电视广播行业。我国很多企业现在也开始运用不相关多元化战略。比如，海尔集团除生产电视、冰箱、空调等家电产品之外，还涉足软件开发、医药生产等业务领域。

2．多元化战略的利益

1）实现范围经济

范围经济是指由于企业经营范围的扩大而带来的经济性。通俗地说，就是联合生产的成本小于单独生产成本之和。范围经济的存在，本质上在于企业多项业务可以共享企业的资源。由于特定投入都有一定的最小规模（不可分性），而这种投入在生产一种产品时可能未能得到充分利用，在生产两种或两种以上的产品时，就能够使这种投入的成本在不同的产品中分摊，于是使单位成本降低，产生范围经济。范围经济的存在原理与规模经济有相似之处，但本质不同的是，规模经济在于产品产量的增加，而范围经济则来自生产多种产品或从事多项业务，简而言之，来自经营范围的扩大。

2）分散经营风险

如果企业的多元化战略是相关多元化，那么企业对进入的新业务较为熟悉，在技术开发、筹供、生产等方面的联系可以减少企业的成本，从而使企业扩张过程中的风险得到降低；如果企业的多元化是不相关多元化，那么企业不同业务之间收益的盈亏在一定程度上可以相互平衡，从而分散经营风险。人们常常用"东方不亮西方亮"来形象地比喻这一作用。

3）增强竞争力量

多元化企业凭借其在经营规模及不同业务领域的优势，通过其他业务领域的收益来支持某一业务领域的竞争，实现调动全企业资源专攻一点的效果，从而大大增强企业的竞争力量。

3．多元化战略的成本

1）分散企业资源

任何一个企业，哪怕是巨型企业其所拥有的资源也总是有限的。多元化发展必定导致企业将有限的资源分散于每一个发展的业务领域，从而使每个意欲发展的领域都难以得到充足的资源支持，有时甚至无法维持在某一领域中的最低投资规模要求和最低维持要求，结果与在相应的专业化经营的竞争对手的竞争中失去优势。从这个意义上说，多元化战略不仅没能规避风险，没能"东方不亮西方亮"，很可能还会"东方不亮西方也不亮"，加大企业失败的风险。

2）加大管理难度

企业在进行多元化经营时，不可避免地要面对多种多样的产品和各种各样的市场，这些产品在生产工艺、技术开发、营销手段上可能不尽相同，这些市场在开发、渗透、进入等方面也都可能有明显的区别。企业的管理、营销、生产人员必须重新熟悉新的业务领域和新的业务知识。另外，由于企业采用多元化经营，企业规模逐渐扩大，机构逐渐增多，企业内部原有的分工、协作、职责、利益平衡机制可能会被打破，管理、协调的难度大大增加，在资源重新配置和保证企业竞争优势方面会遇到较大的挑战。

3）提高运作费用

企业由专业化经营转向多元化经营，进入众多陌生的业务领域，必将使企业的多元化经营运作费用上升。这表现在以下两个方面。

（1）多元化发展的学习费用较高。企业从一个熟悉的业务领域到另一个陌生的业务领域，从新成立一个企业到企业产出效益，这需要一个学习过程。这个过程中由于不熟悉而导致的低效率，由陌生到熟悉的机会损失都构成较高的学习费用。

（2）顾客认识企业新领域的成本加大。当企业新的领域有了产出品时需要消费者认识，虽然此时可借用原有领域的品牌，但要在新领域中改变消费者原来的认识态度，不进行大投入来教育顾客是不行的，这反过来又使已分散的资源更加难以应付。

4）加剧人才缺口

企业竞争归根结底是人才竞争，企业成功归根结底依赖于优秀的人才。然而，每个人都有自己的专长，专业对口是人才发挥作用的基础。所以，企业在进行多元化发展时，必须有多元化领域内相应的经营管理和技术等方面专业人才的支撑，多元化发展才能成功；反之，则可能失败。从理论上说，社会上存在企业发展多元化所需的人才，问题是这些人才往往已在其他企业之中。引进人才固然可能，但费用也很高，往往超出企业的承受能力，从而加剧企业的人才短缺状况。

4. 多元化战略应注意的问题

1）客观评估企业多元化经营的必要性与能力

从上面的论述可以看出，多元化经营是一把"双刃剑"，既可以给企业带来巨大的收益，也可能加剧企业的经营风险。企业在采用多元化之前，必须客观评估企业多元化经营的必要性。切不可头脑发热、跟潮流，盲目进行多元化。尤其是对自身能力的评估，除要考虑企业现有的资源存量之外，还必须考虑企业把新业务领域培育成利润增长点期间所需要的资源数量企业是否具备。当企业不具备这些资源时，其他业务领域的预期收益再好也只能让别人去做。

2）坚持把主业做好之后再考虑多元化

稳定而具有相当优势的主营业务，是企业利润的主要来源和企业生存的基础。企业应该通过保持和扩大企业所熟悉与擅长的主营业务，尽力扩展市场占有率以求规模经济效益最大化，要把增强企业的核心竞争力作为第一目标。在此基础之上，兼顾"专业化"与"多元化"。世界上优秀的企业，在业务领域的选择上，都是首先确立了自己的核心业务（主营业务）之后，并以此为基础，再考虑多元化经营的。

3）新业务领域与现有业务领域之间应具有一定的战略关联

当企业内部不同业务单元之间可以通过分享共同的资源，组合相关的生产经营活动，进行核心专长如技术开发、管理能力、品牌等的转移时，则把企业不同业务部门之间的这种关系称为战略关联。在多元化战略实施中，能够建立有效的战略关联，是决定多元化成败的核心因素之一。一般来说，企业应该首先选择那些与其主营业务和已经建立的核心能力关联密切、容易获得关联优势的业务领域作为多元化的主要进入目标。根本原因在于，与关联程度低的领域相比，进入高关联度的领域更容易依托在主营业务领域建立起来的优势地位和核心能力，以较低的成本和风险建立优势地位。

4）建立横向协调不同业务单元的关系

在多元化企业中，不同的业务单元往往以本部门的利益作为决策的出发点。由于部门利益与企业整体利益之间存在一些不可避免的矛盾，以及部门利益之间的"外部性"或"搭便车"问题，多元化企业往往会遇到一系列难以跨越的组织障碍，如管理协调难度加大、激励效应的弱化、集权与分权的矛盾等。所以,实施多元化的企业应建立横向组织,以加强企业纵向组织结构中不同业务单元的相互联系,使纵向因素和横向因素之间达到平衡。

5.3　紧缩型战略

5.3.1　紧缩型战略的概念及特征

企业的资源是有限的,既然企业采取了各种方式进入新的产业或扩大了业务范围,它们就需要在必要时退出某些业务;而且企业的经营环境在不断变化,原本有利的环境在经过一段时间后会变得不那么有吸引力了;原来能容纳许多企业发展的产业会因进入衰退阶段而无法为所有企业提供最低的经营报酬,或企业为了进入某个新业务领域需要大量的投资和资源的转移等。所有上述情况的发生都会迫使企业考虑紧缩目前的经营,甚至退出目前的业务或实施公司清算,即考虑紧缩型战略态势。

紧缩型战略是指企业从目前的战略经营领域和基础水平收缩与撤退,且偏离战略起点较大的一种经营战略。与稳定型战略和增长型战略相比,紧缩型战略是一种消极的发展战略。一般地,企业实行紧缩型战略只是短期性的,其根本目的是使企业挨过风暴后转向其他的战略选择。有时,只有采取收缩和撤退的措施,才能抵御对手的进攻,避开环境的威胁和迅速地实行自身资源的最优配置。可以说,紧缩型战略是一种以退为进的战略态势。

与此相适应,紧缩型战略有以下特征。

(1) 对企业现有的产品和市场领域实行收缩、调整和撤退策略。比如放弃某些市场和某些产品线系列,因而从企业的规模来看是在缩小的,同时一些效益指标,如利润和市场占有率等,都会有较为明显的下降。

(2) 对企业资源的运用采取较为严格的控制和尽量削减各项费用支出,往往只投入最低限度的经管资源,因而紧缩型战略的实施过程往往会伴随大量员工的裁减,一些奢侈品和大额资产的暂停购买等。

(3) 紧缩型战略具有短期性。与稳定和发展两种战略态势相比,紧缩型战略具有明显的过渡性,其根本目的并不在于长期节约开支、停止发展,而是为了今后发展而积聚力量。

下面这个事例很能说明紧缩型战略的特征:上海梅山集团 1995 年遇到了资金短缺、原材料价格大幅上扬等严重困难,第一季度出现巨额亏损。于是,公司从 4 月开始实施紧缩型战略,狠抓成本控制,停止了 9 项开支,压缩预算开支和投资规模,终于使第二季度利润超过 1 000 万元,为下一阶段的发展战略提供了保证。

5.3.2　紧缩型战略的类型

根据紧缩的方式和程度不同,紧缩型战略可以分为 3 种类型:抽资转向战略、放弃战略和清算战略。

1. 抽资转向战略

抽资转向战略是企业在现有的经营领域不能维持原有的产销规模和市场而不得不采取缩小产销规模与市场占有率，或者企业在存在新的更好的发展机遇的情况下，对原有的业务领域进行压缩投资、控制成本以改善现金流为其他业务领域提供资金的战略方案。另外，在企业财务状况下降时也有必要采取抽资转向战略，这一般发生在物价上涨导致成本上升或需求降低使财务周转不灵的情况下。

针对这些情况，抽资转向战略可以采取以下措施来配合进行。

(1) 调整企业组织。这包括改变企业的关键领导人，在组织内重新分配责任和权利等。调整企业组织的目的是使管理人员适应变化了的环境。

(2) 降低成本和投资。这包括压缩日常开支、实行更严格的预算管理，减少一些长期投资项目等，也可以是适当减少培训、广告、研究开发、公共关系等活动，缩小或减少某些管理部门或降低管理费用。在必要时企业也会以裁员作为压缩成本的方法。

(3) 减少资产。这包括出售与企业基本生产活动关系不大的土地、建筑物和设备；关闭一些工厂或生产线；出售某些在用的资产，再以租用的方式获得使用权；出售一些盈利产品，以获得急需使用的资金；等等。

(4) 加速收回企业资产。这包括加速应收账款的回收期、派出讨债人员收回应收账款、降低企业的存货量、尽量出售库存产成品等。

抽资转向战略会使经营主方向转移，这有时会涉及经营的基本宗旨的变化，其成功的关键是管理者明晰的战略管理概念，即必须决断是对现存的企业业务给予关注还是重新确定企业的基本宗旨。

2. 放弃战略

在采取抽资转向战略无效时，企业可以尝试放弃战略。放弃战略是指将企业的一个或几个主要部门转让、出卖或者停止经营。这个部门可以是一个经营单位、一条生产线或者一个事业部。

在放弃战略的实施过程中通常会遇到一些阻力。

(1) 结构上或经济上的阻力，即一个企业的技术特征及其固定和流动资本妨碍其退出，如一些专用性强的固定资产很难出售。

(2) 公司战略上的阻力。如果准备放弃的业务与企业的其他业务有较强的联系，则该项业务的放弃会使其他有关业务受到影响。

(3) 管理上的阻力。企业内部人员特别是管理人员对放弃战略往往持反对意见，因为这会威胁他们的职位和业绩考核。

克服这些阻力，可以采用以下办法：在高层管理者中，形成"考虑放弃战略"的氛围；改进工资、奖金制度，使之不与"放弃"方案相冲突；妥善处理管理者的出路问题；等等。

3. 清算战略

清算是指卖掉其资产或停止整个企业的运行而终止一个企业的存在。显然，清算战略对任何企业来说都不是最有吸引力的战略，而且通常只有当其他所有战略都失败时才启用它。但在确实毫无希望的情况下，尽早地制定清算战略，企业可以有计划地逐步降低企业股票的市场价值，尽可能多地收回企业资产，从而减少全体股东的损失。因此，清算战略在特定的情况下,也是一种明智的选择。

放弃战略与清算战略并不一样。由于放弃战略的目的是要找到肯出高于企业固定资产时价的买主,所以企业管理人员应说服买主,认识到购买企业所获得的技术或资源,能使对方利润增加。而清算一般意味着基本上只包括对资产的有形价值部分的清算。要特别指出的是,清算战略的净收益是企业有形资产的出让价值,而不包括其相应的无形价值。

5.3.3　紧缩型战略的利弊分析

与稳定型战略和增长型战略一样,紧缩型战略也有利有弊,一般来说有如下优点。

(1) 能帮助企业在外部环境恶劣的情况下,节约开支和费用以顺利地度过面临的不利处境。

(2) 能在企业经营不善的情况下最大限度地降低损失。在许多情况下,盲目而且顽固地坚持经营无可挽回的事业,而不是明智地采用紧缩战略,会给企业带来致命性的打击。一些世界性的大公司往往并不避讳采取紧缩战略。20 世纪 60 年代初,美国无线电公司和通用电器公司都试图进入计算机市场,然而这两个公司的努力都没有得到预期的结果,于是两者都采用了紧缩战略退出了计算机制造业。

(3) 能帮助企业更好地实行资产的最优组合。如果不采用紧缩型战略,企业在面临一个新的机遇时,只能利用现有的剩余资源进行投资,这样做势必会影响到企业在这一发展机遇上的前景;相反,通过采取适当的紧缩型战略,企业往往可以从不良运作的资源处转移部分到这一发展点上,从而实现企业长远利益的最大化。

与上述优点相对应,紧缩型战略也有可能为企业带来一些不利之处。例如,实行紧缩战略的尺度较难加以把握,因而如果盲目使用紧缩型战略,可能会扼杀具有发展前途的业务和市场,使企业总体利益受到伤害。此外,一般来说,实施紧缩战略会引起企业内部人员的不满,从而引起员工情绪的低落,因为紧缩战略常常引起不同程度的裁员和减薪,而且实行紧缩战略在某些管理人员看来意味着工作的失败和不利。这些紧缩战略潜在的弊端往往较难避免,这对战略管理者在战略态势决策上提出了新的问题,要求他们在紧缩战略实施中对战略参与者加强宣传和教育,以减少可能的弊端。

5.3.4　紧缩型战略的适用性

采取紧缩型战略的企业可能出于各种不同的动机。从这些不同的动机来看,有 3 种类型的紧缩型战略:适应性紧缩战略、失败性紧缩战略、调整性紧缩战略。

(1) 适应性紧缩战略。适应性紧缩战略是企业为了适应外界环境而采取的一种战略。这种外界环境包括经济衰退、产业进入衰退期、对企业产品或服务的需求减小等种类。在这些情况下,企业可以采用适应性紧缩战略来渡过危机,以求发展。因此,适应性紧缩战略的适用条件就是企业预测到或已经感知到了外界环境对企业经营的不利性,并且企业认为采用稳定型战略尚不足以使企业顺利地度过这个不利的外部环境。如果企业可以同时采用稳定型战略和紧缩型战略,并且若两者都能使企业避开外界威胁、为今后发展创造条件,那么企业就应当尽量采用稳定型战略,因为它的冲击力要小得多,因而对企业的伤害也就小得多。

（2）失败性紧缩战略。失败性紧缩战略是指由于企业经营失误造成企业竞争地位虚弱、经营状况恶化，只有采用紧缩战略才能最大限度地减少损失，保存企业实力。失败性紧缩战略的适用条件是企业出现重大的内部问题，如产品滞销、财务状况恶化、投资已明显无法收回等情况下。这就涉及一个"度"的问题，即究竟在出现何种严重的经营问题时才考虑实施紧缩战略？要回答这一问题，需要对企业的市场、财务、组织机构等方面做一个全面的评估，认真比较实施紧缩战略的机会成本，经过细致的成本—收益分析，才能最后下结论。

（3）调整性紧缩战略。调整性紧缩战略的动机既不是经济衰退，也不是经营失误，而是为了谋求更好的发展机会，使有限的资源分配到更有效的使用场合。因而，调整性紧缩战略的适用条件是企业存在一个回报更高的资源配置点。为此，需要比较的是企业目前的业务单位和实行紧缩战略后资源投入的业务单位。在存在较为明显的回报差距的情况下，可以考虑采用调整性紧缩战略。

5.4　混合型战略

5.4.1　混合型战略的概念与特征

稳定型战略、增长型战略和紧缩型战略既可以单独使用，也可以混合起来使用。事实上，大多数有一定规模的企业并不只实行一种战略，大部分企业也并不是长期使用同一种战略态势。

一般较大型的企业采用混合型战略较多，因为大型企业相对来说拥有较多的战略业务单位，这些业务单位很可能分布在完全不同的行业和产业群之中，它们所面临的外界环境、所需要的资源条件不完全相同。因而若对所有的战略业务单位都采用统一的战略态势，显然是很不合理的，这会导致由于战略与具体战略业务单位的情况不相一致而使企业总体的效益受到伤害。所以，混合型战略是大型企业在特定历史发展阶段的必然选择。例如，健力宝集团有一段时间曾经采取过这种混合型战略。该公司在饮料传统业务上采取稳定型战略，而采用后向一体化的增长战略从国外引进易拉罐生产线，同时又采用复合多样化增长战略，生产高档运动服装，进而又在其运动服装厂中采用前向一体化战略，在全国各地设立零售商店直接出售其产品——"李宁牌"系列运动服装。

从市场占有率等效益指标上来看，混合型战略并不具备确定的变化方面，因为采用不同战略态势的不同战略业务单位市场占有率的变化方向和大小并不一致。所以，从企业总体的市场占有率、销售额、产品创新率等指标反映出来的状况并没有一个一般的结论，实施混合型战略的企业只有在各不同的战略业务单位中才体现出该战略业务单位所采用的战略态势的特点。

在某些时候，混合型战略也是战略态势选择中不得不采取的一种方案。例如，企业遇到了一个较为景气的行业前景和比较旺盛的消费者需求，因而打算在这一领域采取增长型战略。但如果这时企业的财务资源并不很充裕，因而可能无法实施单纯的增长型战略。

此时,就可以选择部分相对不令人满意的战略业务单位,对它们采用实行抽资转向的紧缩战略,以此来保证另一战略业务单位实施增长型战略的充分资源。由此,企业从单纯的增长型战略变为了混合型的战略态势。当然,在选择这 4 种战略态势的时候,并不应当强调孰优孰劣,因为在特定场合下,这 4 种战略态势都有可能是最合适的选择。

5.4.2　混合型战略的类型

混合型战略是其他 3 种战略态势的一种组合,其中组成该混合战略的各战略态势称为子战略。根据不同的分类方式,混合型战略可以分为不同的种类。

1. 按照各子战略的构成不同分类

按照各子战略的构成不同分类,混合型战略可以分为同一类型战略组合和不同类型战略组合。

1) 同一类型战略组合

同一类型战略组合是指企业采取稳定、增长和紧缩中的一种战略态势作为主要战略方案,但具体的战略业务单位是由不同类型的同一种战略态势来指导。例如,健力宝集团就是采用由不同类型的增长战略组成的混合战略。因此,从严格意义上来说,同一类型战略组合并不是"混合战略",因为它只不过是在某一战略态势中的不同具体类型的组合。

2) 不同类型战略组合

不同类型战略组合是指企业采用稳定、增长和紧缩中的两种以上战略态势的组合,因而这是严格意义上的混合型战略,也可以称为狭义混合型战略。不同类型战略组合与同一类型战略组合相比,其管理上相对更为复杂,因为它要求最高管理层能很好地协调和沟通企业内部各战略业务单位之间的关系。事实上,作为任何一个被要求采用紧缩战略的业务单位管理者都多少会产生抵抗心理。例如,总公司决定对 A 部门实行紧缩战略,而对 B 部门实行增长战略,则 A 部门的经理人员则往往会对 B 部门人员产生抵触和矛盾情绪,因为紧缩战略不仅可能带来业绩不佳和收入增长无望,更有可能对自己管理能力的名誉产生不利影响,使自己在企业家市场上的价值受到贬值。

2. 按照战略组合的顺序不同分类

按照战略组合的顺序不同分类,混合型战略可以分为同时性战略组合和顺序性战略组合。

1) 同时性战略组合

同时性战略组合是指不同类型的战略被同时在不同战略业务单位执行而组合在一起的混合型战略。战略的不同组合可以有许多种,但常见的主要有以下几种。

(1) 在撤销某一战略经营单位、产品系列或经营部门的同时增加其他一些战略经营单位、产品系列或经营部门。这其实是对一个部门采取放弃或清算战略,同时对另一部门实行增长战略。

(2) 在某些领域或产品中实行抽资转向战略的同时在其他领域或产品中实施增长战略。这种情况下,企业实行紧缩的战略业务单位还并未恶化到应该放弃或清算的地步,甚至有可能是仍旧有发展潜力的部门,但为了为其他部门提供发展所需的资源,只有实行紧缩战略。

（3）在某些产品或业务领域中实行稳定战略而在其他一些产品或部门中实行增长战略。这种战略组合一般适用于资源相对丰富的企业，因为它要求企业在并没有靠实行紧缩而获取资源的情况下以自己的积累来投入需要增长的业务领域。

2）顺序性战略组合

顺序性战略组合是指一个企业根据生存与发展的需要，先后采用不同的战略方案，从而形成自身的混合型战略方案，因而这是一种在时间上的顺序组合。常见的顺序性战略组合如下。

（1）在某一特定时期实施增长战略，然后在另一特定时期使用稳定战略。这样做能够发挥稳定战略的"能量积聚"作用。

（2）首先使用抽资转向战略，然后在情况好转时再实施增长战略。采用这种战略的企业主要是利用紧缩战略来避开外界环境的不利条件。

当然，不少企业会既采用同时性战略组合，又采用顺序性战略组合。总的来说，对大多数企业的管理层而言，可采用的战略选择的数量和种类都相当宽泛。明确识别这些可用的战略方案乃是挑选出一个特定企业最为适合的方案的先决步骤。

5.4.3　一体化增长战略

一体化增长战略是研究企业如何确定其经营范围，主要解决与企业当前活动有关的竞争性、上下游生产活动的问题。

1. 典型形式

1）后向一体化

目的是确保产品或劳务所需的全部或部分原材料的供应，加强对所需原材料的质量控制，如自行车厂原来要专门生产自行车轮胎，保证了自行车的轮胎供应。再如草原兴发的模式："市场舞龙头、龙头带基地、公司加农户。"

小资料 5-1

玉溪卷烟厂在这方面走了一条良性循环的道路：1985 年该厂用 50 万元扶植当地农民试种优质烟叶 2 500 亩，一年后产量增加，上等烟叶达 30%，优质烟叶有了保证，1986年几乎用了全部积蓄从英国引进生产线，生产能力扩大到原来的 4 倍，大规模生产高档香烟。此后不断追加原料基地建设投入，不断扩大规模。到 1995 年，对农业的投入达到 17亿元，保证了粮、烟的旱涝保收，生产设备不断更新，年生产能力达到 200 万～250 万箱，成为亚洲最大的卷烟厂。

2）前向一体化

将企业的价值链进一步向最终产品方向延伸，目的是促进和控制产品的需求，搞好产品营销。如纺织印染厂，原来只是将白布印染成各种颜色的花布供应服装厂，现在纺织印染厂与服装加工厂联合，即该厂不仅搞印染而且还制成服装出售，促进了产品营销。

3）水平一体化（横向一体化）

与处于相同行业，生产同类产品或工艺相近的企业实现联合，实质是资本在同一产业和部门内集中,目的是扩大规模、降低产品成本、巩固市场地位。

小资料 5-2

长虹集团坚持"高起点、高技术、高质量、大规模、低成本"的方针,对产品不断地更新,对企业不断地进行改造。什么产品都有一个核心技术,彩电的核心技术是机芯。掌握彩电的设计,必须掌握机芯。1991 年出大屏幕彩电时,长虹采取了和日本东芝联合开发方针,派人去东芝共同设计了高水平的机芯,装在 25 英寸、29 英寸彩电上,深受消费者喜爱。

2. 优点

(1) 有利于生产要素的优化和重组,可以集中优势提高企业的市场竞争力、市场占有率。

(2) 有利于实现企业生产的专业化,可以集中精力创名牌。

(3) 有利于实现规模经济,加速科技进步,可以集中企业所有经营资源,扩大生产能力,达到合理规模。

3. 缺点

单一经营市场风险大,易吊死在一棵树上,市场需求旺盛时,企业景气;市场需求疲软时,企业萧条。

4. 单一经营适宜选择的领域和条件

(1) 规模经济显著的行业,如汽车制造、水泥、化工、钢铁等。

(2) 市场容量大、需求增长率相对稳定的行业。

(3) 新建企业,因为它受经营管理经验不足、资金有限、技术积累差等条件的限制,所以不宜多种经营。

(4) 特别是追求规模的企业,必须资源供应有保障;否则,单一经营企业就会"前面临市场销售风险""后面临资源供应风险"。

5.4.4　多角化增长战略

1. 多角化增长战略的概念和分类依据

(1) 单一经营战略。企业生产的单一产品销售额占销售总额的 95% 以上。

(2) 主导经营战略。企业生产的主导产品销售额占销售总额的 70%～95%。

(3) 多角化经营战略。企业某一主导产品销售额占销售总额的 70% 以下。

2. 多角化经营的类型

多角化经营的类型有技术相关多角化(同心多角化)、市场相关多角化(水平多角化)、垂直多角化、附产品(服务)多角化。

3. 多角化增长战略是"馅饼"还是"陷阱"

"馅饼"带来一定的利益:协同效应(管理营销、生产技术);分散经营风险;市场内部化,降低交易成本。

多角化增长战略与分散风险之间不存在直接的因果关系。认为"多角化战略一定可以分散风险"是不正确的。问题的关键在于：如何从事和从事什么样的多角化战略。多角化的"陷阱"有：①资源配置过于分散；②运作费用过大；③产业选择误导；④人才难以支持；⑤时机选择难以把握。

5.4.5　横向多元经营

对于横向多元经营，人们总倾向于将其与专精发展做比较，从而存在这样几种比较形象的提法。如赞成多元经营者建议，在企业逐步做大时，"不要将全部鸡蛋放在同一个篮子里"，认为这样可以做到"小钱集中，大钱分散"，"与其把鸡蛋分散放进不同的篮子里，还不如把所有鸡蛋都装进一个篮子里，然后看好那个篮子"。这首先是由于"装鸡蛋的篮子本身也需要钱"，其次是由于"人们常常只知道把鸡蛋放在不同的篮子里，却不知道哪个篮子底下有洞"，最后是由于"无法保证捡到篮子里的一定是好鸡蛋"。

实际上这些提法，基本上抓住了多元与专精两种决策问题的本质，这就是：能否识别出优质业务？多元经营业务范围多宽为宜？

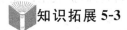 **知识拓展 5-3**

多元化经营六问

基础稳：在当前市场上，比对手做得更好的是什么？

进得去：为在新市场取得成功，必须具备什么优势？

站得住：进入新业务能否迅速超越现有竞争者？

无冲突：多元化是否会破坏公司现有整体战略优势？

能取胜：在新业务领域公司是否有可能成为优胜者？

有发展：多元化是否能为公司进一步发展打下基础？

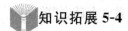 **知识拓展 5-4**

多元化经营六戒

（1）盲目跟随。片面仿效行业领先企业的战略，忽视了行业中同类产品市场可能已趋于饱和，很难再进入的现实，盲目跟风，一哄而上，结果造成重复建设和资源的浪费。

（2）墨守成规。由于成功地开发了一个新产品，暂时取得了市场竞争的主动权，就期待再次交好运，倾向于按同样的思路去开发另一个成功的新产品，结果往往以失败而告终。在开拓新业务时，已被经验证明是成功的战略，如果不再创新，并不一定达到相同的效果。墨守成规、守株待兔是不可取的。

（3）军备竞赛。为了增加企业的市场份额，置可能引发的价格战于不顾，针锋相对与另一个企业展开白热化的市场争夺战，结果或许能够为企业带来销售收入的增长，但却可能由于广告、促销、研究开发、制造成本等方面费用的更大增长，使企业的盈利水平下降，造成两败俱伤，得不偿失。

（4）多方出击。在企业面临许多发展机会时，往往会自觉不自觉地希望抓住所有的机会，以实现广种薄收的目的。结果常常因企业资源、管理、人才等方面的制约，很难达到多头出击的目的,最终会被过长的"战线"所累,不但新业务没有开展起来,甚至连"大本营"也会告急。

(5) 孤注一掷。当企业在某一战略方案上投入大量资金后,企业高层管理者往往难以接受战略不成功的现实,总是希望出现"奇迹"。所以,由于战略思路上的惯性,致使他们不肯中途撤退,这种孤注一掷的做法可能导致企业越陷越深。

(6) 本末倒置。在市场开拓与产品促销上盲目投入,甚至不惜代价大搞"造名攻势",而不是在解决产品质量、性能等根本方面下功夫。这种本末倒置的战略取向,好似水中月、空中楼,没有坚实的根基,迟早难逃企业坍塌之厄运。

5.5　多元化经营陷阱

企业多元化主要指向不同的行业市场提供产品或服务。多元化发展战略也是一种常见的企业成长战略,总体来讲它是有非常明显的拓展企业经营边界、谋求广阔发展空间、增强企业竞争优势、规避企业风险的优越性。企业采取多元化经营战略的根本动因有:一是规避经营风险,努力使企业生产经营活动稳定,增强抗风险的能力,而采取犹如"将鸡蛋放入多个篮子"的一种风险组合;二是拓展企业成长发展空间,根据对各个行业潜在收益、市场需求潜力、未来发展前景的分析判断,选择满意的行业进入经营,追求更快的发展、更高的收益。即希望由产品、业务项目间在价值活动方面的关联性形成协同效应。然而,任何事物都是一分为二的,其实多元化成长战略是一把"双刃剑",不能简单地说它是"馅饼"还是"陷阱"。多元化经营战略要选择恰当的时机和适当的行业,结合目前企业的实际,本文就企业多元化成长战略的常见病状陷阱及其风险防范进行一些探究。

5.5.1　企业多元化成长战略的常见病状分析

中国企业多元化失败的原因或"常见病"大致有以下症状。

1. "早熟症"

"早熟症"指过早地进入多元化经营,也就是说,多元化经营时机不当,在未具基本条件的情况下进入目标行业。我国许多企业集团都把不相关多元经营当作自己的基本战略,不仅追求"科、工、技、金、房"一体化,而且还讲"产、供、销、农、工、商"一条龙发展,甚至涉足几十个不同行业,精力、财力分散,欲速则不达。根据西方经验,企业集团的发展过程为:集中发展核心产品企业→发展相关多元化经营→不相关多元化成长。从采用集中战略向多元化战略转变是有条件的,否则就会患"早熟症"。

2. "急躁症"

"急躁症"主要表现在对目标行业了解得不多,企业内部缺少应有的准备和积累,从而急于进入目标行业,采用集中发展战略的企业要改用多元化发展战略,必须考虑的条件是:①这个企业所在的行业是否已经没有增长潜力了;②这个行业是否在所在的行业占据了相当稳固和非常有利的地位;③新进入的行业是否能带动原来的主业或受到原来主业的带动,存在协同效应;④是否积累了足够的人才、资金技术实力,这一点至关重要。

3.“自恋症”

“自恋症”主要表现在过度自信，“别人行，我也行”，“白手起家我都能创业成功，还有什么事我干不好呢?”，再加前后左右的朋友、同事见机行事，互相奉承。“我们要干不成，别人谁能干成”，隔行如隔山，忽视新行业、新市场的特殊性，到头来什么都想干的企业往往什么事也干不成。

4.“失眠症”

“失眠症”主要表现在不了解和借鉴其他企业的成功经验和失败教训。不在事前从事可行性研究，看不清自己的优势和劣势。“什么赚钱就干什么”，这山望见那山高，折腾来折腾去元气大伤，熬红双眼操碎心，久而久之，失眠健忘，想入非非，举棋不定。

5.5.2　企业多元化成长战略的陷阱与风险

多元化发展战略要求企业同时涉足多个产业领域，实施多种产品、业务项目的组合经营，导致企业经营资源分散使用，经营管理难度加大，可能使其追求的目标落空。因为多元化经营是一项涉及技术、市场、管理和其他经济、非经济问题的内容相当复杂的企业成长战略，在其避免单一产品、业务经营的风险和获得更大、更快发展的同时，自身的风险程度也是相当高的。如果不顾条件盲目多元化将会使企业面临更大的风险，甚至将生机变成危机。

多元化成长战略所面临的风险如下。

(1) 运作费用过大。多元化成长战略的不恰当实施，可能使企业经营运作费用加大。跨行业进入新领域，业务不熟悉，一切从头做起。这个过程中由陌生、不懂而导致效率低、浪费多、费用高，而最终影响经济效益。

(2) 产业选择误导，产业选择失误。主要是受某个行业高预期收益的诱惑，也受原行业经营业绩的成功过分自信的支持，从而忽略对一个产业前景、经营者必备条件及本企业的“核心能力”竞争优势之所在。

(3) 人才难以支持。企业是人的企业，人是企业的灵魂。经营之本，重在得贤、任贤。由于跨行业不相关多元化，隔行如隔山，不能尽其专长发挥优势，新的产业没有人才的支撑，基础工作十分薄弱，犹如空中楼阁，难以为继。

(4) 时机选择难以把握。经营时机是一种特殊的资源，具有价值性。它如同资金、技术、劳动也是一种重要的资源。然而时机的价值性及资源性都不是客观性的东西，而是带有主观性和依赖性。同一时机由于经营者的需求认识理解程度不同所产生的效益也不同。时机是一种宝贵的无形资源，只有通过开发和利用才能变为直接财富，因此对于经营者来说时机就是市场，就是潜在财富，实施多元化有时需要恰当地把握时机。现在我国虽然进入“过剩经济”阶段，但机会多多，关键是看企业在战略选择时能否看出来、抓得住、用得上。

5.5.3　企业多元化成长战略的风险防范

综合以上分析，多元化战略是企业一种重要的成长战略，对企业的发展和营造竞争优势都有积极的作用，同时对多元化成长战略的“常见病”也做了分析，目的是防止步入误区,掉入陷阱,以下建议对多元化成长战略实施中防止陷阱和防范风险都是有益的。

(1) 明确认识,纠正认识偏差。多元化成长战略与分散风险之间不存在直接的因果关系。认为"多元化战略一定可分散风险"是不正确的,问题的关键在于:如何从事和从事什么样的多元化战略。新行业的选择要特别注意行业之间的关联性和协同效应。

(2) 要有足够的资源和经济实力,实施多元化成长战略的企业必须具备充足的资源和实力,有能力支持新产业领域,培植新的经济增长点,并能应对进入初期激烈的竞争压力。

事实上任何一种市场机会都包含着风险,这些机会的价值很大程度上取决于一个企业驾驭风险、把握机会的能力,而这种能力又与战略性资源的积累水平有关。企业在甄别市场机会时,必须考虑它们与战略资源的一致性,以及与长期发展方向的一致性,而不应该做无限制的选择。许多企业的经验已证明,那些表面看起来最有吸引力的机会,也恰恰隐含着最大的竞争风险。因此,只有在积累自身能力的基础上,企业才能把机会转化为效益。

(3) 要防止"多动症",实施多元化成长战略,不可"贪多""爱多",企业在一定时期内不可同时涉足过多的产业或产品,"爱多 VCD 我们一直再努力!"由于"爱得太多","末代标王"终于皇冠覆地。反观国内一些企业从事的多元化经营,似乎更多的企业只看重市场机会,大家争先恐后地向高盈利行业投资,而很少考虑自己有没有条件。生产彩电的搞电脑、空调;搞空调的又去开发摩托车、冰箱,结果往往导致副业没有搞好,主业陷入危机,这很值得企业深思、引以为戒。

(4) 要分清主次缓急,抓住重点。要注意资源的使用在一定时期内相对集中、有重点,注重已从事经营项目竞争实力和竞争优势的培育,力求"做一事成一事"。同时,要注意重点支柱业务项目的培育,在一定时期内要明确选择一项业务或产品作为主业,在各方面给予重点支持。

(5) 要重视企业核心能力的培育和人才的培养。企业核心能力是有独特性和辐射性,企业应不断孕育自己的核心能力,并向其他领域不断辐射,这是企业核心竞争能力之关键,也是企业长盛不衰之根本所在。与此同时,应不断加强对人才的培养和使用,舍不得在人才方面下本钱就像只种田不施肥一样,久而久之,企业的核心能力和竞争优势也会随之消失。

 案例 5-2

奥康集团创业发展之路

就业是民生之本,创业是就业之源。新浙商勤于思,善于言,敏于行,是浙江的一大财富,更是中国的一大财富。浙江有民营企业的"天堂"之称。浙江商人有着自主创业、自我发展,百折不挠、自强不息的艰苦创业精神。在浙江的商业环境下,奥康集团创业管理从小小的鞋铺开始,发展成如今知名的制鞋民营企业。浙江奥康鞋业股份有限公司的创业管理是一个非常典型的成功案例。

奥康集团的前身为永嘉奥林鞋厂,创建于 1988 年。如今的奥康集团已经形成三足鼎立的三大产业格局：制鞋业、商业地产和生物制药。浙江奥康鞋业股份有限公司是中国领先的皮鞋品牌企业之一，经过多年发展，建立三大鞋业生产基地、两大研发中心、3 000多个营销网络，拥有奥康、康龙、美丽佳人、红火鸟 4 个自有品牌，并成功收购意大利知名品牌 VALLEVERDE 在大中华区所有权，2010 年"奥康"品牌价值达 80.02 亿元，2010 年奥康产鞋近 2 000 万双。2011 年年初，公司在全国范围内启动了"千人创业工程"，计划利用 2～3 年时间，针对奥康、康龙、红火鸟 3 个品牌，在空白市场推出部分省级区域总经销和市级区域经销的机会，并提供 1 000 家专卖店的开店机会。

　　2010 年 6 月 28 日，世界品牌实验室(World Brand Lab)在北京发布了 2010 年(第七届)《中国 500 最具价值品牌排行榜》。在这份基于财务分析、消费者行为分析和品牌强度分析而获得的中国品牌国家队阵容中，奥康以 63.01 亿元的品牌价值排行本年度最具价值品牌榜第 147 名。公司在同行业中率先通过了 ISO 9001 国际质量体系认证和 ISO 14001 环保体系认证，并成为行业中唯一的全国首批工业旅游示范点。现在，奥康集团的奥康皮鞋、康龙休闲鞋、美丽佳人时尚女鞋、红火鸟鞋业都被国家质检总局评为国家免检产品。

　　奥康在创业管理的同时还热心公益事业。据了解，奥康目前已累计向社会捐资 1.27亿元。集团董事长兼总裁王振滔先生还成立了中国民营企业家中的第一个个人非公募慈善基金会——王振滔慈善基金会。

1. 奥康集团创业管理过程

　　对于奥康集团的创业管理过程，大致可将其划分为 6 个阶段。

　　第一阶段为 1988 年到 1991 年，是奥康创业管理的初始阶段。1988 年奥康集团前身永嘉奥林鞋厂成立，1991 年以股份合作形式，开始了第一次上规模的生产扩建。在这 4年里，他们完成了企业创业管理的两个积累：资金的积累和制鞋经验的积累。

　　第二阶段为 1992 年至 1994 年，是奥康创业管理的起步阶段。主要标志有 4 个：一是 1992 年新建了 2 幢厂房，投入 160 多万元购置国内的机器设备，新招 300 多名员工，当年产值达到 1 280 万元；二是进行了股份合作制企业的规范化建设，1993 年与外商合资建立中外合资奥康鞋业有限公司；三是抓质量、创品牌，品牌起步，1994 年"奥康属大家，潇洒你我他"的广告语展示了奥康品牌建设的起步，同年奥康商标就成为温州市首届知名商标，奥康皮鞋被评为温州市第一批名牌产品；四是邓小平的南方谈话给企业的发展带来了机遇。

　　第三阶段为 1995 年至 2002 年，是奥康创业管理的快速发展阶段。1995 年 6 月，经温州市政府批准成立了温州鞋革企业中最早的温州奥康集团有限公司。1997 年实现了企业规模三级跳：1997 年 6 月，上升为浙江奥康集团有限公司；7 月，国家农业部核准奥康为全国乡镇企业集团、全国大型二档企业；8 月，国家工商局核准奥康为全国性无区域集团。当年的产值达到 2.38 亿元，利税 3 500 万元，比 1996 年翻了一番，利税增加了 2 000 万元，是浙江省最佳经济效益的乡镇企业，名列同行第一位。1998 年 2 月，奥康第一次登上了"中国真皮鞋王"之位，成为全国行业 10 强企业。当年的产值 3.78 亿元，利税 4 800 万元，又比 1997 年分别增长了 50% 以上，这个发展速度在全国同行业里面是最快的。1999 年，企业被评为浙江省名牌产品 50 强，全国民营百强企业。2001 年，奥康产量达 700 万双, 产值 8.2 亿元, 利税 1.2 亿元。2002 年, 公司产量达到 800 万双, 产值超 10 亿元, 实现利税 1.8 亿元, 再创历史新高。

第四阶段为 2001 年至 2002 年, 是奥康创业管理的多品牌经营阶段。这一段时期, 奥康相继推出康龙休闲鞋和美丽佳人高级时尚女鞋, 取得较大成功, 当年产量超 700 万双, 产值 8.2 亿元, 利税 1.2 亿元。

第五阶段为 2003 年至 2004 年, 是奥康创业管理的多元化投资和国际化阶段。2003 年, 奥康开始实施多元战略和国际化战略, 先后在重庆市璧山县投资 10 亿元、征地 2 600 亩, 建设中国西部鞋都工业园区, 在四川成都建立康华生物制品公司, 在湖北黄冈建设高档商业步行街, 与意大利鞋业第一品牌 GEOX 实现强强联合, 力争早日将奥康品牌建设成一个国际名牌。

2004 年, 奥康成为行业中唯一的全国首批工业旅游示范点。GEOX 呼吸鞋成功下线并销往国外, 奥康在国际化的道路上开始显性。6 月, 奥康联合其他八大行业龙头企业成立了中国第一家民营财团——中瑞财团, 开始探索中国民营经济全新的发展和经营模式, 力争实现中国民营企业从优秀到卓越的转变。

第六阶段为 2005 年到 2008 年, 是奥康爱心传递和奥运供应阶段。奥康成为北京 2008 年奥运会皮具产品供应商。中国第一个以企业家名字命名的非公募慈善基金——王振滔慈善基金会成立, 一种全新的慈善理念和模式也宣告诞生, 奥康在爱心和奥运"两驾马车"上快速迈进, 逐渐成为中国企业建设的最为醒目的风景之一。2008 年 1 月, 奥康获得意大利著名男鞋品牌万利威德的全球经营权及生产权, 这是奥康正式转变的开始, 今后奥康将专注于成为综合性的鞋品牌运营商。

2. 不断变化的营销模式

温州人以善于经商而闻名世界, 奥康的当家人王振滔还曾获取过第二届中国杰出营销人"金鼎奖"的最高奖——销售总经理奖, 有着"中国营销大师"的美誉。从 1988 年发展至今, 奥康集团在营销模式上经历过 5 个阶段, 如表 5-2 所示。

表 5-2 奥康集团营销模式演变过程

时间	阶段	采用的营销模式
1988—1990 年	第一阶段	批发制, 属于粗放的产销分离阶段
1990—1998 年	第二阶段	厂商联营制
1998—2008 年	第三阶段	特许经营制, 导入连锁专卖
2008 年至今	第四阶段	渠道国际化
2009 年至今	第五阶段	渠道网络化

1) 公司组织结构的变化

管理咨询越来越成为众多企业寻求发展和创新的良方。奥康的创业管理之路, 也是一条依靠管理咨询走上的越做越大、越做越强之路。

事实上, 奥康一直在不断尝试借用"外脑", 寻求为奥康插上腾飞的翅膀。

2002 年, 奥康规模扩大, 也是开始实行多品牌经营的阶段, 公司面临发展的"瓶颈"。为此, 公司与北大纵横管理咨询公司合作, 对组织发展模式及组织结构设计重新规划, 让奥康升级换代。

2006 年，审时度势，引进国际铭略远迅等国内知名咨询公司，再次调整公司组织架构，推动内部改革，强化了集团公司规划、监控和服务的职能，集团的管控模式逐步由操作管理向战略管理转变。

2007 年，又与全球规模最大的战略管理咨询公司之一科尔尼公司正式签署了全球合作伙伴协议，迎接新一轮的变革与提升。根据协议，科尔尼将就奥康的管理体制以及今后 5 年的发展战略规划做一个全面的诊断和把脉，包括鞋业战略制定与企业管控模式设置、奥康核心竞争力、五年期愿景和战略侧重、总部定位及职能的确定，明晰新管理模式及组织结构下的管理流程等。

2）独到的人力资源管理

奥康创业管理作为新浙商创业管理的成功典型，其人力资源的管理也是众多民营企业创业管理可以去借鉴学习的方面。

在奥康，流行着这样的管理理念——没有不合适的人，只有不合适的位置。

目前，奥康大学拥有近 80 名内部高级讲师，100 多位来自北京大学、中国人民大学、上海交通大学、英国格拉斯哥大学等国内外高等院校的教授及部分相关行业的专家。在教学过程中，奥康大学注重教学的实战性，通过讨论和经验分享等方式增强教学过程的互动性，提高学员在实际工作中的知识转换能力。至今，该校已经成功举办了 3 期 EMBA（高层管理人员工商管理硕士）培训班，在读学员达 200 多人。

早在奥康创建集团时，它就抛却了家族制的管理方式，大批引进人才，并引入绩效考核机制，对全体员工明确岗位职责，定员定岗，指标量化，有效地提高了员工的工作效率。此举虽使奥康消除了血缘障碍，但仍无法摆脱地缘限制，到 2001 年公司员工 80% 还是温州本地人。于是，奥康集团人力资源总监江兴华领着一班人马开始面向全国高校进行招聘。如今，公司管理人员 90% 以上是来自全国各地的高才生，奥康也因此步入高速成长期。

在人力资源管理上，奥康建立合理的人才战略发展规划，对员工实行人性化管理，建立科学的人才招聘和培训体系，注重员工的培训与教育，对工作实行绩效考核管理，建立合理的分配制度。

在奥康，"员工并非打工仔，同是奥康一家人"的人本理念一直贯彻在奥康的每一个发展过程中。为了使奥康的每一位员工都能全身心地投入到工作中去，公司实施了"暖心工程"，用真诚和爱心去感化员工。公司在内部还设有"奥康爱心基金"，帮助遇到困难的员工解决难题；每年春节前夕，向员工送温暖，如被子、毛毯等；公司还积极资助有困难的员工；等等，以上种种活动使员工真正体会了奥康的人本管理。

在奥康，有一句话"质量是基础，品牌是生命，人才是根本"。奥康认为，不仅具备高学历、高级专业技术人员才叫"人才"，普通一线员工也是"人才"，因为只有他们以辛勤的工作、敬业的精神和热情的服务态度才能生产出一流的产品，并推向市场，让消费者认可，他们是企业的主体。

3. 借鉴意义

奥康集团的创业管理对于国内的中小企业来说，具有广泛的借鉴意义。从公司的营销模式,再到品牌战略、人力资源的管理等方方面面,奥康集团的创业管理都是一个鲜活的成功样板。综合分析这个企业 20 多年的创业管理,它的成功发展离不开创新,离不开不断的变革。

借鉴意义之一:创新是企业不断发展的原动力,企业创业管理需要不断创新与变革。

世界上唯一不变的就是变化。奥康董事长王振滔说过,管理创新永远不会停止,奥康就是在这种破坏式变革中不断扬弃和调整,从而寻找到不同发展阶段最适合自身发展的管理模式,变革是奥康的唯一出路。对于奥康创业管理的不断变革与创新,我们可以从以下几个方面得到验证。

首先,奥康创业管理采用的营销模式的特点是"因时而变,因需而变"。这里的"因时而变"是指根据外部环境的变化来对营销模式做的调整,"因需而变"是根据集团战略来及时调整营销模式。除此之外,有时还依据其自己的特点与市场环境进行模式的深化和创新。比如,奥康在实践的基础上,根据自己的特色总结出了"四化"的经营模式,即形象标准化、经营一体化、管理规范化和服务超值化。

其次,在奥康创业管理中,关注营销策划能力的创新。长期以来,在营销方面,奥康的营销策划创新能力在国内鞋业一直被称道。最经典的营销策划案例出现在 2000 年五一长假,奥康集团推出了一个促销活动,命名为"人民币翻倍花"。另一个比较经典的就是在2009 年推出的"水果营销"策划,就是像水果一样,一年分八季推出新款,打破了皮鞋行业一年分四季推出新款的传统做法。

最后,奥康在同行业中率先实行了鞋材绿色采购标准。21 世纪是一个讲究绿色环保低碳的世纪,奥康意识到制鞋业的发展趋势,率先联合上下游产业链付诸行动。面对市场环境的变化,奥康不断创新再次走在行业竞争者的前头,在上下游产业链中占据主动。

除此之外,奥康的组织结构等在其创业管理过程中也多次进行过调整或变革。市场环境一直处于变化之中,因此创业管理企业要想成功发展,需要时刻关注环境的变化,进行创新与变革,从而在竞争中处于有利的位置。

借鉴意义之二:奥康集团在其创业管理中,战略管理成就了梦想。

在奥康集团创业管理中,奥康集团注重战略管理对其的指导作用。案例描述过 2002年集团的发展面临"瓶颈"。为此,公司引进北京北大纵横管理咨询公司,对奥康进行战略咨询工作。其对组织架构的适时调整、有效沟通、严格的考核、人力资源战略及执行等各种细节,都是保证战略"梦想"变为现实不可或缺的环节。此后,奥康更是积极地与一些知名的咨询公司进行合作,对公司进行战略管理,以保证其健康快速地发展。

就以奥康采用品牌战略来说,奥康这个品牌能够成功运营,离不开其战略管理。品牌有助于消费者识别产品的来源,从而有利于消费者权益的保护;有助于消费者避免购买风险,降低消费者购买成本。奥康作为一个意识超前的企业,较早地运用了品牌战略这个利器,取得了竞争优势并逐渐发展成长。在其发展的过程中,又较早地认识到仅仅一种品牌是无法满足人们内在消费心理上的差异性要求的,于是实施了奥康的多品牌战略。奥康集团实行多品类、多品牌复合的品牌模式,主要表现为共用一个企业品牌,统称"奥康",万利威德、奥康、康龙、美丽佳人、红火鸟每个品牌独立发展,定位各异,根据市场需要进行品牌延伸,分别针对中高、中、中低 3 个档次的市场进行覆盖,实行精耕细作、立体作战,在市场竞争中取得主动权，进一步提高了企业产品的市场占有率，降低了运营风险，以达到营销制胜的目的，从而实现企业利润的最大化。

如果把企业比作一艘船，那么战略管理就是船航行的方向。战略管理能指导企业未来的发展，对于一个企业来说是不可或缺的。因此，创业管理企业需要战略管理的指导。

借鉴意义之三：在企业的创业管理过程中，为员工提供良好的工作环境与企业氛围。

员工的满意是奥康企业管理成功的重要因素，只有员工满意的企业工作、生活、待遇环境，才能生产出满意的产品，客户才会满意，企业才会有更大的发展和提升。奥康集团总裁王振滔表示："只有我的员工过上舒适的生活，我才会快乐，所以我会尽力满足我的员工。对我来说，员工不是打工仔。只有把员工放在心上，员工才会把你放在心上，才会把企业当成自己的家。"

思 考 题

1. 稳定型战略的概念及特征是什么？其优缺点是什么？
2. 增长型战略的概念及特征是什么？其优缺点是什么？
3. 一体化战略的类型有哪些？其优缺点是什么？
4. 多元化战略的类型有哪些？其优缺点是什么？
5. 实施多元化战略应注意的问题是什么？
6. 紧缩型战略的概念及特征是什么？其类型及利弊分析？
7. 混合型战略的类型有哪些？
8. 试论多元化战略的陷阱与风险防范。

第 **6** 章

创业商业竞争模式

【本章要点】

- 创业企业基本竞争模式
- 创业企业集中化模式
- 创业企业差异化模式
- 虚拟企业创业竞争模式的构建

案例 6-1

娃哈哈创业之路——创始人宗庆后辉煌的今天

杭州娃哈哈集团有限公司是中国规模最大的饮料生产企业,并跻身全国大型工业企业 100 强,全球第五大饮料生产商,位于可口可乐、百事可乐、吉百利、柯特 4 家跨国公司之后。以儿童保健品起家的娃哈哈集团 2005 年饮料产量为 462 万吨,2006 年,公司实现营业收入 187 亿元。

第一次创业

1987 年,当 42 岁的宗庆后拉着"黄鱼车"奔走在杭州的街头推销冰棒的时候,他怎么也不会想到,2002 年娃哈哈集团销售收入 88 亿元、净利润达到 12 亿元。

谈及自己的创业经验,宗庆后的回答很简单:"创业靠的就是感觉,我可能感觉比较准确吧。"从冰棒到娃哈哈在"唯出身论"的年代,宗庆后"旧官僚后代"的出身让他尝尽了人生的艰辛。16 岁那年,宗庆后便被"安排"到浙江舟山去填海滩,一待就是 15 年。

1979 年,宗庆后顶替母亲回到了杭州做了一所小学的校工。1987 年,他和两位退休教师组成了一个校办企业经销部,主要给附近的学校送文具、棒冰等。在送货的过程中,宗庆后了解到很多孩子食欲不振、营养不良,是家长们最头痛的问题。

"当时我感觉做儿童营养液应该有很大的市场",填海时形成的坚毅性格让宗庆后决定抓住这个机遇搏一把,此时的他已经 47 岁,早错过了创业的最佳年龄。面对众多朋友善意的劝说,宗庆后显得异常固执:"你能理解一位 47 岁的中年人面对他一生中最后一次机遇的心情吗?"1988 年,宗庆后率领这家校办企业借款 14 万元,组织专家和科研人员,开发出了第一个专供儿童饮用的营养品——娃哈哈儿童营养液。

随着"喝了娃哈哈,吃饭就是香"的广告传遍神州,娃哈哈儿童营养液迅速走红。到第四年销售收入达到 4 亿元、净利润 7 000 多万元,完成了娃哈哈的初步原始积累。

1991年，娃哈哈儿童营养液销量飞涨，市场呈现供不应求之势。

但即便如此，宗庆后依然保持了一种强烈的危机感："当时我感觉如果娃哈哈不扩大生产规模，将可能丢失市场机遇。但如果按照传统的发展思路，立项、征地、搞基建，在当时少说也得两三年时间，很可能会陷入厂房造好产品却没有销路的困境。"宗庆后将扩张的目标瞄向了同处杭州的国营老厂杭州罐头食品厂。当时的杭州罐头食品厂有2 200多名职工，严重资不抵债；而此时的娃哈哈仅有140名员工和几百平方米的生产场地。

摆在宗庆后面前有三条路：一是联营；二是租赁；三是有偿兼并。显然前两条路是稳当的，而有偿兼并要冒相当大的风险。但宗庆后最终决定拿出8 000万元巨款，走第三条路。

娃哈哈"小鱼吃大鱼"的举措在全国引起了轰动，最初包括老娃哈哈厂的职工，都对这一举措持反对态度。宗庆后最终力排众议，"娃哈哈"迅速盘活了杭州罐头厂的存量资产，利用其厂房和员工扩大生产，3个月将其扭亏为盈，第二年销售收入、利税就增长了1倍多。

1991年的兼并，为娃哈哈后来的发展奠定了基础，也让宗庆后尝到了并购的"乐趣"。之后，娃哈哈走上了一条通过并购来进行异地扩张之路。在全国26个省市建有100余家合资控股、参股公司，在全国除台湾外的所有省、自治区、直辖市均建立了销售分支机构，拥有员工近2万名，总资产达121亿元。

第二次创业

1993年5月，鉴于国际品牌加紧在大陆市场设摊抢点的严峻形势，娃哈哈公司审时度势，适时提出了以"产品上档次，生产上规模，管理上水平"为主要内容的"二次创业"战略口号，企业从此迈入了"二次创业"时期。

娃哈哈的"二次创业"前后历时10年，此间企业成功实施了"引进外资""西进北上"及推出"中国人自己的可乐——非常可乐"等重要发展战略，完成了"从大到强"的历史性跃进。

1996年，正是娃哈哈二次创业的时候，娃哈哈与法国达能公司、香港百富勤公司共同出资建立了5家公司，生产以"娃哈哈"为商标的包括纯净水、八宝粥等在内的产品。当时，娃哈哈持股49%，达能与百富勤合占51%。亚洲金融风暴之后，香港百富勤将股权卖给达能，使达能跃升到51%的控股地位。

让宗庆后没想到的是，合同中一项看似不经意的条款，却让娃哈哈在日后陷入被动。双方在合同上签署有这样一条："中方将来可以使用（娃哈哈）商标在其他产品的生产和销售上，而这些产品项目已提交给娃哈哈与其合营企业的董事会进行考虑……""这一条款简单说，就是娃哈哈要使用自己的商标生产和销售产品，需要经过达能同意或者与其合资。"宗庆后说。因此这10年来，娃哈哈相继又与达能合资建立了39家合资公司，占目前娃哈哈集团公司下属公司总数的39%。

娃哈哈在"二次创业"进程中，企业规模迅速扩大，人员大量增加，外地分公司数量激剧增多，物流资金流信息流日益汹涌。在这种情况下，对于企业秩序的控制、各个环节严格按照指令执行，就显得非常必要。娃哈哈认为，令行禁止的思想基础是每个员工对企业的高度忠诚,"忠诚"是娃哈哈公司的组织基石。

为了鼓舞广大干部员工的工作干劲,也为了广泛而有效地调动大家的工作积极性,在"二次创业"期间,娃哈哈公司开展了大量的文化活动,如春节团拜会、集体婚礼、春风行动、庆功宴、出国旅游、三峡游等。通过这些活动,使得公司对全体员工的亲情得以很好的体现,形成了浓浓的"互助、互爱,一家亲氛围"。

"二次创业"时期的十多年,是娃哈哈规模扩张最快、经济增长最快、品牌影响扩大最快的年代。在饮料行业里,娃哈哈拥有一条完整的产品线,包括饮用水、碳酸饮料、儿童乳品、果汁饮料、茶饮料及功能饮料 6 个大类的几十种产品。在每一个类别里,娃哈哈都要面对一些实力强劲的对手。但在宗庆后的眼里,真正是对手的没有几个。

2002 年,娃哈哈进军童装业,上马瓜子线,研制方便面……开始对产品结构进行大调整。2003 年,童装获得了 2 亿元的销售收入,瓜子项目创下了近 8 500 万元的产值,"维 C 含片"等医疗保健品也达到了 1 200 万元。虽然宗庆后抱有最大希望的童装并没有想象中理想,但宗庆后还是非常乐观:"我们做了一年多,就进入了国内童装业的前 10 强。说明这个市场还很小,希望我们的介入能够做大这行。"

2003 年,娃哈哈公司实现营业收入 102 亿元,达到了空前的历史高度,实现了企业提出了多年的"销售冲百亿"的奋斗目标。这一目标的实现,意味着娃哈哈"二次创业"时期的结束和"三次创业"时期的开始。

第三次创业

娃哈哈迈出"三次创业"步伐的背景主要有以下几个方面:一是知识已经成为推动经济发展的重要力量,创新成为这个时期企业工作的主旋律;二是国内企业界又有一批大企业相继出现了这样那样的问题,"大企业病"娃哈哈也已经再不容忽视;三是在企业内部虽然技术装备、厂房设施、人才队伍素质、科研条件等各方面都已大大改善到了一个新阶段,但企业创造力却与之并不相匹配。

与前两次创业不同的是,娃哈哈"三次创业"是以企业文化为统帅的,或者说是以企业文化理念的明确为旗帜的。在 2004 年 5 月召开的娃哈哈公司四届一次职工代表大会上,宗庆后总经理提出了一系列娃哈哈文化理念,这些文化理念经过随后广泛深入的大讨论,得到了公司上下的一致认同,这标志着娃哈哈"家"文化已经从企业初创期的起源、"二次创业"时期的全面发展在迈向"三次创业"的进程中趋于完善。

2006 年年初,法国达能公司欲以 40 亿元人民币的低价并购杭州娃哈哈集团有限公司总资产达 56 亿元、2006 年利润达 10.4 亿元的其他非合资公司 51% 的股权。宗庆后为此忧心忡忡,因为收购一旦实现,中方将丧失对娃哈哈的绝对控股权。

目前双方都已经诉诸了法律手段,都对对方进行了起诉,娃哈哈虽然得到了经销商、员工甚至同行的支持,但是在法理上的弱势,使得宗庆后和娃哈哈陷入困境。"由于当时对商标、品牌的意义认识不清,使得娃哈哈的发展陷入达能精心设下的圈套。"宗庆后提及当年签署的一份合同追悔莫及,"由于本人的无知与失职,给娃哈哈的品牌发展带来了麻烦与障碍,现在再不亡羊补牢进行补救,将会有罪于企业和国家!"当然,这一切,达能集团并不承认。

在这起商业事件中,民族情结起了很大的作用,保卫民族品牌,成了关注的焦点。中国的市场经济开始于改革开放之后，中国企业的发展也不过二三十年，与国外少则几十年、动辄上百年的企业相比，中国的企业还有很多需要学习的地方，成长往往是要付出代价的，中国加入WTO(世界贸易组织)之后，市场不断开放，外资不断进入，对于国内企业来说，如何在与外资的合作与竞争中成长才是关键。只是担心"狼来了"，没有应对的方式，最终还是逃脱不了成为狼的猎物的命运。

在中国，经受得住20年市场冲刷而不败的企业家不多，始终处在市场风口浪尖而屹立不倒者更是凤毛麟角，大器晚成、年过六十依然游刃有余地掌握着中国最大饮料企业航向的宗庆后就是这样一位。

案例点评

宗庆后的创业成功取决于三点。

1. 全能型领导

宗庆后是一个有着独特的人格魅力的企业家：敢于创新、勇于承担风险，有鲜明的个性，有坚定不移的意志，独揽大权，一呼百应，在企业拥有绝对的权威，依靠个人身先士卒的感召能力来树立个人威信。宗庆后总是马不停蹄地在全国各地来回奔波，并且他不需要秘书和助手。如果在早晨7点半他没有出现在杭州市郊娃哈哈总部宽大的办公室内，那他很可能会在某个地区市场的第一线露面。一年里有近200天的时间他就这样在全国各地巡视，然后针对每个市场的情况做出最新的部署和指示。回顾娃哈哈的成长历史，在它成长的每一步里都能看到宗庆后独特的经营思维和创新精神，都留下了"宗氏"烙印。

2. 领先一小步

市场变幻无穷，冷酷无情，在市场占有一席之地不容易，特别要把"娃哈哈"这种竞争性很强的产品迅速地推向全国市场更不容易。宗庆后每开发一个市场，必亲自坐镇，集中"兵力"，集中资金，集中时间，调动当地的广播、报纸、电台、电视，全方位推出"娃哈哈"，实行"地毯式"轰炸，一下子把其他同类产品"炸"哑了。然后"娃哈哈"大举挺进，风靡市场，商贾同行常被宗庆后这种集团式攻势压得透不过气来。宗庆后则往往又会峰回路转，独出奇兵，1989年全国糖烟酒订货会在成都举行，万商云集，广告大战狼烟迭起，烽火连天，宗庆后引而不发，同行人认为这一下"镇"住了宗庆后。谁料，至会议高潮时，成都街头忽地冒出一支金发碧眼的外国留学生组成的宣传行列，高举娃哈哈横幅，一路分发宣传品。"洋人给娃哈哈做广告"，顿时惊动成都市民，其他众多广告为之黯然失色。将欲取之，必先予之，宗庆后在广告战上不顾血本大投入，1994年，企业广告费高达7 000万元，带回来的回报是，"攻城略地"，娃哈哈席卷中华大地。

3. 独特的经营思维

宗庆后创造出来一套适应中国市场的独特的经营战略思维。虽然宗庆后说自己"没有长远战略"，但是他在企业经营管理中却处处体现了他对战略的思考，这种战略思考保证了娃哈哈18年来没有犯过大的战略性错误。如他提出的"八大经营思想"：坚持主业，小步快跑；规模取胜；高度集中的管理模式；产品策略上的长蛇阵；营销联销体；销地产模式；引水养鱼(跟外资合作)；侧翼进攻。因此，娃哈哈的成功在某种程度上是宗庆后个人的成功，也是宗庆后正确的经营思想和战略思维的成功。

6.1　创业企业基本竞争模式

6.1.1　创业企业态势竞争模式

创业企业态势竞争模式是企业依据竞争中的实力或处境,而对企业生存、发展的竞争状态所做的谋划。

小资料 6-1

古代兵法典型举要

老子:以柔克刚、以弱胜强的柔道术。

孙子:"不战而屈人之兵,胜者胜也",不战而胜的"伐交""伐谋"的全胜思想。

孙膑:雷动风举,后伐而先至,离合背向,靠轻疾制胜的"贵势"思想。

吴起:"不劳而攻举,审敌虚实而趋其危"的诡诈奇谋。

苏秦:联合六国共同讨伐秦国的"合纵"思想。

张仪:"远交近攻"的连横主张。

1. 进攻模式

进攻模式是企业立足于攻击状态而进行的竞争模式。该模式追求的目标是提高市场占有率,提高竞争位次,扩大市场范围。其模式主要包括以下几种。

1)争斗取胜模式

它是通过优势超越对手从而战胜对手的模式,其内容如下。

(1)正面进攻模式。这种模式是以打击对手的长处或优势为目标,如对低成本企业也采取低成本模式,对低价格企业也采取低价格模式,对产品差异化企业也采取差异化模式。这种模式危险性大,搞不好等于飞蛾扑火。所以一般对下位企业的进攻可采取这种模式,而且企业必须集中优势经营资源,采取迅速行动,尽量避免持久战。

(2)侧翼进攻模式。这种模式以打击对手的劣势为目标,选择对手的薄弱环节或存在失误的地方(或产品),作为进攻对象。这种模式风险较小,适合向上位企业挑战。

(3)游击进攻模式。这种模式在不同的地区发动小规模的竞争,一方面了解对手的虚实;另一方面使对手疲于应付,可乘虚而入。这种模式比较灵活,有"投石问路",避免冒失进攻风险的优点。主要适用于对上位企业和同位企业的竞争。

(4)迂回进攻模式。这种模式不以打击对手现有市场为目标,而是立足于培养新顾客或生产代用品与对手竞争。这种方式属于长远竞争,风险较小,适宜上位企业与同位企业的竞争。例如百事可乐与可口可乐的竞争。

(5)包围进攻模式。这种模式是既采取正面进攻,又采取侧翼进攻的方式。这种方式只适用于上位企业对下位企业的进攻,这种进攻往往以挤垮对手为目标,集中资源给对手以毁灭性的打击。

2)不战而胜模式

(1)吞并模式。这种模式是将对手吞并,同化对手的模式。主要是通过兼并手段吞并对手,从而使对手失去竞争资格。

(2) 协调模式。这种模式是减少对手的敌对行为,甚至令其配合本企业行动的模式。其手段主要有横向联合、收购和合资控股,使对手受控于本企业,从而使之减少竞争行为或失去竞争能力。

(3) 分栖模式。这种模式是一种依靠市场细分与竞争对手分栖共存、互不侵犯的模式。其主要手段:一是目标市场的选择具有分栖共存,一般小企业找大企业不愿光顾的市场空隙;二是与对手利用各方的优势、劣势,协商"画地为牢""和平"共处,割据市场不同区域。

进攻模式投资水平高,适用于实力强、竞争能力强的企业。进攻战略配合总体战略的扩张战略效果更好。

2. 防御模式

防御模式是企业立足于防御状态而进行的竞争谋划。该模式追求的目标是避开市场地位竞争,在获利能力方面能有所提高。其模式主要有以下几种。

(1) 同盟模式。改善与竞争对手的关系,稳定市场,稳定竞争形势。有可能结成同盟的,应尽力结成同盟。

(2) 寄生模式。加入某些企业集团,寻求稳定的协作关系,随该企业集团的发展而发展。

(3) 以攻为守模式。这是一种积极防御模式,通过适当的进攻以牵制对手的力量,从而达到防御的目的。

(4) 跟随模式。并不主动挑战,被动跟随市场竞争,尽力降低竞争成本。

无论哪一种模式都是为了避免因争夺市场地位而掀起的消耗战,最大限度地依靠现有市场、现有资源、技能,获得更多的收益。防御模式投资水平低,适宜于负债率高、实力一般的企业。该模式配合总体模式的维持模式效果更好。

3. 退却模式

退却模式是企业立足于摆脱困境、保存实力而进行的竞争谋划。该模式追求的目标是:紧缩战线,舍卒保帅,提高局部实力,设法生存。其模式主要包括以下两种。

(1) 重点集中模式。缩小市场范围,调整产品结构,节约资金,保证重点品种、重点市场的资金使用。加强这些品种和市场的营销实力,从而提高企业局部生存和发展能力。

(2) 转危为安模式。企业在竞争中受到沉重打击,难以生存发展,虽然整体管理水平、技术水平较好,但资金严重不足,负债率高。应当主动寻求被兼并、收购、合资经营,使企业走出困境。

该模式适宜于生存困难,但管理和技术均有好的基础的企业。该模式主要配合总体模式的收缩模式运用。

6.1.2 持续竞争模式的优势

(1) 竞争优势源于以企业自身资源或能力为基础,提供被顾客认为是物有所值的产品或服务,相对于其他企业而言能够更好地创造顾客所需的价值。

(2) 面对动态变化的环境,抓住了今天,即现有顾客与潜在顾客动向,也就意味着抓住了未来,即在现有顾客与潜在顾客基础上扩大的顾客。这是竞争优势构建的根本所在。

只有当企业所构建的竞争优势至少满足一个或多个这样的准则时,企业的优势才有可能真正动态持续。

竞争优势创新,必须贯彻以顾客为本的思想,以改变假设、超越自我、突破定式为切入点。对成功企业或个人来说,常常需要先学会放弃与忘却,才有可能实现真正意义上的创新。

小资料 6-2

竞争优势创新：顾客为本、突破定式

看人家所看不到(不愿、不想看或视而不见);

听人家所听不到(不愿、不想听或听而不闻);

想人家所想不到(不敢、不愿想或思而不深);

悟人家所悟不到(不能、不肯悟或想而不透);

学人家所学不到(不想、不愿学或学而不精);

做人家所做不到(不能、不愿做或为而不果);

最终成人家所不能成。

6.2　创业企业集中化模式

创业企业集中化模式指企业或事业部的经营活动集中于某一特定的目标市场,开展其战略经营活动。伤其十指,不如断其一指。集中优势兵力打歼灭战。

名人名言

把所有的鸡蛋都装进一个篮子里然后看好这个篮子。

——马克·吐温

6.2.1　集中化模式的类型

1. 产品线集中化模式

对于产品开发和工艺装备成本偏高的行业适宜用此种战略,如天津微型汽车制造厂面对进口轿车与合资企业生产轿车的竞争,将经营重心放在微型汽车上,凝聚成强大的战斗力。该厂生产"大发"微型客车和"夏利"微型轿车,专门适用于城市狭小街道行驶,颇受出租汽车司机的青睐。近年来,其销售额和利润大幅度增长。

2. 顾客集中化模式

将经营重心放在不同需求的顾客群上,是顾客集中化模式的主要特点。有的厂家以市场中高收入顾客为重点,产品集中供应,注重最佳质量而不计较价格高低的顾客。如手表业中的劳力士,时装业中的皮尔卡丹,体育用品业中的阿迪达斯、耐克、王子等产品,都是以高质高价为基础,对准高收入、高消费的顾客群。还有的厂家将产品集中在特定顾客

群。如"金利来"领带和衬衣将重点消费对象对准有地位、有品位的男士，强调该产品是"男人的世界"。再如，适用于黑人消费者的护发品。

3. 地区集中化模式

划分细分市场，可以按地区为标准。如果一种产品能够按照特定地区的需要实行重点集中，也能获得竞争优势。如原天津自行车二厂生产加重自行车，该产品集中对准农村市场，从设计、耐用性、质量、价格各方面都以农村特点为依据，在农村市场十分畅销，被农民称为"不吃草的小毛驴"。此外，在经营地区有限的情况下，建立地区重点集中模式，也易于取得成本优势。如砖瓦、水泥砂石灰由于运输成本很高，将经营范围集中在一定地区之内是十分有利的。

4. 低占有率集中化模式

市场占有率低的事业部，通常被公司总部视为"瘦狗"或"金牛"类业务单元。对这些事业部，往往采取放弃或彻底整顿的模式，以便提高其市场占有率。

格兰仕公司成功地从服装业转移到微波炉行业后，采取了以规模化为重点的集中模式发展单一的微波炉产品，即把所有的"鸡蛋"都装在微波炉里。对此，格兰仕副总裁俞尧昌说："就格兰仕的实力而言，什么都干，则什么都可能完蛋，所以我们集中优势兵力于一点。"1997年该公司产量近2 000万台，市场占有率高达47.6%，目前，格兰仕已成为中国微波炉第一品牌。

6.2.2 集中化模式的优势

(1) 集中化模式便于集中使用整个企业的力量和资源，更好地服务于某一特定的目标。

(2) 将目标集中于特定的部分市场，企业可以更好地调查研究与产品有关的技术、市场、顾客以及竞争对手等各方面的情况，做到"知彼"。

(3) 模式目标集中明确，经济效果易于评价，模式管理过程也容易控制，从而带来管理上的简便。

6.2.3 集中化模式的风险

(1) 由于企业全部力量和资源都投入一种产品或服务或一个特定的市场，当顾客偏好发生变化、技术出现创新或有新的替代品出现时，就会发现这部分市场对产品或服务需求下降，企业就会受到很大的冲击。

(2) 竞争者打入了企业选定的目标市场，并且采取了优于企业的更集中化的模式。

(3) 产品销量可能变小，产品要求不断更新，造成生产费用的增加，使得采取集中化模式的企业成本优势得以削弱。

6.3 创业企业差异化模式

差异化模式是指在一定的行业范围内，企业向顾客提供的产品或服务与其他竞争者相比独具特色、别具一格，使企业建立起独特的竞争优势。

差异化模式应该是顾客感受到的、对其有实际价值的产品或服务的独特性,而不是企业自我标榜的独特性。为保证差异化模式的有效性,企业必须注意以下两点。

(1) 充分了解自己拥有的资源和能力,能否创造出独特的产品或服务。

(2) 必须深入细致地了解顾客的需求和偏好,及时去满足它们。企业所能提供的独特性产品、服务与顾客需求的吻合,是取得差异化优势的基础和前提。

6.3.1　差异化模式的优势

(1) 建立起顾客对企业的忠诚。随着顾客对企业产品或服务的认识和依赖,顾客对产品或服务的价格变化敏感程度大大降低。这样,差异化模式就可以为企业在同行业竞争形成一个隔离带,避免竞争对手的侵害。

(2) 形成强有力的产业进入障碍。由于差异化提高了顾客对企业的忠诚度,如果行业新加入者要参与竞争,就必须扭转顾客对原有产品或服务的信赖和克服原有产品的独特性的影响,这就增加了新加入者进入该行业的难度。

(3) 增强了企业对供应商讨价还价的能力。这主要是由于差异化模式提高了企业的边际收益。

(4) 削弱购买商讨价还价的能力。企业通过差异化模式,使得购买商缺乏与之可比较的产品选择,降低了购买商对价格的敏感度。

(5) 由于差异化模式使企业建立起顾客的忠诚,因此使得替代品无法在性能上与之相竞争。

6.3.2　差异化模式的风险

(1) 企业的成本可能很高,因为它要增加设计和研究费用。

(2) 用户所需的产品差异的因素下降。当用户变得越来越老练时,对产品的特征和差别体会不明显时,就可能出现忽略差异的情况。

(3) 模仿缩小了感觉得到的差异。特别是当产品发展到成熟期时,拥有技术实力的厂家很容易通过逼真的模仿,减少产品之间的差异。

(4) 过度差异化。差异化虽然可以给企业带来一定的竞争优势,但这并不意味着差异化程度越大越好,因为过度的差异化容易使得企业产品的价格相对竞争对手的产品来说太高,或者差异化属性超出了消费者的需求。

6.3.3　实现差异化的途径

1. 思维差异

主意诚可贵,思维价更高。意识能量是财富的种子,财富是意识能量的果实。

2. 功能差异

如山地自行车,风靡一时。

目前市场竞争中最亮丽的风景线是电冰箱大战。海尔、容声、美菱、新飞等品牌占据了国内市场的绝对份额。各个企业都采取了差异化模式:海尔强调的是模糊控制、节能静音、变温变频和自动杀菌等功能;容声则长于热转化、双开门等;美菱在保持电脑模糊、节能环保等优势的同时，立足于保鲜；而新飞则侧重于用"无氟"去吸引消费者。

3. 质量差异

质量是产品的生命，"零缺陷"的产品质量无疑是消费者所追求的，但是产品质量又是具体而实在的，在许多情况下，需要以质量的差异来满足顾客群的需求差异。例如，我国台湾的一个贸易拓展团把2万把雨伞销往美国。这批雨伞的质量并不高，用几次就报废了，但在市场上却很畅销。一般2~3美元一把，正投美国消费者所好，于是这种雨伞占领了美国市场的60%。

4. 品牌差异

品牌的基本功能是辨识卖者的产品或劳务，以便同竞争者或竞争者的产品相区别。品牌是一种知识产权，更是企业宝贵的无形资产。如天山雪莲——神秘的"百草之王"雪莲灵芝补酒。由绿旗公司总裁王琴声策划，又创意"雪山来客""雪山情思""天山冰酒"，其酒瓶造型独特，极具收藏价值，投放市场，十分抢手。再如"红豆""脑白金""汇仁肾宝""伟哥"等。

6.4　虚拟企业创业竞争模式的构建

现代信息业的发展，给企业管理工作带来许多新理念，"可以租借，何必拥有"的观念，克服了以往"小而全，大而全"的思想，从而大大降低了生产成本。虚拟企业从产品运作的整个过程中选取一些企业，以动态的方式临时组合一个虚拟的团队。以彼之长，补己之短，实现优势互补和资源的高效利用。企业为了抓住机遇，利用现代网络技术将不同企业的技术优势整合在一起，组成一个没有围墙超越空间约束的、互惠互利的协同作战的临时联合网络组织。其实质是突破企业有形界限，延伸和整合各企业的优势功能，创造超常的竞争优势。本文就虚拟企业的内涵、特征、竞争优势及其构建途径做一探索。

6.4.1　虚拟企业的内涵及特征

自从美国学者普瑞斯（Kenneth Preiss）、戈德曼（Steven L. Goldman）和内格尔（Poger N. Nagal）1991年提出虚拟组织概念以来，虚拟组织已成为企业界和学术界共同关注的热点问题。人们普遍认为虚拟组织是目前最符合新经济时代的一种形式。它是若干独立的企业为了响应快速的市场变化，工厂技术相连接，共享技术与市场，共同承担成本的临时的企业联合体。其主要特征有以下6个方面。

1. 虚拟性

组织边界模糊，组成虚拟组织的企业是一种虚聚，只是通过IT技术把各个企业一系列的合同、协议联系在一起，构成网络上的联合体，并不需要形成法律意义上完整的经济实体，不具有独立的法人资格，而且打破了传统企业间明确的组织界限，形成了一种"你中有我，我中有你"的网络。

2. 灵活性

虚拟组织本身是市场多变的产物，其灵活性源于组成联盟的企业的灵活性和其连接的虚拟性。它可以随时利用成员企业成熟技术、成熟市场、快速的开发能力等资源，虚拟组织正是以这种动态结构灵活的方式适应市场快速的变化,具有很强的适应市场能力的柔性和敏捷性,各方优势资源的集中更能催生出极强的竞争优势。

3. 伸缩性

虚拟组织可以根据目标和环境的变化进行组合,动态地调整组织结构。这种变化的剧烈程度和经常性都要强于任何传统的企业组织。更重要的是它可以实现低成本的结构调整、重组和解散。

4. 临时性

虚拟组织随着市场机遇的开始而诞生,随着市场机遇的结束而解体,它的存在周期较短。

5. 成员的独立性

组成虚拟组织的成员之间并不存在从属关系,它们本身都是独立的企业,联结它们的纽带是共同的目标和利益。

6. 信息的密集性

由于虚拟组织是一种跨企业、跨行业、跨地区的企业组合方式,成员之间的信息交流频率高、密度大,并且由于其虚拟性,成员企业之间存在大量协调工作,沟通联系增强,进一步加剧了信息的密集性。

6.4.2　虚拟企业的竞争模式优势及典范应用

从国内外比较成功的虚拟企业的发展和运作来看,虚拟企业具有以下竞争优势。

1. 降低成本,实现规模效益

过去一般的工业企业从毛坯到最终产品,各类工艺一应俱全,这种状况降低了生产效率,加大了生产成本。采用虚拟企业模式,企业可以系统地选择一些有互补性的企业进行合作生产,让这些外部企业生产一部分零配件或中间产品,而本企业只负责关键性生产环节。这样做,一方面可以使一部分合作方充分利用对方资源,避免重复投资,减少了不必要的浪费;另一方面可以避免本企业因某些生产环节的技术力量不足而影响整个产品的质量。

2. 提高效率,精简组织结构

在传统的组织结构中,管理层次重叠,令出多门,甚至互相扯皮、办事推诿。企业高层决策需要经过若干中心环节,使得获取决策信息的成本很高,而工作效率很低。组建虚拟企业正是利用企业组织构架虚拟的思想,以保持自身优势为核心,将其技术和职能虚拟于企业的外部,通过相互合作使企业省去了部分组织环节,达到了组织机构的精干高效,有利于提高管理效率。

3. 整合经营,优化配置资源

资源在企业之间的配置是不均衡的,通过组建虚拟企业,围绕共同目标,发挥各自优势,以补各自劣势;会产生“1+1>2”的乘数效应。使有限资源投向效益好的产品和行为,有利于提高资源利用率,也保证经营的盈利性和稳定性。

4. 委托生产,“借鸡生蛋”

OEM 方式是英文 Original Equipment Manu-Facture 缩写,意指委托生产。即企业

集中力量开发产品,开拓市场,而中间制造,只要其他企业的产品质量有保证,综合成本比自己低,企业就应当委托生产。这是一步"不生产,但要赚钱"的妙棋。把重点放在产品开发、市场开拓上,不把生产过程列为竞争的主要内容。抓两头,放中间,形成了"哑铃"式,而大部分企业的生产经营方式为"橄榄"式。

5. 抓住机遇,畅通供销渠道

虚拟组织除了 OEM 方式之外,还有战略联盟、品牌联盟、特许连锁、虚拟销售等方式,通过这些方式实现经营功能、经营业绩的扩张与供销渠道的畅通。通过合作伙伴的供应渠道获得生产所需的原料,不至于因供应渠道出现问题而失去市场机会。同样组建虚拟企业也有助于各方共享销售网,当一方销售渠道受阻时,可以及时利用其他合作伙伴的有效销售渠道。总之,现在已经有越来越多的公司采用虚拟管理方式。

 案例 6-2

皮尔·卡丹和耐克没有工厂

皮尔·卡丹为中国人熟知是近 10 年的事情,但皮尔·卡丹在全球的辉煌已经持续了约 60 个年头。皮尔·卡丹的经营方式与传统的经营方式大相径庭:它几乎没有属于自己的制衣工厂,它只将自己的设计方案或新式样衣提供给相中的企业,由它们负责制作,成品经皮尔·卡丹检验认可后,打上"皮尔·卡丹"品牌销往各地。

另一个相似的例子是举世闻名的"耐克"运动鞋,耐克公司既无厂房也无工人。公司的雇员大致分为两部分,一部分负责收集情报、研究和设计新款运动鞋;另一部分则以广告、销售为己任。至于耐克鞋的制作,则是在全球各地 50 家指定工厂里完成的。耐克通过一种精心发展的向外国派驻"耐克专家"的形式来监控其外国供应商,甚至将其经销计划中的广告也委托给一家外国公司来做,该公司以其创造性的优势将耐克的品牌认可度推到了极致。耐克就是依靠这种虚拟经营以复利 20%的速度在增长。

6.4.3 虚拟企业竞争模式的构建途径

1. 确立愿景,使命导航

通过确立愿景,凝聚人心,同心同向,为实现企业的共同目标而作出不懈的努力。

实践证明,那些继往开来,走向辉煌的企业,关键是有一个全体员工共同高擎的战略旗帜——企业使命。因此虚拟企业必须在战略思考、使命定位与凝聚人心方面多用些心思,因为它是企业长远发展的纲领和灵魂,也是企业的立身之本、命运之舵。

2. 公平运作,谋求双赢

虚拟企业要想在激烈的市场竞争中获胜,合作处事要有公心,处理公平。每一种联系与合作必须为每个公司提供双赢的机会,把你的最佳选用于这些关系中。市场经济条件下只有与顾客的普遍联系,与对手公平的竞争,企业才能得到永恒的发展。成功的合作应该是双赢,在合作中应树立正确的胜负观。"欲取先予"应该是合作的一大谋略。"欲致鱼者先通水,欲栖鸟者先树木","水积而鱼聚,林茂而鸟集"。企业与他人要做"合作的利己主义者"。然而自实行市场经济以来,企业之间竞争有余,合作不足。有的甚至搞不正当竞争,在联系与合作中总想猛咬对方一口,甚至欺诈胁迫,这是十分危险的。经营者要以信为本,青山似信誉,绿水如财源,只有山清才能水秀,只有源远才会流长。财自道生,利源义取,这样的竞争与合作才会有情有义、地久天长。

3. 团队学习,树人为本

黄金有价人无价,市场无情人有情。人世间万事万物,人才是最宝贵的,只要有了高素质的人,什么人间奇迹都能创造出来。21世纪国力的核心是经济,经济的核心是企业,企业的核心是人才,人才的培养靠教育,百年树人,教育为本。信息是财富,知识是力量,经济是颜面,人才是关键。置于知识经济时代,管理者有效应对变革,取得最佳选择是不断学习,快速学习,未来最成功的公司,将是那些基于学习型组织并不断创新的公司,要以"积财货之心积学习"。日本理光社长大植武夫的座右铭是"与其种田不如种树;与其种树不如树人"。虚拟企业的竞争优势的根源在于企业员工创造性和聪明才智的发挥,因此,必须加大人力资本的投入,组建认知互动、上下同欲的学习型团队至关重要。企业唯一持久的竞争优势或许是具备比你的竞争对手学习得更快的能力。这要求企业树立学习观念,不断学习新知识、新技术,培养自己的核心专长,同时也重视向其他组织的学习,把其他组织的经验知识移植到本企业中来,提高虚拟企业的竞争优势。

4. 放眼全球,整合资源

当今世界"信息革命"风靡全球,"网络社会"悄然兴起,网络经济扑面而来,赢得竞争优势、夺取领先地位、获得更大效益已成为全球经济竞争的新景观,企业必须放眼世界,整合资源。信息技术的发展,打破了时空经济活动的限制,为国际企业之间经济关系的发展提供了新的手段和条件。当前的一大趋势是从过去的一国经济走向世界经济,各国的合作生产已成为全球的经营新模式,"全球的相互依赖的经济格局已经形成,一个国家可以关起门来发展经济或左右世界经济的局面已经结束"。高科技正主宰着时代经济的新潮流,没有技术领先就没有市场优势。在高新技术领域能否及时地推出新产品,是否具有技术领先地位,对构建虚拟企业的竞争优势具有极大的影响。技术的开发与应用,是虚拟企业核心竞争力发展的永恒主题。尽可能地放眼全球,整合资源,提高产品的科技知识含量,这是虚拟企业竞争制胜之本。

5. 创造需求,网络经营

虚拟企业应着眼于市场,不断创造新产品,重视顾客价值创造,构建竞争优势。现代消费需求不仅具有多样性、发展性、层次性,而且还具有可诱导性。虚拟企业的战略管理者应着眼于创造市场,而不仅仅是瓜分市场。一个善于开拓的经营者应勤于思、敏于行、乐于言。勤思令人睿智,敏行能捕捉先机,乐言让智慧共享。一个善于开拓市场的经营者,应该明察秋毫,捕捉和发现潜在的需求,并主动去满足它。

虚拟企业竞争优势的构建,必须围绕顾客价值创造展开。提升顾客价值可以遵循以下几条路径:第一,围绕需求,紧跟用户,创造市场,招揽顾客。第二,增加顾客的认知利益,通过全面服务,创造特色产品,达到最终提升顾客利益的目的。第三,降低顾客认知价格,如改善运行效率,节约经营成本,达到最终降低顾客支出的目的,培养顾客的忠诚度、满意度和美誉度。高效的信息网络系统不仅使企业可以及时了解市场需求,根据市场需求从众多的备选组织中精选出合作伙伴,把具有不同优势的企业组织综合成靠电子手段联系的经营实体，而且使企业之间的信息沟通更为方便快捷，合作更为有效。开放的思维，平等的心态，是沟通的前提；相互理解，达成共识，是沟通的目的。采用通用数据进行信息交换，让所有参与合作的企业组织都能够共享设计、生产以及营销的有关信息。从而能够真正和谐协调、步调一致，保证合作各方能够较好地实现资源共享，优势互补的合作机制，使虚拟企业的竞争优势不断提升。

 案例 6-3

校园钱百万——大学生钱俊东的创业故事

为什么读书时期就去挣钱？

穷，想要独立。钱俊东回答得干脆。

2000 年，钱俊东还是长安大学交不上学费的贫困生，3 年后即创办西安三人行信息通讯有限公司（西安第一家在校本科生全资创业公司），资产逾 50 万元。如今公司拥有 6 家主营通信电子类产品的全资店面，持股西安深科数码喷绘有限公司、西安永乐彩印厂等，员工 16 人，200 多名兼职都是在校大学生，员工的平均年龄不过 22 岁。

西安天幕低垂，行人脚步缓慢，刚从香港参加贸易洽谈会回来的钱俊东，如同急于出膛的子弹。很多事情要处理，召开例会，视察店面，拜见客户……

将自己推向狮口，我的"百日维新"

2004 年春节，钱俊东特意回到天津，重游曾经居住的"贫民窟"。

1999 年，钱俊东高考失败，哭过，最终跟着"淘金"的父母从安徽来到天津，准备自学再战。一家人在天津大港区上古林镇找了个小平房，邻居都是外乡人。每天一大早，父母支个炉子做烤鸭，6 点赶去农贸市场，晚上 12 点才回来。

一张木桌，一个小灯泡，一张木床，大沓的考试书籍和励志书就是钱俊东的世界。18 岁，心事再轻也重，隔壁"三陪女"深夜的笑骂，窗前闪烁的霓虹，都会让他突然掉泪，他更加发奋学习。2000 年春季高考，钱俊东如愿收到首都师范大学的录取通知。本可万事大吉，他偏偏这时又读到一句话："若想要生命更精彩，就要把自己推向狮口！"

是，他渴望更精彩！不如再努力 3 个月，参加夏季高考，考上清华！他把录取通知埋到箱底，对着半块缺口的镜子，用发锈的小刀剃掉了眉毛和头发，心高气傲地在日记上写上："我的百日维新！"

父母当日回来，觉得儿子疯了。看到昏黄的灯照着儿子光溜溜的头颅，母亲一拍双手，都要哭了。钱俊东没有料到，接下来的日子，压力如此沉重，不久，他又患上鼻炎成天头疼……

结果残酷。钱俊东没能考上清华，揣着家里七拼八凑的 2 000 多元，只身来到西安长安大学公路学院。站在交学费的队伍里，新生叽叽喳喳地谈笑，钱俊东却神思恍惚：一会儿是父母的叹息和白发，一会儿是姐姐因昼夜加班的黑眼圈……钱俊东一次次退到队伍的最后面，最后申请了缓交学费。

女友崔蕾或许不明白，为何和钱俊东从同班同学到恋人，几乎没有见过他情绪失控？为何他能意志坚定，从不怕失败？

那段仿佛失败的"百日维新",给了穷人的儿子另一种坚韧的新生。

不怕是"贫困生",就怕贫困一生

到校第三天,钱俊东就遇上"商机"。

有位师哥到寝室推销随身听,说 80 元一部。钱俊东故意说:"老兄,我也卖这个,60 元差不多了!"师哥急了:"你不也在康复路和轻工进货吗?干吗要砸价呢?"正说着,室友回来了,一人买了一部随身听。

此间大有市场!次日,钱俊东打听到西安东郊这两个小商品批发城,走遍了所有摊点,仔细对比随身听的性能和价格,并以 15 元的批发价拿到同样的随身听。

下一步是推销。虽然挑了偏远的宿舍楼,钱俊东在门外仍然忐忑,手心都汗湿了,活像《人生》里第一次卖馒头的高加林。敲开了门,他支吾地问,要随身听吗?

果然被轰了出来。没关系,他呼口气,一扇扇地再敲过去!那一次,钱俊东净赚 300 元。之后,他更加留心校园市场的消费趋势。卡式电话一流行,他马上找到 IC 卡经销商,批发到更低廉的话卡。渐渐地,钱俊东赢得更多的信任和稳固的客户群。

解决了生存问题,钱俊东在课余不断读书,法律学、心理学、市场动态、公关营销等方面的书,统统全包。不久,他参加学校的第一届创业策划大赛,获奖之时,将创业的种子埋进勃勃雄心。

但切忌盲动。钱俊东清楚地记得,中国女大学生创业第一人李玲玲曾以 10 万元创业风险奖成立公司,但却因经验不足而惨败。是,要创业最好先融入大企业,去各地跑跑,体验学习!

大一的假期,钱俊东都不在西安,边走边看边打工。钱不够,就买站票。寒假他在北京,缩着脖子看童谣里的天安门;暑假去深圳,22 天挣了 800 元,但那地儿剪发太贵,离开前他头上像顶着"锅盖";国庆去了重庆,元旦又在无锡……什么都干,做推销、做策划,甚至无偿为大公司进行市场调查,一点点的心得写到日记里:"进行业务谈判时,言谈举止要大方得体;管理企业时,注重培养团队精神……"

在很多大学生沉溺于 CS 的战火纷飞与 QQ 的眉来眼去时,钱俊东却在获取社会经验,并在实践中确信自我。"虽然学的是公路专业,但喜欢结交朋友,喜欢冒险,崇尚超奋斗、超挑战的工作,更适合经商……时机合适,我就自己创业!"

不怕是贫困生,就怕贫困一生。

没有鸟飞的天空我飞过

2002 年,别有意味。那年假期钱俊东去重庆大学玩儿,吃夜市时,和卖米线的老板闲谈,才知道他们都是在读研究生。对方坦然地说:"北大才子不还卖肉吗?社会竞争越来越激烈,我们都必须做好准备,适应变化!"

他们的简单"创业",让钱俊东突然茅塞顿开。回到西安,他边思索边在宿舍划拉"处方笺":"大学生创业要点:①不一定在高科技领域。②创业不等于做老板,业务员、司机都得做。③均分股份最易散伙。④不能耽误学习,宁可毕业后再创业。"

之后,钱俊东找来同学崔蕾和马光伟(后来由张建涛取代),谈到对校园市场的开发设想,一拍即合,决定成立"三人行校园信息服务中心",并租借房子,招聘兼职大学生,开展介绍家教、校园活动策划等业务。

　　同年 9 月，新生入校。当时宿舍只有接线，电话机需要新生自己配买，惹得抱怨声声，电话亭、IC 电话处，挤满新生。钱俊东立即召集"三人行"的成员，开了短会："我去争取学校相关部门的支持，崔蕾和马光伟负责购买电话机！"销路大好。短短几天，新生宿舍都装上了电话机。乘胜追击的钱俊东带领同事把业务扩展到周边大学，每人负责一两所大学，热销电话机，有时一天销出 2 000 部电话，收入高达 5 万元。

　　钱俊东信心大增，看电视也能看出"新商机"：上海 APEC 峰会期间，各国元首都穿唐装。西安曾是盛唐古都，唐装流行势在必行，丝绸肯定走俏！钱俊东又与同事商议：去苏州、无锡进批丝绸！七嘴八舌的都是疑惑："学生和商人交手会不会受骗？""把资金砸进去会不会赔？"钱俊东不管，上网搜索了解丝绸的知识、流行花色和差价，再到当地多方比较。货还在路上，订单已被抢完，稳赚近 10 万元。

　　做梦都会笑醒。钱俊东触角更广，四处奔波，争取与移动西安分公司、陕西电信合作，"三人行"相继代理了移动校园卡、诺基亚手机等业务，售出"动感地带"SIM 卡近 3 万张，并策划了"西安移动 40 所高校金秋校园行"活动……上半年，"三人行"直接收益近 30 万元。

　　2003 年 8 月，"三人行"清点资产，已逾 50 万元，作为在校大学生，经过困难重重，终于在西安高新技术开发区的支持下，注册成立"西安三人行信息通讯有限公司"。

　　2004 年 7 月，钱俊东毕业，但是企业发展却遇到"瓶颈"。每天工作 14 小时，没有假期，却发展缓慢！

　　"从前你是学生，还有照顾，现在是商人，对方只跟你讲利益。有次与一个广告公司竞争，主办某公司露天演出的宣传活动，价钱从 1.5 万元砸到 7 000 元，谈一会儿就出去打电话，各自找人帮忙……最终我们拿到了主办权，但利润非常微薄……"

　　"像这样的商业谈判，最苦恼的是什么？"

　　"不是所有人都像我们想象的那样诚信，有时也玩儿阴的，手段很多。非实力的关系干扰着事情的发展，这才是我最苦恼的！"

　　尽管前途艰辛，钱俊东仍充满信心，正如他在新年的计划书上写的："没有鸟飞的天空我飞过。"生命更丰富的体验，才刚刚展开……

钱俊冬精彩语录

- 大学毕业后，你成为一名公司职员，如果能具备吃苦耐劳、勤奋、刻苦、兢兢业业这些品质，那你就非常优秀了，而这些品质对于一名创业者来说是非常一般的品质。你必须抱有九死一生的信念，否则你是干不下去的。

- 大学生创业要点：①不一定在高科技领域，传统行业也能有一番天地；②创业不等于做老板，业务员、司机都得做；③均分股份最易散伙；④不能耽误学习，宁可毕业后再创业。

- 创业中的快乐和动力源于对这份事业的热爱，创业的过程会很辛苦，但会留下很多的美好回忆，那种每天为理想而奋斗的日子，非常充实。而要想获得成功，必须具备三个条件：一是自信；二是努力和坚韧不拔；三是抓住机会的能力，这也是最关键的。

- 那些当初看来是困境的日子，只是一些小坎，没有迈过去时它很大很可怕，但一旦迈过去，它便是一生历久弥新的永恒财富。

- 上学就上好学校，创业就创出名气来，把公司做大做强是我的奋斗目标。
- 在家庭遭遇困难的时候，我和父母一起挺了过来，我难忘那些艰难的日子，我感谢因为我做了一个烤鸭小贩的儿子，让我接触了做买卖，感激困苦的生活塑造了我不怕吃苦的坚强和坚韧性格，我吃过苦所以我珍惜今天的拥有。
- 成立了公司，一定要避免游击战的缺陷，把眼光放大放远，把公司的主体化销售模式逐步办成有规模的实体，具备相应的开发能力和生产能力，创出品牌。
- 我极其热爱这份事业，我爱在这份事业中不断实现自身的价值。对梦想的追求和超越自我的信念是我奋斗的动力，我要不停地去奋斗！
- 若想要生命更精彩，就要把自己推向狮口！
- 我很喜欢冒险，喜欢挑战自我，很崇尚超奋斗、超挑战的工作，因此我想在自主创业中来实现自身的价值。是要铁饭碗还是造饭碗？我选择后者。
- 要创业，自己就要从最"低层"的工作做起，这样心里才踏实。

思 考 题

1. 企业态势竞争战略有哪些？
2. 不战而胜战略有哪些？
3. 持续竞争的准则有哪些？
4. 什么是成本领先战略？其优势有哪些？
5. 成本领先的主要形式有哪些？
6. 什么是价值工程？提高价值的途径有哪些？
7. 什么是差异化战略？实现差异化战略的途径有哪些？

第 7 章

商业模式与商业融资

【本章要点】

- 商业赢利模式的概念及特征
- 商业赢利模式的设计
- 商业融资模式的概念
- 商业融资模式战略
- 创业企业商业融资方式
- 创业战略与商业融资模式选择

 案例 7-1

彼得·尤伯罗斯拯救奥运

众所周知,奥运会是全球体育和人文的最大盛宴与聚会,多少年来它承载着激情、自豪、光荣和梦想,能在自己的国度里成功举办奥运会,是我们每个朋友的梦想。大家一定记得,2001 年 7 月 13 日萨马兰奇先生在莫斯科宣布"北京成为 2008 年奥运会主办城市"的那一刹那,我们 13 亿人民是如何的万众欢呼、激情燃烧、举国沸腾的,许多同胞激动得流下满脸幸福的泪水。但是并不为所有人知道的是,在 1984 年以前,奥运会的承办主要是靠强制指定,那个时候并没有哪个国家愿意举办奥运会,更谈不上是大众期盼或者竞争承办,甚至可以说是各个国家都是避之不及。为什么呢? 原因很简单而情况严重:举办奥运会开支太大、收入太少,赔钱太厉害,大家都害怕了。

1972 年第 20 届慕尼黑奥运会欠债多年未清,1976 年第 21 届蒙特利尔奥运会欠 10 亿美元,差点儿让该市市政府破产。1980 年第 22 届莫斯科奥运会花费 90 亿美元,而 381 家赞助商总共赞助收入才约 900 万美元。1984 年的洛杉矶奥运会当初美国政府拒绝承办,直到最后由天才的商人彼得·尤伯罗斯出面负责组织,才一举改写了奥运会传承的历史。尤伯罗斯大力开源节流,锐意创新经营。大家都知道,举办奥运会最大的两项开支是盖新体育馆和奥运村。尤伯罗斯举张不要盖奥运村了,借用附近的 3 所大学学生宿舍一共 2 万套公寓来提供临时接待;比赛场馆也多半是利用现有的设施,没有大兴土木新建场馆。同时一方面大力缩减正规工作人员,常规工作人员减半;另一方面大力招募志愿者以获得支持。在开源方面,尤伯罗斯更是力所能及尽量多收钱:大幅度提高门票价格,同时几乎各项设施都明码标价,一间小型电视广播室收费 50 万美元,就连火炬传递每公里也

第 7 章　商业模式与商业融资　　

要收 3 000 美元。在赞助费创收方面更是锐意创新:只限定 30 家企业最终有资格赞助,每个行业 1 家,每家最低赞助门槛 400 万美元。赞助方案公布后,各行业内冤家对手大打出手,可口可乐和百事可乐竞相竞争,最后可口可乐以 1 260 万美元获得独家赞助资格;柯达认为 400 万美元太贵只愿意出 100 万美元,尤伯罗斯立刻飞到日本找到富士总裁,富士正愁找不到进军美国的敲门砖,喜出望外立刻以 700 万美元的赞助费用成交;通用 900 万美元超越丰田;最高莫过于电视转播权的拍卖,美国三大电视网角逐竞拍,最终 NBC 以 1.2 亿美元获得转播权。

结果是尤伯罗斯成功地运用了 2∶8 原则,30 家赞助商共赞助 3.85 亿美元,而 1980 年莫斯科 381 家赞助商才赞助 900 万美元。最后,洛杉矶奥运会总共收入 7.6 亿美元,赢利 2.5 亿美元,成为人类历史上第一次赢利的奥运会。自此之后,奥运会成了市长发财的机会,各地争相抢办。如今的奥运会更是不可同日而语了,奥运会早已摆脱了无人问津的尴尬境地,已经成为各个国家争抢的难得良机。我们 2008 年北京奥运会,仅纪念品——奥运祥云火炬就发行 20 万支,每支售价 2 990 元,收入好几亿元人民币。延续了 2 000 多年的奥运会,顺利得以传承光大。

回头看奥运承办的发展史,尤伯罗斯利用奥运会全球唯一的资源优势,通过赞助限制企业数量和设置赞助门槛成功营造了机会的稀缺性并提升了商业价值,同时大力开源节流并最终一举获利,让洛杉矶奥运会成为奥运发展史的里程碑。所以说,面临困难时往往并不是没有出路,而是我们没有找到解决问题的思路,关键是要找到原来的问题点,并针对问题点找到解决办法。尤伯罗斯通过不走寻常路的思维创新,使用崭新的商业经营方法成功突破了奥运会千年以来严重亏损的困境,营造了奥运会获利经营的成功模式,进一步铸就了奥运会的辉煌。

试分析,如何寻找适合企业本身的赢利模式?

7.1　商业赢利模式的概念、特征及设计

7.1.1　商业赢利模式的概念

商业赢利模式是指为实现客户价值最大化,把能使企业运行的内外各要素整合起来,形成一个完整的高效率的具有独特核心竞争力的运行系统,并通过最优实现形式满足客户需求、实现客户价值,同时使系统达成持续赢利目标的整体解决方案。

7.1.2　商业赢利模式的特征

商业赢利模式具有以下 3 个特征。

(1) 提供全新的产品或服务、开创新的产业领域,或以前所未有的方式提供已有的产品或服务。

(2) 其商业模式至少有多个要素明显不同于其他企业,而非少量的差异。

(3) 有良好的业绩表现,体现在成本、赢利能力、独特竞争优势等方面。

7.1.3 商业赢利模式的形式

制造商、品牌商、经销商、终端商，都有自己比较独特的商业模式。这里主要针对快速消费品与耐用消费品制造企业，因此，所说的商业模式主要是为制造商（含品牌商）商业模式。目前，制造商商业模式主要有如下 6 种形式。

1. 直供商业模式

这种模式主要应用在一些市场半径比较大，产品价格比较低或者是流程比较清晰，资本实力雄厚的国际性大公司。直供商业模式需要制造商具有强大的执行力，现金流状况良好，市场基础平台稳固，具备市场产品流动速度很快的特点。由于中国市场战略纵深很大，市场特点迥异，渠道系统复杂，市场规范化程度比较低，在全国市场范围内选择直供商业模式是难以想象的，因此，即使强大如可口可乐等跨国企业也开始放弃直供这样的商业模式。但是，利润比较丰厚的一些行业与产业还是会选择直供商业模式，如白酒行业，很多公司就选择了直供的商业模式。云峰酒业为了精耕市场，在全国各地成立了销售性公司，直接控制市场终端，广州云峰酒业、西安云峰酒业、合肥云峰酒业、湖北云峰酒业等公司在当地市场上均具备一定的实力与良好的基础。如很多 OTC 产品也会选择直供市场。

2. 总代理制商业模式

这种商业模式为中国广大的中小企业所广泛使用。由于中国广大的中小企业在发展过程中面临两个最为核心的困难，其一是团队执行力比较差，它们很难在短时间内构建一个庞大的执行团队，而选择经销商做总代理可以省去很多当地市场执行面的困难；其二是资金实力上困难，中国中小企业普遍资金实力比较薄弱，选择总代理制商业模式，它们可以在一定程度上占有总代理上一部分资金，更有甚者，它们通过这种方式完成最初原始资金的积累，实现企业快速发展。

3. 联销体商业模式

随着大量中小企业选择采取总代理商业模式，市场上好的经销商成为一种稀缺的战略性资源，很多经销商对于鱼目混珠的招商产生了严重的戒备心理。在这样的市场状况下，很多比较有实力的经销商为了降低商业风险，选择了与企业进行捆绑式合作，即制造商与经销商分别出资，成立联销体机构，这种联销体既可以控制经销商市场风险，也可以保证制造商始终有一个很好的销售平台。联销体这种方式受到了很多有理想、有长期发展企图的制造商欢迎。如食品行业的龙头企业娃哈哈就采取了这种联销体的商业模式；空调行业巨头格力空调也选择了与区域性代理商合资成立公司共同运营市场，取得了不错的市场业绩。

4. 仓储式商业模式

仓储式商业模式也是很多消费品企业常选择的商业模式。很多强势品牌基于渠道分级成本很好，制造商竞争能力大幅度下降的现实，选择了仓储式商业模式，通过价格策略打造企业核心竞争力。比如 20 世纪 90 年代，四川长虹电视在中国内地市场如日中天，为降低渠道系统成本，提高企业在市场上价格竞争能力，长虹集团就选择了仓储式商业模式，企业直接将产品配送到消费者手里。

仓储式商业模式与直供最大的不同是，直供属于企业，不拥有直接的店铺，通过第三方平台完成产品销售,企业将货源直接供应给第三方销售平台。而仓储式商业模式则是企业拥有自己的销售平台,通过自己的销售平台完成市场配货功能。

5. 专卖式商业模式

随着中国市场渠道终端资源越来越稀缺,越来越多的中国消费品企业选择专卖形式的商业模式。如 TCL 幸福村专卖系统,五粮液提出的全国两千家专卖店计划,蒙牛乳业提出的蒙牛专卖店加盟计划,云南乳业出现的牛奶专卖店与牛奶总汇等。选择专卖店商业模式需要具备 3 种资源中的任何一种模式或者 3 种特征均具备。其一是品牌。选择专卖商业模式的企业基本上具备很好的品牌基础,消费者自愿消费比较多,而且市场认知也比较成熟。其二是产品线比较全。要维系一个专卖店具有稳定的利润,专卖店产品结构就应该比较合理,因此,选择专卖渠道的企业必须具备比较丰富的产品线。其三是消费者行为习惯。必须看到,在广大的农村市场,可能我们这种专卖模式就很难具有推动市场销售的功能,因此,专卖商业模式需要成熟的市场环境。

专卖式商业模式与仓储式商业模式完全不同,仓储式商业模式是以价格策略为商业模式核心,而专卖商业模式则是以形象与高端为核心。

6. 复合式商业模式

由于中国市场环境异常复杂,中国很多快速消费品企业在营销策略上也选择了多重形式。复合式商业模式是一直基于企业发展阶段而做出的策略性选择。但是,要特别注意的是,一般情况下,无论多么复杂的企业与多么复杂的市场,都应该有主流的商业模式,而不能将商业模式复杂化作为朝令夕改的借口,使营销系统在商业模式上出现重大的摇摆。而且,我们应该了解,一旦我们选择了一种商业模式,往往需要在组织建构、人力资源配备、物流系统、营销策略等方面都做出相应的调整,否则我们就不能认为这个企业已经建立起了成熟的商业模式。

7.1.4 商业赢利模式的设计

现代市场经济中,从事商业的成本越来越高,企业承担的固定成本也就越高,自然造成了企业负债率的上升、经营风险的增大。企业经营的目的是实现持续的利润增加,而实现持续赢利的关键是设计和制定合理的赢利模式,也就是做好内部供给与外部需求的结合,两者结合做得越合理,企业的投入产出比越大;两者结合得越紧密,企业管理效率也越高;两者结合得越持久,企业的竞争力就越强。特别是对创业企业而言,更需要这种合理的赢利模式来引领企业健康快速地发展。

一般地,我们把赢利模式分为内、外两个部分:外部由机会、市场、趋势、消费者等组成;内部由企业属性、资产、软实力、经验等组成。内、外部的有效结合恰好是企业形成合理赢利模式的关键。俗话说得好,"知己知彼,方能百战不殆",所以,找到企业匹配的赢利模式,再结合创业战略方能促使企业快速健康成长。赢利模式的设计要从以下几个方面思考并实施行动。

(1)"知己"即清楚企业所处行业的一般属性,给企业合理定位。

在进行企业赢利模式设计时,首先,就要分析企业产品的赢利空间、成本结构,自己产品有没有卖点,卖点有多高,是实现企业赢利的必要准备。此外,更清楚地了解企业的资产结构,特别是负债情况。弄清资产结构是决定企业赢利能力的重要途径,也找到企业赢利管理的核心出发点。一般地,行业属性不同,投资结构就会不同,从而影响到成本结构的不同,决定了需要投入的生产成本和固定成本。此时,作为创业企业的管理者需要控制企业本身的现金流和资产负债率。从会计的角度来看,此时的固定成本,不仅包括固定资产投资,而且也包括相对固定的费用支出。所以,从事企业的赢利模式设计第一步就是做好"知己"。

(2)"知彼"即找到自己企业的赢利点,进而设计合理的赢利模式。

了解行业情况的同时,创业企业找到自身与同行业其他企业的不同,即赢利点,进而强化围绕赢利点来设计企业战略、营销方式和管理等工作。关注赢利点,有机地将行业属性与企业战略、营销、管理相结合,并围绕赢利点展开,一定要控制其战略设计之间的利益协调,以免发生冲突,影响企业整个的战略部署。做好围绕赢利点的战略部署,设置相应的保障措施使其在正确的道路上摆动,这样才能有效地将创业企业优势彻底发挥出来,从而避开高风险的影响。

(3)"有道"即设计创业赢利模式的运营步骤,并积极付诸行动。

我们经常在企业管理中发现,很多之前制订好的方案、计划都没能做到,大部分都是因为我们忽视了设计行动步骤的重要性。而且,因为方案没能做到,我们就会怀疑方案和设计有问题等,这就带来了更大的迷茫,脱离了正确的方向。所以,设计一个合理的商业计划方案很重要,而坚决的执行力才是方案成功的保障。

商人以"赢利"为目的,然而通过何种模式去赢利?大家却各有说辞。抛开常规的通过产品组合,通过组建自己的渠道以及与厂家建立起战略合作伙伴关系等这些常规的赢利模式外,还有没有其他的赢利模式?如何在现有的赢利模式基础上发挥自己的优势,寻找多元化的赢利模式?是每一个经销商必须思考的问题。毕竟,市场是瞬息万变的,要想能长久立于不败之地,就必须学会先行一步,不断开创新的赢利模式。

📚 案例 7-2
邦家的商业模式是怎样来的

购买一辆奔驰 S350,约 120 万元,如使用 8 年,全部成本最少是 160 万元;租赁该车,还是使用 8 年,全部成本只有 120 万元,另可换开 3 款同档次、不同品牌的车,并且免除了维修、保养等诸多麻烦。请问,您决定租车还是买车?

广东邦家海珠旗舰店面积约有 1.5 万平方米,一层是汽车类展示厅,几百辆各类汽车鳞次栉比;二层是家居类展示厅,家电、家具、灯饰等一应俱全;三层是消费类展示厅,医疗保健器械、钢琴、数码电子产品、奢侈品等数不胜数。

"是不是有点儿像 shoping mall 大卖场,但我们只租不售,应该说是个'大租场'。"广东邦家租赁服务有限公司董事长蒋洪伟对记者说,"去年我们顺利为广州亚运会完成了汽车租赁供应,今年要向全国扩张了。"

据了解,邦家正在打造全国性连锁实物租赁平台"大租场",目前已在广州、深圳、杭州、重庆、南京等一线城市,以及江阴、东莞、佛山、青岛等二、三线城市开店 59 家。位于北京朝阳区姚家园,面积 1 万多平方米的邦家北京店于 2006 年 4 月 2 日开业。

邦家"只租不卖"的"大租场"模式试图改变中国人传统的消费习惯,将"拥有者"变为"租赁者",短短 3 年时间,营业额相当可观,并且受到了众多国际、国内资本的青睐。邦家的商业模式是怎样来的? 如何切入竞争激烈的消费品市场? 如何适应复杂的中国市场?

新消费理念"以租代买"

第一次接触租赁模式是在 2006 年。蒋洪伟在详细考察美国一家合作企业时发现,对方的生产设备、办公用品以及车辆配备等都是向租赁公司租的,而租比买更有优势。美国设备投资总额的 30% 是通过租赁实现的,而目前我国的比例仅为 1%～3%。这让蒋洪伟看到了巨大的市场商机。

2006 年年底,蒋洪伟围绕中国租赁市场演变、租赁产品的定位、消费人群等展开调研。虽然中国市场大、人口多,但是中国人传统的消费观念还是购买,那么租赁的消费人群在哪里? 调查结果出人意料:40% 的人群接受租赁模式,主要集中在"70 后""80 后""90 后"这个年龄段的消费者,这些人观念新、领悟能力强,但经济上相对不宽裕。蒋洪伟坚定了做租赁公司的决心,2008 年年底,邦家开始正式运营。

租赁在中国是一种新的消费理念,不能直接照搬美国租赁公司采取的电子商务或小社区店的模式,应更多迎合中国人的消费特点。比如邦家的租赁门店的面积 70% 在 6 000～8 000 平方米,30% 在 8 000 平方米以上,尽量摆放更多的商品品类,进行直接展示,以适应中国人"眼见为实"的消费习惯。

除了"眼见为实",还要"精打细算",蒋洪伟告诉记者,有位客户打算购买一台奔驰 S350,当时市场价格是 120 万元人民币,准备实际使用 8 年。蒋洪伟给了客户一个租赁方案:如果该客户同样花费 120 万元向邦家租车 8 年,客户在这 8 年间可以换 3 次新款奔驰车或同等级别其他品牌的车。另外,邦家在 8 年时间里还可以为客户提供免费维修、保养服务。最终客户采纳了蒋洪伟提出的以租代买方案。

蒋洪伟认为,"以租代买"模式的核心竞争力,其实是在"服务"上,在邦家实际运营过程中,"服务"给邦家带来了大量的政府机构、大企业的高端主力客户。"政府机构、大企业客户越来越重视采购设备的服务和成本,这无疑为邦家打开了一个大市场。"蒋洪伟介绍说,北京在举办奥运会期间政府购买了大量的床、电视机、电脑等设备,后来只能在北京产权交易所拍卖处理,而广州亚运会总结了奥运会的经验,很多物品直接采取租赁的形式。2010 年邦家为广州亚运会提供媒体用车、客户用车以及商务车共 300 多台,并且配备了专业司机,为亚运会节省了大量成本。邦家还服务深圳第 26 届世界大学生夏季运动会及南昌城市运动会。另外,诸多区域性的大型活动、展会等在体验了邦家的"以租代买"和"配套服务"之后,都成了邦家的长期客户。

动态调整经营定位

邦家以经营型租赁业务为主,产品主要包括家电、家具、灯饰、汽车、健身器材、医疗保健器械、儿童用品、数码电子、奢侈品九大品类。

面对这个正在兴起的租赁市场,邦家每年都会根据消费群体的变化,动态地调整公司的经营定位,优化业务构架。但是,在邦家创立时,国内还没有一家综合性租赁公司的经营模式可以效仿,所以从市场定位、产品选择及整个消费、服务流程的制定等都是邦家自己在摸索。由于中国不同地区的消费习惯差异很大,目前,邦家各地门店的产品组合与客户定位都是不同的。

"邦家基于客户的需求来不断调整自己的租赁模式,从效仿海外租赁模式开始,但并非完全按照国外的模式摸索运营,这种动态调整经营定位的模式很可能成为中国租赁业发展的一个标杆。"深圳市创新投资集团有限公司投资决策委员会副秘书长李夏认为。

邦家经过实际运营发现,国外实物租赁业,家庭客户与企业客户占比为8∶2,但中国的实际情况却是,企业和政府客户是租赁的主体。由此,邦家针对市场构建了自己的营销团队:集团客户部,服务大宗政府租赁业务和长期租赁客户;大客户部专门针对企业、白领等高端消费群体;市场部则是接待中低端消费人群,包括家庭客户;等等。

由于洞悉了市场的实际情况,准确进行了市场定位,面对市场竞争就更加坦然,比如邦家的租车业务目前主要服务于政府机构、大企业等高端用户,从而形成了与神州、一嗨等定位于中低端客户的错位竞争,找到了自己的"蓝海"。在邦家广州店,记者看到迈巴赫、劳斯莱斯、宾利、奔驰系列、奥迪系列、兰博基尼等诸多高端车,现场的邦家租赁顾问告诉记者,法拉利、阿斯顿马丁也将很快到货,"邦家租赁"已经在中国高端车租赁市场上全面布局。对于融资型租赁业务,邦家也已经起步。"2010年9月邦家拿到了融资租赁牌照。我们会根据市场需求,开展包括豪华汽车、游艇、摩托艇、移动木屋、野外装备、商务飞机等在内的高附加值产品的租赁业务。"蒋洪伟表示。

"产租用"平台吸引联合企业

邦家产品的运作链条是:以团购低折扣价格采购产品,然后根据不同产品来制定相应的租期周期、回本周期。在一次租赁的产品回收后,可以请厂家翻修,进行二次租赁;之后到农村进行第三次租赁,最后以捐赠方式处理旧品。

蒋洪伟表示,邦家的净利润保守估计在12%,远高于国美、苏宁等零售终端。因为租赁搭建了产—租—用这样的新的流通平台,在生产商和消费者之间架起直通车,减少中转环节。"我们直接向厂家采购产品,那么厂家就可以将零售终端的销售利润出让给我们,同时完成一定的采购量也有返点,超额完成还有奖励。"

"对家具厂商来说,同租赁公司做生意不仅多了一个渠道,而且可以数倍地拓展客户,提高企业竞争力,而且还能一次性回笼货款,增加企业再生产能力与占有市场的能力。"中国家具协会副理事长陈宝光说。

由于邦家坚持"只租不卖"的原则,不涉及厂家自有的分销价格体系,所以邦家已与多家制造商达成了战略合作关系。从2010年开始,邦家准备用两年时间在全国再开设50家旗舰店和50家中心店,而这些门店也将成为与邦家达成战略合作关系企业的最好展示平台。

(资料来源:人民网)

案例讨论:

1. 邦家的成功给你最好的启迪是什么?
2. 赢利模式的选择应该坚持什么样的原则?
3. 选择怎样的赢利模式才是最适合企业和创业者的呢?

7.2　商业融资的概念及特点

商业融资是当前商业发展的重要手段,融资即是一个企业的资金筹集的行为与过程,商业融资可以分为直接融资和间接融资。直接融资是不经金融机构的媒介,由政府、企事业单位及个人直接以最后借款人的身份向最后贷款人进行的融资活动,其融通的资金直接用于生产、投资和消费,最典型的直接融资就是公司上市。此外还有以项目建企业的项目型公司。间接融资是通过金融机构的媒介,由最后借款人向最后贷款人进行的融资活动,如企业向银行、信托公司进行融资等。

商业融资的特点比较鲜明,因为一般的商业融资都是由项目的建立发起的,所以研究商业融资的特点,就首先要了解创业项目的特点。创业项目的特点也就决定了商业融资模式的特点。项目导向型融资是指融资方式依赖于项目的现金流量和资产而不是依赖于项目的投资者或发起人的资信来安排。以项目为主体安排的融资,贷款者在项目融资中的注意力主要放在项目的贷款期间能够产生多少现金流量用于融资,融资的数量、融资成本的高低以及融资模式的设计都是与项目的预期现金流量和资产价值直接相关的。

有限追索是项目融资的第二个特点。追索是指在借款人未按期偿还债务时贷款人要求以抵押资产以外的其他资产偿还债务的权力。在某种意义上,贷款人对项目借款人的追索形式和程度,是区分融资是属于项目融资还是属于传统形式融资的重要标志。对于后者,贷款人为项目借款人提供的是完全追索形式的贷款,即贷款人主要依赖的是自身的资信情况,而不是项目本身;而前者,作为有限追索的项目融资,贷款人可以在贷款的某个特定阶段(如项目的建设期和试生产期)对项目借款人实行追索,或者在一个规定的范围内(这种范围包括金额和形式的限制)对项目借款人实行追索,除此之外,无论项目出现任何问题,贷款人均不能追索到项目借款人除该项目资产、现金流量及所承担的义务之外的任何形式的财产。

有限追索的极端是"无追索",即融资百分之百地依赖于项目的经济强度,在融资的任何阶段,贷款人均不能追索到项目借款人除项目之外的资产。然而,在实际工作中是很难获得这样的融资结构的。

为了实现项目融资的有限追索,对于与项目有关的各种风险要素,需要以某种形式在项目投资者(借款人)、与项目开发有直接或间接利益关系的其他参与者和贷款人之间进行分担。一个成功的项目融资应该是在项目中没有任何一方单独承担起全部项目债务的风险责任,这一点构成了项目融资的第三个特点。在组织项目融资的过程中,项目借款人应该学会如何去识别和分析项目的各种风险因素,确定自己、贷款人以及其他参与者所能承受风险的最大能力及可能性,充分利用与项目有关的一切可以利用的优势,最后设计出对投资者具有最低追索的融资结构。

一般来说,风险分担是通过出具各种保证书或做出承诺来实现的。保证书是项目融资的生命线,因为项目公司的负债率都很高,保证书可以把财务风险转移到一个或多个对项目有兴趣但又不想直接参与经营或直接提供资金的第三方。保证人主要有两大类:业主保证人和第三方保证人。当项目公司是某个公司的子公司时，项目公司的母公司是项目建成后的业主，贷款方一般都要求母公司提供保证书。当项目公司无母公司，或母公司及发起方其他成员不想充当保证人，可以请他们以外的第三方充当保证人。可以充当保证人的主要有五类人：材料或设备供应商、销售商、项目建成后的产品或服务的用户、承包商、对项目感兴趣的政府机构。因融资主体的排他性、追索权的有限性，决定着作为项目签约各方对各种风险因素和收益的充分论证。确定各方参与者所能承受的最大风险及合作的可能性，利用一切优势条件，设计出最有利的融资方案。

与传统的融资方式比较，项目融资存在的一个主要问题是相对筹资成本较高，组织融资所需要的时间较长。项目融资涉及面广、结构复杂，需要做好大量有关风险分担、税收结构、资产抵押等一系列技术性的工作，筹资文件比一般公司融资要多出几倍，需要几十个甚至上百个法律文件才能解决问题，这就使得组织项目融资花费的时间要长一些。而项目融资的大量前期工作和有限追索性质，导致融资的成本要比传统融资方式高。融资成本包括融资的前期费用和利息两个主要组成部分。

项目融资虽比传统融资方式复杂，但可以达到传统融资方式实现不了的目标。一是有限追索的条款保证了项目投资者在项目失败时，不至于危及投资方其他的财产；二是在国家和政府建设项目中，对于"看好"的大型建设项目，政府可以通过灵活多样的融资方式来处理债务可能对政府预算造成的负面影响；三是对于跨国公司进行海外合资投资项目，特别是对没有经营控制权的企业或投资于风险较大的国家或地区，可以有效地将公司其他业务与项目风险分离，从而限制项目风险或国家风险。可见，项目融资作为新的融资方式，对于大型建设项目，特别是基础设施和能源、交通运输等资金密集型的项目具有更大的吸引力和运作空间。

融资过程中为筹集和使用债务资金而花的代价被列为融资成本，它包括融资的前期费用（顾问费、承诺费、法律费等）和利息成本两个主要组成部分。融资项目因为涉及面广，结构复杂，需要做大量的有关风险分担、税收结构、资产抵押等技术工作；贷款人可能要求附加保险而加大支出；较之传统融资方式，贷款人在项目中承担了较大风险，因而贷款利率相对较高，等等。据统计项目融资前期费用一般占贷款金额的 0.5%～2%，与项目规模成反比。项目融资利息成本一般要高于同等条件公司贷款的 0.3%～1.5%，与贷款银行在融资结构中承担的风险以及对项目借款人的追索程度密切相关。项目融资的成本较高是项目融资被广泛运用的一个障碍。但它强大的筹资能力和它带来的规模经济效应能够抵销较高的成本代价，实现精心的财务管理和合理的融资结构是能够降低成本的。

项目融资被认为是国际金融市场涌现的新型融资方式。它对借款人的有限追索，对风险的分担和规避，其强大的资金筹措能力和为金融所需做出的灵活处理，无不表明作为一种融资方式包含着丰富内容，具有特殊魅力，它在国际范围内已受到越来越多的关注。我国自改革开放以来，已有利用项目融资方式成功地引进外资的先例，极大地促进了我国经济的发展。随着经济全球化和我国加入世贸组织以后外资银行的进入，项目融资方式无论在国际或国内金融市场上都有广阔的前景。

7.2.1　商业融资模式决定企业战略

1. 商业融资模式决定公司的财务战略制定

公司的商业融资模式对公司的财务战略的影响主要体现在两个方面：公司的资本结构构成和财务风险问题。资本结构是指企业各种资本的价值构成及其比例。一般的企业融资结构，或称资本结构，反映的是企业债务与股权的比例关系，它在很大程度上决定着企业的偿债和再融资能力，决定着企业未来的赢利能力，是企业财务状况的一项重要指标。这里需要分析注意的是短期负债和长期负债的比例问题。

$$资产负债率＝（负债总额/资产总额）×100\%$$

该指标数值较大，说明公司扩展经营的能力较强，股东权益的运用越充分，但债务太多，会影响债务的偿还能力。财务战略关注的焦点是企业资金流动，这是财务战略不同于其他各种战略的关键点，企业财务战略应基于企业内、外环境对资金流动的影响。从财务战略环境分析的特征出发，企业财务战略的目标是确保企业现金流均衡有效流动进而实现企业总体战略，所以，从融资模式的构成情况来看，很大程度上就决定了企业的资本构成和财务风险情况。特别需要注意的是，创业企业在创业初期，或许会依靠某种特有的资本来源，控制一定的负债率，使其在一个合理的波动范围进行运转，但是从长久的公司财务战略来看，选择一个合理的公司融资模式是十分必要的。

2. 商业融资模式决定公司的运营战略

运营战略是运营管理中最重要的一部分，传统企业的运营管理并未从战略的高度考虑运营管理问题，但是在今天，企业的运营战略具有越来越重要的作用和意义。运营战略是指在企业经营战略的总体框架下，如何通过运营管理活动来支持和完成企业的总体战略目标。我们这里的公司运营战略主要是从企业的公司治理和营销管理方面来考虑的，并非广义上的、整体的战略构想。公司的运营战略主要是通过公司的融资模式、资本构成、公司治理和营销模式这样的一个链条展开的，主线便是资本。资本的筹集、分配、流动和回收是企业运行的"发动机"，通过资本的流动形成企业的产权关系、利益分配、权力和责任的格局。所以，从企业的创业之初，商业融资模式的选择就为企业的长期发展和战略构成定下了基调，也是企业能否长远发展的关键。

7.2.2　创业企业商业融资方式

资金短缺、融资困难是创业企业在发展中面临的一个普遍问题，极大地限制了创业企业的发展和壮大，因而解放思想、拓宽创业企业融资渠道、推动创业企业融资的多种模式运作一直是我们关注的问题。

1. 产品支付

产品支付是针对项目贷款的还款方式而言的。借款方式在项目投产后直接用项目产品来还本付息，而不以项目产品的销售收入来偿还债务的一种融资租赁形式。在贷款得到偿还以前，贷款方拥有项目的部分或全部产品，借款人在清偿债务时把贷款方的贷款看作这些产品销售收入折现后的净值。产品支付这种形式在美国的石油、天然气和采矿项目融资中应用得最为普遍。其特点是：用来清偿债务本息的唯一来源是项目的产品；贷款的偿还期应该短于项目有效生产期；贷款方对项目经营费用不承担直接责任。

2. 融资租赁

这是一种特殊的债务融资方式，即项目建设中如需要资金购买某设备，可以向某金融机构申请融资租赁。由该金融机构购入此设备，租借给项目建设单位，建设单位分期付给金融机构租借该设备的租金。融资租赁在资产抵押性融资中用得很普遍，特别是在购买飞机和轮船的融资中，以及在筹建大型电力项目中也可采用融资租赁。

3. BOT 融资

BOT（建设—经营—转让）融资方式是私营企业参与基础设施建设，向社会提供公共服务的一种方式。BOT 方式在不同的国家有不同称谓，我国一般称其为"特许权"。以BOT 方式融资的优越性主要有：首先，减少项目对政府财政预算的影响，使政府能在自有资金不足的情况下，仍能上马一些基建项目。政府可以集中资源，对那些不被投资者看好但又对地方政府有重大战略意义的项目进行投资。BOT 融资不构成政府外债，可以提高政府的信用，政府也不必为偿还债务而苦恼。其次，把私营企业中的效率引入公用项目，可以极大地提高项目建设质量并加快项目建设进度。同时，政府也将全部项目风险转移给了私营发起人。最后，吸引外国投资并引进国外的先进技术和管理方法，对地方的经济发展会产生积极的影响。BOT 投资方式主要用于建设收费公路、发电厂、铁路、废水处理设施和城市地铁等基础设施项目。

BOT 很重要，除了上述的普通模式，BOT 还有 20 多种演化模式，比较常见的有：BOO（建设—经营—拥有）、BT（建设—转让）、TOT（转让—经营—转让）、BOOT（建设—经营—拥有—转让）、BLT（建设—租赁—转让）、BTO（建设—转让—经营）等，不同的企业经营方向可以选择不同的模式来组合操作。

4. TOT 融资

TOT（transfer-operate-transfer）是"移交—经营—移交"的简称，指政府与投资者签订特许经营协议后，把已经投产运行的可收益公共设施项目移交给民间投资者经营，凭借该设施在未来若干年内的收益，一次性地从投资者手中融得一笔资金，用于建设新的基础设施项目；特许经营期满后，投资者再把该设施无偿移交给政府管理。

TOT 方式与 BOT 方式是有明显区别的，它不需直接由投资者投资建设基础设施，因此避开了基础设施建设过程中产生的大量风险和矛盾，比较容易使政府与投资者达成一致。TOT 方式主要适用于交通基础设施的建设。

最近国外出现一种将 TOT 与 BOT 项目融资模式结合起来但以 BOT 为主的融资模式，叫作 TBT。在 TBT 模式中，TOT 的实施是辅助性的，采用它主要是为了促成 BOT。TBT 有两种方式：一是公营机构通过 TOT 方式有偿转让已建设施的经营权，融得资金后将这笔资金入股 BOT 项目公司，参与新建 BOT 项目的建设与经营，直至最后收回经营权。二是无偿转让，即公营机构将已建设施的经营权以 TOT 方式无偿转让给投资者，但条件是与 BOT 项目公司按一个递增的比例分享拟建项目建成后的经营收益。两种模式中，前一种比较少见。

长期以来，我国交通基础设施发展严重滞后于国民经济的发展，资金短缺与投资需求的矛盾十分突出，TOT 方式为缓解我国交通基础设施建设资金供需矛盾找到一条现实出路,可以加快交通基础设施的建设和发展。

5．PPP 融资模式

PFI 模式和 PPP 模式是最近几年国外发展得很快的两种民资介入公共投资领域的模式,虽然在我国尚处于起步阶段,但是具有很好的借鉴作用,也是我国公共投资领域投融资体制改革的一个发展方向。

PPP(public private partnership),即公共部门与私人企业合作模式,是公共基础设施的一种项目融资模式。在该模式下,鼓励私人企业与政府进行合作,参与公共基础设施的建设。

其中文意思是:公共、民营、伙伴。PPP 模式的构架是:从公共事业的需求出发,利用民营资源的产业化优势,通过政府与民营企业双方合作,共同开发、投资建设,并维护运营公共事业的合作模式,即政府与民营经济在公共领域的合作伙伴关系。通过这种合作形式,合作各方可以达到与预期单独行动相比更为有利的结果。合作各方参与某个项目时,政府并不是把项目的责任全部转移给私人企业,而是由参与合作的各方共同承担责任和融资风险。这是一项世界性课题,已被国家计委、科技部、联合国开发计划署三方会议正式批准纳入正在执行的我国地方 21 世纪议程能力建设项目。

6．PFI 融资模式

PFI 的根本在于政府从私人处购买服务,目前这种方式多用于社会福利性质的建设项目,不难看出这种方式多被那些硬件基础设施相对已经较为完善的发达国家采用。比较而言,发展中国家由于经济水平的限制,将更多的资源投入了能直接或间接产生经济效益的地方,而这些基础设施在国民生产中的重要性很难使政府放弃其最终所有权。

PFI 项目在发达国家的应用领域总是有一定的侧重,以日本和英国为例,从数量上看,日本的侧重领域由高到低为社会福利、环境保护和基础设施,英国则为社会福利、基础设施和环境保护。从资金投入上看,日本在基础设施、社会福利、环境保护 3 个领域仅占英国的 7％、52％、1％,可见其规模与英国相比要小得多。当前在英国 PFI 项目非常多样,最大型的项目来自国防部,如空对空加油罐计划、军事飞行培训计划、机场服务支持等。更多的典型项目是相对小额的设施建设,如教育或民用建筑物、警察局、医院能源管理或公路照明,较大一点的包括公路、监狱和医院用楼等。

7．ABS 融资

ABS 融资即资产收益证券化融资。它是以项目资产可以带来的预期收益为保证,通过一套提高信用等级计划在资本市场发行债券来募集资金的一种项目融资方式。具体运作过程为:①组建一个特别目标公司。②目标公司选择能进行资产证券化融资的对象。③以合同、协议等方式将政府项目未来现金收入的权利转让给目标公司。④目标公司直接在资本市场发行债券募集资金或者由目标公司信用担保,由其他机构组织发行,并将募集到的资金用于项目建设。⑤目标公司通过项目资产的现金流入清偿债券本息。

7.2.3 创业战略与商业融资模式选择

1. 紧缩型创业战略下的商业融资模式选择

紧缩型战略是指企业从目前的战略经营领域和基础水平收缩与撤退,且偏离起点战略较大的一种经营战略。与稳定型战略和增长型战略相比,紧缩型战略是一种消极的发展战略。一般地,企业实施紧缩型战略只是短期的,其根本目的是使企业躲过风暴后转向其他的战略选择。有时,只有采取收缩和撤退的措施,才能抵御竞争对手的进攻,避开环境的威胁和迅速地实行自身资源的最优配置。可以说,紧缩型战略是一种以退为进的战略。

在创业初期,紧缩型战略的应用是较为普遍的,也是创业探索的过程,这个阶段企业应该采取防御性的融资模式,降低融资规模,但是仍可保持一定的负债率,不必撤回或调整其激进型的投资部分,基本上要维持一定的负债资本结构。一方面紧缩型战略是企业为了适应外界环境而采取的一种战略。这种外界环境包括经济衰退、产业进入衰退期、对企业的产品或服务的需求减小等种类。在这些情况下,企业可以采取适应性紧缩战略来度过危机,以求发展。另一方面,在资本市场相对发达的情况下,如果新进行业的增长性及市场潜力巨大,则理性投资者会甘愿冒险,高负债率即意味着高收益率。调整型紧缩战略的动机既不是经济衰退,也不是经营的失误,而是为了谋求更好的发展机会,使有限的资源分配到更有效的使用场合。

2. 稳健型创业战略下的商业融资模式选择

稳健型战略是指企业遵循与过去相同的战略目标,保持一贯的成长速度,同时不改变基本的产品或经营范围。它是对产品、市场等方面采取以守为攻、以安全经营为宗旨、不冒较大风险的一种战略。

采取稳健性战略的公司往往是处于行业的成熟期,经营风险相应降低,公司对外投资比较少,资金的需求主要表现为对原有资产的整合以及稳定增长过程所需增加资产的投入,这种战略下的公司不会出现大量的资本需求。一般财务上的表现为:公司的收入增长相对平稳,利润和现金流也比较稳定,对于资金的需求不会很大,如果不发放太多股利,内部留存收益就可以满足公司对于资金的需求。此时,企业的融资模式可以是较少的融资规模。但是,如果是创业初期的企业,则需要借助企业稳健的战略背景,一方面,公司稳定的利润和现金流可以提高公司的信用评级,从而为公司从银行取得贷款或是公开发行企业债券、降低筹资成本;另一方面,可以充分利用债务融资以产生抵税效用。公司还可以充分利用其稳定的现金流,采取适当的股利政策,比如,增发股利或采用稳定的股利政策,以吸引更多的投资者,树立良好的公司形象。可以说这个阶段是企业实施第二次创业的最佳机会,也是企业生产再扩大的有利时机。

其实,在一些增长速度比较平稳,一般近似或者略低于国民经济增长速度的产品需求弹性较小的行业,如公共事业、一般食品等企业,往往采用这种稳健的战略,但是这些企业往往会保持较高的负债率,也就是说融资模式是比较积极的。

3. 增长型创业战略下的商业融资模式选择

增长型战略是一种使企业在现有的战略基础水平上向更高一级的目标发展的战略。

它以发展作为自己的核心内容,引导企业不断地开发新产品、开拓新市场,采用新的生产方式和管理方式,以便扩大企业的产销规模,提高竞争地位,增强企业的竞争实力。

实施增长型战略的公司一般是初创期或成长期。在这一阶段,大多数公司认为运作风险比财务风险更重要。因此,从总体上看,企业的融资战略安排应是重视运作风险,尽量降低财务风险,由于公司规模快速扩张,投资规模的扩大,内部融资常常不能满足公司的资金需求。高成长型企业通常以股权融资为主,其长期债务比例和现金红利支付率都非常低。因为在竞争环境下,竞争地位的形成或稳定往往需要持续进行技术、产品研发或服务创新投资,而市场份额和价格竞争等因素又容易使企业资本流入减少或波动。如果举债过度,容易因经营现金流的下降而诱发财务支付危机,轻则损害企业债务信用,重则危及企业生存。因此,高成长型企业的融资决策首先不是考虑降低成本的问题,而是考虑如何与企业的经营资本流入风险相匹配,保持财务灵活性和良好的信用等级,降低财务危机的可能性,兼顾财务风险的融资模式才是更加适合企业长期发展的。

📚 案例 7-3

温州"80 后"女子民间融资 8 亿元　疯狂民间借贷下"温州版吴英"

2007 年 2 月,当浙江本色集团董事长、时年 26 岁的吴英被浙江东阳警方刑事拘留时,施晓洁还是温州顺吉集团一名普通的出纳。

"温州版吴英"横空出世——新一轮温州民间借贷风暴

这是一个比吴英还小 1 岁的女子,1982 年 7 月出生,温州永嘉人,大专毕业,其貌不扬,乏人关注。2009 年后,施晓洁连同她新婚不久的丈夫刘晓颂,突然阔气起来,连续在永嘉县城、瓯北镇和温州市区买下顶级豪宅,又先后开起保时捷轿车,在温州高档场所招摇过市。

2011 年 9 月 20 日晚,施晓洁被警方控制;次日,刘晓颂被刑事拘留。一个昙花一现的神话就此戛然而止。"温州版吴英"横空出世——这是此轮温州民间信贷风暴中,涉案金额最大的一起非法集资案。目前在警方登记的债权总额已超过 8 亿元,比吴英的 7.7 亿元涉案金额还多。据《时代周报》记者独家掌握的情况,此案涉及直接债权人 20 人左右,间接债权人则有数百上千之多,有些家族和村落的资金几乎被席卷一空。

"温州版吴英"案发涉案资金大部分不知去向

截至目前,包括刘晓颂、施晓洁夫妇在内,已有 5 人涉案被刑事拘留,1 人取保候审,另有人员闻风潜逃。令许多人百思不得其解的是,这 8 亿多元资金,除购置豪宅、豪车及注册公司、购买少量商铺和生活挥霍外,大部分不知去向。永嘉警方追查月余,真相仍不明就里。

按照施晓洁案发前的说法,这些资金的去向包括:某某竞选村主任 500 万元,温州某知名地产公司竞拍土地 1 000 万元,永嘉某知名企业 IPO 上市 4 000 万元……这里面的真真假假,或许只有施晓洁本人明白。

施晓洁的伯伯施顺吉,则是永嘉知名企业顺吉集团董事长。顺吉集团位于永嘉县瓯北镇,系国家公路施工总承包一级企业,以承揽交通工程建设为主业。施顺吉早年是开凿岩石的工匠，外号"打岩吉"，不通文墨，仅会写自己的名字。因为人仗义，施顺吉在永嘉和温州积累了颇多人脉，系第七届、第八届永嘉县政协常委，第十届、第十一届温州市人大代表。此外，施顺吉还是永嘉县武术协会会长。

因为施顺吉夫妇都不懂财务，侄女施晓洁大专毕业后，即进入顺吉集团担任财务部出纳，被施顺吉视同女儿一般。按照施顺吉的说法，施晓洁正式出任出纳的时间为2005年，2010年10月21日办理工作移交，不再担任出纳工作。但按照大部分债权人的说法，一直到案发前，施晓洁都在顺吉集团上班。

2008年，在遍地老板的温州，刘晓颂、施晓洁不过是再普通不过的一对夫妇。

刘晓颂、施晓洁夫妇一夜暴富

让身边很多朋友吃惊的是，2009年，仿佛一夜之间，刘晓颂、施晓洁突然"阔"起来了。

先是接连买房。当年，刘、施夫妇先在永嘉县城买下大自然小区住房一套入住——这是永嘉县城最高档的一个小区。紧接着，两人又在瓯北最豪华的中楠国际广场（由报喜鸟集团开发），买下8栋24楼一套160平方米的住宅，并在2010年春节前乔迁入住，直到案发。目前，这里的房价每平方米已超过3万元。

此后，两人又在温州市区买下中瑞·曼哈顿房子一套。这是温州顶级的住宅，两人买下时，售价1680万元，单价5.8万元/每平方米，首付350万元。目前这里的房价已涨到每平方米7万元。此外，刘、施夫妇还在温州市区买下香缇半岛、绿城鹿城广场等多处豪宅。其中鹿城广场单价高达8万元。粗略计算，加上按揭，两人光买房子的钱就花了七八千万元。

房子再多，也不能拿在手里向人炫耀，车子成为两人向外展示自己身家的最好配置。定亲时的马自达6轿车早已拿不出手，刘晓颂先是买了辆宝马730，马上又换成保时捷SUV。2011年上半年，刘到杭州预订了一辆售价408万元的宾利，定金50万元，计划2012年1月拿车，不曾想东窗事发。

到2012年10月21日，刘、施夫妇被拘已整整1个月，但警方一直没有向外公布具体案情。据永嘉县公安局一位领导透露，该局一直在追查8亿多元资金的去向，但因为施晓洁不配合，这些资金又涉及100多个不明身份的账户，调查清楚需要很长时间。

刘晓颂的朋友阿华告诉《时代周报》记者，他和朋友借给施晓洁的6000万元资金，系按照施的要求，分别打到刘晓颂的司机及其他指定账户上。他曾委托在银行的朋友私下帮忙追查这些资金的去向，但都没有结果。据阿华了解，施晓洁控制的银行账户，不会少于50个，大部分集中在农行和建行。而其中出入资金最大的，是阿华朋友"馒头"的一个账户。

7月22日，"馒头"在农行温州城东支行营业部开立账户，随后交给刘晓颂。直到事发后，他从银行打出交易明细，才知道自己的账户被施晓洁当作洗钱的一大工具。

《时代周报》记者发现，从8月25日开始，该账户开始有频繁的巨额资金出入，而这些资金无一例外都通过网上银行转账。当天，一笔350万元的资金打入，旋即又打出。之后，以100万元为单位，连续打入500万元，又分4笔全部打出，余额最终仅剩1元。

8月26日的进出更为频繁。当天打入的金额，计有500万元、400万元各1笔，300

万元 2 笔,100 万元的 6 笔,总计 2 100 万元。当天,这些资金又几乎全部打出,余额仅剩几万元。

此后,除 8 月 28 日和 9 月 4 日两个周日,到 9 月 8 日,该账户每天都有大量资金进出,且大部分资金基本都没有在账户过夜。

9 月 8 日成为最后的疯狂。当天,一笔 350 万元的资金打入,后分 250 万元、100 万元两笔转出,账户余额剩下 4 500 元。此后,该账户再无大的资金出入。10 多天时间,进出"馒头"账户的资金,高达 1 亿多元,此时施晓洁无疑已经忙于拆东墙补西墙,填补漏洞,但显然为时已晚。

施晓洁被抓后,因为找不到资金出口,许多债主都怀疑施晓洁所借资金,被顺吉集团占用,并有债主找到施顺吉,要求给出说法。在当地论坛上,许多网民也将矛头对准顺吉集团,怀疑施晓洁之所以"拒不交代",是为了替顺吉集团顶包。

10 月 13 日下午,在顺吉集团办公室,施顺吉一再向《时代周报》记者表示,顺吉集团"与施晓洁案无关"。施顺吉称,9 月 16 日,他才知道施晓洁被债主逼债的消息。施晓洁涉案事情暴露后,社会和网络上出现了很多针对顺吉集团不好的谣言,给顺吉集团的声誉造成了"严重负面影响"。

顺吉集团一方面在媒体上进行了声明;另一方面向温州市委、市政府以及永嘉县政府进行了紧急报告,要求给予帮助。

9 月 27 日,永嘉县人民政府就此专门召开会议,通报了该案件的最新进展,说明施晓洁涉嫌案件与顺吉集团无关。温州市委、市政府也十分重视,温州市常务副市长亲自批示:"请市公安局严肃查处,请市委宣传部帮助做好正面宣传。"

但不少债主并不认同施顺吉的说法。据多位债权人向《时代周报》记者介绍,9 月 29 日,顺吉集团在永嘉县瓯北镇的梦江大酒店 4 楼的梦江厅,宴请永嘉县四套班子及各相关部门领导、各大银行负责人,据说宴席摆了十几桌。

9 月 30 日,《温州都市报》以《永嘉一对夫妇涉嫌非法经营被刑拘》为题报道了刘晓颂、施晓洁被刑拘的消息。文章的副标题为"警方初步查明涉案资金 8 亿元,网传的'顺吉集团参与其中'系谣言"。这是迄今为止,官方关于该案透露的唯一信息。而根据温州市公安局公布的数字,温州警方已立案的涉嫌非法吸收公众存款和集资诈骗案件,已达到 19 起。另外,还有 4 起定性为非法经营案件。在《温州都市报》的报道中,刘、施夫妇涉嫌的罪名,正是"非法经营",警方称两人"存在涉嫌倒卖银行承兑汇票的行为"。而按照一些债权人的说法,定罪"非法经营",是有关部门在为两人洗脱罪名。

（资料来源:手机看新闻）

试分析,当今环境下债权人应如何维护自身权益。

知识拓展 7-1

企业商业模式创新七大路径

商界导读:产业结构的多层次性,以及低端消费为主体的庞大国内市场,是中国产业经济的两大特点。中国企业的商业模式创新,就建立在这两大基石之上,由此总结出了中国企业商业模式创新七大路径。

娱乐明星赵本山加入长江商学院，其背后的刘老根大舞台等边缘产业，突然之间成为焦点，从前的荒原竟成财富的绿洲，展现了新兴市场丰富、多元的魅力。

在这里，我们看到了中国经济的特点：既是大国经济，亦是新兴经济，产业结构丰富而多层；既有高新产业，亦有传统产业，不断萌生新的产业；灿若繁星的企业，创意无穷的商业模式；既有接近世界一流的企业，亦有管理水平很低的企业；既有庞大的千亿元企业，亦有无数草根企业。

近年来，由于无法完成产业升级，中国企业在技术创新方面乏善可陈，但是，关于商业模式的创新，却如火如荼，俨然成为潮流。在中国，商业模式的创新，显然比技术创新更为重要。

中国企业商业模式创新，必须建立在深刻洞察中国产业经济的特点之上。产业结构的多层次性，以及低端消费为主体的庞大国内市场，是中国产业经济的两大特点。这个特点使中国企业的存在形态充满无数的可能性质，而这正是中国企业进行商业模式创新的根基。

中国企业的商业模式创新，包含以下七大模式。

1. 新旧产业结合催生的商业模式

奉行此种商业模式的中国企业，大多集中在新式服务行业，其特点是用新的技术与新的运营方式，改变传统行业的运作模式，形成一种新产业与传统产业结合的模式。最典型的如芒果网、携程网等。

芒果网通过整合航空公司、银行、酒店等资源使自身迥然不同于行业领先者，跨行业整合资源必然会突破行业既有的限制与竞争规则，改变行业和企业价值链的构成，这也就在商业模式上同竞争对手形成了差异性。

另外，已经成为中国连锁酒店标杆的如家，其实也是新兴产业与传统酒店行业的结合，而目前，如家的商业模式被形象地形容为"水泥＋鼠标"，足见其特点。

其特点很明显，通过新的技术手段互联网，整合传统产业资源。而这种普遍的模式，其存在的根基，在于中国层次众多的行业，为跨层次的行业资源整合提供了广阔的机遇。

2. 产业链的纵向延伸

这种模式存在的根基在于中国庞大的市场，使中国"挟市场以令诸侯"。我们经常说，中国企业技术水平低，但是，中国庞大的市场，亦是一种巨大的优势。通过集中市场资源，进行"产业倒逼"，逆向或者顺向整合上下游产业链。

最典型的是百丽，其不仅是鞋业巨头，更向经销商转型，从上游产业延伸到下游产业，纵向打通产业链，是典型的上游向下游的纵向产业链延伸。

而分众收购新浪，携其在传播终端的强大渠道能力，向内容及产品领域延伸，则是向上游产业链的延伸。

近年崛起的百泰传媒亦是如此。百泰传媒本是酒店终端媒体的巨头，主要从事媒体展示，后来其投资进入媒体，自己做内容，亦是从下游产业向上游产业的延伸，而这种延伸的根基，就在于其在终端的无与伦比的强大能力。

在连锁领域，也有一些企业，向上游产业链延伸。如沃尔玛最近几年，亦开始根据顾客需要,进行部门产品的自我加工,从传统的零售商向制造商转变,内地的国美,则联合香港的新恒基集团,在沈阳建立了国美工业园,生产手机、电视、电脑等产品,实现向上游产业的延伸。

无论上游向下游,还是下游向上游,这种模式的特点,都根源于某一个企业掌握了庞大的国内市场。

3. 全球化的逐步深化带来的机遇

自中国加入 WTO(世界贸易组织)之后,中国企业利用全球资源的能力日益加强,亦提供了很多创新商业模式的条件。

中国庞大的国内市场,本土化人才在社会资源方面的无可替代性,都使中国企业在全球范围内寻找到互换资源的机会与筹码。

近年来中国很多企业都在国际资本扶持下,迅速完成飞跃。

蒙牛在完成初期的发展之后,即获得高盛、大摩等的强大资金支持,在国际大财团的支持下,蒙牛从以前的潜力公司,即可进化为现实的行业龙头,借助资本的力量,完成了跨越式发展,而分众、盛大、阿里巴巴等,均通过国际性财团完成了初步的飞跃。

还有一些企业,借助国际先进技术,完成了企业飞跃,最典型的是云南白药和秦川机床。

云南白药与德国拜尔斯多夫尔兰、爱尔兰 Alltracel 制药公司合作,开发出"白药创可贴",借助国际医药巨头的力量,改变了白药的功用,完成产品与商业模式的双重创新。其后,云南白药在创可贴市场击败全球头号创可贴巨头强生,实现了"以强制强"的战略目标。

秦川通过并购控制了美国 UAI,后者在机床方面具有几大全球性优势,其后,秦川掌握了机床方面的全球先进技术,其海外市场得到迅速发展。

TCL 之于汤姆逊、明基之于西门子、联想之于 IBM,其实也是这种模式,不过其努力并未完全成功,但是,通过并购或者联盟国际巨头,获得先进技术模式,这种尝试仍然具有积极意义。

值得说明的是,长江商学院一直强调整合全球资源,倡导新洋务运动,从某种意义上说,借助全球化的资源与技术,亦为应有之义。

4. 中国市场压力下的运营模式创新

最近几年,轻公司的模式在中国比较流行,而这种模式的兴起,主要是由于中国市场竞争的剧烈,成本压力过大,迫使企业模式的改变。另外,在轻工行业,国外的耐克等企业的商业模式,亦被国内企业移植和改造。戴尔的直销模式创造的根本,也在于企业成本压力的加大。

最典型的如早年的蒙牛,"先市场后工厂"的模式,使蒙牛比一般的企业少了库存的压力,也少了工厂管理的很多环节,市场反应更灵敏。这种模式,是蒙牛早期崛起的重要因素。鞋业巨头奥康,目前部分业务也仿耐克模式,只保留设计,而分离制造。

前几年比较受到推崇的 PPG 模式,虽然 PPG 遭遇资金危机,但是其早几年这种模式受到了热烈追捧。就结构而言,PPG 模式的核心在于生产销售与供应链管理。这两者分别来自不同的"原型":前者是以直销著称的电脑制造商戴尔,后者则是以"供应链管理"

著称的香港利丰集团。由于没有工厂，没有门店，PPG超低销售成本对业界发起颠覆性冲击。而仿照PPG后期的VANCL，亦是靠这种模式崛起。

5. 源于国内市场剧烈竞争的产业转型

最近几年流行的所谓"蓝海战略"与商业模式创新，其根源即在于国内企业竞争激烈，利润普遍下滑，大家均已到了边缘，由此逼迫企业开拓新的产业领域，更新产品价值。实际上，这是一种企业的战略转移。最典型的是比亚迪进军汽车行业。

此前，比亚迪一直是中国的电池大王，后来，由于电池行业的"天花板"，比亚迪于2003年进军汽车行业。在当时兴起的"外行造车"热潮中，淹没了无数的知名企业，奥克斯、夏新、美的、波导，乃至当时盛极一时的格林柯尔，均以失败而告终，成为洗刷祭坛的鲜血。比亚迪其实是唯一的幸存者，至2009年，比亚迪已经与奇瑞、吉利三足鼎立，并且获得了"股神"巴菲特投资其电动车产业，大有后来居上之势。

事实上，相对很多企业失败，比亚迪成功进行产业转移，具备两个独特的根基：其一是在主业方面，建立了绝对的竞争优势，使竞争者难以短期突破，避免了两线作战的后顾之忧，为新产业的成熟赢得了时间，而奥克斯等企业，本身在空调行业生存紧张，很容易陷入两线作战的境地。其二是在产业布局上，选择了处于发展初期的、未来潜力巨大的行业，可以迅速完成原始积累，不至于陷入持久战的泥潭。过去几年，中国汽车行业呈爆发式增长，已超越美国，成为全球第一产销大国，比亚迪选择汽车行业作为产业转移的方向，可谓明智。

未来，随着中国局部产业成为世界主流，将为很多企业的专业转型，创造无数的机会。同时，也造就新的商业模式。

6. 根源于行业周期导致的并购式发展

进入21世纪之后，残酷的竞争使很多企业利润日益降低，而很多行业经过20余年的发展，亦从培育期过渡到成熟期，品牌集中亦成为必然。同时，境外财团的进入，也使并购方有了更多的资金支持，提供了放大产业的能力。由此，大规模兼并势在必行，出现了一种并购式的发展模式。

在充分竞争行业，这种特点更明显。早年，德隆模式的核心，就是在竞争性行业并购，虽然最后失败，但是德隆主要败于资本运作，在产业方面，却非无可取之处。

最典型的是美的近几年的扩张，美的通过并购荣事达、小天鹅等，在冰箱、洗衣机等领域，完成了产业布局。目前，其冰箱和洗衣机均进入行业前三名，并购相当成功。同时，美的也通过跨行业并购，实现了跨越式发展，在大家电领域，成功从空调制造商转型到综合性的制造商，为美的跃升为中国家电行业的第二大品牌打下根基。

在未来的一些竞争性领域，大规模并购方兴未艾，跨越式并购将造就很多行业巨头新的发展机会，亦创新出新的商业模式。

7. 新兴技术与新兴产业领域

这两大领域主要集中于互联网有关的信息产业，以及新的能源、基础产业。这两大产业与传统产业的区别是，得益于新的产业模式，产业的起步并无明显的发达国家与新兴国家的区别，从产业肇始，即是全球化的开始，阿里巴巴、新浪、网易、百度等的崛起，亦为典型案例。

　　从创立伊始,除了市场在国内以外,这些企业的运营模式已经与国际接轨,而其资金来源也多来自国际财团的投资,结合中国市场与国际化运营方式,是这种企业的普遍特点。

　　而无锡尚德,则是新兴产业里的另外一种新型企业。

　　太阳能产业是新兴产业,而无锡尚德在进入之初,即是一个国际化的企业,资金来自境外风投,人才来自硅谷,市场主要集中在欧洲等海外市场,原料亦主要来自欧美市场。企业治理结构亦非常合理。

　　新兴产业将是中国唯一在起点上与发达国家同时起步的产业,必然获得国家大力扶持,亦会有广阔的发展空间,其商业模式创新,亦将层出不穷。

　　(资料来源:商界财视网,2011-01-04)

 案例 7-4

皇明太阳能:环境利润流

　　企业名称:皇明太阳能集团

　　掌门人:黄鸣

　　主营业务:太阳能

　　模式奖项:2007 最佳商业模式第 1 名

★ 突出表现

2006 年 5 月 5 日,皇明太阳能集团董事长黄鸣以非官方专家的身份应邀站在了联合国第 14 次可持续发展大会的讲坛之上,为全球的能源替代寻求解决方案。这也是迄今为止,唯一在联合国舞台上代表中国形象的企业家。全球能源产业第一次静心倾听来自中国的声音,“皇明模式”成为世界可再生能源、可持续发展的标杆。

★ 核心逻辑

　　在保护环境面前,商业总是充当着叛逆者的角色,但“皇明模式”却开拓了一条“商业与环境的和谐之路”,实现了环境与市场、产业之间的共赢。“皇明模式”中有 3 个循环是关键。循环一:企业与市场,体现了“利润流”的反射效应。企业依靠科普启蒙市场,而市场的快速成长又反哺企业,二者相互促进。循环二:企业与产业,体现了“同频体”的共振效应。循环三:企业与环境,体现了“意识流”的蝴蝶效应。“皇明”正在向世界最大可再生能源供应商的目标迈进。

★ 模式路径

　　“皇明模式”中的 3 个循环系统中的产业链发展路径如图 7-1 所示。

★ 案例调研

　　在联合国第 14 次可持续发展大会上,黄鸣先生关于《商业化是全球能源替代唯一出路——中国太阳能“工业革命”启示录》的主题发言震撼了与会各国政府的代表和专家。

　　与会者在思考这样一个问题:在对太阳能企业实行大量补贴和科技扶持的情况下,欧美发达国家和地区并没有诞生像其他产业一样实力强大的太阳能企业和完善的太阳能产业链。为什么在中国这样一个科技相对落后、政府没有多少扶持的环境下,皇明集团不仅能做大做强,还把太阳能做成了一个巨大的产业?

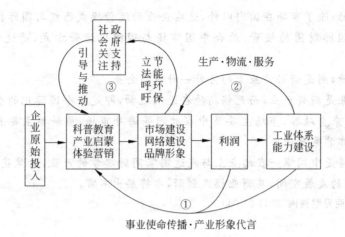

图7-1 "皇明模式"中3个循环系统的产业链路径

调查数据显示：10年来，皇明太阳能集团累计推广太阳能集热面积约1 000万平方米，为国家节约标准煤2 000多万吨，减少相应污染物排放近2 000万吨。同时，我国已经成为世界上最大太阳能利用市场，也是世界最大的太阳能集热器制造中心。

值得关注的是，在保护环境的意识还没引起社会广泛认同的20世纪90年代，"皇明"面对着相对蒙昧的市场环境，如何对一个潜在的市场进行有效的耕耘和开发，并最终能够分享开拓者应得的"红利"？这正是黄鸣在联合国演讲中提到的"商业化"的关键考量。

循环———企业与市场："利润流"的反射效应

皇明集团进入太阳能领域时，整个产业内无参照、外无引进，工业体系的基础几乎是一片空白，是在荒漠上盖房子。

首要问题就是市场在哪里。当时公众对太阳能几乎是零认知。其商业模式要解决的问题是市场启蒙：培育市场、培育客户。面对着蒙昧的市场，黄鸣扮演了"太阳能教主"的角色。皇明集团的首要任务就是普及太阳能知识，原始投入几乎全部用于太阳能科普。采取集中人财物力打歼灭战与阵地战，逐个市场突破的办法，一个一个城市去攻占，一个一个区域市场去开拓。

为了普及太阳能的相关知识，黄鸣启动了"全国太阳能科普车队万里行活动"，带着自己编辑的《太阳能科普报》，逐个城市"传道"。济南、南京、无锡、上海、福州、厦门……皇明的"路演"热浪很快席卷了半个中国。至今，皇明的科普宣传队行程已经达8 000多万千米，发放了9 000多万份《太阳能科普报》，建立了10 000多个营销网点，为太阳能行业在全国范围内进行了一次地毯式的市场启蒙运动。

因为消费者是通过皇明的《太阳能科普报》认识了太阳能，所以很多人成了皇明潜在而忠实的客户，"皇明"也成了他们心目中最信赖的太阳能品牌。市场依靠科普越做越大，太阳能的产品越卖越多，企业赚取的利润也越来越丰厚。由此激发企业拿出从市场获利的相当一部分，进一步优化产业发展环境、支持相关公益活动、提升科普公关层次，主动去承担更多市场启蒙的社会责任。但这些都不是纯粹的捐赠和公益行为，仍然是以企业和产业的商业利益为最终目的。此举既促进了整个太阳能市场的快速发展，也使企业品牌的地位更加巩固,形成相得益彰的良性循环。

皇明集团的环保百万人大签名、博物科技馆建设、推动立法、领孤工程等,不仅改善了产业形象,也为自身发展赢得了更大的市场空间。企业持续的赢利能力,是"皇明模式"的首要因素。

对于循环一,可以看作"皇明模式"的产业开拓阶段。特征:企业规模小、实力不足;产业的公众认知度低,消费者对产品的使用特征不了解,缺乏购买欲望。商业模式的应对:集中企业有限资源,选择容易启动的细分市场集中突破,采取科普教育、产业启蒙、体验营销等手段教育和启动市场,尽快形成企业和市场同步增长的良性循环。

循环二——企业与产业:"同频体"的共振效应

开拓者只有两个命运:要么是"先驱",要么成"先烈"。幸运的是"皇明"成了行业的先驱者。不过,一旦产业趋向成熟,必然会引来大量追随者,并迅速改变产业环境,甚至颠覆产业秩序。作为产业的启蒙者,如何在保持领先与维护产业秩序之间取得平衡,成为开拓者的两难选择。

在太阳能行业,由于当时政府与社会对产业的监管几乎是空白,所以企业同时必然要承担社会与政府的一部分职能,引导行业所有的从业者共同维护行业形象、提升产业水平。与孟加拉尤努斯的"格莱珉模式"一样,"皇明模式"也找到了用持续赢利的商业行为来承担企业责任的方式。在循环一中,企业通过科普启动市场,获得了维持自身可持续发展的利润。虽然这样付出的代价极大,但得到的却是成倍的回报。稳定增加的经营利润,刺激企业不断扩大再生产,不断创新完善太阳能工业体系,提高生产能力与生产水平。这些反过来又增强了企业拓展市场、掌控市场、服务用户的能力。随着皇明核心竞争力的提升,企业在中国太阳能产业领域的领航者地位更加巩固,对催生中国太阳能产业,提高整个行业工业化水平,起到重要的引导和示范作用。这就是"皇明模式"的第二个循环,即企业商业利益的可持续增长,既满足企业生存发展的第一需要,又激发企业长期投资来提升产业实力与管理能力。这就是中国太阳能产业在没有政府补贴的情况下,之所以能够持续发展的关键因素。

"皇明模式"通过以下两个方面的工作,确保了企业与产业的"共振"。

一是回避价格战,坚守高质量。在市场有效启动之后,太阳能利用行业和其他行业一样,一时间冒出了数千家竞争对手,而对新进入者来说,最有效的办法就是打价格战。这时候皇明面临的是打价格战还是质量战的路线选择。在黄鸣看来,降低价格就意味着降低产品的品质,产品性能、寿命、服务都会打折扣,虽然好卖,但不好用。作为行业龙头,如果皇明也在短期利益诱惑下,用低质低价的产品去应付不明真相的消费者,那对太阳能产业而言,绝对是种悲哀。在这种指导思想下,皇明没有陷入行业的价格竞争,反而砍掉了占总销售额 70% 的小规格产品,主推大规格产品,利用技术和质量优势占据市场高端。

二是不因循守旧,逐步变革提升企业经营体系。从 2005 年起,黄鸣强制推行"原配一体机"制度,所有的材料全部由皇明提供。同样在 2005 年,黄鸣把原来良莠不齐的代理店全部转型为 5S 店,集销售、服务、形象展示等多种功能于一体,类似汽车销售的 4S 店。这不仅大大提升了终端的硬件水平和形象,也对经销商提出了更高的素质要求。针对部分经销商在素质和工作意愿上无法跟上公司发展的脚步,黄鸣还尝试让部分经销商转型为投资商,把终端的经营权和所有权分离。经销商负责投资建设终端,并负责维护当地经营环境和公共关系,此外,皇明在管理上有优势,负责派出店长、招聘并管理员工,销售、安装产品并进行售后服务。经销商拥有终端的产权,皇明拥有经营权。如果经销商不愿继续合作,可以转让产权或者拿回投资,但整个终端的队伍和架构不必像以往那样推倒重来。

对于循环二,可以看作"皇明模式"的产业建设阶段。其特征有:企业规模逐步扩大、实力逐步增强;在市场形成一定的有效规模之后,外部资金开始进入,市场竞争趋于激烈。商业模式的应对:以行业建设者和产业领袖的身份引导与维护市场的良性竞争,避免产业在价格战中走向低价格、低质量的破坏性循环。

循环三——企业与环境:"意识流"的蝴蝶效应

企业通过循环一、循环二开辟出不断增长的太阳能市场,用户群像雪球一样越滚越大。由此不仅解决大量社会就业、上缴国家大量税金,而且节约数量巨大的常规能源,减少巨量的污染物排放。这个影响不是静止的,它有自动循环并不断放大的作用,就像蝴蝶效应一般。首先,企业和整个产业节能环保促进社会突出矛盾的解决,形成巨大的公众心理冲击,引起政府和社会高度关注与大力支持。太阳能行业诞生全国人大代表黄鸣,以及《可再生能源法》颁布实施,联合国大会等国际性组织的特邀等,和政府与社会环境的影响有很大的关系。如果中国没有崛起巨大的太阳能市场,那《可再生能源法》也许就没有这么多人支持,其出台速度也就可能没有这么快。中国太阳能产业的"皇明模式"也就不会登上联合国的讲坛。其次,中国太阳能集热器总保有量已经达到7 500万平方米,拥有4 000万用户,直接受益人数约1.5亿人。这些人不仅是太阳能企业的用户,更重要的是,在使用了太阳能产品后,其中绝大多数人直接转变为节能环保事业坚定的支持者、传播者和实践者。随着这股社会力量的日益强大,能源替代的呼声更加高涨,舆论氛围更加浓厚,太阳能企业与产业的发展环境也就更加优越。

在太阳能相关产业的技术研发上,"皇明"已经在太阳能一体化建筑、太阳能灯具、节能玻璃、太阳能高温发电、太阳能除湿、太阳能海水淡化、太阳能空调制冷等多个具有重大社会和经济意义的领域潜伏、耕耘多年,纷纷到了"一触即发"的收获阶段。

对于循环三,可以看作"皇明模式"的持续发展阶段。其特征有:其一,企业已经建立起比较大的经营规模和行业地位,面临着进一步做大做强和持续发展的问题;其二,产业已经形成巨大的市场空间,同时需要建立和社会之间的融合互动以及产业自身的持续发展。商业模式的应对:在外部,引导社会、政府和产业之间的和谐关系;在内部,通过工业体系、能力建设等基础和核心要素的培育推动企业向更高的层次发展。

案例点评

点评人:赵昊,长江商学院案例研究中心主任,营销学教授,美国罗特格斯大学博士。

2007年9月12日,国际原油期货价格首次突破80美元。石油、煤炭等能源价格不断上扬,来自全球变暖等方面的环境压力也越来越大,可再生能源的发展可谓风生水起,恰逢其时。皇明作为太阳能产业的先行者,从无到有,从普及太阳能知识入手,使消费者通过皇明认识到太阳能的多种优点,并从皇明太阳能产品的消费体验中获益。皇明通过科普启蒙市场、塑造品牌的做法,给企业带来了源源不断的利润流。

可再生能源有太阳能、风能、生物能源等多种形式,其中谁的成本更低,更利于商业化推广,谁就会拥有更广阔的发展前景。中国太阳能产业发展以企业为主体,走商业化之路,注重的是消费者教育、科普教育、体验营销,培养了消费群体,因而市场能够快速启动和放大,而且具有可持续性。同时,中国率先建立了与大规模推广相适应的太阳能工业体系。这其中,皇明的商业模式非常具有代表性,对于全球的可再生能源企业都具有借鉴意义。

防止由产业先驱沦为产业"先烈",这是所有产业的先行者都需要谨慎对待的问题。在市场被有效启动之后,太阳能行业一下冒出了数千家竞争对手。皇明作为行业领导者和建设者,不打价格战,坚持产品的技术和品质标准,非但没有陷入行业的价格竞争,反而砍掉了占总销售额 70％的小规格产品,利用大规格产品占据行业高端,巩固了自己的竞争优势。在销售方面,皇明把原来良莠不齐的代理店全部转型为 5S 店,集销售、服务、形象展示等多种功能于一体,这对于维护其品牌形象非常有帮助。

皇明掌控了太阳能光热利用的核心技术,并且在太阳能高温发电、采暖、制冷、海水淡化、建筑节能等领域走在行业前列。在今后的发展中,皇明要注意强化自身的核心竞争力,在打造太阳能产业链的同时,牢牢把握住产业链的核心价值环节。在这个前提下,皇明可以考虑建立更多的联盟关系,合作开发相关产业。这样,既从战略上避免了过于分散化,也有助于把整个产业做大。

📖 知识拓展 7-2

创业营销的十大攻心策略

用兵之道,以计为首,营销谈判,攻心为妙。上兵伐谋,先乱其心智,后攻其不备,定能大获全胜。营销谈判,犹如用兵,制胜之要,在于用谋。营销攻略就是"经营人心","抓眼球""揪耳朵",都不如"暖人心"。未来的竞争,最后都会聚焦到"人心"(方寸)之争上,以致产生"未见其人,先得其心;未至其地,先有其民"的效果,这才是市场营销艺术的最高境界。智慧营销得人心,得人心者得口碑,得口碑者得市场,得市场者得天下。提高市场占有率的核心是提高人心占有率,基于提高市场人心占有率的十大营销攻略探讨如下。

1. 以信为本,待人诚心

人无信则不立,市无信则不兴。诚信对做人来讲是人格,对企业而言是信誉。人格就是力量,信誉则是无价之宝。以德经商是社会经济文化的基石,经营道德是市场营销文化之魂。

"经营之神"松下幸之助曾这样解释过企业道德:企业道德就是从事经营的正确心态,亦即作为一个经营者应该担负的使命,"作为企业就是要开发一些对人们有用的东西,并尽量使之合理化,在取得合理的利润外尽量使价格便宜,减少浪费,这就是所谓的企业道德"。这虽然说的是企业道德,但同样也适用于市场营销中的道德观。

日本美津浓公司在推出运动服系列时,发现所制造的茶色运动服总爱褪色,无论采用何种工艺均不奏效,于是公司就在每一件茶色运动衣的口袋里装一个字条:"茶色染色工艺目前还没有达到完全不褪色的程度,本产品穿到后来会略有褪色,请选择时谨慎。"这一招以诚待客虽然使茶色运动衣的销量略有下降,但其他颜色的运动衣则大大畅销。这是因为企业诚实地反映了产品的信息，使公众对企业产生了信赖感，从而加入了企业的顾客队伍。

"君子爱财，取之有道。"诚实经营、公平买卖是对企业经营道德的基本要求。同仁堂的创始人是清代名医乐显杨，他尊崇"可以养生，可以济世者惟最"的信条，创办了"同仁堂"，同修仁德，济世养生。在同仁堂，诸如"兢兢小心，汲汲济世""修合（制药）无人见，存心有天知"等戒律、信条，几乎人人皆知。如果谁有意或无意违背这些信条，他不仅要受到纪律的制裁，还将受到良知的谴责。我国有一批像同仁堂这样的老字号，它们在长期的发展过程中，逐步形成了自己独特的经营魅力。它们的营销服务理念中充满了中国儒家礼、义、仁的思想。它们货真价实，言无二价；诚信可靠，童叟无欺。许多百年老店的取名中国味儿很浓，如同仁堂、全聚德、内联升、瑞蚨祥等，这些名字朗朗上口，又寓意深长。

2. 创造需求，顾客动心

顾客的需求，营销的追求。营销有三重境界：一是跟上市场，满足需求；二是把握市场，引导需求；三是洞察市场，创造需求。一流的营销精英追求的是更高的营销境界，是洞察市场，创造需求。在市场竞争日趋白热化的今天，企业营销战略应着眼于创造需求，而不仅仅是瓜分市场。需求的可创造性是基于现代消费需求不仅具有多样性、发展性、层次性，而且还具有可诱导性。市场存在"空穴"，使企业创造需求有隙可乘。一个善于开拓市场的经营者应该明察秋毫，捕捉和发现潜在的需求并主动去满足它。人们的许多新需求开始只是一种潜在的、朦胧的意识。例如，许多人只有一种"坐在家里能看到电影就好了"的需求意识，聪明的发明家和企业家，正是捕捉到了这种需求意识，经过努力把它变为实实在在的商品，从而开辟了一个巨大的新市场。

"王老吉"从2003年起的新广告，成功地将凉茶这种"清热解毒祛暑湿"的广东地方性药饮产品，重新定位为"预防上火的饮料"，解除了药饮的消费群体的局限，以中国传统的"预防上火"概念，让国人普遍了解并接受了广东"凉茶"产品。"怕上火就喝王老吉"，诱导需求、开拓市场的营销策略，真可谓神思妙算，使百年品牌实现了定位大转移，绽放出惊人的光彩！相对于战略营销这个大工程来说，挖掘"卖点"无疑是一个"细节"，但就是这个细节能起到"四两拨千斤"的作用。它是销售中的黄金切入点，只要把这个细节做好了企业的整体营销水平就会大幅度上升。

红罐王老吉成功的品牌定位和传播，给这个有175年历史的、带有浓厚岭南特色的产品带来了巨大的效益：2003年红罐王老吉的销售额比去年同期增长了近4倍，由2002年的1亿多元猛增至6亿元，并以迅雷不及掩耳之势冲出广东；2004年，尽管企业不断扩大产能，但仍供不应求，订单如雪片般纷至沓来，全年销量突破10亿元；2005年再接再厉，全年销量稳过20亿元；2006年加上盒装，销量逼近40亿元大关。

菲利普·科特勒曾指出："市场营销是企业的这种职能：识别目前未满足的需求和欲望，估量和确定需求量的大小，选择企业能最好地为它服务的目标市场，并且确定适当的产品、服务和计划，以便为目标市场服务。"具体来说，营销职能有：开展市场调查，收集信息情报；建立销售网络，开展促销活动；开拓新的市场，发掘潜在顾客；进行产品推销，提供优质服务；开发新的产品，满足顾客需要。

3. 塑造形象，赢得众心

人美在心灵，鸟美在羽毛，企业美在形象。当今市场经济条件下，真正有效的高层竞争是企业形象的竞争,可达到"不战而屈人之兵"的全胜效果。在企业形象策划中,如果设计人员能够自觉地把美的理念融入 CI 设计思想中去,从美感这个切入点展开思维,就会产生思维创新,创造出与众不同的新方案来。这就要求 CI 设计人员必须深入生活实践,细心捕捉自然、社会、思维等领域一切美的信息,将此升华为理念层次的美,并以这种美感来指导 CI 设计。美可以创造新思维,展示企业形象的新天地。

小小鱼头火锅,吃出十几亿元的资产规模,在国内本土餐饮业中还不多见。天时,地利,人和,这些兵者争胜必不可少之势,"谭鱼头"都具备了。谭长安运筹帷幄,精心策划了中国餐饮界上的"火锅兵变"。近年来,海内外媒体频频聚焦"谭鱼头",称"谭鱼头"是中国餐饮业的一匹黑马,第二个"麦当劳"。究竟是什么力量使"谭鱼头"连锁店有如此巨大的威力呢?

首先,系统策划是 CI 塑造的重要原则。"谭鱼头"正是坚持从 MI、BI、VI 三个层面上系统进行 CI 策划,才使"谭鱼头"的企业形象如此突出。

其次,突出个性是 CI 策划中的又一重要原则。"谭鱼头"根据其大众化餐馆的性质,把经营理念确定为"品质、价值、价格",从而具有很强的针对性。以"校园、家园、群团"为企业精神,以"亲情、友情、爱情"为服务理念,以"公开、公平、公正"为用人原则,以"稳定、成长、效率"为组织原则,并提出了"一锅红汤,煮沸人间"的企业口号,浓缩了"谭鱼头"公司以顾客需要为先、以人为本、不断开拓创新的企业风格。

名不正则言不顺,为了品牌的创意,他们精心组织了一系列相关活动,来向社会宣传这种定位。比如"老人也来过""爱心共见 SOS 儿童村"等活动,既回馈了社会,又提升了自己的美誉度,可谓一举两得。

4. 推心置腹,打消疑虑

实物表演,打消疑虑。俗话说"百闻不如一见",一见不如实践。感觉到的东西不能立刻理解它,只有理解到的东西才能更好地感觉它。市场陷阱多多,客户疑心重重。大多数人都患有产品疑心症,特别是面对新产品的时候都有这样的心态:这个产品能管用吗?质量如何?性价比到底如何?在营销活动中,"实物表演"就成为击垮这种疑心的有效方法,能证明真实性。但你必须会卓有成效的实物表演,除了直捣对方的"心",还能影响他们的感官,即眼、耳、鼻、舌、身,尤其是让准客户体验你的商品。

格力掏"心",以"心"攻心。2003 年 3 月 2 日,一贯低调的格力空调在北京几家知名媒体打出了一则热辣辣的广告:"真金不怕火炼,格力空调,请消费者看'心脏。'"旗帜鲜明地打出了自己的品牌,以质量战、攻心战叫板价格战。3 月 4 日又将空调大卸八块,让消费者看清它的"五脏六腑"。格力在广告词中写道:好空调,格力造。格力空调好在哪里?好在"心脏"!空调的心脏是什么?压缩机!一个人心脏出了毛病再好的身体也要打折扣。一台好空调没有质量过硬的压缩机再好也要打问号。在讲解中就连散热器、铜管、控制器、外壳也分别比喻为"肺、血管、神经中枢和皮肤"。并告诉消费者这样强健的体魄是绝对不可能与"三流"的空调去玩什么价格戏法的。至少给不守规矩的企业当头一棒。而且使消费者达成了"品质第一,价格第二"的共识。营销要交心,交心要知心,知心要诚心。因此,在此轮攻心战中,妙用比喻,巧使心计,打消顾客疑心,获得了双赢的效果。格力空调该月的销售量直线上升,开"心"开出个大市场。

5. 营造温情，填补爱心

天生一面喜，开口总是春。在古代有许多生意经中都有所体现，如："生意经，仔细听，早早起，开店门，顾客到，笑脸迎，递烟茶，献殷勤，拿货物，手要轻，顾客骂，莫作声，讲和气，倍小心，多推销，盈万金。"

人无笑脸莫开店，微笑服务暖人心。"世事洞明皆学问，人情练达即文章。"人情练达即情商。情商之所以重要，是因为情商高的人，人见人爱，由此形成了营销事业成功的因果链。情商高必然关系多—必然朋友多—必然信息多—必然机会多—必然支持多。

例如：伊利为了实现"过黄河、跨长江，销遍全中国"战略营销方案，为使伊利系列产品尽快占领南方市场，走向全国，在各地一些有代表性的中心城市，占领营销制高点，采用了让利于民、占领市场的营销策略。1994 年秋，伊利公司以草原文化和昭君出塞典故为底蕴，以"昭君回故里，伊利送深情"为主题，将经济与文化融为一体，向武汉市中小学生及部分市民赠送了 100 万支伊利雪糕。不吃不知道，一吃忘不掉，一传十，十传百，百传万，使产品迅速占领了武汉及中南市场，实现了过黄河、跨长江的战略营销方案，并且为企业文化写下了精彩的一笔。

人间温情，爱心汇聚。新飞一直坚持"接触未来，关切民生"的经营理念，回报社会，花钱不"心疼"。自 2000 年开始，中国妇女基金会启动了"大地之爱·母亲水窖"工程，新飞积极出资响应，大力支持社会公益事业，解决了一大批干旱地区居民的吃水问题。在"大地之爱·母亲水窖"奠基仪式上，新飞电器有限公司副总经理王建华宣布：2005 年，新飞将捐出 100 万元，为陕西、河北、四川、云南四省区的干旱缺水地区建成 1 000 眼水窖，帮助这些地区的居民摆脱因缺水而造成的贫困生活。

在资助"大地之爱·母亲水窖"工程期间，新飞还在全国开展了一系列义卖活动。活动期间，凡购买新飞指定产品的消费者，新飞都将以消费者的名义为"大地之爱·母亲水窖"工程捐资 10 元人民币，同时，消费者还会获得新飞"爱心卡"一张，有机会成为爱心大使亲临水窖奠基现场。

各级领导亲临奠基现场、各大媒体的跟踪报道以及新飞在全国展开的义卖活动造成的社会影响，对进一步拓展二、三级市场是很有益处的——这似乎要比"生硬"的降价促销更能打动消费者，爱心带动市场销售，在消费者心目中塑造了新飞的完美形象。

6. 善用天真，诱导童心

天真诚可爱，童心价更高。天真活泼，纯洁无瑕，是儿童之天性。爱美之心人皆有之，商界认为：女人和孩子的钱最好赚。从深远意义来讲孩子是祖国的希望，民族的未来，得童心者得未来。例如，"贝因美冠军宝贝大赛"将主题确立为"造就冠军宝贝，提高国民素养"，在营销之中传递知识(科学育婴教育)、蕴含民族使命(提高国民素养)，这一主题的确立带有浓厚的公益元素。与此同时，为了加强活动的公信力和权威性，还与"全国妇联儿童中心"牵手合作，共同主办"冠军宝贝大赛"，共同为提高中国宝宝健康素质、普及健康育儿知识加油助力。由于获得了妇联儿童中心的支持，一场企业营销活动顺势成为一场关爱中国宝宝成长的公益活动与社会事件，极大地提高了产品的知名度和美誉度。

征服了童心，赢得了世界。快餐业巨头麦当劳拿汉堡包和薯条称霸全世界，而中国的快餐业却在家门口被斩获马下。同是快餐，单从具体产品物的营养和口味上说，我们并不输给对方,但出现这种结局,是输在我们的营销上。麦当劳成功的秘诀就是"我们不是餐饮业,我们是娱乐业"。它已不是停在解决吃饱问题的层面,而是在让你吃得开心的层面了。它同时成为世界上最大的儿童玩具发送者,哪个有麦当劳餐厅的城市的儿童家里不摆放着一个又一个麦当劳的玩具? 又有哪个孩子去麦当劳吃饭不是冲着那些玩具或者感受玩的气氛呢?

再如,康师傅方便面的包装内就附有小虎队旋风卡,每包方便面中都放有一张不同的旋风卡,如宝贝虎、机灵虎、冲天虎、旋风虎、勇士虎、霹雳虎等,让很多孩子都爱不释手,想拥有整套旋风卡,只得经常购买附有这种卡片的方便面。一时间鸡肉味、咖喱味、麻辣味、羊肉串味、牛排味、海鲜味等味道各异的康师傅方便面,随着各种五彩缤纷的旋风卡走进了千家万户。

7. 故弄神秘,引发奇心

制造悬念,故弄神秘,引发顾客奇心,激发用户热情,是促销的一大良策。好奇心也是人类的天性,企业完全可以充分利用这一特点达到营销的目的。有关可口可乐的秘方,都是在地下密室中配制,类似中国祖传秘方,被炒作得神乎其神,其实日本的早稻田大学通过化验早已揭开其秘密及其营养成分。只不过是通过概念炒作,引发顾客的好奇心,激发消费者的购买热情而已。

再如,"哈利·波特"系列图书的大卖让人印象深刻,书本身优秀固然是热销的一大原因,然而发行商不断营造神秘氛围所起的作用不可低估。发行商把故事情节捂得严严实实,直到发行的前两个星期,才把价格与页码公布于众;分销商若想取得销售权也必须与发行商签订保密协议。更令读者心痒难耐的是,几本预先准备好的图书在西弗吉尼亚一个不知名的沃尔玛店被"不小心"卖了出去;更绝的是发行商在公共媒体上宣称,本系列图书极可能供不应求。于是等到正式发行时,被发行商吊足了胃口的读者开始疯狂地抢购。

8. 娱乐经营,使人欢心

娱乐是人的天性,无论是谁,都会对快乐有一种天性的追求,并贯穿在人的一生的每时每刻,这几年,游戏产业的兴起就是有力证明。许多成年人玩得好不得意,甚至乐不思蜀,这就是娱乐天生的威力。随着生活节奏的加快,娱乐对于很多人来说成为了不可多得的奢侈,但是对于"80后"群体,这却是他们生活中的重要部分,而且,在消费上的娱乐化倾向也较为突出。据一项研究表明,"玩"是"80后"年轻人业余生活的主体,"玩"的花费占他们日常消费的三分之一以上。更值得关注的是,对于"80后"群体来说,爱玩不算长处,会玩才显得自己与众不同。他们努力地工作,也拼命地玩。

对于营销来说,针对"80后"群体需要采取出众的娱乐化营销,产品设计、终端场景还有广告诉求都要有娱乐的概念。"超级女声"的主要参与者和观众都是20世纪80年代的人,他们都可以通过短信、互联网反馈给媒介,互动性强,观众参与热情高。跟以往的歌唱比赛不同的是,观众有现场发言权,他们的发言直接影响了比赛结果,而评委实际的作用并不大。这些完全迎合了"80后"的诉求。湖南卫视、蒙牛酸酸乳都借此赢得了"80后"的市场,这就是新娱乐时代的成功代表。

娱乐方式通过消费者的视觉、听觉、味觉、触觉或者感觉等体验,给消费者带来更真切的精神愉悦和心理满足,相应地更能让消费者对企业留下深刻印象,拉近了产品和服务与消费者之间的距离，与广告、促销等传统营销方式相比更能打动顾客，引人入胜。不知道你有没有发现，现在的人都有着各种各样的烦恼和忧虑，物质的丰富丝毫没有让他们快乐起来，相反，每个人都在积极寻求一种精神的愉悦和心情的快乐，这是一个渴望快乐的世界。

娱乐营销首先体现的是一种营销思维。快乐不是拿钱买来的，但买的东西可以给人以快乐，只要娱乐拨动了广大消费者的心弦，消费者就会乐滋滋地掏钱消费。娱乐不是一种营销方式，但是营销加入娱乐的元素，便会成为一种新颖而独特的营销力量，对品牌形象和商品销售起到事半功倍的作用，带给消费者超值的附加价值。让营销插上娱乐的翅膀它会飞得更高更远！

9. 绿色诉求，社会关心

绿色，代表生命、健康和活力，是充满希望的颜色。国际上对"绿色"的理解通常包括生命、节能、环保三个方面。21世纪是绿色世纪，人们越来越关注人与自然的共同发展问题，环保成了最时尚的字眼。伴随着这样一种势态发展，"绿色营销"开始成为新世纪营销的一大趋势。绿色营销是指在整个营销过程中，贯穿一种"绿色"概念，体现出深厚的环保意识，绿色需求是人类社会发展的产物。"绿色需求"是现代人类最基本的需求，并转化为绿色消费行为，以"绿色、自然、和谐、健康"为主题，积极主动地引导和创造有益于人类身心健康的生活环境，它不仅是一种消费行为，更是一种理念与哲学。

随着资源短缺、环境的进一步恶化、淡水的枯竭、大气层的破坏、地球变暖等生态及环保问题的加剧，人们开始将生态观念，健康、安全、环保观念根深蒂固地扎根于思维理念中，继而形成习惯，也就是绿色习惯，从而由绿色习惯催生出绿色需求。消费者行为对市场起着重要的诱导作用，市场通过价格涨落的信号传递给生产者。"文明人跨越过地球表面，在他们的所过之处留下一片荒漠。"养育了人类的地球母亲，已经是伤痕累累，我们一方面享受着现代文明的成果；另一方面在制造毒害自身的苦果。当人类社会认识到这种苦果的危害性时，绿色成为最现实的需求，在全球范围内兴起了"绿色浪潮"，冠以"绿色"的新名词多如牛毛。据说，老百姓买菜都爱买带虫眼的，证明这菜没经过农药污染，属于绿色食品。

市场这只"看不见的手"会促使千千万万的生产者不断调整资源配置和利用方式，调整生产结构。既要金山银山，更要绿水青山，坚持生产发展、生活富裕、生态良好的文明发展，促进人与自然和谐的可持续发展，从这个角度来认识消费对于生产的导向作用，就可以更好地认识和提倡"绿色消费"。"拥抱青山绿水，走进健康天地"是现代生活需求及市场营销发展的一个重要方面，对于协调家庭乃至整个社会与自然的关系并对构建和谐社会有重大的现实意义。绿色环保、生态平衡已引起社会的关注，人类唯有与大自然维护和谐共生的平衡关系，建立资源再生系统，才能缓解因经济增长所带来的环境破坏和资源耗尽的困境，保护环境就是保护人类自己！

据统计，全国每年生产衬衫约12亿件，其中8亿件要用包装盒，相当于每年要耗用168万棵碗口粗的大树。上海华联为此打出"少用一个包装，多留一片森林"的公益广告，鼓励大家购买无盒衬衫。在华联商厦销售衬衫的20多家企业，已经表示赞同这一"绿色消费理念"；而许多消费者也明确表示，自己穿的衬衫，原本并不需要豪华的包装。为了鼓励更多的消费者购买无包装的"环保衬衫",华联商厦还规定,每购买一件无盒衬衫,即送一瓶"衣领净"。上海华联商厦的这一举措,受到了来自社会各界的广泛好评,起到了倡导绿色消费观念的积极作用,其公益行为为华联的品牌形象增加了光彩。

10. 铸造品牌,用户放心

品牌是对消费者心智资源的争夺。品牌象征着财富,标志着身份,证明着品质,沉淀着文化;精品引导时尚,激励创造,装点生活,超越国界。市场经济在一定程度上讲就是名牌经济,竞争的最终局面是名牌瓜分天下,精品扮演主角。无怪乎有人说:农业时代竞争土地,工业时代竞争机器,信息时代竞争品牌。因此我们在设计企业营销战略时,只有将品牌提升到战略的高度,树立名牌质量意识,保护民族工业精品,才能弘扬国粹,竞争制胜。

名品精品是来之不易国之瑰宝,是企业形象的依托,具有举世公认的经济价值。其产品特征是:品种适销对路,技术优良可靠,市场久畅不衰,企业服务周到,而且家喻户晓,信誉卓著。一个国家、地区拥有名牌产品的多少可反映其综合经济实力和社会地位。例如,贵州茅台、景德镇瓷器——象征具有悠久历史的中国;松下索尼——象征电子技术超群的日本;皮尔·卡丹——象征第一流服装的法兰西;奔驰宝马——象征高精尖汽车的德意志;可口可乐、柯达——象征经济、技术现代化的美国。名牌是信誉,是瑰宝,是人类文明的精华,是一个国家和一个民族素质的体现,既是物质体现,又是文化水准的体现。因此,它往往成为一个国家和民族的骄傲。驰名商标比企业其他有形资产更加宝贵,它可以创造更多的价值。

国外许多著名的营销学家多次强调:"在当今以消费者为主导的激烈的市场竞争中,消费者购买的是商品,但选择的是品牌。"品牌绝不仅仅是一个概念,它是一种无形资产。一位日本工商业界人士曾说过:"代表日本脸面的有两半:左脸是松下电器,右脸是丰田汽车。"还有一位英国品牌专家说过:"在当今的工商界,品牌是增长和获利的主发动机。"可见,品牌有巨大的魅力。它是无价之宝,犹如一个聚宝盆。驰名商标将企业的智慧、效率、资金效益等聚集一身,尽量将社会大众的期待需求、消费也都聚集于一身,并释放出强大的动力,推动企业和社会前进。

品质是一个品牌成功的首要保证,也是精品质量的生命线。品牌就是市场,品牌就是利润,品牌就是信誉。一个真正的品牌不是靠政府的评比而来的,不是靠铺天盖地的广告制造出来的,而是以自己的优秀质量在消费者的心目中逐步树立起来的。无锡小天鹅股份有限公司是我国最大的全自动洗衣机制造商,其为进一步提高质量,推行了质量的"四化"措施,即质量标准国际化、质量管理标准化、质量考核严格化、质量系统规范化。通过这些质量管理手段,小天鹅公司不仅开拓了广阔的市场,也在消费者心目中树立了自己的良好品牌形象和概念,使企业的发展走上了良性循环的道路。

小天鹅的经营数学是:$0+0+1=100$。

该公式的含义是:"0"缺陷,"0"库存,用户第"1"。只有做到"0"缺陷,用户才能满意;只有用户满意,企业的销量才会增长。只有做到"0"库存,企业的成本才能降低;只有成本降低,企业才能取得价格优势,才能有效战胜竞争对手。只有同时做到了"0"缺陷和"0"库存,企业才能赢得一个圆满的结果,用公式表示就是"$0+0+1=100$"。

　　小天鹅在实践中形成的经营数学，凝聚了品牌营销理念，透视小天鹅成功的背后，观念比资金更重要。以质量开拓市场、以品牌占领市场是现代企业提高产品竞争能力的行动准则，品牌营销已是新时代营销的最强音。工厂创造产品，心灵创造品牌，品牌沉淀文化，文化弘扬国粹，振奋民族精神，名牌是挡不住的诱惑，写不完的史诗。

思 考 题

1. 商业赢利模式的概念及特征是什么？
2. 商业赢利模式的形式有哪些？
3. 创业企业怎样设计商业赢利模式？
4. 商业融资的概念及特点是什么？
5. 商业融资模式对创业企业的影响有哪些？

第 **8** 章

创业团队与企业家

【本章要点】

- 企业家的素质和能力
- 企业家的战略思维能力
- 创业团队的作用
- 当代企业家的时间价值观

 案例 8-1

从蒙牛牛根生看战略型企业家的"四商"

用兵之道,以计为首;经营之要,战略先行。蒙牛狂奔,牛气冲天,善谋巧算,借力耕田。用别人的钱干自己的事,牛根生以智慧的头脑、高超的战略、灵活的战术、知名的品牌、文化的魅力,创造了乳业界的神话。从蒙牛狂奔的轨迹看战略型企业家牛根生的"四商"即胆商、智商、情商、德商。

胆商——顺应天时创牛业

胆商是一种冒险精神,作家丹佛说:"冒险是一切成功的前提,没有冒险精神就没有成功者。"各种创新变革都始于冒险,道理很简单,万事开头难。在"难"面前首要的不是能不能做,而是敢不敢做、去不去做。时势造英雄,机遇盼人杰。"天时"是指机遇。机指时机,遇指对象,时机就看遇到了谁,只有时刻有准备的头脑才能立即能与机遇发生共振,产生共鸣。时机碰到了没有见识的头脑,就会与之擦肩而过。机遇具有客观性、易逝性和不可存储性,不管你喜欢不喜欢,它都会在一定的时间、地点,以一定的方式出现。正所谓机不可失,时不再来。然而,机遇伴随着风险,机遇总是与那些胆商高、敢于冒险的人有缘。就拿经商来说,某一项目的选定,常常面对资金周转、人才匮乏、市场壁垒以及各种不确定因素的风险,在通向成功的途中,会有各式各样可预见和不可预见的"雷区"与"陷阱",而对风险高胆商的人励精图治,锐意进取,明知山有虎,偏向虎山行,终于完成了这惊险的一跃,取得了成功,壮大了事业。

牛根生采用先建市场、后建工厂的发展战略与逆向经营模式,建立了研发与销售在内、生产与加工在外的"哑铃形"企业组织形式,并通过"借腹怀胎",快速繁殖,迅速做大企业。投资少,见效快,又创出自己的品牌。众所周知,许多企业的传统做法是自己花钱建奶站,而建一个奶站需要 40 多万元,牛根生则另辟蹊径,充分利用当地资源,没花一分钱建奶站,合计 5 亿多元的资产均由社会投资完成。蒙牛将"虚拟联合"渗透到企业运营的各个方面。有了自己的工厂后,"虚拟联合"在制造环节不断收缩,在产业链的其他环节却进一步延伸。截至 2004 年,参与公司原料、产品运输的 3 000 多辆运货车、奶罐车、冷藏车,为公司收购原奶的 2 600 多个奶站及配套设施,以及员工宿舍,合起来总价值达 20 多亿元,几乎没有一处是蒙牛自己掏钱做的,均由社会投资完成(牛根生形象地称其为"只打的,不买车")。通过经济杠杆的调控,牛根生整合了大量的社会资源,把传统的"体内循环"变作"体外循环",把传统的"企业办社会"变作"社会办企业"。这就是牛根生当初为跳出"三无"窘境而采取的革命性创举! 当这个"阶段性战略"使自己羽翼丰满后,他就毫不犹豫地丢掉这个"第一级火箭",开始了"全球样板工厂"和"国际示范牧场"的建设。经济界人士说,如果不是"先建市场,后建工厂",蒙牛产品的问世至少要晚一年;如果不用经济杠杆撬动社会资金,蒙牛的发展速度至少减一半;如果不引入国际资本,蒙牛的国际化至少要晚几年。

什么才叫水平? 别人发现不了问题,你发现了;什么叫能力? 别人办不成的事,你办成了;什么叫效率? 别人用一周你用两天就能完成任务(有用功＝效率/时间);什么叫魄力? 别人举棋不定,知难而犹豫时,你当机立断,敢冒风险,敢负责任,一锤定音,该出手时就出手,这才是高胆商。

智商——善择地利铸品牌

所谓智商就是人的智力发展水平。它包括一个人的观察力、记忆力、思维力、想象力、创造力等,是人们运用分析、推理、运算等知识解决问题的能力。智商有先天因素,但更重要的是后天的开发和训练。"力养一身,智养千口","心胜于兵,智胜于力"。牛根生有一个著名的"三力法则":他认为,从古至今人类的竞争无非是三种力量在博弈,一是体力竞争,二是财力竞争,三是智力竞争。野蛮社会体力统驭财力和智力;资本社会财力雇用体力和智力;现在和将来的信息社会,是智力整合体力和财力。一个高智商的企业家,应该用自己的智力去整合社会智力、财力和体力。牛根生用他最推崇的智力将蒙牛做成了奇迹。蒙牛和伊利打的都是"草原牌",依托的都是"天然、健康"的概念。牛根生认识到像蒙牛这样的企业首先应该利用自然之恩惠去发展企业,也就是利用"天苍苍,野茫茫,风吹草低见牛羊"这一自然优势,创建自己的品牌。因此在产品竞争中蒙牛总裁牛根生提出:"一切从设计开始"。从企业诞生之日起,他就十分重视产品开发,打造品牌,走产学研相结合的路子,与中国营养学会联合开发了一系列新产品,成功地塑造了"蒙牛"品牌。开业仅 3 年,蒙牛已在中国乳品行业创造了三项"全国纪录":即以最快的速度跻身中国乳业五强之列;用最短的时间打造出"中国驰名商标";以最佳的创意首倡"中国乳都"新概念。意识能量是财富的种子,财富是意识能量的果实。整合外界资源的核心是要生产高质量的产品。"产品＝人品","质量＝生命",这就是蒙牛人的格言。品质是一个品牌成功的首要保证,也是产品质量的生命线。市场竞争靠产品,品牌竞争靠质量。邓小平同志曾指出:"一个国家产品质量的好坏,从一侧面反映了全民族的素质。也可以说,质量代表着一个国家的形象,一个民族的精神",以品牌占领市场是"蒙牛"提高产品竞争能力的行动准则。蒙牛为提高产品质量,实现全面质量控制,对凡是涉及产品质量的人、机、料等所有方面都实行全面质量管理,并将其贯穿和体现在每个工序及每个工人身上。为提高质量管理的科学性,蒙牛还购入了国际最先进水平的监控设备,对生产过程瞬间状态进行控制,从而达到了精细化、零缺陷。蒙牛的质量方针是"产品质量的好坏,就是人格品行的好坏,没有人才的质量,就没有企业的质量,也就没有产品的质量"。蒙牛始终把品牌与质量、产品与人品紧密联系在一起,相得益彰并在消费者中不断提高企业的知名度和顾客对产品的忠诚度、美誉度,形成品牌、质量与效益的良性循环。2002 年,蒙牛赢得了"中国驰名商标"和"中国名牌产品"称号,打造"中国驰名商标"最短需要 3 年,而蒙牛恰恰只用了3 年,这充分体现了蒙牛追求高速成长、短时间内成为强势品牌的理想。

为此,"蒙牛"郑重承诺:以顾客满意为目标,以技术创新为动力,倡导绿色环保理念,创造安全工作的环境,提供优质健康的食品,追求管理零缺陷。公司的经营宗旨:实现质量、效益、环保和安全的可持续发展,缔造"百年蒙牛"。

情商——凝聚人和图发展

所谓"情商"就是认识管理自己的情绪和处理人际关系的能力。这是由美国耶鲁大学彼得·萨洛维教授提出来的。情商包括以下基本内容:认识自己的情绪,主要是自知、自信管理自己的情绪,主要是自我调节、自我控制、自我激励,主要是设定目标、保持激情;心理相同,就是认识感知他人的情绪,了解别人的感受,与人融洽相处。人际关系管理,就是处理人际关系的能力与技巧。有道是:"世事洞明皆学问,人情练达即文章。"人情练达即情商。情商是一种心理素质、精神状态、情感性格,它涵盖人的自制力、热情、毅力、自我驱动力、人际交往能力等,是一个人事业成功,特别是企业家成功的必备素质。情商之所以重要,是因为情商高的人,人见人爱,由此形成了事业成功的因果链。情商高必然关系多——必然朋友多——必然信息多——必然机会多——必然支持多。牛根生在童年时期就形成了"财聚人散,财散人聚"的观念:妈妈给他一两毛钱,他分给伙伴们花,结果大家都乐意听他指挥,一起去教训欺负过他的"浑小子",这时候,他第一次体会到了"人聚"的力量。从此他就这样,自己吃亏,号令群小,领导才能逐步显现。牛根生在伊利集团时就在进行"人情投资"。在童年时期就领悟到的"财聚人散,财散人聚"经验,在成年以后一直不断地被复制——因为业绩突出,伊利公司给他一笔钱,让他买一部好车,他却买了 5 辆面包车,直接部下一人一部;他曾将自己的 108 万元年薪分给大伙儿,其他小额分配则难计其数。牛根生的座右铭是"小胜靠智,大胜靠德",而且他平时的行为证明了他确实具有这样的品行。因此在 1999 年创业之初就有许多亲戚、朋友、所有业务关系都愿意把钱投给这个品行端正才干卓越的人。更没想到的是伊利手下大将包括液体奶的老总、冰淇淋的老总,纷纷弃大就小,投牛根生而去,这样先后"哗变"的有三四百人。牛根生曾告诫他们"不要弃明投暗",但大家坚定地认为他不是"暗"而是"明",这些忠诚的老部下演出了一幕"哀兵必胜"的悲壮剧。他们或者变卖自己的伊利股份或者借贷,有的把自己留作养老的钱也倾囊而出甚至连买棺材的钱都拿出来了。人心齐,泰山移;人心散,事业瘫。一个团队有没有向心力、凝聚力、战斗力,关键取决于上级;一个上级有没有吸引力、号召力、影响力,关键取决于人格魅力。视人为"手足"者,人必视之为"腹心",没有"爱护"就没有"拥护"。关心下属,以人为本,这正是牛根生事业成功的基石。

管理的核心是处理好人际关系,调动职工的积极性,结合群力,达致目标。人的成功实际上是人际关系的成功,完美的人际关系是个人成长的外在根源,环境宽松,和谐协调,关系融洽令人向往。生活安定，心情愉悦，氛围温馨，人的激情就能得到充分的发挥。企业内部亲和力的存在才会使员工具有强烈的责任心和团队精神；组织富有朝气和活力，才能营造人格有人敬，成绩有人颂，诚信有人铸，和睦有人护的良好文化氛围。企业善待员工，职工效忠企业，以和为贵，以诚相待，才能激发员工的积极性与创造性，增强企业向心力。有道是天时不如地利，地利不如人和，人和更离不开沟通，"和"文化就是企业的凝聚力，也是企业的核心竞争力。

德商——大胜靠德树形象

信息是财富，知识是力量，经济是颜面，道德是灵魂。社会主义市场经济必须以高尚的经营道德为灵魂，才能实施可持续发展战略。企业、国家或地区之间的竞争从形式上看似乎是经济的竞争，而实质是产品与科技的竞争，但归根结底是经营者素质和企业文化之间的竞争。企业持续竞争力的背后是企业文化力在起推动作用，成功的企业必然有卓越的企业文化。"没有强大的企业文化，即价值观和哲学信仰，再高明的经营战略也无法成功。企业文化是企业生存的前提，发展的动力，行为的准则，成功的核心。"而经营道德则是企业文化之魂。

牛根生创立企业时便给自己立了一则座右铭：小胜凭智，大胜靠德。2004年，他把蒙牛文化概括为一体两面："牛"文化，"德"字根。

蒙牛文化的"根"是什么？

用一个形象的字概括，是"牛"——"吃的是草，挤的是奶"；用一个抽象的字概括，是"德"——"小胜凭智，大胜靠德"。为什么是"牛"、是"德"？想想吧，与蒙牛命运相连的是怎样一群人：产品市场上，是亿万公民；资本市场上，是千万股民；原料市场上，是百万农民……除了这"三民"，还有"三军"：生产大军、销售大军、供应大军。

蒙牛这边龙头一哆嗦，那边就会浪翻船：农民宰牛，市民断奶，股民损金。可是，规避这一切风险的核心力量是什么？是员工。所以，要以人为本。以人为本，就要德字当先。

结合"蒙牛牛根生'四商'"谈谈你对"头脑就是银行，思路决定出路，出路决定财路，智慧行销天下"这句话有何认识和评价。

8.1 创业团队与企业家

创业企业战略管理与它以前的企业管理方式相比，一个最大的特点是，战略管理对创业团队有着特别的要求。

8.1.1 创业团队

企业创业团队是指负责企业战略的制定并对企业战略实施承担直接责任的主体，根据在战略制定和实施中承担的职责的不同，企业创业团队包括董事会、高层经理、战略管理部门、各职能部门经理以及中低层的管理者等。其中最主要的是董事会和高层经理。

8.1.2 董事会

企业是不同群体为了谋求共同利益而建立起来的机构，所以也往往称之为公司。这些不同的群体分别提供资金、专业技术与劳动。一般来说,在企业(公司)里,投资者或股东参与企业利润分享,但不负责实际经营;管理者经营企业,但不必为企业出资。为了保障投资者或股东的利益,企业(公司)成立董事会,由股东选举董事,董事则代表股东行使权力,并承担保护股东利益的法律责任。作为股东代表,董事既有权利也有义务确定公司的基本政策,并确保它们得到贯彻实施。因此,董事会有权利也有义务审批所有可能影响到公司长期绩效的战略决策。这意味着,董事会在战略管理中的角色主要是评价高层执行人员制定战略和实施战略的能力与技能,判断公司现行的战略管理工作是否做得出色。

1. 董事会的职责

尽管关于规定董事会职责的法律和法规,国与国之间不尽相同,但是世界各国对董事会的职责正逐步达成共识。一般认为,企业董事会主要有下列 5 条职责。

(1) 审查和确定企业使命、经营方向与总体战略。

(2) 聘请和解雇总经理(或首席执行官)和其他高层管理人员。

(3) 评价、监督或指导企业高层管理者。

(4) 审批企业资源的调配。

(5) 保护企业股东利益。

2. 董事会在战略管理中的作用

为了完成其众多的职责,董事会在战略管理中的作用是承担下列 3 项基本任务。

(1) 监督与影响。董事会能够通过各种与董事会相关的委员会随时了解企业内外的动态情况,能够提醒或敦促管理层做相应的战略控制或修正。

(2) 评估与控制。董事会能够评估、审查和决议管理层的提议、决策与行动,也可以给出建议、提出意见,甚至提供方案框架。

(3) 发起与决定。董事会能够描述企业使命,确定企业经营方向,甚至规定企业管理层的战略选择。

研究表明,董事会在企业战略管理中正发挥越来越积极的作用。

8.1.3　董事会的绩效

显然,董事会参与战略管理的程度,取决于它对监督与影响、评估与控制、发起与决定三项基本任务的执行情况。研究表明,董事会积极参与战略管理与企业财务业绩正相关。一般说来,企业越小,董事会的参与积极性越低。因为这时董事会由一群既是企业所有者,又是企业管理者的人占据,其他董事通常都由他们的家人或朋友担任。但是,随着企业的成长和公开上市,董事会一般会更加积极地承担起自己的职责,发挥自己的作用。最有效的董事会借助各种委员会来完成大部分工作。一般来说,常设委员会有执行、审计、薪酬福利、金融与提名委员会等。

8.1.4　高层经理

虽然说企业人人都要参与战略管理,但是高层经理要负主要责任。其中总经理(首席执行官)是企业最重要的创业核心,领导整个企业的战略制定和执行的最终责任要由企业的总经理(首席执行官)承担。为了有效实施战略管理,总经理(首席执行官)必须成功地履行以下两条职责：①战略领导与战略愿景；②管理战略规划过程。

首先是战略领导与战略愿景。战略领导为整个企业设定基调，即为完成企业目标的活动提供方向性指导，所以对企业非常重要。显然，只有总经理(首席执行官)所处的地位才能够肩负起战略领导的责任。战略愿景是对企业未来要成为什么样子的描述，它通常包含在使命描述之中。只有总经理(首席执行官)所处的地位能够确定并对普通员工传达战略愿景，使员工能够超脱于自己的具体工作之外，看到公司的全貌。清晰而积极的战略愿景非常具有感染力，所以拥有清晰战略远景的总经理(首席执行官)常常被看作有活力的、富有魅力的领导，成为员工们追随的偶像，从而能够带领员工达到很高的目标。例如，微软的比尔·盖茨、西南航空公司的赫伯·凯勒尔(Herb Kelleher)和英特尔公司的安迪·葛洛夫等都被认为是富有魅力的伟大的商业领袖。

其次是管理战略规划过程。大多数企业的总经理(首席执行官)必须亲自启动和管理战略规划过程，以使所有业务部门和职能部门的战略能够与公司整体战略协调一致。总经理(首席执行官)既可以要求各事业部和职能部门先提出本部门的战略规划然后送交总部审批，也可以先草拟公司整体规划，然后要求各事业部和职能部门在这个框架内制定部门战略规划。不论采用何种方法，总经理(首席执行官)都要评价各部门的规划并提出反馈意见。为此，许多大企业都有一个战略规划部，在战略规划过程中为高层经理和各事业部提供支持。战略规划部门一般不超过10个人，由一位副总经理或战略规划总监领导。

当然，总经理以下的高层管理者(即副总经理或副总裁)也有重要的战略制定和战略实施的责任。一般说来，生产副总经理在生产战略的制定和实施中负主要的责任；市场营销副总经理在市场营销战略的制定和实施中负主要的责任；财务副总经理则负责制定和实施与公司总体战略匹配的财务战略。也就是说，总经理以下的高层管理者也参与整个企业战略中关键要素的制定和实施，并同总经理紧密合作，有效地协调战略管理的各个方面。

8.1.5　中低层经理

中低层经理也是战略制定和战略实施中的重要一员。首先，企业中的每一个主要的单位——业务单位、部门、参谋人员、地区分公司等在战略计划中起着重要的作用。其次，随着企业的经营越来越多元化或在地理上越来越分散，规模不断扩大，高层经理对每个地理区域和经营运作单位情况的了解不足以使他有能力采取正确的行动，而真正了解企业问题和机会的是中低层经理，具体实施企业战略的也是这些中低层经理。所以，中低层经理应该参与战略制定，这样他们才有可能积极支持企业战略。这一点是有效地执行战略的重要前提条件。一般说来，中低层经理在高层经理的指导下完成所在部门的部分或绝大部分战略的制定工作，并选择执行所做出的战略抉择的途径和方法。当然，与组织结构顶层的管理者相比，中低层经理所处的组织结构层级越低，其战略制定和执行的角色越狭窄、越具体明确。

8.1.6　创业团队的观念和能力

除了环境和组织之外，企业创业团队的观念和能力也是关系到企业战略管理能否成功的至关重要的因素。事实上,只有与环境、组织相适应并同时与创业团队的观念和能力相适应的企业战略管理,才能够获得成功,企业才有可能取得理想的业绩。

8.1.7　创业团队的观念

一般来说,创业团队的观念主要包括它们的个体偏好、对风险的态度、思维惯性、历史文化传统、道德和社会责任感等。

1. 个体偏好

研究发现,创业团队在企业宗旨、目标、战略和政策的抉择过程中,不仅受某一个体偏好的影响,而且相当多的情况下要同时受多种个体偏好的影响。这些个体偏好包括理论偏好、经济偏好、美学偏好、社会偏好、政治偏好和宗教偏好 6 种。当然,不同的人受到这些偏好影响的程度也有所不同,但是大多数人的个体偏好以经济、理论和政治为主要导向,而美学、社会和宗教导向则处于次要的位置。

2. 对风险的态度

一般来说,风险意味着未来蒙受损失和伤害的可能性。由于未来的不确定性,所以任何企业战略都是一项具有一定风险的事业。研究发现,创业团队对于风险的态度直接影响着战略的选择从而对一个企业的成败产生重大影响。愿意承担风险的企业管理者通常会选择进取性战略,这意味着他们乐于在迅速变化的环境中经营,常常在环境发生重大变化之前就主动出击并有所斩获;回避风险的企业管理者则往往会采用防御性战略,对环境变化做出被动的反应。

3. 思维惯性

思维惯性是指在思维过程中,习惯性地突出思维要素中某一个要素而忽视其他要素的存在或重要性的现象。思维惯性与一个人的经历、学识、信息量有关。研究发现,企业创业团队的思维惯性往往有较大差异,而且这种思维惯性对他们的判断与决策产生重要的影响。例如,一个注重资源节约的创业团队会由于创新所带来的暂时性资源浪费而极力反对和阻止创新性战略,而一个注重质量的创业团队则往往会反对任何导致质量改变的战略举措。

4. 历史文化传统

历史文化传统实际上也表现企业管理者身上的一种特殊思维惯性。不同的民族和国家往往拥有自己独特的历史文化传统,并在一定程度上影响着该国或该民族企业管理者的思维方式,从而对管理者的决策和行为产生重要的影响。当然,随着经济全球化的进一步发展,国际交流的日益频繁,世界各国文化传统相互渗透的程度越来越高,历史文化传统差异对企业管理者的影响日渐减小。

5. 道德和社会责任感

企业创业团队的道德和社会责任感是指他们对社会道德与社会责任的重视程度。企业创业团队的道德和社会责任感不同,他们对不同战略的选择也会有不同的看法。也就是说,企业创业团队的道德和社会责任感也会对其判断与决策产生重要的影响。由于企业存在于社会之中,所以企业的任何一项战略决策都不可避免地涉及其他人和社会集团的利益,要制定一个有效的战略规划,战略管理人员必须处理好这些利益冲突,因此企业创业团队的道德和社会责任感具有十分重要的意义。

那么,企业的责任有哪些? 而其中哪些应该是战略管理人员必须承担的? 关于这一问题尚无一致看法。事实上,著名经济学家米尔顿·弗雷德曼(Milton Friedman)和阿奇·卡洛尔(Archie Carroll)分别给出两种相互对立的观点。

米尔顿·弗雷德曼非常反对社会责任观念,他以新自由主义经济学为理论依据"证明"企业的社会责任是"致命的魔鬼原则",而且认为"企业有且只有一条社会责任就是运用资源,按照游戏规则经营来增加利润,也就是说,不依靠欺诈和骗术参与自由、开放的竞争"。

而阿奇·卡洛尔则认为,除了经济(盈利)责任与法律责任之外,企业应当履行其社会责任。社会责任包括道德责任和自愿责任两个方面。道德责任就是那些法律中没有规定,但是社会认为有价值的事情。而自愿责任纯粹是志愿行动,例如,慈善捐赠、训练经常失业者、提供托儿所等,社会并没有要求企业必须这么做。卡洛尔认为,如果企业没有履行某些道德责任或自愿责任,社会就会通过政府采取行动,使它们成为法律责任,从而降低企业的效率。

越来越多的研究发现,社会责任与公司财务业绩之间有一定的正相关关系。但是,如果企业必须履行社会责任,那么企业到底要对社会中的哪些人负责? 我们知道,企业的活动涉及大量的社会人群,这些人群被称为利益相关者,企业的活动会对他们有影响,或者相反,他们会影响企业战略目标的完成。那么,企业只对部分利益相关者负责呢,还是对所有利益相关者负同等责任? 即使企业只对部分利益相关者负责,那么哪个群体的利益优先呢? 显然,这些问题处理不当,企业的效率就会受到影响。因此,创业团队在做出战略决策之前,一定要仔细考虑每一个方案会涉及哪些重要的利益相关者及相应的对策方案。

8.1.8　创业团队的能力

为了更好地履行战略管理职责,创业团队不仅要有正确的观念,而且还要有较强的战略管理能力。然而,研究者在关于何谓创业团队能力的问题上尚未取得一致性意见。

研究发现,如果企业团队的能力划分为技术能力、人际关系能力和理解能力 3 项能力,那么企业创业管理主要需要的是理解能力。所谓理解能力又称分析能力,它涉及怎样从企业全局出发来考虑应该做什么和不应该做什么等重大而抽象的问题。人际关系能力也称为交往能力,是一种与他人共事、共同完成工作任务的能力。技术能力即操作能力,就是一个人运用一定的技术来完成某项任务的能力。

一些研究者进一步认为,创业团队的能力主要表现为创业团队对外部环境变化及趋势,组织存在的问题、潜力、优势与劣势及其转化的洞察能力、应变能力和调控能力。另一些学者则认为创业团队的能力应该分为以下四种:①适应动荡环境,能够开创新方向并勇于承担风险的企业家素质和能力;②规划、组织和控制战略活动的管理技能;③提供产品和服务的生产技术能力;④调整、平衡、统一集团活动与目标间关系的综合素质和能力。这些研究者还认为,很少有人能够同时具备这四种能力,但是在管理班子中引入各种"专才"有机组合也可以达到"通才"的整体功能,所以管理团队十分重要。

当然,也有一些学者认为创业团队的能力包括以下四种:独立思考能力、想象力、应变力和理解体贴下属的能力。独立思考的能力表现为创业团队对市场情况往往有自己独特的见解,善于推陈出新,以新颖的方法解决问题,它对于不确定环境中的企业具有十分重要的意义。想象力就是对未知世界的各种可能性进行想象的能力。显然,想象力越丰富,对未知世界的认识就越全面,应对未来的方法就会越多,因此具有丰富想象力的企业创业团队能帮助企业创造和利用更多的机会从而实现基业长青,而那些想象力贫乏的创业团队只会将企业引向失败。应变力就是接受、适应和利用变化的能力,世界上唯一不变的东西就是变化,因此,企业创业团队缺乏应变力必然使企业陷入困境。理解和体贴下属的能力就是了解和满足下属的需要与期望并有效地激励下属为实现企业战略目标而努力的能力,它对于战略的实施具有非常重要的意义。

8.2　企业家素质和能力的基本要求

企业家作为现代企业具有高新知识结构的管理阶层,不同于企业的日常经营管理者。企业家是企业创业管理的主体,他们根据对企业内外部环境的分析,制定和实施企业战略,对创业企业战略的实施过程进行监控,并对其结果进行评价。所以,企业战略家的构成、能力和素质等方面状况对创业企业战略的成败具有十分重要的影响。

8.2.1　企业家与企业战略家

"企业家"一词最早出现于 16 世纪的法语文献,当时主要指武装探险队的领导。企业家与企业战略家内涵相同。企业家与企业战略家的生成基础都是企业,都是为了企业发展而进行的一系列经营管理决策活动。他们在企业的经济活动中起着举足轻重的作用。企业的发展离不开全体员工的共同努力,但个体的员工要经过组织、整合为群体,才能发挥效能,这个责任自然落在了企业家和企业战略家的身上;企业要想发展也离不开适宜的战略战术,而这些关系企业生死存亡的重大决策,也都有赖于企业家和企业战略家;企业的发展除外部因素外,内部的协调、沟通,也要依靠企业家和企业战略家高超的管理艺术与决策水平。

从工作职能上来看,企业家和企业战略家大体相同。如认识和发现市场中存在的机会和威胁;编制企业长期经营计划;确定企业经营目标和方向;评选战略项目实施的行动计划;领导企业实施战略计划;等等。在我国目前企业战略家不够成熟、完善的情况下,一般企业家都在履行企业战略管理的工作职能,即企业战略决策一般由企业家做出,从而导致了企业家和企业战略家互相包容的现象,可谓你中有我,我中有你。企业战略家源于企业家,但企业家与企业战略家不能画等号,企业家的发展才是企业战略家。二者在很多地方是不尽相同的。

1. 对企业发展的观念不同

企业家注重近期(1~3 年)的绩效,其要在已定战略方针的指导下,搞好企业日常的经营管理活动。企业战略家更注重长远(5 年以上)发展未来,其在维护企业正常生产活动的前提下,更注重企业与外部环境之间的关系,以寻求企业的更长远发展。

2. 工作重点不同

企业家侧重的是具体的管理指挥运作,而企业战略家主要承担战略决策工作,侧重的是谋划。

3. 知识结构要求不同

对企业家具体的管理知识要求较多,如生产管理、销售管理、财务管理、人力资源开发等微观专业知识。而对企业战略家的哲学、社会科学等抽象思维的知识要求多一些,如战略思维方式、战略比较研究、战略分析方法等。

4. 二者的素质不同

企业家强调各种现时运作能力的提高,企业战略家注重培养和提高各种应具备的素质,强调长远发展能力。

总之,企业家应当成为企业战略家,这是现代企业和经济、社会发展的客观要求;而企业战略家来自企业家,又是高于企业家的管理精英。

8.2.2 企业家素质和能力的基本要求

企业家是"以企业获得生存与发展为己任,担负企业整体经营的领导职务,并对企业经营成果负最终责任,具有专门知识技能,为企业创造出高效绩的高级经营管理人才"。企业家素质的主要内容有以下几方面。

(1) 企业家精神主要体现在观念上,它是企业精神的核心内容和支柱,主要包括:

① 勇于创造的革新精神;

② 敢于冒险的进取精神;

③ 勇于追求、敢于胜利的精神。

(2) 企业家的使命感和责任感。使命领导责任,责任完成使命,没有正确的使命就没有合理的责任,使命感和责任感是对企业家素质能力的核心要求。企业家肩负着重要的使命和责任,因而应当成为企业经营的战略家、管理的艺术家、脚踏实地的实干家,应具有以下主要素质:

① 政治思想素质,品格优异,作风高尚;

② 气质修养素质,具有远大志向,果断的作风,强烈的事业心和责任感,诚实公正,以身作则;

③ 知识素质,应具备现代化的经济技术管理知识,不断吸取国内外先进的技术和管理经验;

④ 能力素质,应具备决策能力、思维分析能力、组织能力、用人能力、自制能力。

 **知识拓展**

经理层的领导风格

(1) 有远见,能帮助公司确定明智的方向。

(2) 他们能驱使下属取得成果。非凡的领导者应善于挑选那些赞成、支持、笃信他们确定的方向又能发挥作用的伙伴。

（3）创造那种赋予人们力量和鼓励人们实干、肯干的能力。

（4）善于分配资本，至关重要的不仅是收益，而是如何处理这些收益。

（5）"坠入情网"，热爱自己的企业。

8.3 创业企业家的素质与才能

8.3.1 企业家的素质

1. 思想素质

企业家首先应是思想家，要能够经过思维活动，对客观现实有独到的见解，将某个问题、事件或需协调的系统分解成若干部分或子系统，找出它们各组成要素的内在特征和联系，通过优化组合，以适应外部环境的变化，即通常所说的战略思维方式。能否运用战略思维方式，具有战略思维理念，是企业家应具备的首要素质。

2. 政治素质

政治素质是企业家政治观点、价值观、道德、社会责任感的综合反映。企业的任何一项战略决策都将涉及企业、国家和社会利益，所以，这些因素都对企业高层决策者执行战略决策起着十分重要的影响作用。因此，政治素质是企业家应具备的核心素质。

3. 技能素质

技能素质是指掌握和运用创业企业战略技术的能力，包括掌握创业企业战略管理知识的知识素质和运用企业战略管理技术的能力素质。在知识经济时代，企业家所具备的知识框架主要有哲学、社会科学和技术科学等。企业创业团队运用宏观经济知识，可以对经济形势做出迅速判断并推断未来，以此进行战略设计和领导战略的实施。如何运用所学的创业企业战略和创业企业战略管理知识，涉及能力素质问题。能力素质是指创业企业家运用企业战略技术的主观条件，包括创造能力、应变能力、分析能力和亲和能力。所以，技能素质是创业企业家应具备的基本素质。

4. 心理素质

心理素质是指创业企业家在进行创业企业战略管理时所表现出来的感觉、知觉、思维、情绪等内心活动的个性心理特征。企业战略家必须具有健全的神经、乐观的性格和饱满的精神。这是创业企业家应具备的重要素质。

5. 生理素质

生理原本是指机体的生命活动和体内各器官的机能，引用到创业企业战略管理中是指创业企业家为从事企业战略各项活动所应具备的身体条件。随着科学技术的飞速发展，创业企业家的工作愈趋复杂，对于既是脑力劳动者，又兼具体力劳动者的企业家们来说，没有强壮的身体，显然难以胜任工作。所以，作为创业企业家，必须具有强壮的体魄、充沛的精力。这是创业企业家应具备的根本素质。

8.3.2 企业创业团队的才能

商场如战场，一个卓越的企业创业团队必须具备许多常人没有的才能，以实现企业发展的战略目标。

企业创业团队的才能表现为以下几个方面。

1. 战略思维

企业创业团队要对企业战略的选择具有高度的独立思考能力，敢于向传统观念或习惯性的结论挑战；敢于或善于提出问题，具有很强的问题意识，不断地发现问题、制造问题、解决问题。危机感、紧迫感、竞争意识是企业战略家的思想源泉。

2. 组织用人

组织用人就是运用组织理论的原理，根据企业的特点和发展的需要建立企业高层决策集团和分工协作的组织机构，把构成企业组织系统的要素按照战略目标的要求合理地组织起来，并保证其高效率地运转。要知人善任，有计划地识别、选拔、使用和培养人才。

3. 控制协调

失控是企业创业团队无能的表现，企业创业团队必须对影响全局的主要问题进行严格的控制，制定控制标准，并能充分发挥各职能部门的控制体系的作用；协调各种关系，解决各方面的矛盾；还要具有很强的社会活动能力，用以协调企业外部的战略性关系。

4. 应变创新

在当今与未来的世界中，只有一件事是可以肯定的，那就是变化，企业的创业团队必须能够理解和接受变化，根据变化来调整自己的思想，利用变化来实现企业的目标，在变化中不断树立新的管理观念和经营理念。

我国学者提出企业家应具备如下五方面的素质：①品德高尚，志向高远。严格要求自己，锤炼高尚的品德，树立远大的志向。②思维敏捷，知识渊博，具有"月晕则识风，础润而知雨"的敏捷思维，从现象中分析本质，探寻规律，学识渊博。③心理健康，个性优异，意志坚强，情绪稳定，性格良好而有个性。④足智多谋，能力超群。高瞻远瞩，远见卓识，富有韬略，机智果断，随机应变，标新立异，勇于创新。⑤身体健康，精力充沛。

8.4　企业家的战略思维能力

用兵之道，以计为首，经营之道以战略为首。企业要经营，战略要先行。企业经营者如何以高超的战略思维能力、丰富的管理经验和变革创新潜能，在市场竞争中去寻找、去发现、去创造自己的商机，正确把握企业的经营发展方向，实现企业外部环境、内部条件与经营目标三者统一，如何制定企业经营战略并有效实施战略管理，是企业高层领导的首要课题，没有战略的企业就等于没有灵魂。

西欧曾做过一次调查研究，"企业高层领导人的时间是如何安排的"，结果表明：这些高层领导人有40%的时间用于企业的经营战略方面，40%用于处理与企业有关的各方面的关系，剩下20%时间用于处理企业的日常事务，花费在战略上的时间占40%。企业要生存、要发展，必然要求其决定企业航向的责任人花费相当的时间和精力冷静地去思考、研究、处理企业战略性的大问题，如果企业领导人只能以其全部时间忙忙碌碌地处理日常事务或生产中的现实问题，整天当"救火队员"而没有时间和精力去研究带有全局性、关键性的经营战略方面的问题，那么企业就很难在深谋远虑的基础上主动地一步一步向前发展,很难在竞争中取胜。思想领先行动,一个企业家应该具有经营战略头脑,首要的是要有战略思维的能力,现探讨如下。

8.4.1　发现问题能力

善于及早发现问题是企业领导者必须具备的思维能力,也是必须练就的基本功。敢于自我否定是企业领导者及早发现问题的思想基础。问题是客观存在的,归根结底取决于人们如何去认识它、发现它,一个高明的企业领导者往往能够及时发现问题。问题就是差距,敢于正视问题、提出问题实际上就是承认差距,也就是一种自我否定。只有不断地否定自己,永不满足,才能不断地超越自己,不断前进。大多有进取精神的企业领导者并不是漫不经心地等待问题,而是未雨绸缪,未战先算,自我加压,掌握未来发展的主动权。发现问题的过程,实质上就是调整研究和系统分析的过程,只有在调查研究的基础上,掌握大量的第一手资料,并通过系统的分析,从中找出差距,才能发现问题。那么企业家应该注意发现哪些问题呢?

1. 新形势下出现的新问题

新体制、新技术、新工艺的采用都会对企业领导者提出新的课题和任务。挑战和机遇并存,这就要求企业经营者不仅要有战略家的头脑和思维,更要有良好的预见性和战略眼光,主动适应新的形势和任务,采取相应的对策。

2. 被某种现象所掩盖的问题

企业领导者不仅能看到显而易见的问题,而且还要善于发现潜在的或被某种现象所掩盖的问题。这就要求企业经营者要有敏锐的洞察力,透过现象看本质,从而开拓更为广阔的市场。

3. 发展中出现的新问题

成功的企业领导者总是十分注重企业在发展中可能遇到的问题,如产品开发、技术、人才、资金短缺等问题,通过发现和解决这些发展中的问题,才能实现企业的总体发展战略。

4. 群众所关心的热点问题

为了提高自己发现问题的能力,应走群众路线,从群众中来,到群众中去,兼听则明,集思广益,积极鼓励职工结合企业的实际提出合理化建议。由于客观事物的复杂性和主观认识上的差异性,发现问题不容易,解决问题更需要下一番功夫。企业需要解决的问题很多,重点是要抓住关键问题作为战略决策的对象,才能做出具有全局意义的战略决策。因此,现代企业领导者的战略思维必须做到两点:第一,要谋全局,即高屋建瓴,统筹谋划,全方位地思考,防止顾此失彼,又要区别不同层次,分清轻重缓急,把握有度;第二,要谋长远,在制定战略决策时,既要立足现实,又要着眼未来,既从实际现实出发,又有未来超前意识,使企业不断适应市场环境与市场变化,处于主动领先地位,把握和赢得未来。

8.4.2　形成概念能力

企业经营者思维中的概念形成能力是种非凡的创造力,是制定和实施战略的先导。概念是对客观事物普遍的、本质的、概括性的反映,它是抓住事物本质和内部联系的基础,是人类思维的第一个环节,只有建立正确的、科学的概念,才能准确判断、恰当推理。概念形成阶段是人的认识已从感性认识上升到理性认识的阶段。科学思维的成果都是通过形成各种概念来加以总结和表达的,企业领导者应具有在错综复杂、不断变化的各种因素及其相互联系中发现根本性、本质的能力。要创造性地形成企业战略的概念,就要将辩证法的思想应用到战略制定中去,形成全新的战略思维。辩证思维的基本特征是：全面性、准确性、本质性、具体性。

(1) 全面性要求在制定经营战略时思维必须全面周到,对经营战略的内容、目标要全面考虑,既要考虑到过去、现在,还要考虑未来;既要考虑到外部环境的机会和威胁,又要考虑到内部条件的优、劣势以及企业宗旨、经营哲学、整个企业发展态势等概念,要把企业经营战略放在市场的大环境中去考虑问题,既要考虑国内市场环境、竞争对手、行业环境,又要考虑到国际市场环境。

(2) 准确性是指战略思维必须准确清楚不能似是而非。

(3) 本质性是指在制定战略的思维过程中能够透过现象看本质。

(4) 具体性就是制定战略时要具体问题具体分析,是马克思主义活的灵魂。

从上述特征可以看出：辩证思维是一种科学的思维,只有掌握了辩证思维的真谛,在战略思维中才能形成正确的企业战略概念,准确、清晰表达概念,从而有利于界定问题、形成共识、理顺思路、制定和实施战略管理。

8.4.3　超前预见能力

超前性思维是指面向未来、超越客观事实实际进程的思维,其特点是在思维对象实际发生变化之前,就考察其未来可能出现的各种趋势、状态和结果。在飞速发展的现代社会,超前性思维和预见能力对企业家具有十分重要的意义。

(1) 现代社会全球性经济、技术联系日益加强,由此引起的企业家的视野应不断拓展,不能局限于本企业、本地区,而需要扩展到整个国内和国际市场,面向世界,面向未来,在全球范围内寻求自己的战略立足点。而一般说来企业领导者视野越广阔,所涉及的因素越多,变化幅度越大,影响越深远,就越需要加强思维的超前性和预见性。

(2) 现代社会经济、技术发展速度日益加快,由此导致领导节奏大大加快,如从科学发现、发明到形成社会生产力的周期越来越短;机器设备和工业品更新速度大大加快;科学技术经济信息剧增;等等。在这种情况下,企业家要制定企业的发展战略,就必须事先考虑到这种迅速变化的环境,使思维变化走在环境变化的前面。

(3) 现代社会经济、技术竞争日益加剧,也使得超前性思维在战略活动中的价值大大提高。一个企业家在强手如林、竞争激烈的社会中,要想掌握战略的主动权,没有超前性思维显然是不行的。从某种意义上说,没有超前性思维,就没有真正的战略,也就没有战略的主动权。

当然超前意识要从实际出发,建立在现实性的基础上,要有可行性而不能好高骛远。凡事预则立,不预则废。定计之先需要料敌,兵书上的料敌推断方法有：以己度敌、反观而求、平衡推导、观往验来、察迹映物、投石问路、顺藤摸瓜、按脉诊痛,科学的预见是企业经营者成功策划的基础。精明的企业家要有"月晕而识风,础润而知雨"的敏锐目光,金风未动蝉先觉,捷足先登,善于预见则成功,不善于预见则失败。中国有句古语"处事识为先而后断之",因此企业家必须提高自己的预见力,能见前人所未见,想今人所未想。能从现状看到未来,能提出真知灼见,在预测的基础上神思妙算,《孙子兵法》云:"夫未战而庙算胜者,得算多也;夫未战而庙算不胜者,得算少也",经营者只有"善算、巧算、妙算"才能审时度势,技高一筹,运筹帷幄,决胜千里。

8.4.4　独立思考能力

大文学家韩愈曾说:"业精于勤,荒于嬉,行成于思,毁于随。"独立思考能力含义有三:一是分析和判断问题时不为他人所左右,有主见,不人云亦云;二是能深思熟虑,慎明思辨,在众多复杂的关系中发现它们的相互联系,并能抓住问题之关键,牵"牛鼻子";三是独特的创新思维方式,不受习惯势力和惯性思维的束缚。战略思维方式的主要种类如下。

(1) 纵向思维,又称顺向思维,是按照事物形成发展的时间顺序考虑问题的一种思维方式。运用该方式考虑制定战略问题时,把相对独立的事物按其发生的先后顺序进行分析,从而以事物发展的阶段性特点和前后联系去思考问题。该思维方式受传统习惯影响较大,在多数情况下,难以达到预定的战略目标。

(2) 横向思维。它把思维的内容平面铺开,通过分析企业战略的各种条件或因素间的相互影响制约关系来认识事物。该方式由于把经营战略放在普遍联系、相互影响、相互制约的关系中认识,因而容易提高对战略经营的全面认识,有利于战略管理的成功。

(3) 逆向思维,也称反向思维,是在战略思维过程中从已有的结论推出前面的思维方式。该思维方式由于不符合常规,因而容易发现一些在正常思维条件下不易发现的问题。现代社会发展的速度是前所未有的,这就要求人们的思维方式要多样化、立体化,解放思想,拓宽思路,在企业经营活动中,不少成功企业家善于逆向思维,从反面提出问题、解决问题,从而取得意想不到的成果。

(4) 多向思维,是对战略议题从各个不同角度进行全面考察后得出结论的思维方式。该方式的特点是从点、线、面不同的战略层次上进行全方位思考,形成立体思维,从而具有灵活多变、消除死角的优点。从各个侧面、各个角度、各个层次考察审视企业,把企业作为一个有机整体才能站得高、看得远、想得全,从而制定出驾驭全局、指导全面的总体战略。

(5) 动态思维,是在战略中依据客观外界的变动情况而不断调整和优化战略思维的内容,以提高思维正确性的一种思维方式。由于外部环境是不断变化的,如果战略思维活动不能随着外部环境的变化对其内容进行协调,以修正思维的方向和目标,就很难获得正确的战略决策。

8.4.5　应变创新能力

在市场经济的海洋里,潮涨潮落,变化频繁,顺潮流善变者生,逆潮流不善变者亡,市场风云,变幻莫测,强手如林,各显神通。企业家要善于把握千变万化的市场行情,以变应变,先谋后战,才能在商海中劈风浪,绕暗礁,直挂云帆济沧海,夺取最后的胜利。灵活应变是企业家自觉地适应变化的客观形势而巧妙有效地处置问题的能力。在科学判断的基础上使原则性与灵活性高度统一。对客观环境必须遵循了解、适应、利用、影响、改造五个程序。核心是适应,适者生存不仅在自然界、生物界是如此,在社会经济界更是如此,无论是企业或个人要生存和发展下去必须使自己适应环境。为了能够主动适应环境必须及时了解认识环境的现状和未来变化的趋势,在了解和适应的基础上发挥主观能动性,充分利用本单位的有利条件,力求尽快发展自己。创业难,守业更难,企业家必须保持对新鲜事物敏锐的洞察力,见微知著,富有想象力,思路开阔,善于提出大胆而新颖的设想,敢闯敢干,每一时期都有新思路,不断地用更新更高的目标鼓舞人们前进。诺贝尔奖获得者西蒙说:"管理的核心在经营,经营的核心在决策,决策的核心在创新。"特别是在进行企业发展战略决策时,面对的都是未来可能出现的问题,需要领导者不断地探索和创新。创新思维活动有其内在规律性,一般要经过五个阶段。

(1) 准备阶段。不打无把握之战,不打无信心之仗,首先要有推动创新活动的内在动力,不达目的绝不罢休。

(2) 深思熟虑。这是创新思维的关键一步,一着不慎,满盘皆输;一着领先,全盘皆活。

(3) 休整待发。对错综复杂的问题,冥思苦想,仍理不出头绪,应暂停一下,自我调整。

(4) 豁然领悟。灵感一来,进入新的境界,创新思维突然出现,经过休整酝酿,长期积累,新的智慧的火花闪烁,从量变到质变,实现思维的飞跃。

(5) 调整成熟。灵感有时是不可靠的,必须发挥理性思维和理智判断的作用。从逻辑推理上加以验证,必要时可以进行局部试验实证,然后再逐步加以推而广之。

总之,认识和掌握上述创造性思维活动的规律性,将有助于企业家增强创新思维能力,提高企业经营战略创新活动的效果,企业家的本质在于创造,而这种创造性又突出地反映在战略思维的全过程之中。创造性思维就是在战略思考中冲破各种旧思想的束缚,在常人、前人的基础上有新的创意、新的创造和新的突破。它表现在企业战略活动中就是制定出乎前人和常人意料的并且符合经济发展规律的经营战略。人的任何能力都不是先天就有的,应变创新能力也是在日常社会生活中通过学习、积累、总结、锻炼而形成并不断提高的。因此企业家提高思维能力和应变能力的途径应是不断学习,博学多知,并且积极参加社会实践活动,积累经验,勤于思考,多谋善断,这样才能使自己的思维更加敏捷。

"知人者智,自知者明。"播下一种行动,你将收获一种习惯;播下一种习惯,你将收获一种性格;播下一种性格,你将收获一种命运。"发挥战略领导作用,应从认识自我、管理好自己的生命开始。"针对我国许多企业规模一大就战略失调的深层领导问题,从改变这些企业领导的言行入手,特总结出了以下"领导要诀 30 字"。

领导要诀 30 字

对不起,是我错了。

你有什么建议?

就照你的办。

我们一起……

干得好!

谢谢!

请……

无字诀：微笑。

实际上，以上介绍的领导要诀 30 字，不仅适用于领导，也适用于员工，其中所表达的深层理论含义，涉及管理沟通、团队合作、管理授权、报酬激励、人才培养、自我超越等多方面的内容，因而具有一定的普遍适用性。当然，在实际运用中，需在理解这 30 字真正内涵的基础上，将其转换成更为符合相应组织或个人特色的类似语言，真正注意常说、常做，这就更有助于形成企业团队的合作精神，增强员工凝聚力，发挥群体智慧，从而推动企业的长期持续发展。

对于领导来说，除了在语言习惯上经常使用领导要诀 30 字，尽量避免使用"领导最不重要的 30 字"。

领导最不重要的 30 字

7 字：照我说的做，没错！──刚愎自用

6 字：我早就想到了──揽功归己

5 字：你怎么老是……诿过于人

4 字：绝不可能……扼杀创新

3 字：我来做……事必躬亲

2 字：今后……犹豫不决

1 字：我……自我中心

（无语）黑脸！红脸！白脸！

8.5　当代企业家的时间价值观

时间，对企业家来说是最特殊的资源，也是最稀有的一次性资源，企业要经营，时间最贵重，懂经营，会管理，珍惜时间数第一。时间是什么？时间就其概念而言是指物质运动的持续性和顺序性。昙花一现也好，寿比南山也罢，总要经历一定的时间。时间具有一维性，机不可失，时不再来，抓紧时间，可以捕捉商机、创造财富。有时抓住一个机会，可以使企业起死回生，大展宏图；而失去一个机会，则可能使企业由盛转败，一落千丈。因此，当代企业家一定要树立现代时间观念。

8.5.1　时间多感慨

古往今来许多圣人君子、文人墨客留下了不少警世之言，对时间发出了无限的感慨。两千多年前就有"子在川上曰：逝者如斯夫，不舍昼夜""盛年不再来，一日难再晨，及时当勉励，岁月不待人"之慨，晋代的陶渊明早在 1 500 年前就有如此强烈的时间观念，及至唐朝诗人李白有"君不见高堂明镜悲白发，朝如青丝暮成雪"的佳句；南宋岳飞精忠报国，又有"莫等闲，白了少年头，空悲切"之警句；明朝文嘉有首《今日诗》："今日复今日，今日何其少，今日又不为？此事何时了……"；到了清朝钱鹤滩又有一首《明日歌》："明日复明日，明日何其多？我生待明日，万事成蹉跎……"；一代伟人毛泽东在诗中感慨道："多少事，从来急，天地转，光阴迫，一万年太久，只争朝夕"；文人朱自清说："洗手的时候，日子从水盆里过去,吃饭的时候,日子从饭碗里过去……"一切都是匆匆而过。很多企业领导十分辛苦,每天早出晚归,疲于奔命,忙忙碌碌,抱怨没有时间,其实时间正在叹息声中稍瞬即逝,如董必武在诗中写道:"逆水行舟用力撑,一篙松劲退千寻。古云此日足可惜,吾辈更应惜秒阴。"经济的发展,社会的进步,竞争的加剧,使人们的日常生活节奏与频率普遍加快,作为企业家更应该珍惜时间,光阴好比河中水,只会流去不复回。

8.5.2 时间有哲理

时间的伟大之处就在于它的公平性,对谁都一视同仁,就像食盐一样,皇帝和贫民都离不开它。有件东西你们每个人都有,数量完全相等,那就是时间。有谜语道:"人人见我懊恼,个个落我圈套。待时辰一到,谁也逃不掉。""时间是我们生活中最无情和无伸缩性的要素",然而时间道是无情却有情,在同样多的时间里,有识之士能有许多建树。时间里充满了辩证法,莎士比亚有句名言:"抛弃时间的人,时间也在抛弃他。"不会利用时间的人总是事倍功半,会利用时间的人则事半功倍。有人说:"你不杀时间,时间会自杀",其实是时间在杀你,时间就像无情的锉刀,悄无声息地锉得你皮肤褶皱、老态龙钟,生命在时间里磨损!鲁迅先生说得好:"无端的空耗别人的时间,其实无异于谋财害命;浪费自己的时间等于慢性自杀。"然而时间既是绝对的又是相对的,高尔基说:"世界上最快而又最慢,最长而又最短,最平凡而又最珍贵,最容易而又最令人后悔的就是时间。"我国著名的思想政治工作者刘吉对时间的回答充满了哲理:"聪明者——利用时间;愚蠢者——等待时间;劳动者——创造时间;懒惰者——丧失时间;有志者——抓紧时间;闲聊者——消磨时间;勤奋者——珍惜时间;自满者——糟蹋时间。"

8.5.3 时间是资本

在财务管理上要以较少的资金办更多的事,取得更多的效益要考虑资金的时间价值,但是,却很少有人考虑到时间的资金价值。其实时间是一种最宝贵的资源和最浪费不起的资本。资金的运用,不能只重视其投向、大小,而要更重视时间。周期的长短有道是:"一寸光阴一寸金,寸金难买寸光阴",时间就是财富,时间就是希望,赢得了时间就赢得了成功。马克思曾指出:"一切节约归根结底归为时间的节约。"商品的价值量也是由社会必要劳动时间所决定的。随着现代生活节奏的加快,时间的价值越来越明朗化,照相快相比慢相要贵;坐火车,快车比慢车要贵,坐飞机又比火车贵。时间就是希望,效率就是生命,赢得了时间就赢得了一切,然而时间抓起来就是金子,给勤奋者以智慧和财富;抓不起来就是沙子,给懒惰者以枉费和悔恨。因此,每个企业家都应该珍惜光阴,失落黄金有分量,错过光阴无处寻。

8.5.4 巧用时间有学问

有些企业领导"两眼一睁,忙到熄灯",整日忙忙碌碌,但却收效甚微;有的人精明强干、周密细致,在有限的时间工作起来井然有序。在有限时间里创造出许多有价值的事情来。善于运筹和利用时间,既是一门科学,又是一种艺术,在利用时间时,应该注意以下几点。

（1）应抓住重点，照顾一般。企业家应有自己的时间安排，抓住关键，掌握重点，科学安排，合理使用，有张有弛、游刃自如；利用时间要学会"弹钢琴"，对自己眼前的工作应分清轻重缓急，大小主次分类排队，把主要精力放在解决关键问题上；实行 ABC 分类法，因为人的时间和精力毕竟是有限的，绝不能眉毛胡子一把抓，更不能捡了芝麻丢了西瓜。

（2）要实行目标管理，成本控制。在市场经济中，时间就是金钱，效率就是生命。企业家对时间的使用也要实行目标管理。大文豪托尔斯泰说得好："要有生活的目标，要有一生中的目标，要有一分钟的目标，还要有为达目标而牺牲的目标。"对时间的使用也要计算成本，凡是劳而无功、得不偿失的事尽量不做；少花时间多办事，时间就是资本，资本的经营哲学就是少投入、多产出、高效益。

（3）要零存整取，提高效率。要把零碎时间利用起来，就像存款一样，积少成多，积沙成塔。鲁迅先生说："时间就像海绵里的水，只要挤一挤总会有的。"要发扬雷锋同志的钉子精神，有挤劲和钻劲才行。比如：学外语每天记 3 个单词，全年就是 1 000 多个，五六年时间就可达四级或六级水平。锲而不舍，金石可镂。抓住时间，做任何事情都要集中精力，以便缩短时间，提高办事效率。有一个效率公式可供参考：有用功＝时间×效率。因此办事应提高单位时间的利用率，效率越高，功值越大。"时间是个常数，但对勤奋者来说，是个变数，用'分'来计算的人，比用'时'来计算时间的人，时间多五十九倍。"

（4）要计划运筹，杜绝浪费。企业家对时间实行计划管理就是把要完成的任务按小时、天、周、月、年的顺序安排好，然后按计划逐个完成，要有时间日程安排表；虽然进行计划需要时间，但是最后它能节省时间，而且取得更好的效果。苦干不如巧干，要尽量避免"汗水淋漓综合征"，不要说无用话，不要开无用会、做无用功、办无用事。科学地利用时间，如何以较少的时间完成更多的工作关键在于用好今天，革命先驱李大钊同志说："我以为世间宝贵的就是'今'，最容易丧失的也是'今'，一个人抓不住'今'天，他就等于丧失了明天；因为当明天到来的时候，又转化为'今天'了。"应当今日事今日毕，今天是生活，今天是行动，今天是行为，今天是创作。日本的效率专家桑名一央说："昨日是过期支票，明日是空头支票，只有今日才有流通性。"机不可失，时不再来；莫道君行早，更有早行人。富兰克林说："你热爱生命吗？那么别浪费时间，因为时间是组成生命的材料"，我们要用时间之砖，构生命之大厦，创辉煌之业绩，这才是当代企业家之人生真谛。

思　考　题

1. 什么叫企业家的战略思维？它有哪些特征？
2. 创业团队的观念是什么？
3. 企业家素质和能力的基本要求是什么？
4. 创业团队应具备的才能有哪些？
5. 企业家战略思维能力有哪些？
6. 当代企业家的时间价值观有哪些？企业家如何科学巧妙地利用时间？

第 **9** 章

创业战略实施与文化塑造

【本章要点】

- 创业战略实施模式选择
- 企业文化内涵及其功能
- 经营道德是企业文化之魂
- 企业文化与职工合理化建议

 案例 9-1

蒙牛理念口号　演绎文化经典

用兵之道,以计为首;经营之要,理念先行。企业的经营理念就是企业的思想。企业的成功发展要以正确的经营思想为基础,企业形象的塑造也必须以正确的经营思想为指导,它是企业形象的指南。当今市场经济条件下,真正有效的高层竞争是企业形象的竞争,可达到"不战而屈人之兵"的全胜效果。

一个企业的成功往往表现在多个方面,诸如较高的利润率、市场占有率、投资回报率、良好的品牌、先进的技术、管理有方、经营有序等。若以这些成功的表现作为衡量标准,蒙牛无疑是一家超常规发展的成功企业。不说别的,单就其企业经营理念哲学信仰及其文化内涵,便令人羡慕,值得探究。

1. 蒙牛企业经营理念口号及其点评

"蒙牛文化"的最大特点就是一个"博"字:纵取古今,横征中西,萃百花蜜,摄千家魂。前人已有的,点睛之;前人没有的,创造之。

走进蒙牛厂区,你可以看到上百个标语牌。这些标语取自"上下五千年,纵横八万里"。牛根生曾经自豪地说:古今中外无所不取,而又互不矛盾,在潜移默化中规范着每个员工的思想和行为。凡到厂区参观的人,都试图掏出小本子记下自己感兴趣的条目。后来,蒙牛党群办公室对此进行了整理,并加以扩编,成为一本供企业内外学习交流的"绿皮书"。

听过蒙牛集团董事长、总裁牛根生演讲的人,都会提到两个特点——煽动性和感染力。蒙牛冰激凌销售部的海先生介绍说:"每次开会他即兴喊出各种口号,把我们的信心和斗志都调动起来,有一种被充电的感觉。"

牛根生把(从古今中外拿来的)口号变成了标语牌,挂在蒙牛公司的办公楼、销售部、生产车间、食堂和公寓的周围。那些非常口语化、通俗化的标语就像他演讲时的手势和面部表情一样丰富多彩。

这些标语牌悬挂于公司的各个角落，在潜移默化中规范着每个员工的思想和行为。无论员工遇到什么问题，都能从这些标语牌中找到正确看待问题的方法。

厂区大门上挂着"讲奉献，但不追求清贫；讲学习，但不注重形式；讲党性，但不排除个性；讲原则，但不脱离实际；讲公司利益，但不忘记国家和员工的利益"的长幅标语。

财务部的标语是"现金为王"，销售部门的标语则是"老市场寸土不让，新市场寸土必争"。

在容易产生人际摩擦的地方的标语是"太阳光大，父母恩大，君子量大，小人气大"，"看别人不顺眼，首先是自己修养不够"。

在与客户打交道的地方的标语是"从最不满意的客户身上，学到的东西最多"。

在车间里的标语是"产品等于人品，质量就是生命"。

在食堂门口的标语是"如果你打算剩饭，请不要在这里就餐"。

蒙牛集团经营理念的核心是注重人格的塑造，这也是企业理念的主线与灵魂。特别是以人为本的经营理念，日益深入人心，以人为本的理念核心就是对人心和人性的管理。通过企业文化调动职工的积极性，使被管理者从心理和生理产生旺盛的精力、奋发的热情和自觉的行动，为实现企业的经营目标而做出不懈的努力，以至产生"未见其人，先得其心；未至其地，先有其民"的效果，这才是管理艺术的最高境界，请看几组实例。

例1."有德有才破格录用，有德无才培养使用，有才无德限制录用，无德无才坚决不用。"

点评：德，国家之基也，才之帅也。莎士比亚有句名言："无德比无知更属罪恶"，道德人格是社会整体文化的基石，经营道德是企业文化之魂，以德治企，崇道德，尚伦理，讲人格，守信誉，不仅是一种良好的职业道德修养，而且也是精神文明的重要体现。

例2."人的成功是靠自己的改变，不是靠别人的改变。"

点评：哲理性很强，体现了内外因的辩证关系。人不要总是抱怨领导不懂得欣赏自己，同事、下属素质低，家人不争气，拖了自己的后腿。改变不了环境，改变自己；改变不了事实，改变态度；改变不了过去，改变现在。

例3."经验无论好坏，都是人生资本。"

点评：人生所发生的每一件小事，对我们将来都有帮助，不要只看到失败，而应珍惜失败所带来的信息。有些人羞耻感强，面子自尊最为重要，事事追求完美，人们犯错误，总是一辈子在讨好别人的目光，结果很累，改用一句歌词："早知道错误总是难免的，你又何苦一往情深。"聪明人改正错误的速度比常人快。因此，专家提醒我们要快犯错误、早犯错误，及时改正错误，这是人的资本。

例4."设备不转就是我们的难看。"

点评：武器是战争的重要因素，但决定性的因素是人不是物，对于成功的企业来说最有价值的因素不是物，不是制度，而是人。

例5."如果你有智慧，请你拿出智慧。如果你缺少智慧，请你流汗水。如你缺少智慧又不愿意流汗，那么请你离开本单位。"

点评：不点自明，催人奋进，事不过三，道是有理又有情。

例 6."销售是 98％的了解人性,2％的产品知识。"

点评：销售大师如是说,你永远无法说服任何人购买任何东西,因为那只对你有好处。顾客要的是对他们有好处的东西,如果你理解人类的天性,你就会知道顾客想要什么,并提供给他们,这才是伟大的销售。如果顾客觉得你所销售的东西有些不对劲,这就表示他们觉得你不对劲。

2. 经营理念策划重在创新

理念设计,重在创新。"管理无小事,创新是大事",这就是蒙牛人的格言。主意诚可贵,思维价更高,企业要经营,理念必先行。只有新思维、新理念,才会有新创意、新产品,然后才能出新求利。有了新的经营理念,企业就有经营准则、价值追求。当大家齐心协力,都认准正确的方向,拥有共同的信念和意志时,还有什么是不可战胜的吗?因此,树立理念,高擎战旗,结合群力,就可达到目标。蒙牛集团在经营理念的设计过程中具有以下一些特点。

1) 注重多样化

企业理念识别的策划把突出企业的个性放在首位,蒙牛集团的经营理念根据不同部门自身的特点,展示部门在经营宗旨、经营方针和价值观上的独特风格与鲜明个性,体现本企业与其他企业,本部门与其他部门在理念上的差别。缺乏个性的理念识别设计,多企一理,是中国企业的通病,而蒙牛集团在理念策划上注重多样化,有上百条理念,注重个性化,各有特色。

点评：理念巧细分,激励更有针对性。

2) 注意概括性

企业理念识别是企业的一面旗帜,是企业经营宗旨、经营方针、企业价值观的集中反映。因此,蒙牛公司有的经营理念,简洁明了,言简意赅,如"产品＝人品","质量＝生命";"只为成功找方法,不为失败找理由",这些理念更容易为广大公众所接受。

点评：浓缩的都是精华,简洁明了的理念更容易为公众所认识和把握。

3) 强调时代性

企业经营理念识别必须和时代的脉搏相通,能反映时代的特征和时代精神。蒙牛的经营理念策划有鲜明的时代气息,贴近生活,接近顾客,如"21世纪,唯一不变的是变化";"用辅导代替领导,用服务代替行销,用期许代替要求"。

点评：时代的特色,管理的艺术。

4) 充满哲理性

先进的哲学是时代精神的精华,有些经营理念哲理性强,如"学得辛苦,做得舒服;学得舒服,做得辛苦";"不懂自我管理,怎能管理他人"。

点评：坚持两分法,充满辩证法。

3. 经营理念渗透贵在有恒

企业理念策划完成,并不意味着企业理念已经确定,如果没有渗透至企业组织之中,没有成为全体员工的共同价值追求,没有被员工所接收、理解、接受,那么,再好的企业理念也是一个空头设计,对企业的发展毫无意义。

企业理念渗透的目的只有一个,即如何有效地将企业理念转化为全体员工的共同价值观和共同心态。为此,蒙牛公司采取了多种多样的渗透法。

(1) 教育法。思想领先行动,企业理念确定之后对全体员工进行宣传、教育、培训,使员工对企业理念有全面、准确的认识,如"管理是严肃的爱,培训是最大的福利",将此条理念张贴在培训室的正中央,并在培训的时候讲以下这番话:"我们对各位严格要求,是为了帮助大家养成容易成功的习惯,是爱大家。什么是最大的福利? 工资? 住房? 医疗保险? 轻松自在的工作? 非也! 这些更像慢性毒品,让你拥有暂时的安逸舒适,实际上是废你的武功。提供培训,是让你拥有能力和知识,具备成功者的素质,这是你的无形资产,是最大的福利。"

(2) 环境法。当你步入和林洛尔县境内的蒙牛园区,无论是在绿草如茵的草坪中的宣传牌上,还是在办公室、车间走廊的墙上,到处都整洁大方地悬挂着风格各异的经营理念标语,到处洋溢着浓厚的文化气息。他们把企业理念做成匾额、条幅或海报、壁画等,把抽象的理念具体化、形象化。在公司的办公室工厂、工作场所等地方展现出来,让公众在不知不觉中接受企业理念,达到直观的教育效果。

(3) 象征法。蒙牛将企业理念渗透于企业的各种活动中,如庆祝仪式、表彰会、宣讲比赛、智力竞赛、大型文艺演出等。通过这些对企业理念进行具体、生动的宣传,让公众喜闻乐见,寓教于乐,使经营理念一旦植入人的头脑,即根深蒂固,经久不息。引导个人和群体行为,通过价值观的认同最终实现企业的经营目标。

(4) 榜样法。通过先进人物等理念化身的榜样示范,鼓舞、激励、启迪、教育、调动职工积极性,培育团队精神,增强企业向心力。2000 年年底牛根生自己出资 100 万元,购置了 5 部高级轿车,对为公司做出杰出贡献的先进个人给予隆重表彰和奖励。榜样的力量是无穷的,通过榜样示范鞭策激励员工,达到潜移默化、润物细无声的效果。

现代管理界有句名言:"智力比知识重要;素质比智力重要;人的素质不如觉悟重要。"企业经营可分为三个层次:第一是经营资产,第二是经营人才,第三是经营文化。企业文化是提升企业核心竞争力的关键所在,是推进企业发展的一种神奇的力量。蒙牛之所以能够飞速发展,与其内涵深厚的企业文化底蕴是分不开的,蒙牛自创的内部刊物《蒙牛足迹》是广大员工之间进行信息交流、情感沟通的新天地,是灵与魂认同的"大牧场",反映大家共同创业的艰辛历程和心声,也是鞭策大家奋进的动力源泉。在这片园地里辛勤耕耘,洋溢着浓厚的文化气息。大家共同探讨国内外形势、人生准则、心灵感悟,使蒙牛人领略人生真谛,回顾创业艰辛,分享成功喜悦,展望美好愿景,以"蒙牛"为荣,共同托起"蒙牛"明天的太阳。

人美在心灵,鸟美在羽毛,企业美在形象。人是最大的生产力,经营企业就是"经营人心","抓眼球""揪耳朵",都不如"暖人心"。未来的竞争,最后都会聚焦到"人心"(方寸)之争上。经营理念不仅是一种企业文化,而且也是战略管理的重要组成部分。没有强大的企业文化,即价值观和哲学信仰,再高明的经营战略也无法成功。企业文化是企业生存的前提,发展的动力,行为的准则,成功的核心。企业经营理念的策划与渗透是一个由浅入深、循序渐进、突出个性、不断创新的过程。冰冻三尺,非一日之寒,树立经营理念不能"说起来重要,做起来次要,忙起来不要"。经营理念虽然不是万能的,但没有经营理念是万万不能的。特别是在经营理念的渗透过程中,不仅要有韧性、悟性、理性,更要有耐心、信心、恒心。理念策划，重在创新；理念渗透，贵在有恒，这才是企业经营理念之真谛。

9.1　创业战略实施模式选择

9.1.1　创业战略实施模式

在企业创业战略管理的整个过程中，全面而准确的创业战略分析和规划有助于形成正确的创业战略，但是再好的创业战略如果没有得到有效的实施，那么也仅仅是美好的愿望而已。好的创业战略必须以事实和数据为基础，而且要详细、具体；然而，如果缺乏事实基础和具体可行的方案，创业战略就有可能成为宣传口号和毫无意义的愿景规划。在这里，我们需要强调的是执行力，这是一切有效创业战略的关键要素，如果没有执行力，创业战略最终就是一句空话。因此企业的管理者应当对创业战略的制定和实施给予同样的重视，企业要创造价值、实现利润，都需要付诸执行的行动，企业的高层必须关注企业的执行能力。企业创业战略的制定和实施能否成功在很大程度上依赖于企业高层管理者，也就是创业战略管理者的领导艺术。不同规模、不同性质、不同类型的企业，创业战略管理者的指挥艺术也会有较大差别。

9.1.2　指令型创业战略指挥艺术

这一模式的指挥者具有极为正式的集中制道德倾向，创业战略实施靠的是最佳创业战略和有权威的日常指导，具有集中全力和决策的倾向。它要求总经理运用各种创业战略分析模型和方法，制定出一个能指导日常工作决策的企业创业战略，并且靠其权威通过发布各种指令来推动创业战略的实施。这种模式是假定企业在采取行动之前，就已经进行了大量的分析，总经理拥有相当大的权力和近乎完美的信息，能够较好地做出日常经营决策。

这种模式的运用需要组织具备以下条件。

（1）创业战略制定者和创业战略执行者的目标函数比较一致。

（2）创业战略对企业内线性系统不构成威胁，现行运行系统不妨碍创业战略实施行动。

（3）高度集权式的组织结构，高层管理者热衷于集权式管理，下属人员已习惯于这种体制。

（4）多种经营程度低，环境稳定，高速变化的环境不适于采用本模式。

（5）需要集中大量而且正确的信息，要求能够准确有效地收集信息并且能及时地汇总到高层管理者手中。

（6）企业处于强有力的竞争地位。

（7）需要配备一定数量的创业战略规划人员来协调各事业部的计划。

指令型创业战略指挥模式的最大弊端在于把创业战略的制定者和创业战略的执行者分开，即企业的高层管理人员制定创业战略，然后强制下属管理人员执行，靠的是高层的权威和命令，难以真正激励中下层员工的积极性和创造性，又可能产生下属在执行创业战略时缺少动力,甚至产生抵抗情绪,暗中抵制新的创业战略方案和措施,形成阳奉阴违的局面。

9.1.3　转化型创业战略指挥艺术

转化型模式是从指令型转化而来的,是在其基础上进一步的完善和补充。像指令型一样,转化型的指挥艺术重视创业战略分析和创业战略制定;同时,还深入思考如何运用组织结构、激励手段和控制系统来促进创业战略实施。总经理要对人力资源、运营管理等方面进行设计,增强创业战略实施的协调性,将组织纳入创业战略规划的轨道,推动经营单位为实现创业战略目标而努力。

转化型与指令型相比,更强调创业战略实施问题,以加强创业战略实施成功的可能性。例如:

(1) 运用行为分析、组织设计理论,以人为中心调整组织结构,把注意力集中在所需要的关键创业战略领域之中,强调创业战略实施过程中对员工的激励,让员工有充分的机会去施展才能。

(2) 将创业战略规划系统、创业战略实施系统和控制系统与公司的薪酬体系结合起来,支持和促进企业创业战略实施。

(3) 建立高绩效的企业文化,运用企业文化促进企业创业战略的实施。

总之,企业高层管理者通过借助一整套强有力的创业战略实施手段,控制企业的组织体系和结构支持某一具体创业战略,这种模式应当说比指令型模式更为有效。但转化型也有其明显的缺点:在实践中设计某些系统,特别是薪酬激励制度、实施控制系统等要投入很大的时间和精力,即便是设计成功,也需要一定的时间才能获得收益。此外,这种模式并没有解决指令型模式存在的如何获得准确信息的问题,以及部门和个人利益对创业战略实施的影响问题,而且还产生了新的问题,即如何能够通过控制企业的组织体系和结构来支持某一创业战略,又保持总经理创业战略指挥的灵活性。因此,对于环境不确定性较大的企业,应在采用转化型创业战略指挥艺术的同时,还需要其他的辅助措施。

9.1.4　合作型创业战略指挥艺术

合作型模式是建立在人为创业战略是集体协商基础上的产物。其主要特点是,把参与决策的范围扩大到企业高层管理集体之中,调动高层管理人员的积极性和创造性,使高层管理集体协调一致,发挥集体智慧,使每个高层管理者都能在创业战略的制定过程中做出各自的贡献。

协调高层管理人员的形式多种多样,如有的企业专门成立了由各部门主管共同组成的"创业战略研究委员会",专门收集在所确定的创业战略问题上的不同观点,并进行研究分析,在统一认识的基础上制定出措施等。在这种情况下,总经理的工作重点是组织并协调一支合格胜任的管理人员队伍,促使他们发挥主动性、创造性并很好地合作。

从总体来看,合作模式克服了前两种模式中存在的两个重大局限性,即总经理通过接近生产经营第一线的管理人员,听取众多人员的意见而获得大量信息,克服指令型的信息准确性和认识局限性的问题;同时,总经理扩大参与决策的范围,集思广益,解决指令型和转化型所遇到的创业战略问题,增加了创业战略实施的成功可能性。

值得注意的是,合作型是具有不同观点、不同目的和利益的参与者相互协商的产物,可能会降低创业战略的经济合理性。而指令型所确定的"理想"创业战略和转变型所采用的"理想"行政管理系统在技术和经济上可能是合理的。同时合作型仍存在创业战略制定者和执行者的区别,还不能做到吸收全体人员的智慧,调动全体人员的积极性。

9.1.5 文化型创业战略指挥艺术

文化型模式是要在整个组织里灌输一种适当的文化,以使创业战略得到实施。它是把合作型模式的参与成分扩大到较低的层次,打破创业战略制定者与执行者之间的鸿沟,力图使整个组织都支持企业的目标和创业战略。在这里,低层次的管理人员参与了决定创业战略方向的设计工作,而且高层管理人员反复向他们灌输一系列价值观念,影响他们的创业战略行动。一旦计划形成后,总经理便起着"指导者"的作用,鼓励每个层次决策者决定执行这一计划的具体细节。

文化型模式是一种长在打破创业战略决策者与执行者之间鸿沟的创业战略指挥艺术。文化型认为,现代企业的员工应能充分地参与各个层次的决策管理,企业组织与其参与者存在着共同的目标,这就保证了企业创业战略实施迅速且风险较少,使企业能够比较平稳地发展。

文化型也有其局限性,主要表现在以下几个方面。

(1) 构造企业文化过程是一项长期、艰巨、细致的系统工程,既需要企业高层管理者的积极倡导,身体力行,也需要广大员工的认同,还需要协调好各方面的利益关系。

(2) 这种模式需要大多数员工的素质较高,实际上许多企业达不到这个标准。

(3) 企业高层管理者往往不愿放弃控制权,从而使其形式化而无实际作用。

9.1.6 增长型创业战略指挥艺术

增长型模式是通过激励管理人员的创造性和制定实施完善的创业战略,充分发挥企业内部的潜能,最终使企业实力得到增长。增长型主要回答的是人员和激励创业战略管理人员制定与实施完美的创业战略这一问题。在这种模式中,企业创业战略不是从最高层自上而下地推行,而是从基层经营单位自下而上地产生;创业战略管理是在创造和维持一种良性平衡,即下层经营单位的"自主创业战略行为"与高层管理控制的"企业创业战略"之间的平衡;总经理扮演了一个"评判者"的角色,他要为企业总体承担责任,既要评审能达到预期目标的预选创业战略方案和最终付诸实施的最优方案,对其实施过程进行评审与控制,又要激发企业内部的创新士气,以获得创业战略的成功。

增长型创业战略指挥艺术要求解决下述几个认识问题。

(1) 总经理不可能控制所有的重大机会和威胁,有必要给下层管理人员以宽松的环境,激励他们从事有利于企业长期利益的经营决策。

(2) 总经理的信息、认识和判断总是有缺陷的,不可能在任何方面都可以把自己的愿望强加于组织成员。

(3) 总经理只有在依赖下级的情况下,才能正确地制定和实施创业战略。因为一个稍逊色但得到人们积极支持的创业战略,要比那种"最优"的却根本得不到人们热心支持的创业战略有价值得多。

(4) 企业创业战略是集体决策的产物,依靠集体智慧和合成信息,靠一个人是很难有所作为的,因此总经理在创业战略决策过程中要采取一系列措施减少集体决策中的各种不利、妨碍因素,增强群体接受不同观点的能力。

为了使群体决策的风险降到最低限度,通常可以采用 4 种方法控制创业战略决策过程:①在一定时期内,强调某一特定的创业战略主题的重点,指导创业战略决策思路;②提供一定的规划方法,保证人们运用规范化的评价指标来评价企业创业战略决策的优劣;③利用组织的力量来影响创业战略建议的类型;④可以建立专门的创业战略规划或管理部门研究可能会遇到的问题和解决问题的有效办法。

上述 4 种创业战略指挥艺术模式,在判定和实施创业战略上的侧重点不同。指令型、转化型和合作型更侧重于创业战略的制定,而把创业战略实施放在较为次要的位置;而文化型和增长型则更多地考虑创业战略实施问题,其中文化型是在运用大量时间达成一致决策后,迅速进入实施阶段,而增长型是在各种创业战略方案被它的拥护者提出来时,事实上就已经处于实施过程中了。

从实践上看,4 种类型的创业战略指挥艺术并不是相互排斥的,它们只是形式上有所区别。一个稳定发展的企业可能对各种类型的指挥艺术都感兴趣,只不过各有侧重罢了。当然,没有任何一种类型可以运用于所有的企业,这主要取决于企业多种经营的程度、发展变化速度以及目前的企业文化状态等。

9.1.7　管理者与创业战略实施相匹配

企业创业战略管理者要行使创业战略管理职能,除了应该具备创业战略家的观念和能力外,还应具备与企业创业战略方向相适应的行为特色。企业创业战略方向不同,对企业创业战略管理者的领导风格、艺术的要求也不相同,因此企业创业战略管理者呈现出行为差异。反过来,创业战略管理者存在的个体差异也会在制定创业战略和实施创业战略的过程中影响他们的各种决策和行为模式。也就是说,企业的创业战略管理者与创业战略实施二者之间存在相互影响的作用,每一种创业战略方向都有与之相匹配的创业战略管理者行为模式。

根据西方学者实证研究,有 5 种创业战略管理者行为模式,分别是开拓者、征战者、谨慎者、重效率者和守成者。不同的创业战略方向选择决定了创业战略管理者的行为特征的不同。换言之,每种创业战略方向对创业战略管理者的素质和行为都有特殊的要求,创业战略管理者的素质和行为要与其选择的创业战略方向保持一致,否则将可能遭遇创业战略失败的风险。

9.1.8　开拓者的行为模式

当企业经营环境特别动荡,面临较为严峻的外部威胁和挑战的时候,企业需要采取创造性的发展行为和出其不意的策略来扭转不利的局面,开辟出一条新的道路。这时候需要由开拓者来担任这一角色。

开拓者的素质特点：非常灵活，不守常规束缚，富有创造性，性格外向，有鉴别力和魄力，容易受环境驱使，极富主观能动性，思维方式往往很直观，有时候甚至是非理性的思维，有独创性。然而开拓者们过于积极好动的性格有时候会出现蛮干、多疑、性急、偏离常规等特征。

开拓者的行为特征：喜欢寻求新奇的冒险，善于创造，外向型的工作重心，靠创造和领袖魅力来领导，接受一切未知的变革；他们在工作方法上主要采用的是头脑风暴法和风险管理的方法。

9.1.9 征战者的行为模式

当企业的外部经营环境比较动荡，同时企业也面临比较有利的机遇和挑战的时候，需要采取积极的扩张创业战略，这时候需要由征战者带领企业，针锋相对地夺取市场，大刀阔斧地开出新天地。

征战者的素质特点为：有节制地不遵守常规、具有发展新事物的创造性、性格外向、精力充沛、对情绪有较强的自制力、性情平稳、思维方式表现出理性而不恪守常规的特点。

征战者的行为特征为：喜欢寻求不平凡的冒险、有创造精神、致力于创业性活动、外向型的工作重心、依赖于严格的协调来领导下属；常采用的工作方法为收益分析、方案分析和德尔菲法；他们对变革的态度是接受间接性变革；征战者成功的模式有多元化经营，即征服竞争者，争取一切机会。

9.1.10 谨慎者的行为模式

当企业的经营环境不太动荡，企业面临的机遇和挑战都不多的时候，企业需要采取持续发展的创业战略来求稳定、图发展。

谨慎者的素质特点为：遵守常规、性格温和、与人为善、善于合作、稳定、守信誉、追求平稳发展、思维方式有条不紊、严肃认真、专一。

谨慎者的行为特征为：追求通常的冒险，善于计划，致力于有计划的反应性活动，工作重心放在企业内部和外部平衡点上（既重视外部，又重视内部），靠目标来领导；对变革的态度是接受渐进式的变革；成功的模式为有效的增长；致力于扩大市场占有率。

9.1.11 重效率者的行为模式

当企业的经营环境平稳，企业面临的竞争挑战较弱的时候，企业需要采取增加产量求发展的创业战略，这时候由重效率者来主持大局，可以将企业经营风险降低，将成本降低获得效益。

重效率者的素质特点为：教条、死板，重视规章制度，恪守程序，靠外界刺激前进而不是主动出击，思维方式过于理性，不思变革。

重效率者的行为特征为：承认通常的冒险，善于组织生产和控制成本，致力于稳定增产和降低产品成本，工作重心放在企业内部，主要依靠奖惩与控制来领导下属，针对当前发生的事情而不是未来将要发生的事；工作方法包括投资分析、作业研究、工艺革新、会计等；对待变革的态度为接受最低限度的变革；成功的模式主要是高效率的生产。

9.1.12　守成者的行为模式

当企业的经营环境相当平稳,市场基本饱和,竞争较弱,在既无生存威胁、又很难获得进一步发展的情况下,企业需要采取巩固现有经营状态的创业战略,由守成者登台,遵守惯例、维持现状、按部就班地追求稳定发展。

守成者的素质特点为:驯服、古板、有教养、善于合作,性格稳重、冷静、缺乏主动性和激情,过于理智、缺乏创造能力,遵守惯例,思维方式单一,不善于独立思考和提出疑问,善于接受他人尤其是权威人士的观点。

守成者的行为特征为:回避风险,以惯例为行为准则,工作重心放在企业内部,重视指挥和行政命令与监督,常以过去的情况作为参照系而不是着眼于未来;工作方式为发现差错、追究责任、惩罚责任者并警戒他人;成功的模式为在稳定中求生存,将维持现状和保住自己的势力范围视为成功。

将创业战略管理者的素质特点和行为特征的构成因子进行抽象性的概括与归纳,我们可以从遵从性、社交性、能动性、成功紧迫性、思维方式 5 个因子来对这 5 种创业战略管理者行为模式进行区别和比较,得出创业战略管理者大致的行为类型及其与企业创业战略方向的匹配关系。它抽象地概括了与企业的 5 种创业战略方向相匹配的创业战略管理者行为模式。

这是就创业战略管理者的一般行为特征来分类的,除此之外,创业战略管理者还必须具有与其企业所经营的行业密切相关的特殊资质,如行业专门性的技术知识、市场知识、管理知识等;创业战略管理者还要具有与其所主管的部门工作密切相关的特殊资质,如营销知识、会计、金融等;创业战略管理者还应当具有强烈的事业心和不断创新进取的企业家精神。以上这些特殊的能力和潜质也都影响着创业战略管理者的行为特征,从而对企业的创业战略实施产生很大影响。

9.2　企业文化内涵及其功能

在不同的领域,历史的积淀培育了丰富多彩的文化,如茶文化、饮食文化等。每个时代,文化都作为一种时代精神和民族心理深刻影响着人们的行为与思想。文化在政治、经济以及日常生活中均具有重大的作用和影响,不同文化背景的人有不同的行为准则和处事方式。这种长期积累起来的物质文化和精神文化统治着人们的心灵,指导着人们如何看待事物和自己。

文化也是人性的积累。文化的发展使人们远离愚昧走近文明,使人与动物的区别越来越明显。先进的文化促进社会的发展,使人们能以越来越科学的眼光看待世界的本质,享受前所未有的美好生活。人类文化宝库中的企业文化,则是企业成长的精神支柱,对企业的发展起着至关重要的作用。

 案例 9-2

有无知识文化

据报道,北京某著名大学的一位学生,居然用饮料瓶装上硫酸,到动物园去试验马熊的嗅觉，结果把马熊烧伤。他是计算机系高年级学生，具有现代科学技术的最新知识，但是他的不道德行为，说明他的文化涵养几乎为零，这种"能高人低"的现象，是社会文明的悲哀，是现代教育的耻辱。为此，许多社会有识之士呼吁：文理交融教育已经成为一个迫在眉睫的问题，否则就有可能使我们辛辛苦苦培养的学生成为"有知识没文化"的人。

9.2.1 企业文化

1. 企业文化的内涵

何谓企业文化，目前众说纷纭，各执己见。有一类观点将企业文化看作企业成员有关企业观念的总和，包括企业价值观、经营观、风气、员工工作态度和责任心等。而另一类观点对企业文化的诠释比以上的观点要宽泛得多，即认为企业文化是一种经济文化，是通过物质形态表现出来的员工精神状态。这种观点认为，企业文化不仅包括全体员工的价值观，而且包括在企业发展中形成的与员工形态相联系的一切文化活动，如企业经营观念、各种规章制度、人力资源运作理念、决策作风、生产方式、行为方式、企业物质环境、职业道德体系等。

企业文化是一种特殊的文化现象，它不应该被无限扩大，也不应该受到局限。我们以为，这样对企业文化进行界定比较合适：企业文化是在企业中为广大员工所遵循的价值观念、行为规范和思维方式的总和。企业文化是在企业成长过程中逐渐形成的，是企业的精神和灵魂。

2. 企业文化理论的产生

就像科学事实在科学诞生前早已存在一样，企业文化无论在中国还是在国外，也早已存在。但作为概念和理论，则是美国管理学界在研究比较了东西方成功企业的主要特征，特别是对美日企业做了比较研究后于20世纪90年代初提出的。因此，人们常说企业文化是"源于美国，根在日本"。企业文化是管理实践的沉积，是管理科学发展到一定阶段的产物，是管理理论的又一次革新。企业文化理论的出现，将管理科学带入了一个崭新的阶段。

第二次世界大战后，美国企业在行为科学理论和管理科学理论的指导下迅猛发展，劳动生产率得到了极大的提升。利润的大量汇集，使企业界一片兴旺，企业的规模也迅速扩展。很快，美国就成了经济强国。经济的强盛，让其在政治上也出尽风头。但是，20世纪70年代初爆发了可怕的石油危机，美国的许多企业因此受到沉重的打击，竞争力大大削弱，劳动生产率在持续增长了20多年后戛然而止。

然而，作为战败国的日本，不仅令人惊奇地在很短的时间内治愈了战争的创伤，而且在战后的30年里，以每年10%的增长速度赶上并超过了一个个西方发达国家。值得注意的是，20世纪70年代工业发达国家由于石油危机而普遍发生通货膨胀时，日本经济却依然保持快速增长的势头。这种巨大的反差引起了管理学家的思考。研究发现，支撑日本企业免受石油冲击并迅速发展的是以下三大法宝：终身雇佣制、年功序列工资制、团队精神。日本企业在管理上推行以人为中心的管理思想，注重职工工作热情的激发，强调全体职工共有价值观念的树立，重视培养员工对企业的忠诚，从而使企业充满了活力、凝聚力和竞争力。这些管理理念和做法促进了日本企业和经济的发展。1970年美国波士顿大学教授戴维斯在《比较管理——组织文化的展望》中，率先提出了组织文化的概念。1971 年彼得·德鲁克也明确提出"管理也是文化，它不是'无价值观'的科学"。由此，把管理作为一种文化探讨的观念开始初露端倪。

 案例 9-3

美国硅谷的坦德计算机公司

20 世纪 80 年代初，位于美国硅谷的坦德计算机公司的利润以每季度 25％的速率增长，年收入超过 1 亿美元，职工流动率很低。是什么原因使坦德公司如此兴旺呢？美国哈佛大学教授迪尔和麦肯锡管理咨询公司的咨询专家肯尼迪经过分析研究后认为："坦德公司的强文化是其取得成功的源泉。"具体说来，它的成功诀窍有四条：第一，在公司内部建立了一个被广为分享的哲学。这个哲学就是强调人的重要性，认为"坦德公司的成员创造性的行动和乐趣是其最重要的资源"。第二，在公司内部淡化等级观念，建立彼此平等的人际关系。坦德公司没有正规的组织机构，也没有什么正式的规章制度，会议和备忘录几乎不存在，工作责任和时间也是灵活机动的。公司内不挂显示职位头衔的标牌，不给负责人保留停车场地。第三，在公司内部树立英雄人物，编成故事，广为传播。第四，在公司内部形成了若干习俗和仪式，如星期五下午人人参加的"啤酒联欢会"。

美国管理界对照日本的经济发展，发现两国在企业管理上的一些差异可能是导致两国企业发展出现如此不同的重要原因。美国人崇尚独立和自主，注重个人发展，强调个人作用，缺乏将个体放在一个群体中思考的习惯。事实上，当个体处于群体中之后，他的行为规律与他独处时是不一样的，会发生巨大的变化。过分强调个人奋斗的精神而忽视其与整体及整体目标的融合，会导致企业整体力量的削弱。而日本企业的成功，可以归因于它们对群体中人的行为规律的把握，归因于它们对群体意识、企业价值观念的重视，即对企业文化建设的重视。由此，管理理论从注重对个体行为研究的传统做法，转而开始走向把人放在群体中考虑的做法，开始注重群体中人的行为规律特点。

小思考

你可以去留心一下红灯时路口的骑车者。当有一个人带头闯红灯时，会引起后面守规矩者的张望；当有几个人继续闯红灯时，这些张望的人也会开始犹豫起来；当闯红灯者的人数再增加时，他们会毫不犹豫地加入违规者的队伍。这里告诉我们一个道理，群体人数的增加，会造成群体中成员责任心的减弱。这是一种普遍的心理现象。

请从行为原理角度分析，为什么会有这种现象？

3. 企业文化实践案例

精明的企业家早就注意到不同的企业往往有不同的文化，认识到文化对企业发展前途有着重大的影响，并执着地塑造本企业特有的优秀文化。

20 世纪 80 年代，当人们去认真分析一大批名列前茅的优秀企业成功的原因时，发现主要是由于其有优秀的企业文化。这些生机勃勃的企业，由于重视企业文化建设而大大得益，尝到了甜头，甚至有的企业完全依靠优秀的企业文化而起死回生。下面略举几例：

案例 9-4

日本本田汽车公司美国分公司

日本本田汽车公司美国分公司，只有高层管理者来自日本，其余职工（包括中级管理人员与普通工人）都是美国人。这些美国人原本是在英国三家较大的汽车制造企业中工作的。该公司的生产率和产品质量都超过了英国的同行。它成功的秘诀在哪里呢？美国《华尔街杂志》于1983年对该公司的经验进行了报道："本田公司美国分公司突出的做法是缩小工人和管理人员在地位上的差别，把工人当作群体的一分子。每个人，不论是工人还是管理人员，同样都在公司的餐厅就餐，公司也没有为高级职员专设的停车场。职工被称作'合伙人'。"这就是说，本田公司美国分公司的成功，应归功于高层管理者"重视人、尊重人、团结和依靠广大职工群众"的管理思想和管理实践。而这一点，恰恰是优秀的企业文化的精髓。日本本田汽车公司美国分公司是靠优秀的企业文化而取胜的。

这样的例子不胜枚举。1982年，美国两位管理学专家托马斯·J.彼得斯、小罗伯特·H.沃特曼在《成功之路——美国最佳管理企业的经验》一书中，认为超群出众的企业是因为它们有一套独特的文化品质。他们说："我们发现几乎所有办得出色的企业总有一两位强有力的领导人"，而这些领导人"所起的真正作用看来是把企业的价值观管理好"，"出色的公司所形成的那套文化，体现了其伟大人物的价值观和他们那一套实际做法，所以在原来的领导人物去世后，人们可以看到这种为大家所共同遵守的价值观还能存续好几十年"。

日本企业的高效率，是因为优秀的日本企业领导人在企业中培育了一种良好的文化品质，特别是树立了员工共同遵守的正确价值观，并且能够把它保持下去。美籍日裔学者威廉·大内认为，日本人成功的秘诀，并非是技术原因，而是他们有一套管理人的特殊办法，即把公司的成员同化于公司的意识，养成独特的公司风格。索尼公司创始人盛田昭夫说："日本公司的成功之道并无任何秘诀和不可与外人言传的公式。不是理论，不是计划，也不是政府政策，而是人，只有人才能使企业获得成功。日本经理的最重要任务是发展与员工之间的健全关系，在公司内建立一种人员亲如一家的感情，一种员工与经理共命运的感情。在日本，最有成就的公司是那些设法在全体员工（美国人称为工人、经理和股东）之间建立命运与共识的公司。"日本企业依靠企业文化而获得成功，这已是公认的事实。

我国青岛海尔集团用"海尔文化激活'休克鱼'"的实践，说明了企业文化的巨大威力，引起了世界的关注。美国哈佛大学把它写成案例，编入MBA"企业文化与企业发展"这门课程的教材。

海尔集团总裁张瑞敏提出了"休克鱼"概念，在实施兼并战略中大显神威。所谓"休克鱼"，不是活鱼，也不是死鱼，而是处于"休克"状态的鱼，即是一些硬件比较好而软件不行的企业。张瑞敏认为，"休克鱼"问题说到底是文化问题，你要激活它，就首先要激活人！一个企业，如果所有的职工都积极行动起来，心往一处想，劲儿往一处使，这样的企业是不可能搞不好的。张瑞敏说："海尔能够发展到今天，概括起来讲就是两点，内有企业文化，外有企业创新。我们自己内部的企业文化就是不断地使所有的人都能够认同。"现在的中国企业,职工最需要的是什么? 他认为是公平公正的观念,是平等竞争的环境。如果提供了这种文化氛围,满足了这种需要,就能调动起职工的积极性。

 案例 9-5

中国"海尔文化"激活"休克鱼"

　　1995 年 7 月 4 日,海尔兼并了青岛红星电器厂。红星厂累计亏损达 2.39 亿元,无法还贷。海尔只是派了三个人并对他们说:"红星厂搞成这个样子,是人的问题,是管理问题,一千万、一个亿,海尔都拿得出,但现在绝对不能给钱。要通过海尔文化及管理模式,来激活这个企业。"这三个人到了红星厂,做的第一件事就是按海尔文化来建立干部队伍。因为干部是企业的头,首先要把"鱼"脑子激活,才有可能把整条"鱼"从睡梦中唤醒。他们通过职代会来评议现有的 105 名干部,决定定编 49 名。海尔人在红星厂烧的第一把火,就是营造一个公开竞争的氛围,让原来所有的干部和全厂职工一起参加干部岗位竞争。结果,原来的 100 多名干部,通过竞争上岗的只有 30 多人;从来没有当过干部的人,有十多个通过竞争成了干部。这件事一下就把大家的积极性激发出来了。公开、公平、公正竞争的氛围,是一股强大的推动力,人们不知不觉地就被推动得从迈方步到跑步前进了。干部问题解决以后,还面临一个资金问题。在当时的红星厂里,退回来的大量洗衣机堆积在仓库里,所有的销售人员都在家里待着,工人没有活儿干,发工资的钱也没有。红星厂的一些人找到海尔总部要钱。张瑞敏对他们说:"钱肯定不给。你们的货都套到商场上去了,要想办法把货款要回来发工资。现在虽然是淡季,但从海尔的理念来看,只有淡季的思想,没有淡季的产品。如果你思想处在淡季,就会把消极等待的行为看成正常的;如果你认为没有淡季,就会创造出一年四季都一样卖得很好的产品来。树立了这样的观念,什么事情干不成呢?"于是,他们以山东潍坊市作为试点,派人去催要货款。潍坊的商家说:"不行。你们厂有很多产品质量太差,都积压在仓库里,要钱的话,这些问题得先解决。"派去的人在总部的支持下,以海尔的名义做出担保:"第一,以后给你们的产品肯定不会再有质量问题。第二,原来有问题的产品全部收回,如果你们不放心的话,现在就可以把这些产品收回来当场销毁。"商场的人感动了,说:"行了,有了这些担保就信任你们了,你们也不必在这里销毁,拿回去处理吧。"这样就把货款拿回来了。潍坊的试点成功以后,立即推广,红星厂里的销售人员全派出去催收货款,缓解了资金困难。

　　海尔兼并红星,就是这样派了三个人去,没有增加一分钱的投资,没有换一台设备,主要是去营造公开、公平、公正竞争的文化氛围,灌输并实践海尔的生产经营理念,输出海尔的企业文化。结果是:兼并的当月即 1995 年 7 月,亏损了 700 万元;8 月、9 月仍然亏损,但亏损额大大减少;10 月达到盈亏平衡;11 月盈利 15 万元;年底完全摆脱困境。红星厂救活了! 被救活了的红星厂的职工们,牢固树立了"只有淡季思想没有淡季产品"的经营理念,他们开始把目光投向市场,决心开发出多种多样的产品,使本厂没有淡季。"小小神童"洗衣机就是填补淡季的产品。它是针对夏季的上海市场而设计的,因为上海人很喜欢清洁,每天都要洗衣服,而一般的洗衣机都太大,夏天的衣服比较少,很需要"小小神童"这种体积比较小,耗水和耗电都比较少的洗衣机。"小小神童"一生产出来就往上海送。果然不出红星厂设计人员所料,一上市就大受欢迎。在北京等一些大城市,也出现供不应求的局面。结果,在过去认为是淡季的日子里,红星厂的生产已经忙不过来了。

原本属于"休克鱼"的红星厂,被海尔激活以后,也开始为"吃"其他"休克鱼"做贡献了。海尔按照专吃"休克鱼"的思路,截至 1998 年 6 月底,连续兼并了 15 家企业。这些企业被兼并时的亏损总额是 5.5 亿元,兼并以后都已经扭亏为盈,而且盘活了近亿元的资产。这不仅使得作为兼并者的海尔得到了发展壮大,同时也使被它兼并的企业获得了真正的新生。海尔兼并了那么多的厂,没有一个是进去就添置设备的,都是用原有的设备,在原有的厂房里,生产原有的产品,但比较快地改变了面貌,靠的是什么呢? 靠的就是输出海尔的企业文化。

1998 年 3 月 2 日,海尔文化激活"休克鱼"作为哈佛大学商学院教学案例第一次进入课堂与 MBA 学员见面时,张瑞敏也应邀出席。按照哈佛大学教授的安排,张瑞敏当场讲解了案例中的有关情况,并回答了研究生们的提问。人们认为：这件事所显示的意义,绝不亚于中国企业进入世界 500 强这个目标的实现。

9.2.2　企业文化的功能

企业文化作为社会文化的亚文化,对企业、企业内部员工及整个社会都会产生影响和发挥作用,这就是企业文化的功能。根据国内外许多学者对企业文化的功能的概括,我们把它归纳为八个方面。

1. 振兴企业,改善管理

通过建设优秀的企业文化,使企业保持优势,形成特色,持续发展,在竞争中长期立于不败之地。这是被国内外许多企业的实践经验所证明了的真理,也是企业文化具有振兴功能的表现。

企业文化之所以具备振兴功能,在于文化对于经济具有相对独立性,即文化不仅反映经济,而且反作用于经济,在一定条件下成为经济发展的先导。但是,企业文化引导企业经济发展的效果,有一个时间上的积累过程,不能简单地理解为今天抓企业文化,企业经济效益就高;明天不抓企业文化,企业经济效益就低。

然而,持之以恒抓企业文化,必然会产生企业经济振兴的效果。从这个角度来看,企业文化的"适应与指导经济说"是能够成立的。

企业文化的振兴功能,不仅表现为振兴企业的经济,也能振兴企业的教育、科学以及整个企业的文明总体状态。所有这些振兴功能,是在企业文化系统和其他系统发生复杂的相互作用的情况下,共同显示出来的效果。因此,如果说振兴只是企业文化唯一发挥功能的结果,往往容易引起争议,但如果说企业文化有振兴功能,则是没有疑义的。

企业文化建设,归根结底是为了推动企业的发展。通过文化教育活动,提高企业员工的整体素质,形成一系列为广大员工认可的群体意识、价值观念、道德准则、行为规范等。

企业文化使企业经营管理具有更深刻的思想性、丰富的人情味、鲜明的时代特色和人文精神。

企业文化对企业的振兴和企业管理的改善功能,主要体现为以下几个方面。

（1）推动企业管理的重点转向以人为中心的现代化管理，以多种形式来鼓舞人的情感，平衡人的心理，维系人的忠诚，激发人的智慧，调动人的积极性，挖掘人的内在潜力。

（2）培育企业精神，使之成为企业员工的共识，引导和规范员工的行为，增强企业的向心力和亲和力。

（3）建立"软硬结合"，以"软"管理、"软"约束为核心的企业管理结构和管理模式，充分发挥员工的潜能和积极性，实现企业管理功能的整体优化。

（4）培育企业个性，树立良好的企业形象，实施企业名牌战略，不断开拓市场，提高企业的核心竞争力。

（5）在企业的生产、经营、管理过程中，促进企业的宏观管理和员工的自我管理相结合，形成一种文化管理模式。

（6）调整管理组织，改革管理制度，培养管理人才，形成良好的企业人文环境。

通过企业文化营造，提高管理绩效，其载体有多方面，包括潜移默化的影响，与管理方法及管理手段的结合，向管理职能的渗透，等等。同时也要注意，一种不合时宜、顽固落后的企业文化也有阻碍有效管理的功能。

 案例 9-6

终极信任之道

我们应力戒走入两种管理模式的极端：一种是"铁腕手段"，另一种是"放牛吃草"。前者会让主管丢失民心；后者又有在一夕之间垮台之虞。这个平衡点确实很难取决，但若遵循一定的法则，就能将"误闯雷区"的概率降到最低。要做到这一点就必须做到以下几个方面。

（1）讲求实效：公司的创办宗旨绝不可等闲视之，更不容许有丝毫的折扣。

（2）操守无虞：想要建立口碑，就不能是个"讲归讲，做归做"的伪君子。

（3）关怀部属：员工不是机器，必须每日"灌溉"你的爱心。

而要落实这些崇高的理想，繁重的"基本学风"不可缺少，主要包括以下几点：

（1）领导统御：强将手下无弱兵，但若缺乏严谨的职业培训，什么都是空谈。

（2）企业组织：要是不能彻底改头换面，光是包袱就会使主管喘不过气来。

（3）企业文化：要想长治久安，塑造独有的"公司文化"势在必行。

（资料来源：方光罗.企业文化概论[M].大连：东北财经大学出版社,2002.）

2. 目标导向，全面发展

一般地说，任何文化都是一种价值取向，规定着人们所追求的目标，具有导向的功能。如果把经济比作"列车"，把科学技术比喻为纵横交错、四通八达的"铁路网络"，那么文化就可以比喻为"扳道指示器"。没有铁路，列车不能运行；没有科学技术，经济不可能发展。没有列车和铁路网络，扳道工是无所作为的；但在具备铁路网络和列车的基础上，文化"扳道指示器"却规定着经济"列车"在哪条道上奔驰。

回顾历史，同样是火药，西方用它来炸山开矿，旧中国却用它来做爆竹敬神；同样是罗盘针，西方用它航海，旧中国却用它来看风水，这是资本主义文化和封建主义文化各自发挥其导向功能的结果。

特别地说，企业文化是一个企业的价值取向，规定着企业所追求的目标。卓越的企业文化，规定着企业崇高的理想和追求，总是引导企业去主动适应健康的、先进的、有发展前途的社会需求，从而把企业导向胜利。拙劣的企业文化，使企业鼠目寸光，总是引导企业去迎合不健康的、落后的、没有发展前途的需求，最终使企业破产。

企业文化对企业员工的思想、意识和行为有导向功能，对企业员工的心理、价值、思想和行为的取向起引导作用，而且对形成整个企业的价值观和目标起导向作用。

企业文化的导向功能具体体现在：第一，明确企业的行动目标；第二，规定企业的价值取向；第三，建立企业的规章制度。实现企业文化的目标，强调企业和人的全面发展。

 案例 9-7

鲁班文化的十二点定位

- 企业精神：敬业守业，业兴我荣，业衰我耻，自强不息，永不满足。
- 经营战略：立足北京，面向全国，开拓海外。
- 经营宗旨：以人为本，情系用户；以德为魂，服务社会。
- 指导思想：以市场为导向，把握机遇；以效益为目的，强化管理；以科技为先导，开源节流。
- 质量意识：塑鲁班铜像，做鲁班传人，创鲁班工程。
- 质量方针：以一流的工作，创一流的质量，争一流的信誉，求企业的发展。
- 人才观念：有贤不知不行，知贤不用不行；用贤不任不行，任贤不奖不行。
- 利益意识：没有企业的繁荣，就没有员工的幸福；没有员工的努力，就没有企业的发展。
- 人际关系：上下同心，和谐相处。
- 员工教育：热爱企业，献身企业；培育道德，提高修养。
- 市场观念：干一项工程，树一座丰碑；交一批朋友，开一方市场。
- 远景目标：以智力密集型企业为依托，推行施工总承包体制下的工程项目管理模式，逐步向工程总承包迈进，扩大经营规模，发展规模经济，参与国际竞争。

（资料来源：方光罗.企业文化概论[M].大连：东北财经大学出版社，2002.）

3. 注重协调，发展文明

企业文化能够协调企业与社会的关系，使社会与企业和谐一致。因为无论中国或外国的企业文化，其精神内容都是要使企业自觉地为社会服务。具体地说，通过文化建设，企业尽可能调整自己，以便适应公众的情绪，满足顾客不断变化着的需要，跟上政府新法规的实施，这样，企业与社会之间就不会出现裂痕，即使出现了也会很快弥合。

企业之间存在极其剧烈的竞争关系，不管竞争怎样剧烈，客观上企业之间有或多或少的依赖关系，如甲企业可能是乙企业的用户，乙企业又可能是丙企业的用户，等等。这种又竞争又依存的关系，随着条件的变化，有的时候竞争显得很突出，有的时候相互依存显得很突出。这种情况，不会因企业文化的发展而消失。但是企业文化的发展，却给竞争加上了必须"文明"的限制,这样,即使两个竞争关系特别突出的企业,也不致发生"过火的" "越轨的"行为。这也是企业文化协调功能的一种表现。

企业文化具有对人际关系的润滑作用。企业群体活动总是在互相联系、互相信赖、互 相协作的氛围中进行的。每个员工之间的关系,是通过企业文化所具有的共同价值观念, 在其间起润滑剂作用,使企业员工具有共同信念、共同价值取向;步调一致,才有利于克服 困难、减少摩擦、互通信息、互相体谅、密切合作,建立良好的人际关系,形成团结和谐的 气氛。

企业文化建设,可以促进企业物质文明和精神文明协调发展。企业文化建设与精神 文明建设紧密结合,实质上也是企业文化本质的必然要求。企业文化作为以文明取胜的 群体竞争意识,"文明"是它的本质,它不可能脱离物质文明和精神文明而独立生长。企业 文化的本质是文明,文明的本质是自然物质与崇高精神的结合。

企业文化作为以文明取胜的群体竞争意识,其实也是物质资料与正确思想的结合。 因此,把企业文化归属于精神文明,把企业文化建设纳入精神文明建设的轨道,使企业文 化建设与精神文明建设紧密地结合起来,完全符合企业文化的本质特点。当然,正如物质 文明与精神文明要一起抓、两手都要硬一样,在把企业文化建设纳入精神文明建设轨道的 时候,也要重视企业文化的物质载体,不能提高企业经营业绩和经济效益的企业文化是没 有生命力的。企业文化通过各种方式潜移默化地影响企业员工的思想和行为,它结合精 神文明战略目标和企业作为社会经济细胞的特点,把企业内部的文明建设同整个社会的 文明建设衔接起来,从而进入更高的文明程度。

4. 凝聚人心,向心合力

企业文化可以增强企业的凝聚力、向心力。这是因为企业文化有同化作用、规范作用 和融合作用。这三种作用的综合效果,就是企业文化的凝聚功能。

从形式上看,同一个企业内的员工,企业及其职工,总是聚集在一起的。但是传统的 管理理论,把企业和员工的相互利用关系,作为管理工作的出发点与归宿。例如,行为科 学理论研究员工的各种需要,建议企业千方百计去满足这些需要,条件是员工必须为企业 卖力干活儿,至于员工的目标和企业的目标是否一致,各个员工之间的目标是否一致,则 不大过问,至少不认为它是一个重要问题。企业文化理论则不然,它把个人目标同化于企 业目标,把建立共享的价值观当成管理上的首要任务,从而坚持对员工的理想追求进行引 导。企业文化的这种同化作用,使企业不再是一个因相互利用而聚集起来的群体,而是一 个由具有共同价值观念、精神状态、理想追求的人凝聚起来的联合体。

企业文化中的共有价值观念,一旦发育成长到习俗化的程度,就会像其他文化形式一 样产生强制性的规范作用。进入一个共有价值观已经习俗化的企业就非得认同那种价值 观不可。企业文化的强制性规范作用,大大加强了一个企业的内部凝聚力。

但是,文化强制与规章制度强制是不同的。对于本文化圈内的人来说,一点也不会感 到文化强制的力量,他们总是极其自然地与文化所要求的行为和思想模式保持一致。对 于从外面进入文化圈的人来说,确实会感到文化强制的巨大力量。但是,除直接文化强制 之外,间接文化强制并无具体的强制执行者,而是新来者自己感到不习惯和不自然。如果 新来者决心在这个文化圈内待下去,那么他很容易找到"老师"和模仿对象,会感到有一只看不见的手拉着他朝一个既定的目标前进；经过一段时间积累之后，新来者会完全融合到这个文化中去。这就是文化的融合作用。企业文化的规范作用，是一种间接文化强制，因而也是一股潜移默化的力量，它对于新员工来说，对于异质文化的"入侵"，能够产生极强的融合作用，从而显示出凝聚功能。具体表现为以下几个方面。

（1）企业文化通过对员工的习惯、知觉、信念、动机、期望等微妙的文化心理沟通，使员工树立以企业为中心的共同理想、信念、目标、追求和价值观念，产生一种强烈的向心力。

（2）企业文化能够通过改变员工的思想和态度，把一个企业的宗旨、理念、目标和利益纳入员工内心深处，使员工对企业产生认同感、使命感、归属感和自豪感，并自觉付诸行动。

（3）企业文化能够产生强烈的团队精神，把员工团结在一起，同心同德，齐心协力，共谋企业的发展，使企业发挥巨大的整体优势。

当一个企业中的个体之间关系融洽、心情舒畅、沟通顺畅、目标一致时，整体便显现出强烈的凝聚力和向心力。

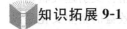 **知识拓展 9-1**

试论企业精神及其培育

磁铁和普通铁块都是由铁原子构成的，但为什么磁铁产生磁性？原因在于磁铁中的铁原子是以规则的方式排列着，形成了共同的"极性"，使之具有吸引力；而普通铁块中的铁原子排列杂乱无章，结果每个原子的极性，都被彼此之间的冲突"内耗"掉了，形不成共同的极性，因而在整体上也就失去了吸引力。一个团体、一个企业也是这样，只有全体成员具有共同的理想追求和价值取向，才能防止"内耗"，形成"凝聚力"。重视培育和发扬企业精神，是社会主义企业精神文明建设的重要内容，也是精神文明建设与物质文明建设之间的重要结合点。倡导积极向上的企业精神，又是发展社会主义市场经济的需要。好的企业精神在企业转换经营机制、建立现代企业制度的过程中，起着凝聚人心、激励斗志、弘扬正气、鼓励竞争、优化环境等作用，它通过提高员工队伍整体素质、优化企业内部结构和外部环境，促进企业走向市场。企业精神是一种群体精神，是一种良好的精神状态和高尚的精神境界，它先是在企业的某些个体身上集中表现出来，之后扩展到整个企业；企业精神又是企业文化的核心内涵，是在正确的价值观念体系的滋养之下，长期优化而形成的企业员工的群体意识；企业精神从本质上说，也是企业物质生产和经营活动高度发展的产物。企业精神具有这样一些特点：它必须具有"精神"的内涵；必须符合本企业的特色；必须用简洁、凝练的语言来表述；必须以一定的企业文化为载体；必须在企业中有广泛的代表性。企业精神一旦形成，便会对企业的物质文明建设产生影响，或者阻碍，或者推动其发展。企业精神的形成，需要长期的精心培育，这个过程大致分为酝酿产生、概括提炼、弘扬发展三个阶段。培育企业精神，要有正确的理论指导，还应当注意几个方面的问题：一是企业必须有一个团结、稳定的领导集体；二是要努力创造好的经济效益和社会效益；三是要有良好的文化氛围。

（资料来源：张玉明.试论企业精神及其培育[J].学习导刊,1997(8).）

5. 美化环境,优化生活

西方传统管理理论的一个基本前提就是把生活与工作截然分开,认为生活是人们所向往的,工作不过是生活的手段,要调动员工的工作积极性,就应该多付钱让员工改善生活;家里是生活的场所,企业则是工作的场所;生活是美的享受,工作则是苦的支出。这也可以说是第二次世界大战以前绝大多数人的看法。

企业文化的理论则不然,它力求把员工的生活和工作统一起来。它不仅把企业当作工作场所来对待,而且也当作生活区域来营造;不仅把工作当作谋生手段来利用,而且尽可能发掘工作本身的意义,使之成为职工所愿意、所喜欢从事的活动。在那些企业文化搞得好的企业里,工作本身成了激励因素,员工们觉得"工作着是美丽的";工作环境如同生活环境,"春有花,夏有荫,秋有香,冬有绿",在厂里如同在家里,有时甚至比在家里还舒服。

企业文化没有否认"美是生活",还补充了"美是工作",是员工所愿意、所喜欢的活动,是使员工自我价值得以实现的活动,是社会意义极其重大的活动。企业文化不仅把工作场所、工作环境美化了,而且把工作本身美化了,这就是企业文化的美化功能。

而且,企业文化对优化员工的生活质量也起作用,优秀的企业文化,尊重员工的人格,让员工分享企业的成功,使员工的生活得以改善,生活质量得以提高。

知识拓展 9-2

环顾我们周围仍有不少企业漠视人与自然的伦理关系。他们在"人定胜天"的伤天害己的经营哲学之下,认为企业内的环境似乎不关己事,反而利润挂帅才是真理。因此,企业垃圾无止境地增加,方便、成本低且用完即丢的塑料制品四处可见,为会议准备的塑料泡沫餐盒堆积如山,再生纸的配合使用意愿低落,废纸的回收遥遥无期。

其实,基于"伦理为上"的经营理念,将环保观念落实在工作生活的流程上是有必要的。鉴于此,我们以为下列几项原则值得广为进行。

——实施员工的环保教育,加深人与自然的伦理关系。

——推广使用再生纸,配合设立废纸回收桶,落实资源回收再生的观念。

——推行垃圾减量的措施,譬如,禁止使用塑胶袋与塑料泡沫制品。

——随手关水关灯,减少能源浪费。

以上几个原则,并不能够涵盖一切,在此提出,是为了重建人与自然和平相处的健康生态环境。如果我们要让世世代代的子孙健康地生存在这个世界,举手之劳的企业环保是唾手可得的。只要我们愿意改变一些工作生活的习惯,那么,不久的将来,美好的生态环境又会回到我们的身边。

（资料来源：方光罗.企业文化概论[M].大连：东北财经大学出版社,2002.）

6. 教化激励,培育人才

文化具有教化和培育人的功能。"教"为教育,"化"为感化。精神文化在哺育人方面,具有全面覆盖性、浓缩集中性、外在内化性的优点。

企业文化的教化功能具体体现在：①统领员工奉行卓越独特的企业精神；②引导员工树立协调一致的群体意识；③感化员工养成助人助己的社会责任感；④培养员工构筑知礼仪、重修养、守公德的操行。

企业文化对员工的激励功能体现在：信任鼓励、关心鼓励、奖励激励、宣泄激励等方面。企业文化具有激励和培育人的功能，它的种子要素的成长发育过程，实际上也是员工的精神境界、文明道德素养得以提高的过程。非常重视企业文化的松下幸之助经常对员工说：如果人家问你，你们公司生产什么？你应回答说："松下电器公司是造就人才的，也是生产电器产品的，但首先是造就人才的。"松下电器公司依靠企业文化，确实造就了不少人才，确证了企业文化的育人功能。

西方管理中的行为科学，比较重视人的研究，但主要研究如何适应人的需要，很少或完全不研究如何提高人的素质，这也是它和企业文化学的一个主要差别。

7. 道德约束，制度控制

企业文化的约束功能是通过制度文化和道德规范而发生作用的。约束的目的在于使人的行为不偏离组织的方向。

（1）"刚性"约束。在规章制度面前人人平等，直接要求员工该做什么和不能做什么，形成批评、警告、罚款、降薪、降职、解雇等制度，规范员工的行为，以利于企业的发展。

（2）"柔性"约束。员工必须遵守企业道德、职业道德和社会公德，注意社会舆论。企业文化建设通过微妙的文化渗透和企业精神的感染，形成一种无形的、理性的、韧性的约束。"刚性"约束给人以紧张、不安感，形成压力；而"柔性"约束重在启迪心灵、提升境界、追求完美的心理，两者相辅相成，不可或缺。

企业文化的约束功能不仅体现在对员工的约束上，也体现在对企业本身的约束。"不以规矩，不成方圆。"企业本身也要受到多方面的约束，一个企业形成了优良的企业文化体系，就应该维护和坚持。但如果出现病态的、畸形的企业文化，就会起负面的制约作用。

企业文化的控制功能主要体现为员工的自我控制和规章制度的控制，企业形成共享价值观和一定的规章制度与道德风尚后，约定俗成或潜移默化地影响和控制着员工的行为，企业的整体形象也应根据具体情况适时调控。

知识拓展 9-3

建立现代企业制度是一项牵涉面广的巨大社会系统工程，需要与之相适应的各项配套改革和与之相默契的观念变革与创新。及时建立起一种与之相适应的现代企业文化则是现代企业制度中必不可少的文化系统工程。市场经济对整个社会伦理道德的要求是与现代企业文化的基本精神相通的。现代企业文化作为一种独特思想的工作方式，它认为人不仅是企业管理的中心，而且是企业管理的主体。它在思想文化建设方面所采用的双向性、诱导性、渗透性、渐进性的情感型教育方式与形态，较好地适应了市场经济新形势对现代企业的高层次精神文明建设的需求，是一种已经被实践证明有效的精神文明建设方式和管理方式。要建立起一种与现代企业制度相适应的新型现代企业文化，应抓好三方面的工作：一是确立企业文化建设的"以人为本"和"中国特色"的指导方针。二是塑造新型的社会价值观念体系。三是探索新的思维方式和方法途径,它包括五方面的内容:其一是"中西合璧";其二是"古今汇融",即把古典文化中的管理思想同当代的共产主义、社会主义等思想信仰结合起来;其三是"三者并举",即应体现企业文化的共性与特色,又有自己的创造和风格;其四是"雅俗共赏";其五是"软硬兼施",即既要注重文化基础设施等"硬件"建设,同时又要重视企业精神等"软件"建设。现代化的国际性企业,不仅要有雄厚的经济实力,而且要有自己丰富的文化财富与资源。因此,建立有中国特色的新型企业文化是建立现代企业制度的关键环节。

8. 服务公众,辐射社会

企业通过自己的产品和服务满足社会公众的需求,包括物质需求、文化需求和心理需求等,其中企业文化起着重要的作用。企业文化是社会文化的重要组成部分。而且,在企业文化中体现的企业员工心中蕴藏的积极的价值观、先进的道德意识、高尚的精神境界,以及在企业生产经营过程中的创新观点和方法,会渗透到整个社会,从而对社会文化的变革产生影响。企业文化的辐射功能体现在以下几个方面。

(1) 产品辐射。通过产品这种物质载体向社会展示满足社会需求的功能。

(2) 软件辐射。把先进的企业精神、企业价值观、企业道德向社会扩散形成某种共识。

(3) 人员辐射。通过企业员工的思想行为、参政议政活动而影响社会公众。

(4) 观念辐射。在企业中形成的创新在社会传播和扩散,进而引导社会的发展和变迁。

由于企业文化理念的优秀性、正确性、高度概括性和独特个性,一旦其定型并经企业认同、执行和传播,就可能发挥较大的社会效益,就会先在企业内部和相关环境中传播,而后向社会辐射。"IBM 是最佳服务的象征"是美国国际商用机器公司的经营理念,由于其在 IBM 公司的经营实践中取得了巨大成功,由于其代表了当今世界以消费者为导向的企业经营观念和经营思想,因此,这一理念以强大的冲击力和感染力辐射到了全球,并且成了许多成功企业刻意追求的目标。

知识拓展 9-4

人生面临着许多选择,每一次选择都是对自身的一次检验。在人生的众多选择中,人们总希望选择能够体现人生价值的岗位,这本来是一个并不复杂的常识性的问题,然而却被近几年来社会上一个接一个的冲击波撞击得倾斜了、模糊了。有人试图找到不经奋斗便能成功的捷径,有人则怀疑人生价值与奉献是否具有必然的联系,甚至有人牺牲他人利益、集体利益乃至国家民族的利益去实现个人的"价值"。因此,"柔性"管理有责任梳理这纷乱的思路以明辨是非。这就是实施人生价值观教育的问题。

所谓价值观,即一个人在处理个人与社会的关系中所持的态度。就是说追求什么样的人生价值,如何实现人生价值,如何评估人生价值,这个问题既是热点,又是难点。这里有两个问题需要搞清楚,即如何看待人生价值和怎样实现人生价值。

如何看待人生价值? 传统的价值取向是单一的,主张人生价值在于奉献,甘当"铺路石""螺丝钉""老黄牛"，其楷模有张思德、王进喜、雷锋、卓娅、奥斯特洛夫斯基等，主要从奉献的角度讲价值。无疑，作为奉献体现人生价值的尺度将永远是社会提倡的，是高尚的，是主旋律，我们永远不能离开这个标准去谈人生价值。但是，在改革开放条件下，人们的价值观念发生了许多变化，价值观的外延也相应扩大了，人生价值观念已由单值向多值发展，即在奉献的基础上又增加了新的体现人生价值的内容，总的说来有社会价值、知识价值和精神价值。

社会价值，它以劳动、创造、奉献为特征，强调以自身的劳动、创造为社会做贡献。

没有劳动、创造，就无价值可言，这是最根本的人生价值所在。马克思说："任何一个民族，如果停止劳动，不用说一年，就是几个星期，也要灭亡。"因此，离开人的社会价值去谈人生价值是没有任何意义的。

知识价值，即一个人所占有的知识、所受的教育程度。随着高科技的发展，随着"科技是第一生产力"观点的被接受，社会越来越重视知识、重视人才。所以知识成了决定一个人社会分量的重要方面，也成了人们精神上的一种满足和寄托。因此，许多人通过各种渠道去获取知识，社会也在为鼓励学习知识，大力宣传、倡导和创造条件。这不仅是体现人生价值的一个方面，而且是一个观念上的进步和整个社会的进步。

精神价值，即人们追求的精神生活上的一种满足。它除了通过为他人服务以满足社会需要，减轻他人负担，从而体现出一种高尚的、受人尊敬的道德之外，还希望生活上的满足。"云想衣裳花想容"，这是人们的自然心态，因为凡是美的东西都能赏心悦目，都是一种享受。人们看电影、听音乐、吟诗绘画、游览自然风光等，都是为了丰富自己的生活、愉悦自己的心境，并在不知不觉中汲取美的营养，得到美的滋润，获得美的启迪。

总之，在奉献这个主旋律的基础上，人们还希望进步，还希望得到应有的生活与精神的享受，如果三者都达到了，这就是最有价值的完美人生。

如何实现人生价值？这是价值观中又一个重要问题。我们先讲一个故事：相传，佛祖释迦牟尼曾经问他的弟子："一滴水怎样才能不干涸？"弟子们回答不出来，于是释迦牟尼说："把它放到大海中去。"故事非常简单，可它却讲述了一个深奥的道理。一滴水，晶莹如珠，非常漂亮，可一经风吹日晒，顷刻便化为乌有。如果注入江河，流入大海，它就有了强劲的生命力，它就可以活跃于波峰浪尖，以至于同众多的水滴形成威武雄壮的波涛。于是一滴水不仅显示了它的存在，而且发挥了它的作用，体现了它的价值。

同样，一个人的价值的实现也是"水滴"与"大海"的关系。毛泽东同志在青年时代曾对个人与天地的关系进行抒怀：一个之我，小我也；宇宙之我，大我也。一个之我，肉体之我也；写字之我，精神之我也。毛泽东同志揭示了一个深刻的道理：一个人只有献身社会，才能找到那短暂生命的价值；只有与"天地"初融，才能使人生升华，成为永恒。爱因斯坦也说过：一个人对社会的价值，首先取决于他对增进人类的利益有多大的贡献。他也是强调了价值与贡献的必然联系。我们知道，日本的"卖力狂"现象几乎成了一个社会问题，在日、美、德、法等国家中，日本人的年工作量是最大的，为此，日本国会曾试图通过议案使工作时间减少，可是难度很大。造成这一现象的原因之一就是日本人的炉身精神和乐业精神。因此，人生价值的实现必须体现客观标准、遵循客观规律。一切正常的人都希望得到他人的承认，都希望展示自己的才华，实现自己的人生价值，这是人之常情，也是成就事业的心理基础,这是难能可贵的。只是有人不知如何去把它变为现实,往往出现愿望与效果背道而驰的结局。其中一个重要原因就是过分强调了个人价值和自我实现。

我们当然不否认个人的个性,不否认个人的主观能动性,不否认个人的特长、爱好。但是,这一切都有一个先决条件,那就是个人的发展不能以牺牲他人的进步为代价,而且要符合社会发展的潮流。实际上,这又到了"滴水"与"大海"的关系上来了。在目前这个高科技的信息社会里,任何一个人要想有所作为,都不可能单独存在,谁不相信这一条,历史将置他于死地!这绝不是耸人听闻,也不是极端化。既然一个人的生存和事业离不开他人,离不开集体,离不开社会,那么他唯一的选择就是要与之和谐相处,既享受他人的劳动、社会的财富,又要服务于他人、奉献于社会。而在奉献与索取的天平上,是不能搞平衡的,不管从道德价值上还是社会义务上来看,天平的砝码只能偏向奉献的一端。

(资料来源:郑其绪.柔性管理[M].北京:中国石油大学出版社,1996.)

9.3　经营道德是企业文化之魂

信息是财富,知识是力量,经济是颜面,道德是灵魂。社会主义市场经济必须以高尚的经营道德为灵魂,才能实施可持续发展创业战略。企业、国家或地区之间的竞争从形式上看似乎是经济的竞争,而实质是产品与科技的竞争,但归根结底是经营者素质和企业文化之间的竞争。企业持续竞争力的背后是企业文化力在起推动作用,成功的企业必然有卓越的企业文化。"没有强大的企业文化,即价值观和哲学信仰,再高明的经营创业战略也无法成功。企业文化是企业生存的前提,发展的动力,行为的准则,成功的核心。"而经营道德则是企业文化之魂。

目前经济形势喜人,经营道德与经济信用急人!企业获利无可厚非,但是如何获利不但涉及经营创业战略、管理技巧、内外环境,而且还涉及企业奉行的经营道德观念、行为准则等。在市场竞争中,如果企业只以自身的利益为唯一目标,唯利是图而放弃了经营道德与商业信用,甚至搞不正当竞争、假冒伪劣、坑蒙拐骗、违约毁约、偷税漏税、逃避债务等失信行为,严重扰乱了经济秩序,市场经济也就成了一个先天不足的畸形儿。

此外,在营造诚信社会氛围、建设企业经营道德的过程中,还要充分发挥"道德法庭"的作用。加强舆论监督的力度,给不法行为曝光,让"缺德经济"如同过街老鼠——人人喊打。千夫共指,不病自死!

最后,从企业自身来讲,应内强素质,外树形象。诚信是一切社会的永恒美德,也是企业经营理念的核心。诚实守信是企业立命之本、文化之魂。目前许多企业为构建企业持久竞争优势,在实践中加强信用制度建设。例如,北京长安商场构建的"诚信工程",倡导"铸诚信魂,兴诚信风,务诚信实,育诚信人"。树立了良好的企业形象,企业作为市场经济的主体,应摆脱经营道德危机、信用失范或缺损的链条的羁绊,从我做起,从现在做起,在遵纪守法、产品质量、借贷守约、经营业绩方面加强自律。尤其企业领导的品格对企业诚信文化和企业信用的建设影响极大。诸葛亮有言:"屋漏在上,止之在上;上漏不止,下不可居矣。"企业领导是建设企业诚信文化、塑造企业良好形象的关键因素。因此企业领导应该注重自身职业道德的修炼,身体力行,率先垂范,做品质优秀的人,干道德高尚的事。

塑造诚信企业形象,必须在企业内部大力倡导和实践诚信经营的道德规范。深入开展诚信教育活动,把"明礼诚信"作为企业的基本行为准则,努力形成讲信用、重合同、守信誉、比奉献的良好职业道德风尚,让职工感受到:人格有人敬,成绩有人颂,诚信有人铸,信誉有人护。在具有良好企业形象的企业内工作,诚实守信,关系融洽,心情愉悦,氛围温馨,职工会士气高昂,待得安心,学得用心,干得舒心。企业的一切经营活动,最终都是依靠全体员工共同努力实现,塑造诚信企业形象必须造就一支高素质的企业员工队伍。企业不但要持续提升员工诚实守信的道德素质,更要激励广大员工勤奋学习科学知识,精通专业技能,保证企业以优质的商品和卓越的服务取信于民。现代管理界有句名言:智力比知识重要;素质比智力重要;人的素质不如人的觉悟重要。顾客和企业,共惠解难题,顾客是上帝,信赖成朋友,金奖、银奖不如顾客的夸奖;金杯、银杯不如消费者的口碑。消费者的满意度、忠诚度、美誉度是企业的生存之本。

9.4　企业文化与职工合理化建议

企业文化是企业的人格化,是企业成员思想行为的精华,它只有在大部分员工认同的基础上才会有效,因此企业文化建设应该贯彻全员参加的原则,使企业文化具有厚实的群众基础,只有贯穿"从群众中来,到群众中去"的群众路线,才能在职工认同企业文化的基础上转化为全体员工的思想意识和自觉行动。凝聚和激励是企业文化的重要功能,为了实现这种功能,在企业文化建设中广开思路,虚心纳谏,鼓励职工提合理化建议是一条重要的途径。

9.4.1　职工合理化建议在创业管理中的作用

1. 创意策划,集思广益

企业要经营,策划是引擎,主意诚可贵,思维价更高。智能策划是财富的种子,财富是智能策划的果实。金点策划,可点石成金,"三个臭皮匠,顶个诸葛亮""一人不可两人计,三人出个好主意"。集思广益,充分反映了群体智慧的整合优于个体智谋的力量,志同道合,同气相求,职工才能在企业里待得安心,学得用心,干得舒心。心往一处想,劲往一处使,在其位,谋其政,尽其责,效其力,善其事。

2. 相互尊重,和谐协调

尊重他人是企业文化建设的重要内容,而管理的核心是处理好人际关系,调动职工的积极性。环境宽松,和谐协调,人际关系融洽令人向往。生活安定,心情愉悦,氛围温馨,相互尊重,人的潜能就能得到充分的发挥。和谐就是创造出一种公平竞争、充满活力的机制,一种蓬勃宽松融洽的气氛,从而增强企业的亲和力。企业内部亲和力是指企业内员工之间的亲密程度,在以企业主为核心的吸引力作用下,员工为实现企业共同目标,相互理解,相互支持,紧密配合,团结合作,奋发工作。亲和力的存在使企业员工具有强烈的责任心和团队精神,富有活力和朝气,它使企业既能在恶劣的环境下克服困难,度过危机,也能激发员工工作的积极性和创造性。

3. 激励斗志,鼓舞士气

在企业文化建设中,听取职工合理化建议,还能使职工产生强烈的心理满足感,让他们确实感受到自己是企业的主人。职工合理化建议,也是参与管理的重要内容。职工在提供合理化建议的过程中,自身的价值得到了肯定,同时也明确地看到了自己对企业所能做的贡献,这对他们进一步培养自己的咨询策划能力、树立参与意识有积极的促进作用。职工合理化建议是企业文化的重要组成部分,它渗透在企业物质的和精神的活动之中,形成一种强大的推动力,积极倾听职工合理化建议,是企业低成本获得咨询策划的好办法。许多经营决策与方案的设计,无论事先考虑得多么合理,往往会在实践的时候暴露出这样那样的缺陷。职工是企业实践工作的主体,对决策的优劣和方案的实施最有发言权,同时职工在劳动实践中会总结出许多生产管理与技术诀窍,管理者听取非专门人员的合理化建议,可以发现问题,开阔视野,寻找构思,采取措施。创意,是策划的灵魂,它是一个美好的幻想,是一束智慧的火花;策划,是创意的实施,它是一个完美的方案,是一道闪亮的电光。职工智慧的创意与策划是企业发展的加速器,是经济效益增长的推动力,因此要虚心倾听职工的合理化建议,集中职工的智慧和力量。好的创意策划能力挽狂澜,扭转败局;能出其不意,转危为安;能奇峰突起,独领风骚;能快马加鞭,不断前进。集体的创意与策划能使企业的经营管理蒸蒸日上,产值利润滚滚而来,从而不断提升企业的核心竞争力。

4. 发扬民主,凝聚人心

在企业文化建设中听取职工合理化建议的做法,能充分发扬民主,营造一个人人是企业的主人,人人关心企业的成长的良好文化氛围。职工合理化建议会在最大程度上让员工觉得受到了企业的赏识,认清自己在企业中的地位和作用,产生“士为知己者死”的知遇之感,从而产生高度的自觉性和责任感,激发出主动工作的热情和巨大的潜能。有道是天时不如地利,地利不如人和,企业一时的困难甚至亏损不可怕,最可怕的是职工的感情亏损,一旦职工对企业失去信心和热情,这个企业是绝对没有希望的。只有企业领导在企业文化建设中具有高度的民主意识,员工具有积极的参与意识,才能产生动力,激发员工做出难以估量的贡献。好的企业文化是职工的心,是企业的根,“以人为本”目的是把企业职工的荣誉感、责任感、自豪感融为一体,鼓舞职工士气,激励职工斗志,从心理和生理上产生旺盛的精力、奋发的热情和自觉的行动,为实现企业的经营目标而做出不懈的努力。

9.4.2　企业文化建设中听取职工合理化建议的方法

1. 领导重视,确立制度

(1)领导重视,常抓不懈。领导要树立职工是真正的英雄的观念,要看到职工的力量,要相信职工的智慧,放手发动职工提合理化建议。

(2)领导要虚怀若谷,善于倾听职工的建议。海纳百川,有容乃大,对那些敢提不同意见的人,应抱着“闻过则喜”“忠言逆耳利于行”的态度,有则改之,无则加勉。善于交几个敢说“不”字的朋友大有益处,有时真理往往在少数人一边,从表面上看不好使用和驾驭的人,有时甚至“牢骚满腹”,但也不乏许多真知灼见,一旦利用得当就能帮你成功。

(3)要真诚求实,心心相印。谈心要交心,交心要知心,知心要诚心。在与职工的相互交流中鼓励职工畅所欲言,积极讨论,相互启发,共同思考,大胆探索,往往能迸发出有神奇创意的思维火花。如"松下的意见箱"制度就收到了良好的效果。所以企业领导若有了"三人行必有我师""不耻下问"的宽大胸怀，诚实态度，尊重职工，经常向职工请教，就能使合理化建议落到实处，真正发挥作用。为了更好地进行有效沟通，企业应设立多种渠道并形成制度和体系。

（1）每周一次的早会制度。由领导向全员总结本周生产经营状况，通报企业各方面信息，阐述经营意图。

（2）每周一次的接见制度。员工有何建议和想法，都可以找上级或分管领导甚至总经理面谈。

（3）坚持访问制度。要求管理者定期不定期地对职工家属进行访问，以解决职工的后顾之忧。还要对客户进行定期访问，保持与客户的紧密联系，紧跟用户，围绕需求，创造市场，招揽客户，提升顾客对企业的忠诚和美誉度。

（4）设立建议信箱活动。鼓励员工通过建议信箱（也可用电子信箱）以书面形式提出合理化建议等。

2. 专家评审，客观公正

在企业文化建设中，对职工提交的合理化建议不能草率应对，更不能置之不理，应成立专家小组对合理化建议实施的轻重缓急及时效安排评审，要对合理化建议客观公正做出评价。"公生廉，偏生暗"，只有实事求是，客观公正，出于公心，才能孚众望，得人心。对经过评审发现能给企业带来效益的建议，应迅速反应马上行动，具体安排实施；对达不到预期理想或暂时无法实施的建议，也应迅速向提建议者做出明确的反馈，告知不能实施的缘由，并提出改进措施和方向。

3. 精心组织，规范实施

在企业文化建设中，一项建议被认定为合理有效、切实可行时，必须精心组织，规范实施，这样才能让提供建议的人感觉受到重视，而且也能让合理化建议真正发挥其作用，实现其价值。如若不然，只是评定，而不组织实施，会让提供建议者觉得是走过场，搞形式。从而挫伤他们关心企业的热情，疏远决策者与普通员工的距离，甚至心灰意冷，造成人际关系紧张。

4. 反馈信息，交流沟通

对合理化建议在具体实施过程中的进展和出现的问题跟踪检查，应及时反馈给提供该建议的人，因为这项建议在他看来就像自己宝贝孩子一样，总想精心呵护，这是他对企业关心和忠诚度的表现。对实际实施的情况应及时沟通，保护职工的积极性，有利于形成齐心协力、精诚团结、认知互动、上下同欲的团队精神。

5. 表彰奖励，及时兑现

在企业文化建设中，对于切实可行合理有效的建议，必须给予表彰和奖励，坚持以物质和精神奖励相结合的原则，大张旗鼓地进行褒奖，以满足提供建议者的心理需要和名誉追求。在这样的企业文化氛围中工作，员工以企为家，以家为荣，把企业当作自己小家的延伸，把工友当作自己的亲友拓展，从而增强企业的向心力与亲和力。企业善待员工，员工效忠企业，努力形成讲诚信、守信誉、献良策、比奉献的文化氛围，让职工感到：人格有人敬，成绩有人颂，信誉有人护，良策有人听，就能信心百倍,振奋精神。

实践证明,当一个组织内的成员都深信其所从事的事业有广阔的前景和崇高的社会价值,并有拓展才能、提升自我、成就事业、完美人生的发展空间时,他们就会充满热情,才思敏捷,锲而不舍,积极进取,就会最大限度地发掘自己的才能,为企业的生存和发展思奇谋,想良策,绞尽脑汁,为实现自己和企业的共同目标而做出不懈的努力,并与企业同舟共济,夺取更大的胜利。

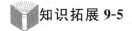 **知识拓展 9-5**

尚德求真　以文化人

——浙江农林大学天目学院经管系文化纲要

知识是力量,经济是颜面,文化是灵魂,人才是关键。如果把学校比作一棵大树,教学是树根,教师是主干,科研是养分,学生是果实,日常文化渗透就是细节,放弃细节就等于打掉枝叶,没有光合作用,学校这棵大树再也无法结出品牌的果实。天下难事,必做于易;天下大事,必做于细。从大处着眼,小处着手,以文化人,不可不察。

一、经济管理系愿景(一个法宝)

天目经管系训:天道酬勤,目光远大,尚德求真,经企济民。

天道酬勤,矢志不渝,放开眼界,胸怀大志。把事情做实,把事业做大,要襟怀宽广,得意不忘形,失意不失志,永怀感恩心。

尚德求真:德国家之基也,才之帅也。莎士比亚有句名言:“无德比无知更属罪恶。”真、善、美既是人类社会永恒话题,又是多么令人向往的字眼!而“真”位居其首,真是道德的基石,科学的本质,真理的追求。被毛泽东尊称为“伟大的人民教育家”的陶行知先生的名言:“千教万教,教人求真;千学万学,学做真人。”

经企济民:企业是国民经济的细胞,经营获利是企业的宗旨。利是经济建设之本,利是富国强民之源。利之得,人心凝;利之聚,社稷兴;利之丰,济民生。

愿景的“愿”字原来是我的心,是我的一种愿望。企盼是出自内心的动力,信念是世界上最伟大的力量,也是组织的使命。使命领导责任,责任完成使命,它为经济管理系定基调、指方向、拓思路、树形象。其核心价值是尚德求真、树人为本、认知互动、上下同欲。

学贯中西乃为博,才高德厚以济世。成就知名学者,构建学术梯队,打造精品课程,建设重点专业,培育优秀学生。培养应用型经济管理人才,打造独立本科院系经济管理学科省内知名品牌,卓尔不群,这就是我们的愿景。

二、经济管理系基础(两大基石)

1. 教学质量是命

教学务实是立系之本,生命之根。不断提高教学质量,是教学工作的永恒主题,是我系孜孜以求的永久目标。根据浙江农林大学在 2020 年创建国内知名的生态性创业型大学的发展定位,加强创业管理教育,重视大学生生态理念培育与素质拓展,积极开发本土化创业管理精品案例并运用到教学实践中去。备课是教学的重要环节,备好课是上好课的前提和保障。把握好教学大纲,处理好教材,编写好教案,设计好课件,这些直接关系到教学质量。探索教学规律，把握备课艺术，只有备好课，才能在课堂上：手中有"粮"，心中不慌；脚踏实"地"，喜气洋洋。

2. 学术创新为魂

崇尚学问，重视科研，尊重知识，尊重人才，营造良好的学术氛围。本系所有教师都要积极参加科研项目，讲师职称以上的教师争取主持校级以上课题研究，助教争取参加课题研究，都要明确自己的研究方向，充分形成相对稳定的以教研室为中心的研究方向和研究群体。学术是提高教学水平的动力，是自成风格体系的基础；创新是学术的生命，是我系持续发展的根本。同时，加强与知名大学、科研机构、政府部门及企业的联系，争取相应支持，借助外部资源，促进本系跨越式发展。

三、经济管理系精神（三个精神）

1. 自我超越精神

突破自我实现，不断进取精神。常言道：学无止境、艺无止境，自我超越的意义在于创造。高度自我超越的人是不断学习、提升自我、成就事业、拓展才能、完美人生的人。自我超越也是一个自我磨炼的过程，即吃苦耐劳，勤奋努力，不断自我否定，自我完善，永不满足现状。要志向高远，以勤为径，好学上进，工作主动。自我超越精神，它是一个过程，一种终身修炼。任何事物的发展都需要一个过程，成功是一个过程，而不是结果，不可以因为结果而放弃过程，过程是永恒的，努力是永恒的，结果是暂时的。

2. 敬业奉献精神

天目学院的办学理念是："以生为本，求真敬业，和谐天目。""敬业"就是"专心致志以事其业"，即用一种恭敬严肃的态度对待自己的工作，认真负责，一心一意，任劳任怨，精益求精。敬业精神是个体以明确的目标选择、朴素的价值观、忘我投入的志趣、认真负责的态度，从事自己的主导活动时表现出的个人品质。敬业爱岗就是热爱生命，岗位职业是我们生活与生命的重要组成部分。敬业精神是做好本职工作的重要前提和可靠保障。

奉献：捧着一颗心来，不带半根草去。奉献在先，索取在后，个人的价值是通过其社会行为而实现的，对院系与社会的贡献越大，个人的价值就越高。敬业奉献精神也是员工的天职，是荣誉的象征，更是每个职场人士成长和成功的根本。

3. 和谐协作精神

国以和为盛，家以和为兴，人以和为贵，事以和为本。管理的核心是处理好人际关系，调动职工的积极性，人的成功实际上是人际关系的成功，和谐的、协调的人际关系是个人成长的外在根源，环境宽松、和谐协调、关系融洽令人向往；生活安定，心情愉悦，氛围温馨，人的激情就能得到充分的发挥。孔子讲"君子和而不同，小人同而不和"，是从道德修养的层面阐述"和"与"同"的关系；孟子讲"天时不如地利，地利不如人和"。尊师爱生，教书育人，校园和谐，传承文明。

协作：支撑为"人"，二人见"仁"，三人合"众"。协调利己，合作共赢。

四、四种眼光（远看、近看、粗看、细看）

1. 远看

远看是指看宏观、看学校的远景，即看院系的战略规划，战略管理强调的是"做对的事情"。实施可持续发展战略,要注重人才引进,学科建设,师资培养,舍不得在师资教育上下本钱就像是种田不施肥一样,久而久之会地力下降。要有战略眼光,不要鼠目寸光,没有战略的学校就像断了线的风筝,没有战略的教育者头脑就像没有蜡烛的灯笼。

2. 近看

近看是指看微观、看近景,即院系的目前运行状况,搞好日常教学管理,秩序井然,服务到位,教学有方,学风优良。

3. 粗看

粗看是指看主流、看院系整体素质和发展趋势的主流,把握教学、科研与社会服务中的主要矛盾和总体发展态势,看到优势,抓住机会,充满自信,鼓舞士气,加速前进。

4. 细看

细看是指看细节、看日常教学中的薄弱环节与毛病,防微杜渐,教学无小事,发展是大事。看到劣势,规避威胁,防患于未然。

这近看远看可以使人既注重脚踏实地的埋头苦干,又有今后的战略目标,防止盲目蛮干;这粗看细看,则既看到主流和优势,抓住机遇,提高自信,又能规避威胁,迎接挑战,不因满足现有的成绩而故步自封。

五、经济管理系理念(五句格言,十化艺术)

1. 五句格言

科研教研博大精深

教学教务精工细作

社会服务落地生根

学科竞赛开花结果

管理育人至善尽美

2. 十化艺术

学科建设特色化	课程设置适用化
教学方式多样化	学习过程互动化
深奥理论通俗化	零散问题系统化
枯燥文字图表化	信息资料数据化
课程讲授生动化	教学手段现代化

六、经济管理系行为准则

(一)基本行为准则

1. 弘德修道,身正学高

秉承德艺双馨的师道传统,以高尚的品格和深厚的素养为学生做出表率。"其身正,不令而行;其身不正,虽令不从。"领导应成为基本精神的模范实践者,如此方可"凝其心,励其志",将员工凝聚成为一个坚强的整体,凝心聚力,创优争先。

2. 以身作则,行胜于言

领导严格要求自己,处处发挥表率作用。通过自己的道德情操和人格魅力创设和谐的人际关系,提升人气,鼓舞士气,弘扬正气,营造融洽的工作氛围。岂能尽如人意,但求无愧我心。

3. 竹林模式，团队成事

竹林簇团生，志超欲登云，强劲拔节立，烟雨沐春风。竹林模式与学科群体颇为相似：修道弘德，取义明理，和谐治理，抱团发展。凡此种种，都在向我们展示一种集体成事的精神境界。"未出土时便有节，及凌云外尚虚心。""俏也不争春，劲节满乾坤。"大地雨后春笋，经管人才济济，像竹林模式般的根系发达，生生不息，强劲拔节，茁壮成长。

个人努力，集体成事，"皮之不存，毛将焉附"。成就源于团队，团队成就自我，团队是我们力量的源泉。孤雁飞咫尺，群雁翔万里。

（二）教师行为准则

1. 传道、授业、启智

"经师易得，人师难为。"高校教师必须学业精专，素养深厚。为学要成金字塔，既能广大又能高。为此，全体教师必须脚踏实地，终身学习，不断提高自己的教学能力，讲究教学艺术，积极探索新形势下的教育与教学模式，把主要精力投入教学工作和教学改革的实践中去。人人争做传道、授业、解惑、启智的典范。

2. 韧性、悟性、理性

韧性，坚韧不拔，耐力无限，坚如铁石，韧似牛皮。对一般人来说，忍耐是一种美德；对教育者来说，忍耐却是必须具备的品格。要有钓鱼的耐心。米卢说过"心态决定一切"，这句话用在老师身上似乎更为恰当。学而不厌，诲人不倦。

悟性使教育者保持清醒，激发灵感，最终感受和享受教育成果带来的幸福！悟是知识，是技能，是最高境界精华之所在！阅历无限、学富五车，不如人生一悟。要多看、多听、多想，见多识广，识多路广，及时从别人的知识、经验、想法中汲取有益的东西。用心不钩心，谋事不谋人。

理性是遵循规律、讲求科学、注重效率的激情，而非头脑发热、随心所欲的蛮干。昂扬的激情源自崇高的理想追求。工作激情不是一时冲动、心血来潮，而是来自对理想信念的执着追求。只有具有坚定理想和崇高追求的人，才能始终如一保持昂扬的工作激情，即使遇到再大的困难和挫折，也不会丧失对工作的热情、对事业的执着。

3. 学识、胆识、践识

学识，境界源于修养，修养源于知识，知识源于学习，学习源于追求。知识的增长，技能的提高，人事的熟悉，文化的领会，是组织中积累性的学识。学习是教师的老师，大师的导师。

胆识，从"知"和"识"的层面分析，在现实创造性工作中，见识大于知识，胆识大于见识。胆识就是勇气、担当、创新、激情。要敢想敢干、勇于创新。有很多想法、很多创新，但是没有胆识，是做不好的。清华大学的校风是"行胜于言"；耐克的广告语是："Just do it"，知道了就去做。海尔文化激活"休克鱼"，工作作风就是：迅速反应，马上行动。

践识，通过经营管理与教学实践丰富阅历、砥砺品格、锤炼作风。"纸上得来终觉浅，绝知此事要躬行"，既要注重学识和理论，更要注重大胆"实践"。先探索，后真干；先试行，后判断；先运转，后规范，对的坚持，错的纠正，丢掉的是落后，得到的是发展。

（三）行政人员行为准则

肯干，实干，能干。勤于思，乐于言，敏于行。

肯干是工作态度问题;实干是工作作风问题;能干是工作能力问题。三干给力,形成合力,方能干成事业。勤思通情达理;乐言共享智慧;敏行提高效率。忠于职守,竭诚服务,坚守岗位,扎实搞好三个服务:为学校教育改革服务,为师生成长服务,为提高教学质量服务。各级教辅人员应牢固树立服务意识,精通自身业务,热情、耐心、周到地提供服务,通过高质量的工作保证组织的高效运转。师生服务无小事,师生的任何小事,都是我们的大事。让师生满意是我们不懈的追求。思考要换位,服务要到位。以饱满的热情投入工作,在其位,谋其政,尽其责,效其力,善其事。

（四）学生行为准则

尚德、明礼、博学、健美。

尚德:尚道德,崇伦理,明事礼,讲诚信,这不仅是大学生应有的道德修养,而且也是学校以德育人、以文化人的主旨,同时也是精神文明的主要表现。

明礼:礼貌是无声的力量,生活中最重要的是有礼貌,它是最高的智慧,比一切学识都重要。人无礼则不生,事无礼则不成,国无礼则不宁。

博学:大学生要博学笃志,应该以开放的心态放眼世界,纵览古今;以宽广的心态,熔铸新知。

健美:体格健壮,体魄完美,全面发展,止于至善。

总之,院系文化设计与渗透是一个由浅入深、循序渐进、突出个性、不断创新的过程。地冻三尺,非一日之寒,树立理念不能"说起来重要,做起来次要,忙起来不要"。特别是在文化渗透过程中,不仅要有韧性、悟性、理性,更要有耐心、信心、恒心。理念设计,重在创新;理念践行,贵在有恒。要给师生美的欣赏,善的本质,真的自我,这才是我系文化建设之真谛。

思　考　题

1. 指令型创业战略模式的指挥艺术有哪些?

2. 转化型创业战略模式的指挥艺术有哪些?

3. 文化型创业战略模式的指挥艺术有哪些?

4. 增长型创业战略模式的指挥艺术有哪些?

5. 企业文化的内涵是什么?

6. 企业文化的功能有哪些?

7. 职工合理化建议在创业管理中的作用有哪些?

8. 在企业文化建设中怎样倾听职工合理化建议?

第 10 章

创业企业战略控制

【本章要点】

- 战略控制的必要性、基本原则
- 控制的类型,掌握控制的过程
- 做好监督检查的工作,提高控制的有效性

案例 10-1

"波将金"战舰兵变案例分析

1905 年在沙俄海军中,发生了一起"波将金"号战舰兵变事件,该事件是由午饭时吃的肉汤引起的:一天,水兵们吃午饭时发现俄罗斯肉汤是用生了蛆的肉做的,于是全体水兵拒绝吃这种肉汤。舰长见状让军医检查肉汤,军医报告说:肉中没有白蛆,只有几处苍蝇卵,并建议用醋加水冲洗一下吃。水兵仍拒食,舰长警告水兵,谁再继续反抗就要被吊死在甲板上,但大多数人仍然采取抵制的态度。舰长无可奈何,一方面命令人将肉汤密封起来分析检查,另一方面向司令部报告这一情况。这时副舰长却采取了强硬的态度,他重新集合队伍,并要逮捕领头闹事的人。这时,在领头人的带动下,水兵们纷纷从各处取出武器,接管了这只船,并把包括舰长在内的大多数军官枪杀或扔进大海。现在让我们分析一下这个因失控而导致的惨烈事件。

(1) 从系统论观点看,战舰作为一个系统,是十分不稳定的,官兵矛盾十分尖锐,一触即发,肉中蛆仅是一个导火线。现在有些企业中的干群关系十分紧张,有的变成了水火的关系,最终导致人才流失或罢工等。

(2) 舰长不能做到自控,采取的态度和做法是非理智的。

(3) 控制不等于就是唯一的采用暴力、强制、压服的办法。以逮捕或吊死在甲板上的强迫办法,必然激起士兵的更大反抗情绪。据心理学实验证明,在管理活动中,人们所承受的心理负荷是有一定限度的,就这是说人的忍耐是有限度的。当刺激量继续增加超过了负荷极限就会发生心理崩溃现象。以上案例说明水兵们的受挫心理已超过了心理负荷极限。如果以舰长为首的领导者冷静观察,注意到水兵们心理受挫的严重程度,及时采取积极措施,进行有效控制,就能避免发生心理崩溃的现象。如果他们从下述三个方案中选择一个,或许会使士兵激烈的反抗情绪缓和下来,而把危机的局面控制住。

（1）倒掉重做。

（2）舰长如觉得倒掉可惜，可以跟水兵们一块去吃，就会感化水兵，而不一定抑制下去。

（3）舰长和军官到水兵中间和水兵共食原汤再加一道新菜，士兵们可能会更满意。

从这个事件可以看到：控制与组织、目标任务是有机联系的，没有控制，组织就会处于无序状态。组织中的各个环节，如果不能发挥正常作用，组织决策目标与计划任务就不可能实现。

10.1　战略控制的概念及构成要素

一项战略任务，良好的开端固然重要，圆满的结束更为重要，有良好的开端就应有精彩的结尾。战略控制是监控战略实施过程、及时纠正偏差、确保战略方案顺利实施的必要手段。

10.1.1　战略控制的概念和必要性

战略控制就是根据既定的目标和计划任务，监督、检查实际执行情况，发现偏差，找出原因，以便更好地实现组织既定的目标与计划任务，是战略实施的保障。

战略控制之所以必要，是因为在战略的实施过程中不可避免地会出现以下两种情况：一是会产生与战略计划的要求不相符合的行动，这主要是由个人的认识、能力和掌握信息的局限性以及个人目标与企业目标的不一致等因素引起的；二是会出现战略计划的局部或整体与企业当前的内外部情况不相适应的状况，其原因可能是原来的战略计划制订不当，或是环境的发展和变化与企业事先的预测有差异。因此，企业要对战略实施过程进行控制，并在适当的时候，对战略计划进行适当的调整和修改。战略控制要评价企业的效益，分析实际效益与计划效益的差距，提出改进措施。

从行为科学的角度来看，控制系统所要注意的最重要的问题就是企业中个人认识上的局限性，尽量使个人的目标与企业目标结合起来，使它有利于企业的战略目标。

10.1.2　战略控制的要素

战略控制的要素就是控制的过程，即"标准—对照—纠偏"，也叫"三段式""三要素"。

（1）确立标准。标准是控制的前提条件，是控制过程中计量、鉴定、对照的基础。控制的标准可能是原计划规定的标准，也可能是对原计划标准或指标的细分化。标准既不能过高，又不能过低，应该具有先进性、可行性，应该是跳起来摘到桃。

（2）衡量成效。就是将工作实绩与控制标准进行比较，进而对工作成效做出客观评价。主管人员不能完全依赖事后进行控制，只有当他们能够对于即将出现的偏差有所预见并及时采取措施时，也就是"向前看"的控制，才能进行有效的控制。

（3）纠正偏差。即针对那些偏离标准的误差，进行及时有力的纠正。首先，要分析原因。一般有三种原因，一是执行部门或工作人员的责任；二是外部条件发生了变化；三是原计划不科学，甚至有失误。其次，有的放矢采取措施，当外部环境发生变化时，以变应变采取补救措施,及时纠正偏差,提高效率,要找到关键、真正的原因,不能头痛医头,脚痛医脚。造成偏差的原因可能是在组织内部,也可能是在组织外部;可能是主观原因,也可能是客观原因;可能是可控的,也可能是不可控的。控制人员必须对此进行认真、深入的分析。对造成偏差的原因判断不准,纠正措施就会无的放矢,收不到好的效果。下面的故事不一定真实,但它形象地说明了刨根问底找原因的重要性。

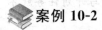**案例 10-2**

关 上 窗 帘

美国首都华盛顿广场的杰弗逊纪念馆大厦年久失修,建筑物墙面出现斑驳,后来竟然出现裂纹,采取很多措施耗费不少财力仍无法遏制。政府非常担忧,派专家调查原因,拿出办法,后来的调查报告结果大出意料。

最初以为蚀损墙面的原因是酸雨,因为研究表明,墙面受损是因酸性物质腐蚀造成的,但该地区酸雨并不严重,而且附近建筑物也无类似问题。后查明是冲洗墙壁的清洗剂所致,该大厦经常清洗,受酸损严重。

但是,为什么要经常冲洗呢?因为大厦每天被大量鸟粪弄脏。为什么这栋大厦有那么多鸟粪?

因为大厦周围聚集了特别多的燕子。为什么燕子专喜欢聚在这里?

因为墙上有燕子最喜欢吃的蜘蛛。为什么这里蜘蛛特别多?

因为墙上有蜘蛛最喜欢吃的飞虫。为什么这里飞虫特别多?

因为飞虫在这里的繁殖特别快。为什么?

因为这里的尘埃最适宜飞虫繁殖。为什么?

尘埃本无特别,只是配合了窗帘打开后从窗户照射进来的充足的阳光,形成了特别适合飞虫繁殖的温床,大量的飞虫聚集在此,以超常的激情繁殖,于是给蜘蛛准备了充足的美餐,大量的蜘蛛又吸引燕子聚集流连,燕子吃饱了就在墙壁上随地方便……

解决问题的结论是:关上窗帘!

真的简单!以后我们遇上问题时,是不是该问一问:窗帘关上了吗?

(资料来源:吴士宏.逆风飞扬[M].北京:光明日报出版社,1999:85-86.)

控制的最后一环就是采取措施纠正偏差。偏差是控制标准与实际绩效双方偏离的结果,纠正偏差也应从这两方面考虑。如果偏差是可控因素造成的,就要落实部门、人员、方法、步骤,贯彻执行纠正措施,改善实际工作的绩效。如果偏差是不可控因素造成的,就应对控制标准进行修订,甚至导致组织计划、目标的改变。当然,采取修订标准的行动之前,应非常慎重。因为在一般情况下,当某部门或员工的实际工作与控制标准之间差距很大时,对偏差的抱怨大多会转到标准上。此时,管理者应客观判断,如果你认为标准是合理的,就应该坚持并向他们解释你的观点。

10.1.3　战略控制框架

战略评价与控制的根本目的在于保证企业的经营与既定目标之间保持一致,如果出现偏差,则采取措施予以纠正。战略评价与控制出于两种现实:第一,企业的内外部环境不断地发生着变化,当这种变化累积到一定程度时,原有的战略就会过时,尽管战略的制定在很大程度上依赖于对未来的预测,然而这种变化是没有办法完全预知的。第二,即使战略基础没有发生变化,战略的制定也非常成功,但由于种种原因,战略在执行的过程中也会经常发生偏离。因此,战略评价与控制就是监控战略实施,及时反馈,并对战略目标或实施进行调整,保证既定战略目标的实现。

与一般管理控制评价不同的是,战略评价不仅评价经营计划的执行情况,更重要的是时刻保持对企业内外部环境的监控,确认企业的战略基础是否发生了变化,时刻衡量企业的绩效,以保证企业对环境变化的感知和适应,增强企业抵御风险的能力。战略评价与控制的框架如图 10-1 所示。

图 10-1　战略评价与控制框架

10.2　战略控制类型及其选择

10.2.1　战略控制类型

按照不同的标准,战略控制可以划分为多种类型。

1. 以纠正措施的作用环节为分类标准

战略控制的实质是通过信息反馈,发现偏差,分析原因,采取措施予以纠正。但是在实际的管理过程中,得到的却往往是"时滞信息",即时间滞后的信息,因此,在信息反馈和采取纠正措施之间经常会出现时间延迟,以致纠正措施往往作用在执行计划中的不同环节上。根据纠正措施的作用环节,战略控制可划分为前馈控制、现场控制和反馈控制,如图 10-2 所示。

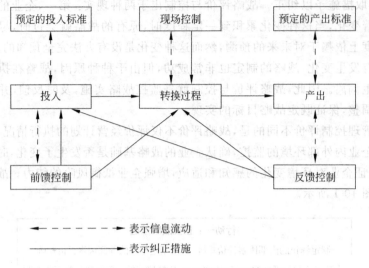

图 10-2　前馈控制、现场控制和反馈控制

1）前馈控制

前馈控制，又叫事前控制。其原理是：在工作成果尚未实现之前，对那些作用于系统的输入量和主要扰动量进行观察，分析它们对系统输出的作用，并在产生不利影响之前，及时采取纠正措施予以消除。

前馈控制的一个重要的特点是克服了时间滞差所带来的缺陷，并且往往采用预防式的控制措施，使之作用于战略实施过程的输入环节。也就是说，前馈控制所控制的是原因，而非结果。因此，前馈控制系统是相当复杂的，它不仅要输入各种影响战略实施的变量，还要输入影响这些变量的各种因素，同时还必须注意各种干扰因素，即那些意外的或无法预料的因素。

实施前馈控制的一个关键问题是，既然工作成果尚未实现，那么如何判断将来的结果是否会偏离既定目标或标准呢？这主要依赖于对预报因子的分析。所谓预报因子，就是指那些能预测将来工作成果的因素。美国著名管理学家纽曼提出了三类预报因子：①投入。投入因素的种类、数量和质量，将影响产出的结果。②早期成果。依据早期成果，可以预测未来结果。③外部环境和内部条件。外部环境和内部条件的变化，制约着战略实施。

通过分析上述预报因子，前馈控制可以利用规划控制、随动控制、适应控制等手段对战略实施进行预防控制。下面分别介绍这些措施。

（1）规划控制。即按时间来确定系统状态的轨道。若用 Y 表示系统状态的轨道，则有 $Y = y(t)$。据此确定的系统状态的轨道就称为规划控制。在时间流中，按战略计划对企业进行的管理，就属于规划控制。如果在各个时间段里，企业的阶段成果符合系统的标准状态，就按时间继续实施既定战略。

（2）随动控制。即以某个参数来确定系统状态的轨道，则系统状态轨道就为某个参数的函数，可表示为 $Y = y(x)$。其中，x 值称为引导值，y 值称为随动值。例如，以市场需求量作为 x，来确定产量 y，就属于随动控制。在利用这种控制方法时，可结合"投入"因子,通过调节投入的 x 值,使 $Y=y(x)$ 的值符合战略规定的系统状态。

(3) 适应控制。即用以前的控制过程来确定未来的系统状态轨道。这种控制,是以环境和目标的稳定性为基础的。也就是说,在环境不变、控制目标不变的基础上,要保持原来的系统状态轨道,只要按以前的控制过程实施控制即可。运用这种控制方法,要求管理者善于总结经验,从而利用成功的经验使系统保持在理想状态。适应控制,还可以采用程序化决策方法,使系统保持良好状态,从而实现战略目标。

实践证明,前馈控制是一种有效的控制方式,能够对未来趋势进行预测,对后续行动起协调作用。但是在战略实施过程中成功运用前馈控制,一般应满足下列必要条件:①必须对战略和控制系统进行透彻、仔细的分析,确定重要的输入变量;②建立前馈控制系统的模式;③保持模式动态性,即应当经常检查模式,以了解所确定的输入变量及其相互关系是否仍然反映实际情况;④必须定期收集输入变量的数据,并将其输入控制系统;⑤必须定期地估计实际输入的数据与计划输入的数据之间的偏差,并评价其对预期的最终成果的影响;⑥必须有一定的措施可以解决前馈控制系统所发现的问题。

2) 现场控制

现场控制,又叫事中控制、过程控制、开关型控制等。其原理是:在战略实施过程中,按照既定的标准检查战略行动,及时发现偏差和采取纠正措施。这种控制方法,就像开关的开通与中止一样,及时确定行或不行。例如,在质量过程的控制中,对产品质量进行检查,按照既定标准判断是否继续下一道工序。

现场控制包括以下具体方法。

(1) 直接指挥。管理者亲自监督、检查、指导和控制下级的活动,及时发现偏差并采取纠正措施。

(2) 自我调整。这是一种自我控制的方式。执行者通过非正式、平等的沟通,自行调整自己的行为,从而和协作者默契配合。

(3) 过程标准化。对规范化和可以预先编制程序的工作制定出操作规程、规章、制度等,间接地控制和指挥执行者的行动,以实现工作整体行动的协调。

(4) 成果标准化。只规定最终目标,不规定达到目标的具体手段、方法、途径和过程。如果工作成果符合标准,那么个人的行动就符合战略目标的要求。

(5) 技能标准化。对从事某些专业性较强的工作所必备的知识能力、技术、经验等做出标准化规定,定期加以检查,从而确保实现控制目标。

(6) 共同信念。组织成员对战略目标、宗旨认识一致,具有共同的价值观和信念,在战略实施过程中就会表现出一定的方向性和使命感,从而达到和谐一致的结果。

3) 反馈控制

反馈控制,又叫后馈控制、事后控制。其原理是:在战略实施过程中,对行动的结果与期望的标准进行衡量,然后根据偏差大小及其发生的原因,对行动过程采取纠正措施,以使最终结果能符合既定标准。反馈控制的主要特点在于控制,监测的对象是结果,并根据行动结果总结经验教训,来指导未来的行动,将战略实施保持在正确轨道。反馈控制既可以控制最终结果(如产量、销售收入、利润等),也可以控制中间结果(如工序质量、半成品质量、月份检查、季度检查等)。前者称为端部反馈,后者称为局部反馈。反馈控制包括以下具体方法。

（1）联系行为。即对员工的战略行动的评价与控制直接同他们的工作行为相联系。这种方法使员工比较容易接受并明确战略行动的努力方向，使个人行为导向和企业战略导向接轨；通过行动评价的反馈信息修正战略实施行动，使之更加符合战略要求；通过行动评价，实行合理的分配，从而强化员工的战略意识。

（2）目标导向。即让员工参与战略行动目标的制定和工作绩效的评价，使其既可看到个人行为对实现战略目标的作用和意义，又可以看到成绩与不足，从中得到肯定和鼓励，为战略实施增添动力。

反馈控制具有稳定系统、跟踪目标和抗干扰的特性，利用这些特性，可以改善战略控制的功能。但是，反馈控制是事后控制，仅仅以系统输出为反馈信息，只有当输出偏离既定目标时，纠正措施才会发挥作用。特别是在端部控制的情况下，由于时滞的存在，往往等意识到偏差，并采取纠正措施的时候，造成的损失已经无法挽回了。因此，仅仅运用反馈控制，是有缺陷的。

前馈控制、现场控制和反馈控制是相辅相成的。如果没有反馈控制的信息资料和工作经验的积累，前馈控制和现场控制的作用就很难发挥。特别是在对多层次目标进行控制时，把制定目标、纠正偏差、重新制定目标作为一个连续过程来看待，反馈控制往往就是前馈控制的前提条件。另外，前馈控制和现场控制又有助于克服反馈控制的信息时滞缺陷。因此，在实际的战略控制工作中，这三种控制方法常常要结合运用。

2. 以改进工作的方式为分类标准

按照改进未来工作的方式，战略控制可划分为间接控制和直接控制两种类型。

1）间接控制

间接控制着眼于发现已发生的偏差，分析原因，并通过追究个人责任来改进未来工作。如果造成偏差的原因是由于战略执行者缺乏知识、技能或经验，那么，运用间接控制的方法，可以帮助他们总结经验教训，学习知识和技能，改进未来工作。但是，如果偏差是由某些不确定因素造成的，如未来的国际经济形势变化、技术进步等，那么，间接控制就不能发挥作用了。

间接控制的有效性还有赖于以下假设条件：①工作绩效可以计量；②人们对工作绩效具有个人责任感；③追查偏差原因所需要的时间是有保证的；④出现的偏差可以预料并且能及时发现；⑤有关部门或人员会采取纠正措施。

2）直接控制

直接控制着眼于培养更优秀的人才，使他们能够以系统的观点来进行和改进未来的工作，从而防止出现不良后果。因此，直接控制的根本思想在于通过提高人员素质来进行控制工作。

直接控制的有效性依赖于以下假设条件：①合格人才所犯的错误最少；②管理工作的成效可以计量；③在计量管理工作的绩效时，管理的概念、原理和方法是有用的判断标准；④管理基本原理的应用情况是可以评价的。相对于间接控制的假设条件而言，直接控制的假设条件更为可靠和现实。

直接控制是一种有效的战略控制方法。它主要包括以下几个方面。

（1）在对个人委派任务时具有较高准确性；同时，通过对战略管理者和执行者不断进行评价，有利于揭露缺点，并为培训提供依据。

（2）鼓励采用自我控制的办法，有利于促使战略管理者主动采取纠正措施，并增强其有效性。

（3）可以获得较好的心理效果。战略管理人员的素质提高后，得到下属的信任和支持也会增加，从而有利于顺利实现战略目标。

（4）由于人员素质的提高，减少了偏差和损失的发生，同时也减少了间接控制的成本。

3．其他控制类型

1）回避控制

回避控制即采用适当的手段，使不适当的行为没有产生的机会，从而达到不必进行控制的目的。

回避控制的具体方式有以下几种。

（1）管理自动化。企业通过建立管理信息系统，运用计算机或其他自动化手段，可以保持工作的稳定性，从而减少控制中的问题。

（2）权力集中化。企业可能把权力集中于少数高层管理人员手中，以减少分层控制所造成的矛盾。控制权的高度集中必须建立在统一思想的基础上。

（3）风险分散化。企业可以引入外部组织参与企业经营活动，共担风险，也可以通过转移或放弃某种经营活动分散风险，如可以采取发包或放弃，将那些难以控制的经营活动连其利益和风险一起转移，以消除有关控制问题。

（4）交流网络化。企业可以通过现代化互联网络优势，加强企业内部的交流及企业与外部的交流，通过交流，形成共识，减少或回避不必要的控制。

2）活动控制

活动控制，又称过程控制。具体活动的控制，是保障企业员工能够按照企业的战略期望进行活动的一种控制手段。

其具体方式有 3 种：①行为限制，即通过行政管理、规章制度限制员工的行为；②工作责任制，即通过各种奖惩制度和检查评比活动增加员工的工作责任心和进取心；③事先布置，如直接监督、预算审查、费用审批等。

3）成果控制

成果控制，又称产出控制。这种控制的重点是行为的成果，即检查行为的结果是否符合绩效标准。其主要方式是成果责任制。成果责任制首先要求确定成果的范围，然后根据范围测评绩效，最后按绩效予以奖惩。

4）人员控制

人员控制，又称行为控制。这种控制是通过对员工提供指导帮助、强化协调等方法促使员工为企业发展做出最大的贡献。如采取实施培训计划的方法提高员工的素质和岗位技能，通过改进沟通的方法促进企业内部上下、纵横的联系和协调，通过建立目标共享小组来增强控制的能力。

10.2.2 战略控制类型的选择

上述的各种控制类型并不是无条件使用的。选择适合的控制类型，必须考虑控制类型选择的可行性，对选择控制类型的影响因素以及环境、组织与控制类型的选择的关系问题。

1. 控制类型选择的可行性

选择控制类型往往取决于管理人员是否具备有关预期的具体活动方面的知识，是否具备评价重要绩效方面成果的能力。为了确定控制类型，可以将这两个方面再细分为 4 种状况，如图 10-3 所示。

评价重要绩效方面成果的能力

	高	低
丰富	具体活动控制与（或）成果控制	具体活动控制
贫乏	成果控制	人员控制

图 10-3　控制类型的选择示意图

从图 10-3 可以看出，在第一象限里，要求管理人员有很高的能力和丰富的知识，这种控制类型固然很好，但是人才难得。因此，一般企业要进行这种最佳状态的控制的可行性就成了关键问题。而且也不能只采取回避控制，这时，较好的选择是采取具体活动控制、成果控制或两种控制并用。

在第二象限里，管理人员对预期活动方面有丰富的知识，但在评价重要绩效方面的能力较弱，管理上应采取具体活动控制。比如固定资产投资，由于期限长，情况复杂，很难对其投资决策的结果及时做出评价。这时，较好的选择是采取具体活动控制，即对投资活动的过程加以控制。

第三象限中的情况与第二象限的情况正好相反，即管理人员有较强的评价重要绩效方面的能力，而有关预期的活动方面知识不足，管理上则可采取成果控制方式。这种控制适合比较高层的管理人员，使他们明确成果和责任，从而达到控制目的。

第四象限情况表明，企业只能采取人员控制或回避控制，否则不仅会出现眉毛胡子一把抓、越想控制越会失控的情况，而且也容易发生以其昏昏、使人昭昭的情况。古代有许多政治家并不懂得什么战略战术，但却能不断获得胜利，很重要的原因之一就是他们懂得用人，懂得人员控制，或者索性采取无为而治。

2. 对选择控制类型的影响因素

（1）控制要求，因为这些控制对整个企业的长期发展有重大影响。

（2）控制量，是指对控制对象所规定的控制内容的粗细程度，包括控制项目的数量、具体控制程度以及时间间隔要求等。

（3）控制成本，是指控制过程的价格成本及控制产生的副作用所造成的损耗。例如，人员控制需要对人才的培养和使用付出成本；成果控制要与奖励结合；活动控制同样要费钱费时。如果控制过细、过严，又会影响员工积极性和创造性的发挥，从而造成隐形的损失。

总之，控制是为实现战略目标服务的而绝非为控制而控制，也不是控制越严越细越好。在选择控制类型时，应对上述三方面的因素进行综合平衡，慎重考虑。

3. 环境、组织与控制类型的选择

企业的内外部环境、条件与控制类型的选择有着密切的关系。先从外部环境看，宏观经济环境、产业环境和市场环境的变化，不断给控制方式的选择提出新的要求。例如，随着信息技术和互联网的发展，全球化的信息管理控制已被越来越多的国内外企业所掌握、运用，控制要求、质量都在不断地提高，而成本则有下降趋势。再从内部条件看，现代企业的控制活动已经深入企业的各个职能部门及各个战略层次，并与关键性的战略要素紧密相关。例如，企业文化建设、企业形象塑造、企业资源重新配置等与战略控制相结合，已成为众多企业控制类型的新选择。

控制类型的选择、控制过程的运行，最终是要靠合理的组织结构和科学的组织工作来实现的。因此不断完善组织结构、提高组织工作效率是确保控制类型正确选择的基础。

小思考

大都会航空公司对客舱保养员的工作十分不满，他们在航班交接之际把客舱打扫得并不干净，而且按规定，他们每天要清洁 50 架次飞机，可他们只完成 40 架次。

如果你是客舱保养员的主管，怎样才能更好地控制这项工作？

分析：

（1）从程序上来讲，主管应对偏差产生的原因进行调查分析，再按这些因素的重要性分别采取纠正措施。

（2）从纠正措施的内容看，主管可以从如下三个角度处理问题。

① 从绩效的主观角度。若偏差是由于员工的工作绩效不好产生的，主管可以通过挑选、培训、指导、激励等工作使他们做得更好。

② 从绩效的客观角度。航班交接的时间是否充足到可以打扫干净？清洁工具是否有效率？现行的清洁工作程序是否合理？如果答案是否定的，则应采取措施改进。

③ 从标准角度。数量标准是否过高？比如减少为 45 架次；质量标准是否太严，是否具体明确？什么才叫干净？考虑对标准进行修订。

10.3　如何实现有效控制

10.3.1　有效控制系统的特征

有效控制系统主要有以下几方面特征。

（1）准确性。一个提供不准确信息的控制系统将会导致管理者采取错误的行动。

（2）及时性。一个正确的信息，如果过时了，也将毫无价值。有效的控制系统应能在最合适的时候为管理者提供控制信息并使得管理者在最合适的时候出手进行纠正。

（3）灵活性。由于组织环境是在不断变化的，控制系统应该具有足够的灵活性去适应各种情况的变化。

（4）经济性。每一项控制工作都需要付出一定的控制成本，管理者应尽量以较少的成本实现较好的控制。

（5）关键性。管理者不可能控制组织中的所有事情。因此，管理者应重点控制那些对组织行为有重大影响的关键性活动、作业和事件。

（6）例外性。由于管理者不可能控制组织中的所有活动，因此他们的控制手段应主要顾及例外情况的发生。

（7）标准的合理性。控制标准必须是合理的，标准过高或过低都起不到有效的激励作用。因此，控制标准应是一套富有挑战性的、能激励员工表现得更好的标准，而不是令人泄气或鼓励欺骗性标准。

（8）标准的多重性。组织目标常常是多重的，如不仅追求产品的数量，还要追求产品质量和完成的时限。因此，控制标准也应是多重的，以便更好地衡量实际工作。

（9）纠偏的行动性。一个有效的控制系统不仅能指出显著偏差的发生，而且能建议如何去纠正这些偏差。

📚 案例 10-3

拉里·博弗拨打达拉斯急救站的电话，要求帮助他呼吸困难的继母。他已经与护士兼出诊大夫米利克在电话里争论了 15 分钟，其原因是他无法将他的继母叫到电话机前说话。他告诉米利克护士，他的继母在卧室并且不能说话了，而米利克则坚持说条约规定，她必须亲自与病人交谈后才能决定是否真的属于急诊。博弗一再强调他的继母已经不能说话了，并请求米利克护士派一辆救护车来，而米利克则坚定地要求与他继母通话后才能派车。在走投无路的情况下，经过 15 分钟的争吵，博弗不得不挂断电话。他的继母死了。

📚 案例 10-4

某市在年初召开的全市招商引资工作会议上，与各乡镇签订了年度招商引资目标，并对年末完成和不完成目标的各种情况规定了具体而严厉的奖惩办法，其中如"对完不成目标的乡镇长，两年内不得升职"等。转眼半年过去了，乡镇长们明显感到目标实现的艰巨性，他们一直在努力，但到了第四季度，他们互通的信息表明，除了极少数乡镇有可能完成目标外，其他大多数将无法按期完成目标，他们泄气了。可是，在年终总结汇报会上，绝大多数乡镇都报告他们完成或超额完成了预定目标。这是怎么回事？

上述例子说明了当控制失去灵活性或控制标准失去合理性时所产生的后果，建立有效的控制系统对组织的发展非常重要。

10.3.2　做好监督与检查工作

监督、检查是进行信息反馈达到控制目的的基本形式。

1. 检查中应遵守的原则

(1) 公字当头,"公生明,偏生暗",公正就会明察,偏颇就会暗于事理,因此检查中,一定要出于公心,从企业的利益出发。

(2) 客观。以事实为根据,不能主观。

(3) 民主。兼听则明,偏信则暗。

(4) 规范。检查既不能随意,更不能任意。在标准面前一视同仁。

(5) 及时。发现问题及时,就可迅速采取有效措施,立即纠正偏差,使问题得到解决。

2. 检查中的工作方法

(1) 跟踪检查与阶段检查相结合,两者是相辅相成的。

(2) 自上而下与自下而上,上下结合地检查,有利于双向交流,集思广益,并能发挥领导干部和广大职工的积极性。

(3) 专业队伍检查与群众检查相结合,要充分依靠群众。

(4) 检查与分析相结合。通过检查在占有大量资料的基础上去伪存真。要定量和定性相结合,纵向和横向相结合,检查要与总结、评比、教育、奖惩结合起来。

10.3.3　如何提高控制的有效性

控制的作用发挥得越好,实施方案进行得就越顺利,任务就完成得越理想,如何提高控制的有效性呢? 应做好以下工作。

(1) 保持系统的稳定性。稳定性是管理控制系统的最重要特征,也是衡量系统能否正常运行的主要标志。否则就说明工作存在严重的问题,应及时分析不稳定原因,及时采取措施。

(2) 认真进行测评。衡量成效的关键是进行细致而准确的测评。为此,一要掌握真实情况和准确的数据,不能报喜不报忧,不能凭主观编造;二要客观公正,实事求是,绝不能以个人的好恶评价下级人员,感情用事;三要标准能量化的应尽量量化。没有数字的经济头脑就像没有蜡烛的灯笼。

(3) 控制要灵敏。较好的控制必须及时发现偏差,应及时报告上级以便及时采取措施,如果信息滞后往往造成不可弥补的损失。如进口商品检验不合格过了索赔期,对方就不承担责任。

(4) 控制要灵活。企业的内外因素,错综复杂,外部环境千变万化,领导者必须灵活机动地处理各种具体问题,兵无常势,水无常形,要灵活应变。

(5) 进行自我控制。所谓自我控制就是自我检查、自我认识、自我评价、自我总结、自我激励、自我进取,自我控制既包括领导者也包括被领导者,而领导的自我控制尤为重要。

特别提醒:

以理智控制感情有 8 句口诀:面对成绩,不沾沾自喜;遇到挫折,不垂头丧气;遭受委屈,不暴跳如雷;受到奖赏,不头脑发热;遇到平庸的上级,不自以为高明;见到高傲的领导，不低三下四；解决易办的事情，不掉以轻心；处理棘手的问题，不忧心忡忡。

以理智控制言行的 7 句口诀：盛怒之时，不主事；狂喜之下，不许诺；郁闷之际，勿牢骚；得意之时，勿飘浮；喜怒至极宜慎言，烦躁至极应慎行；众怒面前我制怒，众喜面前我抑喜；祸至不惧，福至不狂。

10.3.4　建立有效的控制系统应注意的问题

（1）按照有效的控制系统的特性建设组织的控制系统。

（2）建立组织控制的预警系统，提高快速反应能力。

（3）建立管理信息系统，提高组织信息的收集、传递、分析、处理能力。

（4）采取多种措施，提高组织自适应控制能力。这里既包括提升员工的自我控制能力，也包括引入智能控制、自动化控制，建立"人—机"控制或"机—机"控制系统。

（5）注意对反控制行为的控制。由于控制系统的存在，人们为了避免控制者的指责，会有意识地采取一些行动，来篡改控制数据，从而在控制者眼中造成业绩很好的假象，甚至会直接采取对抗性的反控制的行为。这些都不利于优良的组织文化的形成，应注意加以克服。

思考题：

1. 什么是战略控制？其要素原则有哪些？

2. 战略控制的类型有哪些？

3. 战略控制的过程是什么？

4. 如何提高控制的有效性？

5. 战略控制有何必要性？

6. 战略控制的方法包括哪些？

📚 案例 10-5

"小肥羊"现象沉思

如今在我国许多地方，"小肥羊"被人们品得津津有味。"小肥羊"餐饮连锁有限公司在 4 年的时间里悄然登上我国餐饮业中餐第一把交椅。目前这家连锁公司已发展起 668 家连锁店，2002 年还进入美国市场。2003 年 11 月，"小肥羊"公司被评为中国成长企业百强冠军。"小肥羊"现象也在中国餐饮界引起了很大的轰动。究竟是什么招数使一家小餐馆能如此迅速地发展起来呢？

一、连锁模式成气候

1999 年夏天，张钢在和合作伙伴一起品尝四川风味传统涮火锅时突发奇想：北方的涮羊肉能不能像四川火锅一样，可以"不蘸小料"呢？这样，既节省时间满足现代人快捷的生活方式，又不失原有风味，将方便与美味结合起来，独树一帜。

创新、敏感和把握商机永远是创业者故事中永恒的要素，敢为人先的张钢和合作伙伴陈洪凯目标明确创办北方不蘸小料涮羊肉。他们以北方涮羊肉的传统食法为蓝本，以草原民族餐饮文化特色为切入点，引进四川火锅的吃法和药膳调味的原理，通过广泛挖掘民间锅底料配方,倾心研究"不蘸小料涮羊肉"的技术,经过广泛而深入的市场调研和多次的实验,食客蜂拥而至的小肥羊火锅诞生了。凭着小肥羊火锅的特色美味,1999 年,首家小肥羊火锅店在包头一面市,就赢得了大众的一致称赞。2001 年起,小肥羊相继现身上海、北京、深圳。2002 年,小肥羊火锅成都店的火爆开业,更是征服了火锅之乡——四川成都的消费者。就这样,小肥羊迈着矫健的步伐,开始了连锁经营之路,走出了内蒙古,跨过黄河,越过长江,遍布于东西南北中的华夏大地。小肥羊的知名度也越来越高。

二、特色经营铸品牌

俗话说"没有特色别开店","小肥羊"的成功得益于它的特色。

(1) 采用当归、草果、枸杞、桂圆等二十余种滋补调味品精心配制成"小肥羊"锅底汤料,分为清汤锅和麻辣锅两种。

(2) 精选放心羊肉。"小肥羊"身处内蒙古大草原,而享誉世界的锡林郭勒大草原是亚洲最大的天然牧场之一,所产肥羊可称"放心羊",正好迎合了现代消费者的需求。

(3) 方便、卫生、快捷,经济实惠,适合不同层次的消费群体。

三、奇迹背后看威胁

企业的生命历程应具有持久竞争优势,"小肥羊"是从草原走向全国的,有绿色食品和独特风味优势,虽前景可喜,却也有发展中的障碍。

(1) 原材料供应断档,生产基地吃紧。包头总公司出现了原材料供应不足、肉品断档现象,河北的总代理,也出现物流配送不顺畅,引起多家加盟连锁店的不满意,甚至引发投诉事件。在全国的小肥羊加盟连锁店达到 350 家的时候,小肥羊公司总经理说:"除了'打假'以外,眼下最着急的便是向呼伦贝尔等地'借'羊,因为锡林浩特的基地快供应不上了。"他还透露了一个鲜为人知的消息:他们的十几家羊肉生产厂 2002 年总共销售了 1 万吨羊肉。以一只羊产肉 30 公斤计,1 万吨羊肉需要 300 多万只羊,"整个锡林郭勒盟的羊都让'小肥羊'吃完了"。

(2) 假"羊"横行,扰乱经营秩序。在小肥羊的领地中,石家庄市的假"羊"是最多的。小肥羊公司总经理兰建欣对一位记者举例说,石家庄市与小肥羊沾亲带故的"假肥羊"至少 100 家。有文章称,石家庄市至少有 1 000 家"小肥羊"。假"羊"横行,严重地扰乱了小肥羊的经营秩序,侵害了消费者的权益。由于"小肥羊"三个字的店名不受商标法的保护,使得打假无力。

(3) 品牌运作失控、管理不到位。小肥羊总公司在开业不久便推出了加盟连锁,靠品牌输出来实现盈利的经营方式,省会城市的加盟者每年交纳 20 万元即可获得品牌使用权,地、县级市及欠发达地区相应降低费用。总公司负责羊肉和配料的供应,进行半个月的员工培训。各地的经营者申请加盟时,仅需向代理商交纳费用即可,形成一种很松散的关系,管理鞭长莫及。有些连锁店缺乏品牌意识,只顾眼前利益,不严格按照合同约定经营,甚至自立门户,擅自设立新品牌,与总公司分庭抗礼。有的连锁店人员素质差,管理水平低,环境脏乱,服务态度生硬。有的连锁店技术人员知识掌握不牢固或责任心不强,汤料勾兑失误、以次充好现象时有发生,严重损害了小肥羊的品牌形象。

四、规避风险新对策

为使"小肥羊"恒基伟业长盛不衰,特提出如下对策。

(1) 将资源与文化相结合是企业独有的为消费者带来特殊效用的经营方式,使企业在某一市场上长期具有竞争优势,获得稳定超额利润的内在的竞争能力资源。由于独特的历史和地域特点决定,内蒙古不仅有丰富的特质资源,而且还有丰富的蒙古族文化、草原文化和绿色文化资源,在"文化商品化""商品文化化"的国际潮流中,如果一种商品既能满足物质需求,又拥有文化含量,它就会有(物质和文化)双重价值,在满足了消费者物质需求的同时又满足了文化需求。

(2) 突出"小肥羊"自身的品牌形象。一是要增强"小肥羊"产品的生命力。要建立"小肥羊"名牌保护的法律体系,如对"小肥羊"这一商标不仅在国内要注册,而且还要在国际上注册,现在"小肥羊"已在 16 个国家获得了注册商标的法律保护;要稳定产品质量,特别是肉源质量,宁缺毋滥,绝不能滥"羊"充数。二是增强"小肥羊"的免疫力。企业建立一套预警机制并建立一支"消防队",要建立打假情报网络,并与执法部门及时沟通,严厉查处打击制造假冒伪劣产品的违法行为,使违法者无利可得,血本无还;要注册防御性商标,防止相似商标的侵蚀;制造防伪标志,建立专营销售渠道。

(3) 加强对职工的培训,不断提高管理,提高业务人员的素质。必须加大人力资本的投入,组建认知互动、上下同欲的学习型团队。这要求企业树立学习观念,同时也重视向其他组织的学习,把其他组织的经验、知识移植到本企业中来,提高连锁企业的竞争优势。

(4) 逐步实现配送中心的系统化、机械化、自动化。应该在技术上建立一套与经营相匹配的先进配送体系,只有在有效的配送中心支配下,连锁企业才能以低成本的优势与其他企业的经营方式竞争;同时配送中心也是市场的中转站,各分店及时向配送中心汇报市场需求信息,通过配送中心与其他分店相交流,以便更准确地掌握市场脉搏。

(5) 建立健全检查监督机制,标准作业,规范运营。建立健全检查监督机制,加强对各连锁店的检查、监督、指导;对损害公司利益、严重影响品牌形象的害群之马,予以清除;对不符合公司整体形象要求的,限期整改;对申请加盟的新店,严格按总公司健全完善的操作模式运作。

案例讨论:

1. 小肥羊在品牌质量上应该如何加强控制?

2. 小肥羊的创新之处有哪些?

3. 试比较小肥羊与蒙牛在战略上的异同。

思 考 题

1. 什么是战略控制? 其要素原则有哪些?

2. 战略控制的类型有哪些?

3. 战略控制的过程是什么?

4. 如何提高控制的有效性?

5. 战略控制有何必要性?

6. 战略控制的方法包括哪些?

第 11 章

创业商业计划书

【本章要点】

- 创业商业计划书的概念与价值
- 创业商业计划书要素说明
- 创业商业计划书的写作要点
- 创业商业计划书的范文模板

案例 11-1

基于自主创新的企业高成长发展模式——以森禾种业为例

美丽中国,彩化先行。党的十八大提出建设"美丽中国"这一伟大目标,"美丽中国"是中华民族建设美好家园的梦想,是中国实现现代化的标志,也是实现中华民族伟大复兴的象征。彩化祖国大地是实现美丽中国的重要途径和有效方式,森禾种业的口号就是"美化千家万户,彩化祖国大地"。2012年,森禾作为业内龙头企业喜获"世界立体绿化系列产品创新金奖"。今天的森禾,已经成为行业领跑企业,总资产增长了近100倍,业务区域已经从浙江省扩张到全国22个省市自治区,可销售产品从成立时的品种、形态、结构单一,发展到现在的50个大类500多个品种5 000多个产品,对国内设施及"三农"发展起到了示范带头作用。森禾已经成为名副其实的"中国现代园艺的领跑者",并成为中国现代设施农业和园林绿化行业的标杆企业与成长样板,真正成为"中国民族花卉产业的旗手"。

1. 森禾种业发展历程

浙江森禾种业有限公司成立于2000年,是一家集研究开发、规模生产、应用示范和高效营销于一体,以花卉和林木种苗生产经营为主业的科技型股份制企业,是国家级高新技术企业,也是浙江种业史上第一家规范化的股份制公司。公司以"美化千家万户、彩化祖国大地"为事业愿景,秉承"科技引导产业、服务创造市场"的经营理念,积极致力于我国种子种苗业的产业化发展,被浙江省政府命名为"浙江省骨干农业龙头企业"。其承担着浙江省级五大种子种苗工程之一的花卉、林木种苗工程具体实施任务。公司坚持以科技为先导,着眼于提高花卉、林木种苗产品的科技含量,积极发挥企业法人治理结构的优势,以现代企业管理理念为指导,建立了良好的经营机制,生产出了一批具有较高科技含量的优新产品,为实现企业快速发展奠定了良好的基础。公司在全国设有11个全资子公司、

8个分公司、6个区域办事处，正式员工500余名，其中硕士、博士30多人，大专以上学历近90%，中高级职称近90人。公司通过了质量管理体系和环境体系认证，多年被评为AAA级信用企业，拥有自营进出口权。2011年年底，公司总资产约30亿元人民币。

公司率先践行"工业化改造、商业化定位、专业化生产、规模化经营"的农林企业现代运作模式，成功创建"产销分离"的经营体系，不断推出新品种、新技术、新产品、新作品、新模式、新机制，不断探索并运行适合中国国情的多种商业模式，如现代化花木研发生产基地、连锁花木大卖场、现代花卉高科技产业园、花卉主题公园、零风险计划与准股田制等，在业内掀起阵阵冲击波，创造了"森禾现象"，得到业内和社会各界的广泛关注与高度肯定，先后被誉为"中国现代园艺的领跑者""中国民族花卉产业的旗手""全国林木与花卉产业化的改革先锋""中国绿化产业升级的助推器""中国城乡彩化事业的急先锋""中国现代农业发展的典范"。先后获得"国家级高新技术企业""全国花卉生产示范基地""中国管理学院奖十佳创新企业奖""中国生态小康建设十大贡献企业""中国（行业）十大创新品牌"等荣誉称号。2010年，公司被评为"全国十佳花木种植企业"第一名，荣获"国际年度种植者"银玫瑰奖，成为全球五佳花卉企业第二名。

2. 森禾种业自主创新发展模式

森禾创新理念思路，推动森禾高速发展乃至促进整个行业进步；创新产品研发生产模式，全力推动现代农业科技大发展；创新农林企业商业模式，带动森禾品牌经久不衰，促进产业优化升级；创新打造现代园艺产品营销体系，真正使森禾品牌从行业专业品牌转型成为社会公众品牌。每一次经营模式的跨越都经历了社会的洗礼，符合社会的发展，获得市场的认可。

1）公司＋农户模式

森禾最初的经营模式就是广为流传的"公司＋农户"。在我国，农村集体土地使用权流转在20世纪80年代后期开始，这很大程度上巩固和促进了家庭联产承包制，加快了农村经济的发展。而我国多部法律中也有关于中国农民土地使用权流转的规定，但却有几个缺陷：①土地承包经营权人对农村土地使用权力过小，因为《中华人民共和国农业法》规定，只有在发包方同意的前提下，承包权人才可转包或转让土地承包经营权。②法律具有一定的滞后性。目前农村土地使用权方式不仅有转包、承让、转让等方式，也有出租、入股、抵押等方式，法律却未予明确规范。③农业现代化、产业化趋势受困，因为承包地在分割转让过程中过于分散。

2）准股田制模式

森禾虽然在全国拥有20 000多亩生产基地，仍无法满足源于市场需求的企业发展需求，对此，森禾种业创新探索出一种"准股田制模式"。

准股田制是浙江森禾种业股份有限公司提出的一种新型的合作方式，也是该公司的一项创新成果，并荣获2007年"中国管理学院奖"十佳管理创新奖。这项制度是针对一些有一定资金实力又有一定基础的苗木企业和种植户而制定的。其中，农民以土地、劳资和其他生产要素为"股份"，这是该公司借鉴"股田制"理论，根据"公司＋农户"的原则及行业特点创造的花木生产双赢模式。

"准股田制模式"不仅较好地解决了目前土地对集约化生产的制约，而且还有效带动了农民增收致富。通过品种推广、技术培训、销售服务、吸纳就业等方式,森禾带动了大量苗农、花农、农业产业工人生产致富。据不完全统计,截至 2008 年,森禾新品种苗木已在中国累计推广生产 50.8 万亩,实现产值 36.6 亿元,带动农户 12.1 万户,帮助农户增收18.3 亿元。森禾分布在全国的种植基地,都坚持"属地优先"的用工原则,每年带动各地累计 1.2 万人次农民就业,帮助这些农业产业工人增加工资性收入 1 000 多万元。

"准股田制模式"采取将土地做股份形式把农民吸纳到公司的生产经营体系中,由森禾种业以供应种苗、技术指导、合同收购成品等方式运作,这一"零风险计划"超越了传统的"公司+农户"和"公司+农户+基地"的生产方式,既规避了农民的经营风险,又保障了农民的收益。同时,通过自主研发创新,开发出一大批具有自主知识产权的花卉品种,不仅促进了中国民族花卉的产业升级,也为当前发展现代农业探索出一条成功模式。

3) 农业科技示范园模式

浙江森禾种业股份有限公司在发展形式的驱动下顺其自然地提出了农业科技示范园的发展经营模式,它用基地辐射的方式带动了"三农"发展。这一经营模式的践行使得该公司的技术上升到了一个高度,并且在发展过程中公司逐步形成了由浙江大学、浙江农林大学等高等院校的教授及研究员组成的自己的技术团队。显然,公司在技术方面是具有领先地位的。

农业科技示范园区是在经营模式由粗放向集约转变的过程中形成的,以技术密集为主要特点,以科技开发、示范、辐射和推广为主要内容,以促进区域农业结构调整和产业升级为目标。不断拓宽园区建设的范围,打破目前形式上单一的工厂化、大棚栽培模式,把围绕农业科技在不同生产主体间能发挥作用的各种形式,以及围绕主导产业、优势区域促进农民增收的各种类型都纳入园区建设范围。

在经营模式上,以"利益共享、风险共担"为原则,以产品、技术和服务为纽带,利用自身优势有选择地介入农业生产、加工、流通和销售环节,有效促进农产品增值,积极推进农业产业化经营,促进农民增收。突出体现农业科技的作用,形成新品种新技术引进、标准化生产、农产品加工、营销、物流等各种形式的示范园网络。现代农业科技示范园发挥了传统农业向现代农业转变的典型示范作用,探索传统农业向高产、高效、优质的现代化农业的发展路子,发挥了为农业服务的整体服务功能。

农业科技示范园所带来的经济效益是非常显著的。例如,位于凤川镇园林村的浙江森禾种业富春江基地 2005 年还被评为县特色农业示范园区。每天都有 5 万株色块苗运往江苏、河南、河北等地,给"森禾种业"带来了可观的收益。

现代农业科技示范园是现代农业的展示窗口;是农业科技成果转化的孵化器;是生态型安全食品的生产基地;是现代农业信息、技术、品种的博览园;是提高农村经济效益和农民收入的必然选择。现代农业科技示范园以环境优美、设施先进、技术领先、品种优新、高效开放为特点,代表现代和谐农业的发展方向,是实现社会主义新农村建设的亮点工程。

4) 产业园区模式

产业园区集聚的载体,其主要构成应有相关文化创意设计方面的企业,有提供高科技技术支持(如数字网络技术)的企业,有国际化的策划推广和信息咨询等中介机构,还有从事文化创意产品生产的企业和在文化经营方面富有经验的经纪公司,等等。这种相互接驳的企业集群,构成立体的多重交织的产业链环,对提高创新能力和经济效益都具有实际意义。而目前以行政区域划分或行业分割方式构建的创意产业园区,毕竟会受到传统利益格局和资源配置的影响,难以达到理想的要素组合和产业的深化。大多数大城市在实现工业化后,都把发展创意产业作为催化经济转型的重要战略举措。创意产业已不仅是一个发展的理念,而是有着巨大经济效益和社会效益的现实。只有促进创意成果转化为经营资源,通过向传统产业的渗透和产业链的整合与延伸,进行深度开发,才能充分获取创意产业的效益。

5) 森禾企业文化

森禾通过企业文化调动职工的积极性,使被管理者从心理和生理产生旺盛的精力、奋发的热情和自觉的行动,为实现企业的经营目标而做出不懈的努力。通过创立良好的企业文化,树立形象,创建强有力的品牌,实现企业的快速发展。

森,盛貌也。《文选·潘岳〈藉田赋〉》:"森奉璋以阶列,望皇轩而肃震。"禾,秀苗也。《左传·宣公七年》:"赤狄侵晋,取向阴之禾。"孔颖达疏:"苗秀乃名为禾。"浙江森禾种业股份有限公司的名字即源于此。

(1) 森禾经营理念:科技引导产业,服务创造市场。

(2) 经营宗旨:握手森禾,共创辉煌。

(3) 森禾信念:SENHE,S 真诚服务顾客;E 超越顾客期望;N 高新科技产品;H 创造和谐环境;E 永远追求创新。

(4) 森禾信条:市场需求是公司一切行动的原动力。从本质上,公司是追求产品和服务高品质的科技公司;公司最重要的成功标准是客户满意、股东满意、员工满意;公司永远关注业绩突出的员工;公司需要才能杰出、具有奉献精神,特别是具有团队合作精神的员工。

(5) 森禾行为规范:以客户为导向开发生产产品;以客户的方式行事;成功业绩导向型管理;明确的职业计划吸引人才;注重我们的价值(集体主义);先行动,只要有 80% 的希望就决策;重点型投入。

(6) 森禾价值观:客户至上;质量为本;团队作战;开拓创新;脚踏实地;注重结果。

(7) 管理理念:让阳光洒满森禾每个角落;让赏识滋润公司每个心灵;让赞美伴随员工每个行动;让微笑激励我们每个梦想。

(8) 管理准则:高效执行,拒绝借口;注重细节,追求完美。

3. 森禾种业自主创新发展模式带来的启示

1) 创新经营理念,促进传统产业升级

浙江森禾种业以"科技引导产业、服务创造市场"的经营理念,创新实施"工业化改造、商业化定位、专业化生产、规模化经营"的农林企业现代运作模式。森禾的经营理念创新及其实践,不但使企业自身得到快速发展,而且促进了传统农业的产业升级,并为我国花卉产业与国际花卉产业的品种、技术、产品、市场等方面的对接,探索出一条成功的路子。森禾正式启动针对中国花卉园艺产业尤其是中西部花卉业的"产业升级助推行动"。这一行动表明努力将单体企业的创新突破积淀成为行业进步和产业升级的基础。发展创意产业的核心是要构筑创意产业链,并尽量拓展延伸,以形成规模,获得最大经济效益和社会效益。

美丽中国,彩化先行。"美丽中国"既表现为青山绿水、秀美山川等承载的人与自然、环境等因素的和谐统一,是实现资源节约与环境友好的显性表达,更体现于整个民众生产、生活方式的转变以及整个民族精神风貌、核心价值观等因素,是构成整个民族精神家园的核心内容。

2) 创新技术研发,加快现代农业技术进步

近年来,中央提出建设创新型国家的战略目标,其目的就是通过强化以自主创新为主要手段的创新体系,加快经济结构的调整,逐步促进经济增长方式从粗放向集约的转变,从而实现整体经济的平稳、健康、持续发展。然而,对于中国基础产业——农业而言,生产技术落后、单位产值低下、产业结构不合理、利润不高成为制约农业发展的重要因素。因此,中央把发展现代高效设施农业作为今后农业发展的重点方向和突破目前农业发展困局的重要手段。我们认为,发展现代农业的关键之一,就是加快农业生产的技术进步,提高农业生产技术含量与产品价值。但农业技术创新常常是一个被市场、技术、资金忽视的"角落",原因是农业的技术创新被基础差、利润低、风险大等现实条件制约。因此,加快建立从政策、资金、市场等多方面有利于促进农业科技研发与推广的体制对于现代农业的发展有着十分重要的意义。森禾在农业科技研究开发与应用推广,尤其是农业科技自主创新方面,积累了丰富经验,取得了丰硕成果,对上述体制的形成和完善也有着积极的借鉴意义。

3) 创新组织体系,加快现代农业发展

生产方式落后、组织结构简单、运营模式陈旧是我国农业发展缓慢的重要原因。发展现代农业不仅要在技术方面实现创新,还要在上述方面进行创新,才能真正实现传统农业的现代化发展。森禾种业在企业股权结构、治理结构、管理体制、经营机制、市场体系等多个方面都进行了有益的创新探索。

股权结构与管理体制创新。森禾种业成立之初,是浙江省林业厅控股的股份制企业。森禾种业在 2005 年成功进行了民营化改制,实现了产业资本与金融资本的结合,在改制过程中,原国有股东的投资收益均达到 3 倍以上。2006 年起,森禾种业又创新推出全员经济责任制,实现公司股东与员工"共同投资",形成员工岗位与企业平台、员工收益与企业效益、员工事业与企业发展多重纽带紧密相连的经营管理新机制,落实了"产权明晰、权责明确",为研发、生产、销售、服务、人才的培养和企业快速、健康、持续发展注入了新的动力。

生产组织与服务农民创新。森禾种业创新探索出一种"准股田制模式",较好地解决了土地对生产的制约,同时还有效提高了农民的收益。"准股田制模式"超越了传统的"公司＋农户"和"公司＋农户＋基地"的生产方式,公司用"股份"的形式把农民吸纳到公司的生产经营体系中,成为"股东",保障了合作方农民的收益,同时又策略性地规避了农户土地使用权流转的诸多问题。森禾以供应种苗、技术指导、合同收购成品等方式运作的"零风险计划",更是把合作方农民的经营风险下降为零,为特定条件下的"三农"带动工作提供了成功的模式和案例。森禾"零风险计划"和"准股田制模式"为我国贫困地区和欠发达地区的扶贫方式由"输血式扶贫"向"造血式扶贫"的模式转型提供了良好经验。

4) 注重人才机制创新，最大限度地发挥人才效应

人是生产力中最具决定性的要素，是实现目标的最重要的资源。尊重科学，尊重知识，尊重人才，成就人才理想，实现人企双赢是森禾种业快速成长的关键。森禾种业为每一位员工提供一个轻松、和谐、民主的工作环境，让每一位管理人员都有充分发表自己见解的机会，做到一个完善的管理方案的通过，都是人性化管理的成功实践。尤其是"BBS管理模式"的引入，为森禾员工打造了一个直接交流的广阔平台，这不仅是公司领导听取员工心声的一个窗口，更是广大员工相互交流的场所。通过BBS，公司领导将能听到更多的员工的声音并能与之实现对接，员工也可以发表自己平时工作中想说又不能直接说的意见和看法。森禾人把这种信息交流平台称为"信息扁平化"，这也是森禾坚持"以人为本，人性化管理"的一个重要举措，体现了森禾重视员工、尊重员工的人才观和用人观。

森禾种业在各种专业人才的选择上，首先打破了股东安排人员的陈规，采取向社会公开招聘、双向选择的办法，完成了全员聘用机制。在人力资源的合理化使用方面，森禾种业一直重视挖掘员工的潜能。公司始终坚持"以人为本，科技兴企，人才是第一生产力"的人才战略，积极推行"柔性"管理，努力做到尊重人、理解人、关心人、培养人、唤醒人的主体意识。森禾种业倡导一种"土壤理论"：公司就像一片土地，提供适当的土壤和资源，让员工自由地成长。公司对员工不求全责备，用其所长，最大限度地调动每一个员工的积极性，为员工的创造性、主动性和聪明才智的发挥创造良好的环境。

5) 创新营销方式，不断开拓新市场

森禾规划在全国布局4个研发基地、20个现代化标准生产基地、30个连锁苗木卖场、30个连锁花卉卖场、40个(首期)"花卉园艺中心"，使企业成为研发生产基地、营销网络基站遍布全国的现代花卉企业。森禾生产基地的设立采取"品种技术空降、地方培育扎根、产品区域辐射"的扩张模式，使基地的建设效益、生产效益等大大提高；森禾花木卖场的设立遵循"重点区域布点、广大区域示范、全国范围蚕食"的开发战略，在全国建立数十个集展示、储备、信息、销售、配送等多功能于一体的花卉苗木超市与流通中心，并以此创建起一个"卉通天下"的全新的现代花木交易平台，不断开拓新市场。

6) 加快经济方式转变，促进特色产业的优化发展

加强自主创新，提高花卉产业的创新能力和持续竞争优势，是克难攻坚、转型升级的关键。创新是一个国家和民族的灵魂，也是企业的生命之源。加快经济发展方式转变，一个重要突破口和主攻方向就是要促进特色产业的优化升级。花卉苗木业发展不仅受到资本、劳动等投入要素和技术水平的制约，而且还受到时间(季节)、空间(地区气候特征)等因素的影响，所以不能像工业生产那样完全依靠大规模、标准化生产，也就是在产业组织上不能仅仅依靠大企业的形式，而应该在全国范围内形成产业集聚区，依靠众多中小型企业的集聚网络来完成。森禾成立12年来，始终将创新放在首位，始终紧抓不同发展时期的工作重点，将自主创新应用到花卉苗木产业中，指导花卉苗木相关企业的实践，使其能像工业生产那样在发展中保持长期的竞争优势，从而有效地指导花卉产业的可持续发展。

11.1　创业商业计划书的概念与价值

11.1.1　创业商业计划书的概念

创业商业计划书(business plan),是公司、企业或项目单位制订的一份全方位的项目计划,其目的主要是达到招商融资和其他发展目标。它是在经过前期对项目科学的收集与整理有关资料、调研、分析的基础上,按照一定格式和内容的具体要求编辑整理的一份书面材料。它包括企业筹资、融资、企业战略规划与执行等。商业计划书不仅是企业进行一切经营活动的蓝图和指南,也是企业的行动纲领和执行方案,它的目的不仅仅在于为投资者提供一份创业的项目介绍,还向他们展现创业的潜力和价值,并说服他们对项目进行投资。

创业商业计划书的起草与创业本身一样是一个复杂的系统工程,不但要对行业、市场进行充分的研究,而且还要有很深的文学造诣。对于一个发展中的企业来说,专业的商业计划书不仅是企业成功融资的关键因素,同时也是企业进行管理、发展的核心工具。

创业商业计划书是一份全方位描述企业发展的文件,不仅是企业经营者素质的体现,更是企业拥有良好融资能力、实现跨越式发展的重要体现。而一份完备商业计划书的制定过程,既是寻找投资的必备材料,也是企业对自身的现状及未来发展战略全面思索和重新定位的过程。

11.1.2　创业商业计划书的价值

创业商业计划书体现出企业在商业前景、整合资源、集中精力、修补问题、寻找机会等方面对企业未来的展望。它的价值在于对决策的影响,而就这点来说商业计划书的价值是无法衡量的。如果一个企业在决策之前不做一个非常周密的计划,那这样的决策是缺乏根据的、毫无意义的。创业商业计划书体现出的不只是申请风险基金,更多的是预测企业的成长并做好未来的行动规划。具体来讲,创业商业计划书有以下几个价值。

1. 创业者自我评价的过程

创业商业计划书明确分析了项目的内部竞争优势、劣势和外部竞争机遇与威胁,并对今后项目的经营进行财务预测。可见,商业计划书的制定过程本身就是创业者系统地梳理创业思路、充分地开展调研、进行自我评价、制订切实可行的工作计划的过程。

2. 项目获得各方支持的必备材料

商业计划书制定了项目的发展战略目标,并进行财务预测分析,对投资者和合伙人来说,它是判断是否进行投资,是否承担投资风险的必要的评估资料。商业计划书作为一种有效的沟通工具,同时也是项目获得政府部门、内部员工等各方支持的必备材料。

3. 项目的行动纲领

一套完整、严谨的商业计划书,是企业项目运营的重要的工作指南和行动纲领。并且这种事先的行为规范对确保创业企业初期的顺利运营具有重要的作用。

4. 对后续执行情况具有评价作用

商业计划书是创业者精心制订的,并对今后项目的经营活动起到一定的约束作用,可评价后续经营效果和对企业的执行能力进行控制。

11.2 创业商业计划书要素说明

11.2.1 执行摘要

创业商业计划书的执行摘要是创业者在完成撰写商业计划各部分内容的基础上总结、提炼出来的,它是投资人首先要看到的内容,故置于商业计划书的第一部分。执行摘要部分是商业计划书的门面,投资人拿到商业计划书以后,先要通过浏览阅读商业计划摘要看是否引发其兴趣以决定是否阅读完整的商业计划书,所以商业计划摘要一定要突出商业计划的最大卖点。创业商业计划书的执行摘要是整个商业计划书的浓缩、精华,需要精辟地介绍所创办企业的业务范畴和类型、企业的产品或服务、管理团队概况、目标市场的描述和预测、企业经营的商业模式、竞争优势与竞争策略、资金需求情况、盈利能力预测、财务状况和计划,以及投资出路等各部分内容。商业计划摘要要求语言精练,一般以不超过两页纸为宜。

11.2.2 创业团队与组织结构

创业团队通常是投资人评估项目时首先需要考虑的因素,因为项目的成败关键在于人才资源的多寡,所以要详细介绍技术发明人及其核心管理团队成员的基本情况,包括各自的学历背景和工作经历,并且阐述所创办企业的组织结构及管理理念等内容。

11.2.3 项目的描述

项目的描述是介绍你的产品或服务的特殊性及目标客户。这一部分应当着重分析项目的竞争优势,包括新颖性、独特性和先进性,让投资人确信企业所提供的产品或服务具有强劲的吸引力,在投放市场后能够迅速占领市场,处于优先的地位。

11.2.4 策略推行

这一部分包括市场分析和竞争分析。你需要知道你的市场,客户的需求,客户在哪里,怎样得到他们。这一部分要客观描述行业内的市场状况,介绍产品(或服务)乃至创业企业在行业中所处的地位,并且通过调研对相关行业发展趋势做出判断,以便让投资人对项目所属行业的发展方向有一个明确的了解,以增强可信度。

判定企业是否能够进入某一行业并形成竞争优势,通常采用 SWOT 分析法来分析。SWOT 分析是安索夫提出的一种分析方法,通过对企业自身的优势(strengths)和劣势(weaknesses)以及外部环境中的机会(opportunities)和威胁(threats)进行分析,以改变劣势、加强优势,降低风险、利用机会。SWOT 分析一般分为以下几个步骤。

(1) 罗列企业的优势和劣势,可能的机会与威胁。

（2）优势、劣势与机会、威胁相组合，形成 SO、ST、WO、WT 策略。SO 策略：依靠内部优势，利用外部机会；WO 策略：利用外部机会，弥补内部劣势；ST 策略：利用内部优势，规避外部威胁；WT 策略：减少内部劣势，规避外部威胁。

（3）对 SO、ST、WO、WT 策略进行甄别和选择，以确定企业目前应该采取的具体战略与策略，从而确立竞争优势。

11.2.5　财务分析

合理的财务预测是赢得投资的重要因素，投资人期望从财务分析部分来了解企业未来的收入、成本和利润，预测企业未来经营的状况，从而判断能否确保自己的投资获得预期的回报。这部分真实地反映了企业现在的财务状况，主要包括现金情况和盈利状况，所以最需要花费大量的时间和精力来策划、编写。

11.2.6　风险控制

创业者要站在投资人的角度，分析可能面临的创业风险以及风险将导致的损失。创业者可着重分析主要的风险给企业带来的威胁，其他风险可简略介绍。不要故意地缩小、隐瞒风险及其威胁，否则只会令投资人产生不信任感，从而不利于企业的融资。

风险控制就是通过预测风险可能带来的损失，预先建立一整套风险防范和控制机制，以降低实际发生损失的可能性。而对于已经发生的损失，要提出得当的策略和方案尽量使损失的程度降到最低。

11.2.7　退出机制

这部分要描述清楚怎样使投资人最终以现金的形式收回其对本企业的投资，阐明收回投资的时间以及投资收益情况等。退出机制涉及投资人与创业企业家之间的利益关系，处理的好坏关系到企业的未来发展。投资者收回投资通常有以下几种形式。

（1）公开上市。企业上市后公众会购买公司股份，投资人所持有的部分或全部股份就可以卖出。

（2）兼并收购。把企业出售给另外一家公司，通常是某个大集团。

（3）股份回购。从投资人手中买回投资人在创业企业中所持有的股份。

11.3　创业商业计划书内容框架

虽然企业的商业计划不一定需要一个固定的模式，但其编写格式还是相对标准化的，其内容应包括以下几点。

1. 封面和目录

商业计划封面看起来要既专业又可提供联系信息，如果对投资人递交，最好能够美观漂亮，并附上保密说明，而准确的目录索引能够让投资人迅速找到他们想看的内容。

2. 行政性总结

这是一个非常重要的纲领性前言，主要是概括介绍企业的来源、性质、目标和策略，产品和服务的特点，市场潜力和竞争优势，管理队伍的业绩和其他资源，企业预期的财政状况及融资需求等信息。

3. 企业描述

这部分介绍企业的起源、历史及组织形式等，并重点说明企业未来的主要目标（包括短期和长期）；企业所提供产品和服务的知识产权及可行性；这些产品和服务所针对的市场以及目前的销售额；企业目前的资金投入和准备进军的市场领域及管理团队与资源；等等。

4. 市场分析

市场分析描述企业定位行业的市场状况，指出市场的规模、预期增长速度和其他重要环节，包括市场趋势，目标顾客特征，市场研究或统计，市场对产品和服务的接受模式和程度，对投资者而言，要让他确信这个市场是巨大且不断增长的。

5. 竞争分析

竞争分析明确指出与企业竞争的同类产品和服务，分析竞争态势和确认竞争者信息，包括竞争者的身份、来源和所占市场份额，他们的优点和弱点，最近的市场变化趋势，等等。同时还要认真比较企业与竞争对手的产品和服务在价格、质量、功能等方面的不同之处，解释企业能够赢得竞争的竞争优势是什么。

6. 产品和服务

这部分列举企业目前所提供的产品和服务类型，以及将来的产品和服务计划，陈述产品和服务的独到之处，包括成本、质量、功能、可靠性和价格等。同时还要指出产品所处生命周期或开发进展，如果本企业的产品和服务有独特竞争优势，应该做出保护性措施和策略。

7. 财务计划

财务计划包括目前企业的实际财务状况，预期的资金来源和使用，资产负债表，预期收入（利润和亏损状况）以及现金流量预测，等等。这部分内容是商业计划的关键部分，制定过程中最好能寻求会计师和其他专业人士的帮助，财务预测的设想总是先于实际的数字。所以，预测要现实合理并且可行。

8. 附录

这部分应附上关键人员的履历、职位，组织机构图表，预期市场信息，财务报表以及商业计划中陈述的其他数据资源，等等。

11.4 创业商业计划书写作要点

创业之初，创业者制作商业计划书可以使创业者厘清自己的创业思路。成功的商业计划书应有好的启动计划，并且计划书在设计时应当简单易操作。另外，创业商业计划书还应具体，涵盖特定的日期及特定的人负责特定的项目以及预算，并且在制订创业商业计划时应尽量客观准确。创业商业计划书应包含全部的要素，各要素之间的前后关系连接要流畅。

创业商业计划书撰写应坚持三大原则：①开门见山，直切主题。要开门见山地切入主题,用真实、简洁的语言描述你的想法,不要浪费时间去讲与主题无关的内容。②尽可能地收集更多资料。要广泛收集有关市场现有的产品、现有竞争者、潜在市场、潜在消费者等具体信息。③评估商业计划书。站在一位审查者的角度来评估该商业计划书。具体样例如下。

一、总论

1. 项目名称。

2. 主要内容,说明本项目创新内容、技术水平、技术指标、用途及应用范围。

3. 目的、意义,说明本项目提出的背景、目的和是否符合国家与地方产业政策要求以及社会经济意义。

4. 国内外现状及发展趋势,说明与本项目研究开发内容相关的国内外现状及发展趋势。(要求注明主要资料及信息来源)

二、项目技术可行性分析

1. 项目的技术创新性论述。

(1) 项目产品(服务)的主要技术内容及基础原理。

(2) 项目产品(服务)的技术创新点论述。详细说明本项目的技术创新点、创新程度、创新难度,以及需进一步解决的问题,并附上权威机构出示的查新报告或其他相关证明材料。

(3) 项目产品(服务)的主要技术性能指标与国内、国外同类产品先进技术指标的比较(可以表格方式说明)。

2. 技术成熟性和项目产品可靠性论述技术成熟阶段的论述,有关部门对本项目技术成果的技术鉴定情况;本项目产品(服务)的技术检测、分析化验的情况;该技术进行生产条件下小批量、小规模试生产的情况,包括生产质量的稳定性、成品率;本项目产品(服务)在实际使用条件下的可靠性、耐久性、安全性的考核情况;等等。

三、项目产品(服务)市场预测

1. 项目产品(服务)的主要用途,产品(服务)的经济寿命,目前处于寿命期的阶段,开发新用途的可能性。

2. 市场调查。说明现阶段市场容量、市场供应能力,国内外同类产品的水平、价格、市场竞争力情况。

3. 市场预测。说明未来市场容量、市场供应能力、产品的技术水平、价格等方面的发展趋势。

四、项目实施方案

1. 技术方案。

2. 生产方案。

3. 营销计划。

4. 特殊行业许可证报批情况。

5. 项目总体发展论述。

五、项目投资估算与资金筹措

1. 投资估算。

2. 资金筹措。

3. 资金使用计划。

六、经济、社会效益分析

1. 生产成本与销售收入估算。

2. 财务分析预测项目完成后项目产品年净利润、年纳税总额、投资利润率、财务内部收益率、投资回收期。

3. 社会效益分析。

4. 项目的风险性及不确定性分析。对项目的风险性及不确定因素进行识别,包括技术风险、人员风险、市场风险、政策风险等。进行盈亏平衡分析和敏感性分析,进而分析不确定因素对项目经济评价指标的影响,分析项目的抗风险能力。

七、项目承担人情况

1. 创业申请人及主要创业人员的姓名、性别、年龄、文化程度、技术职称及在项目中承担的主要研究开发任务。

2. 主要研究开发人员的研究领域及研究成果简介。

3. 创业申请人与主要研究开发人员的合作形式、经济和技术关系。

八、关于知识产权权益情况的说明

九、附件

附件包括可以说明项目情况的证明文件(技术报告、设计文件、查新报告、鉴定证书、检测报告、专利证书、奖励证明等复印件)。

11.5 创业商业计划书范文模板

第一部分 ××项目摘要

一、公司简单描述

二、公司的宗旨和目标

三、公司目前股权结构

四、已投入的资金及用途

五、公司目前主要产品或服务介绍

六、××市场概况和营销策略

七、主要业务部门及业绩简介

八、核心经营团队

九、公司优势说明

十、目前公司为实现目标的增资需求:原因、数量、方式、用途、偿还

十一、融资方案(资金筹措、投资方式及退出方案)

十二、财务分析

1. 财务历史数据

2. 财务预计

3. 资产负债情况

第二部分　××项目综述

第一章　公司介绍

一、公司的宗旨

二、公司简介资料

三、各部门职能和经营目标

四、公司管理

1. 董事会

2. 经营团队

3. 外部支持

第二章　××技术与产品

一、技术描述及技术持有

二、产品状况

1. 主要产品目录

2. 产品特性

3. 正在开发/待开发产品简介

4. 研发计划及时间表

5. 知识产权策略

6. 无形资产

三、××产品生产

1. 资源及原材料供应

2. 现有生产条件和生产能力

3. 扩建设施、要求及成本,扩建后生产能力

4. 原有主要设备及需添置设备

5. 产品标准、质检和生产成本控制

6. 包装与储运

第三章　××市场分析

一、××市场规模、市场结构与划分

二、××目标市场的设定

三、××产品消费群体、消费方式、消费习惯及影响市场的主要因素分析

四、目前公司产品市场状况,产品所处市场发展阶段(空白/新开发/高成长/成熟/饱和),产品排名及品牌状况

五、××市场趋势预测和市场机会

六、××行业政策

第四章　××竞争分析

一、有无行业垄断

二、从市场细分看竞争者市场份额

三、主要竞争对手情况:公司实力、产品情况

四、潜在竞争对手情况和市场变化分析

五、公司产品竞争优势

第五章　××市场营销

一、概述营销计划

二、销售政策的制定

三、销售渠道、方式、行销环节和售后服务

四、主要业务关系状况

五、销售队伍情况及销售福利分配政策

六、促销和市场渗透

1. 主要促销方式

2. 广告/公关策略、媒体评估

七、产品价格方案

1. 定价依据和价格结构

2. 影响价格变化的因素和对策

八、销售资料统计和销售记录方式，销售周期的计算

九、市场开发规划，销售目标

第六章　××投资说明

一、资金需求说明(用量/期限)

二、资金使用计划及进度

三、投资形式(贷款/利率/利率支付条件/转股—普通股、优先股、任股权/对应价格等)

四、资本结构

五、回报/偿还计划

六、资本原负债结构说明

七、投资抵押

八、投资担保

九、吸纳投资后股权结构

十、股权成本

十一、投资者介入公司管理之程度说明

十二、报告

十三、杂费支付

第七章　××项目投资报酬与退出

一、股票上市

二、股权转让

三、股权回购

四、股利

第八章　××项目风险分析

一、资源风险

二、市场不确定性风险

三、研发风险

四、生产不确定性风险

五、成本控制风险

六、竞争风险

七、政策风险

八、财务风险

九、管理风险

十、破产风险

第九章　公司管理

一、公司组织结构

二、管理制度及劳动合同

三、人事计划

四、薪资、福利方案

五、股权分配和认股计划

第十章　××项目财务分析

一、财务分析说明

二、财务数据预测

1. 销售收入明细表

2. 成本费用明细表

3. 薪金水平明细表

4. 固定资产明细表

5. 资产负债表

6. 利润及利润分配明细表

7. 现金流量表

8. 财务指标分析

📚 案例 11-2

参考全国大学生创业大赛"挑战杯"金奖文本《浙江绿达生物科技有限公司创业商业计划书》请扫以下二维码。

思　考　题

1. 创业商业计划书的概念与价值有哪些？
2. 创业商业计划书的要素说明有哪些？
3. 创业商业计划书的写作要点有哪些？
4. 试写一份创业商业计划书。

参 考 文 献

[1] 刘莉. 战略管理启示录[M]. 北京：海天出版社，2000.

[2] 唐拥军，张国良，等. 战略管理[M]. 武汉：武汉理工大学出版社，2005.

[3] 项宝华. 战略管理——方法与艺术[M]. 北京：华夏出版社，2001.

[4] 刘志迎. 市场营销[M]. 北京：中国商业出版社，2004.

[5] 刘刚. 现代企业管理[M]. 海口：南方出版社，2004.

[6] 张秀玉. 企业战略管理[M]. 北京：北京大学出版社，2005.

[7] 王方华，吕巍. 企业战略管理[M]. 上海：复旦大学出版社，2004.

陶朱赋（代跋）

生意兴隆通四海，财源茂盛达三江。财为养命之源，德为修身之本。财通四海，先竣其源；货畅八方，方正其行。士农工商，买卖为纲，七十二行，商为桥梁。无农不稳，无士不兴，无工不富，无商不活。"欲致鱼者先通水，欲致鸟者先树木，水积而鱼聚，木茂而鸟集。"创业经营商有道，市场营销赢市场。

市者何也？"日中为市，致天下之民，聚天下之货，交易而退，各得其所。"商贾何也？行曰商，止曰贾。商之为言商，商其远近，度其有亡，通四方之物，故谓商也。贾之为言固，固其有用物，以待民来，以求其利者也。利之得，人心聚；利之高，企业强；利之丰，社稷兴；利之众，惠民生。

陶朱事业，端木生涯。商圣范蠡，三致千金，忠以为国，智以保身，商以致富，成名天下。囤积货物，垄断居奇，把握时机，聚散适宜。君子爱财，取之有道；预测行情，窥其先机；贵贱复反，贱买贵卖；完物上种，质高货真。贵出如粪土，贱取似珠玉。出门看气候，经营识环境，生意知行情，信息抵万金。

商德唯信，利末义本。以德经商，历久弥香。经营信为本，买卖礼为先，诚招天下客，信通八方人。忠厚不赔本，刻薄不赚钱，人无信则不立，店无信则不兴。诚信经营得人心，得人心者得口碑，得口碑者得名牌，得名牌者得市场。名牌象征着财富，标志着身价，证明着品质，沉淀着文化；精品引导时尚，激励创造，装点生活，超越国界。名牌精品，国之瑰宝，挡不住的诱惑，写不完的史诗。

经商理财，以人为本。商道圣经，以文化人。信以致远，正以服众，廉以生威，敬以招贤，严以臻善，行以垂范。点将用兵，十大戒律：优才劣用，压抑能人；专才杂用，骏马耕田；庸才重用，害己害人；败将屡用，易地做官；任人唯亲，圈内圈外；度量太小，人才难容；晕轮效应，情绪用人；缺乏信任，叶公好龙；只用不养，缺乏后劲；备才不用，窒息精英。

商战制胜，以计为首。纵观古今，市场如战场；历览中外，商战若兵战。智者顺势而动，愚者逆理而行。战略决策，纵观全局；战役决策，稳扎稳打；战术决策，机动灵活；民主决策，群策群力；果断决策，毫不犹豫；科学决策，尊重规律。市场竞争有术，经营方略有策：若人缺，我则补，满足需求，增加销售；若人有，我则好，以优取胜，精益求精；若人好，我则多，市场热门，大量投放；若人多，我则廉，薄利多销，吸引顾客；若人廉，我则转，伺机转让，开拓新路。

商务谈判，合作双赢。真诚求实，以信待人；清醒理智，沉着冷静；多听少讲，用心感悟；求同存异，拓展共识；胸有成竹，有备无患；后发制人，以逸待劳；豁达包容，人事相别；有声无声，话语适中。大将风度，遇险不惊，大家风范，沉着冷静。威而不怒，严而不骄，冷而不寒，热而不躁，不卑不亢。约见时，出语惊人，造成悬念；接近时，落落大方，谈吐自如；面谈时，纵横驰骋，用足技巧；排异时，平心静气，疏中有导；成交时，游刃有余，意犹未尽；成交后，有情有义，地久天长。

商务交流，以礼相待。天生一面喜，开口总是春。人无礼则不生，事无礼则不成，国无礼则不宁。礼之用，和为贵。和者顺，顺者昌。生意经，仔细听；早早起，开店门；顾客到，笑脸迎；递烟茶，献殷勤；拿货物，手要轻；顾客骂，莫吭声；讲和气，倍小心；多推销，盈万金……笑迎八方客，喜纳九州财。

茫茫商海，谁主沉浮？市场是水，产品是船，品牌是帆，营销是风，战略是舵。水可载舟亦覆舟，有风没帆船不动，有风破帆船难行，有船无舵难导航。大海航行靠舵手，营销好风巧借力，战略掌舵明方向，长风破浪会有时。

茫茫商海，路在何方？陶朱学问，博大精深。商誉无价胜黄金，货畅其流利自生。读陶朱辞赋，咏水调歌头：商道何处有，存心有知天。人格良知伦理，失道至何年，仁义礼智信去，又恐假冒伪劣，市场不胜寒，福祉在人间？缺商德、失诚信、夜难眠。令人堪忧，何时规范市场圆。人有喜怒哀乐，市有过剩短缺，此事实难全。但愿商道久，诚信越千年。

张国良

2017 年 4 月

于西施故里诸暨

教师服务

感谢您选用清华大学出版社的教材！为了更好地服务教学，我们为授课教师提供本书的教学辅助资源，以及本学科重点教材信息。请您扫码获取。

≫ 教辅获取

本书教辅资源，授课教师扫码获取

≫ 样书赠送

创业与创新类重点教材，教师扫码获取样书

 清华大学出版社

E-mail: tupfuwu@163.com
电话: 010-83470332 / 83470142
地址: 北京市海淀区双清路学研大厦 B 座 509

网址: http://www.tup.com.cn/
传真: 8610-83470107
邮编: 100084